国家社会科学基金重大项目

非洲阿拉伯国家通史

王铁铮　主编

摩洛哥史

林松业　著

创于1897
商务印书馆
The Commercial Press

国家社科基金重大项目
西北大学“双一流”建设项目资助

献礼西北大学建校120周年

《非洲阿拉伯国家通史》总序

王铁铮

当今的阿拉伯世界由22个阿拉伯国家所构成，其中12个国家[①]分布在亚洲西部和西南部，10个国家分布在非洲北部和东北部，即阿尔及利亚、利比亚、突尼斯、摩洛哥、毛里塔尼亚、埃及、苏丹、吉布提、索马里和科摩罗。这些国家均以伊斯兰教为国教，国民的绝大多数是信奉伊斯兰教的穆斯林。由于种种局限，国内世界史学界对阿拉伯国家的研究，通常主要聚焦于西亚和西南亚诸国，以及北非的埃及；从事非洲研究的学者，其侧重点则是撒哈拉以南非洲国家。这种状况导致国内学界对非洲阿拉伯国家历史的研究长期处于边缘化地位，以至于国内至今尚无一部全面反映非洲阿拉伯国家的综合性通史著作，同时也缺乏比较系统的非洲阿拉伯国家国别史研究的专著。

2010年底，以北非突尼斯的“布瓦吉吉事件”为导火线及以埃及“一·二五”革命为发端，西亚北非地区引发的政治剧变迅速在阿拉伯国家蔓延，最终导致突尼斯、埃及、利比亚和也门四个阿拉伯共和制政权的垮台和更迭，而叙利亚则处于旷日持久的血腥内战

① 这12个阿拉伯国家为伊拉克、叙利亚、约旦、黎巴嫩、沙特阿拉伯、巴林、卡塔尔、科威特、阿拉伯联合酋长国、阿曼、也门和巴勒斯坦。

中。此次阿拉伯变局折射出的内生性、突发性、连锁性和颠覆性这四大特点出人意料。但可以肯定的是，它是由阿拉伯国家多年来累积的各种内外矛盾所酿成。人们需要从历史的维度对其进行多层面、多视角的解读和反思，从而凸显了非洲阿拉伯国家通史研究的必要性和迫切性。

几乎在阿拉伯变局爆发的同时，即2010年12月下旬，我作为首席专家申报的国家社科基金重大项目“非洲阿拉伯国家通史研究”，在北京京西宾馆顺利通过答辩，获准立项。真是恰逢其时！2011年3月，项目组正式启动研究工作。历经八年磨砺，终于完成项目设定的目标：推出总篇幅近300万字的八卷本《非洲阿拉伯国家通史》这一最终研究成果。该成果包括：

《埃及史》

《阿尔及利亚史》

《利比亚史》

《摩洛哥史》

《突尼斯史》

《苏丹史》

《毛里塔尼亚史》

《索马里、吉布提和科摩罗史》

《非洲阿拉伯国家通史》是我国学者撰写的第一部比较全面反映非洲阿拉伯国家自古迄今的通史著作，各卷作者努力追求“通古今之变”，并以打造“信史”和“良史”为目标。首席专家负责全书的规划和统编，并对各卷初稿进行审阅和提出修改建议。后经作者反复打磨而成书。我们真诚希望这部八卷本的著作能够填补我国学界在非洲阿拉伯国家通史研究上的空白，从而丰富我国的世界史研究。

马克思主义认为，历史学是一切学科的基础。通史研究则被喻为历史学学科建设的龙头。通史研究不仅是衡量学科发展的一个重要标志，而且也在不同侧面代表一个国家史学研究的综合学术水平。[1]通史研究的特殊功能决定了其撰著的难度，而就非洲阿拉伯国家通史来说尤为如此。究其原因：一是国内学界对非洲阿拉伯国家历史研究的积淀极为有限，尚未形成一种可供借鉴的比较成熟的理论和研究体系；二是非洲阿拉伯国家历史研究的资源，特别是有关非洲阿拉伯国家古代史研究的文献史料十分匮乏。出现这种状况的一个重要因素是，阿拉伯人大都不太重视伊斯兰教诞生前的阿拉伯历史研究，称之为“贾希利亚”[2]，即蒙昧时期。这便造成阿拉伯人有关伊斯兰教诞生前阿拉伯历史论著的稀缺。而非洲阿拉伯国家中的一些小国，诸如吉布提和科摩罗等国，更是被国内学界喻为学术“盲区”，关注者和探究者亦属凤毛麟角。这就进一步加大了非洲阿拉伯国家通史研究的局限。

非洲阿拉伯国家通史的整体和系统研究涉及诸多问题，一部能够比较客观地把握和勾勒非洲阿拉伯国家历史演进脉络的撰著，需要对其中的一些重大问题进行审慎的梳理和辨析。这些问题主要可归纳为以下几方面：

一、非洲阿拉伯国家通史研究的理论指导。史学研究离不开理论指导，理论指导也是强化历史学科学性的前提。非洲阿拉伯国家通史属于综合性研究，涉及面宽广，包括历史、政治、经济、社会、外交、军事、民族、宗教、文化教育、妇女问题和生活习俗等诸领域。用理论来指导研究的重要性不言而喻。对于非洲阿拉伯国家通史研究来说，它首先面临的是选择或依据何种理论来带动历史研究。1978年之前，中国的世界史研究先后受“西方中心论”和“五种经济形态说”的影响和制约，特别是“五种经济形态说”作为苏联史学的主要模式而被中国的世界史研究所效仿。“苏联史学研究模式是一个完整的体系，虽然学术性很强，但缺点也很明显，即过分简单化，把一部丰富多彩的人类历史过程压缩成僵硬的发展模式，这就

① 彭树智主编：《阿拉伯国家史》，高等教育出版社2002年版，第3页。

② “贾希利亚”为阿拉伯语的音译，阿拉伯人将伊斯兰教诞生前的时期泛称为蒙昧时期。

否定了历史发展的多样性。”[①]故此，这一时期问世的中国世界史研究成果不可避免地带有类似的缺憾。

1978年后，伴随改革开放，中国的世界史学者开始围绕史学理论和方法论不断进行开拓性的探索，努力构建世界史研究的新体系。20世纪90年代以来，中国世界史学者通过深刻反思，并在吸纳西方新史学流派和“全球历史观”[②]有益养分的同时，着力于马克思主义唯物史观基础上的理论创新，先后提出了三种新史观，即吴于廑先生提出的“世界史纵横发展整体史观”、罗荣渠和钱乘旦教授提出的“现代化史观”、彭树智和马克垚先生提出的“文明史观”。“三大世界史观的提出是中国世界史学界20多年来的进步和成熟的标志，体现了中国世界史学界与世界史学的交流和融会，以及史学理论和方法应有的丰富性和多样性。”[③]

三大新史观的建构在理论上对非洲阿拉伯国家通史研究的路径和方向具有指导意义。非洲阿拉伯国家多达10个，这些国家的国情独特而复杂，呈现多元的色彩：一是非洲阿拉伯国家中既有历史悠久的文明古国和大国，也有历史短暂的蕞尔小国；二是各国普遍带有自身浓重的家族、部落、宗教习俗和族群文化的烙印，彼此在社会基础、经济禀赋、文化传统和价值取向等方面存在明显差异；三是多数非洲阿拉伯国家自古以来在不同历史阶段都曾长期经受轮番而至的异族王朝或帝国，以及列强的统治和奴役，强权和殖民枷锁对这些国家造成的严重创伤和后遗症，致使各国的历史进程迥然不同。三大新史观对世界史研究的新认知和新构架，不仅拓宽了世界史的研究范围和研究思路，而且开创性地对世界史的概念进行了再

① 钱乘旦：《中国的英国史研究》，《历史研究》1997年第5期。

② “全球历史观”兴起于20世纪50年代，代表人物是英国历史学家杰弗里·巴勒克拉夫、美国历史学家L.S.斯塔夫里阿诺斯和威廉·麦克尼尔等。该派为适应全球一体化发展所带来的新的时代特征，突破西方学术界根深蒂固的“欧洲中心论”，主张建立一种“将视线投射到所有的地区和时代”，“超越民族和地区的界限”，并从宏观的、联系的角度考察和分析人类社会历史演变走向的方法、观念和理论体系。

③ 李学勤、王斯德主编：《中国高校哲学社会科学发展报告1978—2008：历史学》，广西师范大学出版社2008年版，第273页。

界定，从而为我国的世界史研究注入新的活力。因此，三大新史观的创新理论亦可对非洲阿拉伯国家通史的研究提供理论上的借鉴和指导，并以此为杠杆，从不同层面和维度来探讨非洲阿拉伯国家不同时期历史演进的基本规律和主要特点，以及非洲阿拉伯国家通过何种途径，怎样由相互闭塞逐步走向开放，由彼此分散逐步走向联系密切，最终发展成为整体世界历史的一个有机组成部分。

二、多元文明的流变与古代北非历史。古代北非的历史实际上就是非洲阿拉伯诸国历史的源头。北非曾是多种古文明汇聚、碰撞与融合之地，不同文明在互相杂糅和兼容并蓄过程中所凝聚的强大能量，不仅推动着北非的历史演进，并使其成为人类社会生活最早实践的地区之一。古代北非的多种文明大致经历了三个发展阶段，每一个阶段都彰显出各自文明在古代北非历史上留下的极其深刻的烙印。

首先是古埃及和古波斯文明对古代北非历史的影响。埃及地处北非的十字路口，它把非洲和亚洲连接起来。埃及文明的历史发展具有“沉淀性”的特点，埃及也是多种文明层层累加而成的国家。[①]埃及古文明形成于公元前4000年左右，古埃及人借助母权制、传统宗教制度和“神授王权”的意识形态，先后经历了早王朝、古王国、中王国、新王国和后埃及等多个发展时期，建立了31个王朝，延续时间长达3000年之久。在漫长的历史进程中，古埃及人以其卓越的智慧创造了绚丽多彩的独特的传统文化：象形文字、金字塔和狮身人面像、卡纳克神庙、帝王谷、孟农巨像等遗存，以及发达的数学、建筑学、天文星象学和医学等，无不浓缩着古埃及人为人类文明做出的伟大贡献。因此，一些学者称埃及是非洲历史的真正精华。[②]古埃及文明构成了古代北非历史演进的一条鲜明的主线。

---

① 〔美〕菲利普·C.内勒：《北非史》，韩志斌等译，中国大百科全书出版社2013年版，第3页。

② 〔美〕埃里克·吉尔伯特、乔纳森·T.雷诺兹：《非洲史》，黄磷译，海南出版社、三环出版社2007年版，第42页。

古波斯人是雅利安人的后裔，大约在公元前2000年前期进入伊朗。[①]公元前550年左右，阿契美尼德人在伊朗高原崛起，建立了当时版图最大，也是世界上第一个地跨亚欧非三大洲的古波斯帝国，从而奠定了古波斯文明的根基。古波斯文明的辉煌，表现为宏伟华丽的新都——波斯波利斯、精美的浮雕和岩雕、连接帝国各地的被称为“御道”的交通网络，以及沟通尼罗河和红海的运河等基础设施。同时，它还集中体现在政治、经济、军事、法律和文化等典章制度建设上，尤其是波斯帝国的政治制度和法律体系成为后来中东地区出现的各个帝国和王朝纷纷效仿的样本。由于波斯帝国长期以琐罗亚斯德教为国教，古波斯文明又彰显出鲜明的宗教特征。如同古埃及一样，其对君权神授和正统观点的强调，深刻影响了波斯的发展。波斯曾一度是几乎囊括整个古代近东文明地区的奴隶制大帝国，它吸收了多种文明的先进性，表现出古波斯文化的多样性和一定的包容性特征，而且它超越了原有的文明中心，即两河流域和古埃及文明，成为主导文明。所谓“波斯帝国的文明秩序”，就是以生产力大发展所提供的强大经济、政治和军事力量为后盾，并通过更大规模的对外交往建立起来的。古波斯文明的重要价值还在于，在波斯帝国统治埃及大约130多年的时间里[②]，它完全打破了地域性单一文明交往的局限，实现了亚非两大古文明的互动性交往，推动了古代北非历史空前的跨越式演进。

古代北非文明的第二个发展阶段是古希腊、迦太基和古罗马文明对北非历史的再塑造。从公元前334年亚历山大东征，到公元前30年罗马消灭托勒密王朝，在300余年的时间里，北非进入“希腊化时代”。希腊人创造的文明是一种综合了古代东西方文明诸多因素而发展起来的独特的、新型的阶段性文明。它使古代北非原有文明区域的语言、文字、风俗、政治制度等都受到了希腊文明的洗礼。

---

① 〔美〕埃尔顿·丹尼尔：《伊朗史》，李铁匠译，东方出版中心2010年版，第3、27页。

② 自冈比西斯二世起，波斯人先后在古埃及建立了两个王朝，即第27王朝（前525—前404年）和第31王朝（前343—前332年），两个王朝在埃及的统治共计长达130余年。

希腊化时期的埃及经历了辉煌和繁荣，亚历山大城不仅是各种商业活动的中心，而且引领西方文明，兴起了第一次“科学革命”。[①]关于太阳系的理论、解剖学的诞生，以及物理学和地理学方面的诸多新成就，如阿基米德定律的创立、圆周率的划分、运用经线和纬线计算出的地球周长的近似值等，都陆续出现于亚历山大城。同时，这个时期的埃及也成为北非历史上跨文化主义的典型案例，马其顿人的宗教信仰与埃及的宗教信仰交融在一起。[②]但从根本上说，东方文明仍是希腊化文明的根基，正如美国著名科学史家乔治·萨顿所说：“希腊科学的基础完全是东方的，不论希腊的天才多么深刻，没有这些基础，它并不一定能够创立任何可与其实际成就相比的东西。”[③]

迦太基是作为马格里布地区第一个文明单元出现在古代北非舞台的又一个重要国家，大致位于今天的突尼斯。它是由来自地中海东南沿岸黎凡特地区[④]的腓尼基人在公元前1000年左右建立的殖民地。后来，历经几个世纪的发展演变，它成为一个独立的城市国家，并控制着从利比亚的的黎波里塔尼亚到伊比利亚的地中海沿海和大西洋海岸线的广大地区。腓尼基人通过不断与操柏柏尔语的当地居民的交往和通婚，创造了一种叫作“布匿”[⑤]的混合语言文化。腓尼基移民建立的迦太基城展示了古代人强大的适应性，而创建一个混合了腓尼基和非洲柏柏尔人要素的“布匿”社会，又说明了民族文化具有变通性。迦太基人主要从事海上贸易以及跨越撒哈拉大沙漠的黄金和象牙交易。及至公元前1000年的后半期，迦太基成为覆盖西地中海大部分地区的强大贸易帝国，是当时的政治和农业中心之

① 〔美〕菲利普·C.内勒：《北非史》，韩志斌等译，第22页。

② 同上书，第24页。

③ 〔美〕乔治·萨顿：《科学史和新人文主义》，陈恒六等译，华夏出版社1989年版，第64页。

④ 黎凡特是指现今的黎巴嫩、叙利亚、巴勒斯坦和约旦等地，另有“肥沃新月带”之称。

⑤ 布匿（Punic），即“古迦太基的”，是迦太基的腓尼基人和北非人混居而形成的文化和语言的称谓。

一。有研究者评论："作为城市国家的迦太基试图像一个帝国那样进行统治，并能够维持几个世纪之久，在世界历史上还是第一次。"[①]亚里士多德赞扬迦太基的"政体"，实际上是一个贵族寡头制政体。雇佣兵由柏柏尔人和伊比利亚的辅助兵补充，构成了贵族政府的武装力量。[②]

但是，随着迦太基人在与罗马人争夺地中海西部霸权的三次布匿战争[③]中的败北，迦太基古城终被罗马人夷为平地。罗马势力迅速向北非拓展，陆续征服希腊化时代的埃及和柏柏尔部落，统一了北非，先后设阿非利加（即突尼斯）和埃及两个行省，北非的沿海地区与内陆在不同程度上又实现了所谓的"罗马化"。罗马人对北非的统治长达近6个世纪（公元前146—公元439年），在罗马人的治下，罗马文明继承了希腊文明、迦太基文明、腓尼基文明、日耳曼文明和埃及文明的精华，更具多样性特征。北非的农业和商业得到迅猛发展，发达的农业不断为罗马提供大量给养，成为帝国的粮仓。同时，罗马人还在北非修建了上百座城市，这些城市大都以罗马的商业区、竞技场、运动场和浴室等为建筑风格。故此，北非的罗马遗迹也是世界上现存最闻名的历史古迹。[④]

古代北非文明的第三个发展阶段是早期基督教在北非的扩张和影响。基督教是继犹太教之后在公元1世纪发源于巴勒斯坦的第二个一神教，具有跨文化的突出特点，它反映了希伯来人的一神论、古埃及宗教死而复生的永恒观念和希腊人的哲学思想。同时，基督教的普世主义和平均主义教义深深吸引着追随者。北非、尼罗河流域和非洲之角等地区的各民族是世界上最早的基督教信仰者群体之

① B. H. Warmington, *The North African Provinces from Diocletian to the Vandal Conquest*, Cambridge: Cambridge University Press, 1969, pp.47–48.

② Stephane Gsell, *Histoire Ancienne de l'Afrique du Nord*, 8 vols, 4th ed., Paris: Librairie Hachette, 1920—1928, p.389.

③ 布匿战争指古罗马和迦太基两个奴隶制国家之间为争夺地中海西部统治权而进行的著名战争，前后共三次：第一次于前264—前241年，第二次于前218—前201年，第三次于前149—前146年。布匿战争的结果是迦太基被灭，古罗马争得地中海西部的霸权。

④ 〔美〕菲利普·C. 内勒：《北非史》，韩志斌等译，第9页。

一。公元2世纪，埃及和北非其他地区的一些城市中已出现众多基督教团体，而且基督教在穷人和政治上受压迫的人中间传播得最快。2世纪末，非洲基督教徒在亚历山大创办的教理学校——迪达斯卡利亚，成为早期的基督教学术中心，并培养了一大批对基督教早期发展起决定性作用的神学家和理论家。

早期基督教的不同教派围绕耶稣在多大程度上是神或人这个本质问题曾展开激烈争论，参与争论的两个重要派别，即阿里乌主义派和基督一性论派[①]，都以埃及为据点。由于这两个派别的教义同基督教主张的圣父、圣子、圣灵三位一体的正统教义相左，先后被罗马教会和帝国宣布为"异端"和"异教徒"。基督一性论派在公元451年的卡尔西顿会议被宣布为异教徒后，经受住了罗马教会和帝国权力旨在取缔和摧毁其信仰所发动的进攻，形成了埃及新的基督一性论的科普特教派。较之其他地区，科普特教派改变了北非和尼罗河流域的基督教发展轨迹，其内部产生了一种有别于罗马天主教教会或东正教教派所辖领地的宗教形式。[②]

公元7世纪上半叶，另一新的一神教——伊斯兰教在阿拉伯半岛诞生，并迅速向北非扩张，最终确立其主流宗教的地位。伊斯兰教并非简单地取代北非的地方宗教和基督教，而是逐步与这些宗教体系彼此混合，也就是经历了一个体系适应另一个体系，从而创造一种新的独特的宗教思想意识的所谓"调和"过程。[③]作为征服者，初创时期的伊斯兰教"顺应现世"，大量基督徒纷纷改宗。同时，阿拉伯帝国实行伊斯兰教的低税制，与拜占庭对北非属地的强制高税形成明显反差，扩大了伊斯兰教的吸引力。与此相反，基督教却因

① 阿里乌主义派（Arianism）亦称阿里乌斯派，是以生活在公元3世纪后期的亚历山大基督教司铎阿里乌命名的基督教派别。阿里乌坚持基督在各方面都与天父的本体和特性不同，基督也与人不同，基督没有人的灵魂，耶稣次于天父，是受造物，圣灵更次于圣子，并反对教会占有大量财产。该派在公元325年的尼西亚会议上被确定为"异端"后逐步向罗马以北地区扩张。基督一性论派（Monophysite）认为耶稣的神性超过人性，耶稣并非兼有全神和全人的本性，而是完完全全的神，故而只有一个本性。

② 〔美〕埃里克·吉尔伯特、乔纳森·T.雷诺兹：《非洲史》，黄磷译，第91页。

③ 同上书，第109页。

不同教派之间的长期内斗和分裂不断削弱着自身力量，特别是其教义始终未能真正融入北非大多数本地人的社会生活和意识形态中，无法应对伊斯兰教强劲的拓展之势，基督教因而经历了由盛转衰的变化。唯有科普特教派在埃及扎下根，时至今日，科普特教派仍是代表埃及、埃塞俄比亚基督教团体和信仰的教派。

多种文明的汇聚、碰撞、融合和更替，构成了古代北非历史流变波澜壮阔的画卷，并为北非古代史的探究提供了不可或缺的源泉和重要线索。它们不仅能够弥补阿拉伯人因忽略伊斯兰教诞生前古代北非史研究所造成的文献史料方面的缺憾，而且启迪人们从文明交往的视阈来进一步认识和领悟不同文明间交往的内涵、类型、因素、属性、规律和本质等，以及文明交往作为人类社会发展的动力，又是如何在具体的社会生产实践中，使不同文明的交往由低级向高级演进，由野蛮状态向文明化升华，尤其是如何从物质、精神、制度和生态等层面来实现文明交往自身的价值，推动社会历史的进步。简言之，文明交往论也是研究和解读古代北非历史的一把钥匙。

三、非洲阿拉伯民族国家构建中的氏族（家族）、部落、部族与民族国家认同问题。这是非洲阿拉伯国家历史研究中一个不可回避的重要课题。氏族、部落和部族通常被视为民族共同体发展中的一种历史类型，属于不同历史时期的社会政治形态。氏族和部落均以血缘关系为纽带来维系其存续，氏族是组成部落的基本单位，在氏族内部又可分为血缘家庭。氏族和部落观念根深蒂固，其成员对所属氏族和部落的忠贞是无止境、无条件的。[①]而部族已不再以血缘为纽带，它主要以地域为联系，建立在私有制的基础上，并有一套适合本部族的社会和政治制度。美国著名人类学家摩尔根将部落定义为“一种组织完备的社会”，其功能和属性是：具有一块领土和一个名称，具有独用的方言，对氏族选出来的首领和酋帅有授职和罢免之权，具有一种宗教信仰和崇拜祭礼，有一个由酋长会议组成的

① 〔美〕希提：《阿拉伯通史》，马坚译，商务印书馆1979年版，第29页。

最高政府，在某种情况下有一个部落大首领。[1]另一位人类学家约翰·霍尼格曼认为部落是“具有共同的领土,共同世系的传统,共同的语言,共同的文化,以及共同的族称,所有这一切就构成了连接诸如村落、群居、区域或世系等较小集团的基础”。[2]

北非的部落组织主要包括两大类：一类是由土著的柏柏尔人或是已被阿拉伯同化的柏柏尔人组成的部落；另一类是伴随伊斯兰教的兴起及对外扩张，大规模进入和分散到北非各地区的阿拉伯部落。阿拉伯著名学者伊本·赫勒敦认为，部落中的每一个小区域、每一个小部分，都属于同一个大的部落，它们又可分为许多小的族群和小的家族，比大的宗谱血统团结得更紧密、更牢固。部落的领导权就属于它们中间的核心族群，掌握领导权的族群必须具备优势和控制能力。[3]由于历史和社会发展的局限，非洲的多数阿拉伯国家都是由不同的部落或部族发展而来，这些部落或部族历史悠久，血缘谱系关系密切，部落社会基础牢固，内部结构庞杂，社会政治影响极大。在非洲各阿拉伯民族国家构建过程中，家族和部落因素始终是困扰其实现民族和国家认同、确立公民意识的难以消除的障碍。在一些国家，家族和部落甚至扮演着决定国家稳定、左右国家发展方向的关键角色。

以利比亚为例，利比亚国内有140多个部落，其中影响较大者有30多个。但在国家社会、政治和经济生活中真正发挥主导作用的则属于三大部落联盟，即东部地区的萨阿迪部落联盟、中部地区的阿瓦拉德-苏莱曼部落联盟[4]、西部和西南部地区的巴哈尔部落联盟。历史上，利比亚的各家族、部落和部落联盟之间积怨很深，矛盾重重，难以形成所谓国家层面的公共权力。因此，以血缘关系和共同

---

① 〔美〕路易斯·亨利·摩尔根:《古代社会》上册，杨东莼等译，商务印书馆1977年版，第109页。

② 转引自〔法〕莫·戈德利埃《部落的概念》，沈静芳译，《民族译丛》1984年第4期。

③ 〔突尼斯〕伊本·赫勒敦:《历史绪论》，李振中译，宁夏人民出版社2015年版，第163—164页。

④ 卡扎菲家族所属的卡扎法部落和利比亚最大的部落瓦拉法部落都属于该部落联盟。

祖先凝聚而成的家族和部落以及伊斯兰传统，始终是处理政治和社会问题的主要方式和依据，致使利比亚在历史上有部落无国家，呈现出“碎片化”的政治地理特征。[①] 1969年卡扎菲发动军事政变夺取政权后，采取一系列措施和“革命手段”，试图对利比亚的部落社会进行自上而下的彻底改造，以便打破部落藩篱，并以国家认同取代部落意识，强化国家的内聚力，但收效甚微。根据民调，及至20世纪90年代末，利比亚民众对部落的认同仍高达96%，城市人群对部落的认同也有90%。[②]正是由于利比亚强大的部落势力，迫使卡扎菲在其统治利比亚近30年后不得不改弦易辙，转而重新回归传统，更加仰赖利比亚的三大部落势力来维系其统治，直到2011年垮台。时至今日，政权更迭近10年后的利比亚，依然处于互不统属、一盘散沙式的部落割据态势，由此折射出部落因素对利比亚政局的根本性影响。

再以苏丹为例，根据考古学和人类学的研究成果，苏丹可能是世界上最早的人类诞生之地。早期的人类在苏丹经历了从氏族到部落再到部族的发展过程。在漫长的历史演进中，苏丹古老的部落体制经久不衰，并呈现多样化的特征，亦即以氏族部落构成的原始公社形态，或是以主体部落与不同血缘部落组成的酋邦，乃至大、小王国交替出现。因此，氏族部落自古以来始终是苏丹社会的基本单元和细胞。现今的苏丹大约仍有将近600个部落，使用2000多种语言。[③]苏丹的部落有南北之分，北方主要为阿拉伯部落和非阿拉伯部落。两者的区别有二：一是苏丹阿拉伯人必须以阿拉伯语为母语；二是其祖先必须来自阿拉伯半岛，或是具有阿拉伯的谱系关系，或是其部落已完全阿拉伯化。然而，所谓苏丹纯正的阿拉伯部落之说很可能只是一个历史虚构，它实际上反映了苏丹阿拉伯人对阿拉伯

---

① 闫伟、韩志斌：《部落政治与利比亚民族国家重构》，《西亚非洲》2013年第2期。

② Amal Obeidi, *Political Culture in Libya*, London: Routledge, 2001, p.121.

③ Mawut Achiecque Mach Guarak, *Integration and Fragmentation of the Sudan: An African Renaissance*, Bloomington: Authorhouse, 2011, p.12.

半岛谱系关联的强烈认同。这与出生于黎巴嫩的美籍历史学家希提的看法如出一辙：血缘关系，不管是虚构的，还是真实的，总是维系部族组织的重要因素。[①]苏丹北方规模最大、分布最广的阿拉伯部落是贾阿林部落，此外还有丹拿格拉和朱海纳部落。苏丹南方的部落主要为黑人部落，丁卡人构成了原苏丹的第二大部落，占原苏丹全部人口的10%，[②]约310万。[③]苏丹南北双方庞杂的部落结构，使它在独立后构建民族国家进程中屡遭挫折，内战绵延不绝，以至于在2011年苏丹南北双方分裂，南苏丹宣告独立。显然，苏丹的南北分裂同种族或部落冲突相关，但这只是一种表象，透过表象可以发现其中更深层的原因：一是南北双方明显存在伊斯兰教宗教文化和基督教宗教文化的差异，特别是当彼此的穆斯林和基督徒身份在强制性的伊斯兰化过程中被不断放大时，必然会导致矛盾的激化；二是苏丹土地贫瘠，自然条件恶劣，经济资源分配的不均衡致使不同部落和部族之间经常为争夺牧场、水源和其他生活物资而兵戎相见；三是苏丹南北双方政治权利方面的不平等。苏丹长期存在阿拉伯人和非阿拉伯人、白人和黑人之间的种族不平等，阿拉伯文明被人为地凌驾于黑人文明之上，北方隶属贾阿林部落的阿拉伯河岸部落[④]始终主导和控制着苏丹的政治和经济政策，并通过强制推行阿拉伯化和伊斯兰化把持国家大权，致使其他部落处于边缘化状态。家族和部落因素在苏丹民族国家构建中表现出了另一种特点。简言之，苏丹的家族和部落不过是民族国家构建过程中凸显各种矛盾冲突的一个载体。

---

① 〔美〕希提：《阿拉伯通史》，马坚译，第28页。

② John Obert Voll and Sarah Potts Voll, *The Sudan: Unity and Diversity in a Multicultural State*, Boulder, Colo.: Westview Press, 1985, p.13.

③ Mawut Achiecque Mach Guarak, *Integration and Fragmentation of the Sudan: An African Renaissance*, p.635.

④ 阿拉伯河岸部落是指那些生活在尼罗河河谷和青白尼罗河之间热带草原东、西部的部落，他们几乎都说阿拉伯语，均为穆斯林，并尽可能将自身谱系与阿拉伯半岛先知时代的圣裔家族联系在一起。参见R. S. O'Fahey, "Islam and Ethnicity in the Sudan", *Journal of Religion in Africa*, Vol.26, No.3,1996, p.259。

摩洛哥的部落社会，较之其他阿拉伯国家则有所不同。摩洛哥的部落社会主要由土著柏柏尔人构成，其人口约占摩洛哥全国总人口的40%，主要生活在摩洛哥南部的苏斯地区、中部的阿特拉斯山区和北部的里夫地区。尽管摩洛哥柏柏尔人人口众多，但摩洛哥柏柏尔部落社会与摩洛哥中央政府的关系却相对平稳，彼此之间总体上维持较好的融合度，代表了非洲阿拉伯国家部落与政府关系的另一类型。事实上，摩洛哥于1956年独立后，在民族国家的构建过程中同样经历了柏柏尔部落社会与中央政府长期的紧张对抗时期，双方为此都付出了沉重代价。直到20世纪80年代后，摩洛哥政府和柏柏尔部落在认真的反思中，渐次向理性回归，相互不断调整策略，管控矛盾和冲突，努力实现和解。促成这种变化的根本原因在于：摩洛哥作为一个“平民化”的君主制政体（摩洛哥阿拉维王朝国王的妻子、母亲、祖母和外祖母通常均来自平民，故而有平民化君主制之称），王权对柏柏尔部落的治理表现出适度的变通性和宽容性。例如，摩洛哥君主在政治上与柏柏尔部落上层和精英建立恩庇关系；在经济上实施安抚政策，承认柏柏尔部落土地的集体所有权；在文化上倡导将共同的宗教信仰，而不是单一的阿拉伯族群认同，作为摩洛哥的国家认同。而柏柏尔人的基本诉求也以温和的文化运动为主要内容，谋求柏柏尔语言文化应赋予的权利等，并不追求摆脱中央政府的自治、分立或独立。2011年，摩洛哥宪法修订案规定柏柏尔语和阿拉伯语享有同等的语言地位，从而为摩洛哥中央政府与柏柏尔部落关系的进一步发展创造了条件。然而，从长远看，如何解决柏柏尔部落社会内部不断扩大的贫富差距，以及柏柏尔偏远山区与摩洛哥城镇之间在社会经济发展方面存在的明显断层，依然是考验摩洛哥中央政府与柏柏尔部落关系深度融合的关键。

家族和部落因素在非洲阿拉伯民族国家构建中的影响无疑是多元而复杂的。其他国家诸如毛里塔尼亚、索马里和吉布提等国的家族和部落组织也都有自身发展演变的路径和规律，它们对各自民族国家构建的影响自然也是不同的。探究非洲阿拉伯国家的家族和部落问题必须把握两个维度：一是应该厘清非洲阿拉伯诸国主要家族和部落的基本情况，包括家族和部落的区域分布、成员的构成、生态环境和经济生产方式、组织结构和运作机制、内生矛盾冲突的调解、对外交往原则、文化传统和习俗的维护，等等；二是在全面认识非洲阿拉伯各国的家族和部落基本情况的基础上，需要运用经济基础决定上层建筑的唯物史观来阐释和解读非洲阿拉伯各国的家族和部落长期存续的原因。总体来说，非洲阿拉伯国家在获得独立和建立民族国家后，大都经历了不同程度的现代化发展，并对部落社会进行了相应改造，各国的部落呈现一定的萎缩之势。但家族和部落依然在国家的政治、经济和社会生活等领域发挥着重要影响，甚至是决定国家稳定的关键因素。而关于部落意识向国家认同的转化，也是一个双向度的问题。非洲阿拉伯国家滞后的社会发展和固有的传统文化，决定了各国根深蒂固的部落意识的转换将是一个缓慢的渐进过程。部落意识的弱化有赖于部落民众能够充分感受到他们在没有或失去部落庇护的情况下，同样能够享有更多的权益和更好的生活。这是一个不可替代的前提条件。而要实现这样的目标，不仅仰仗各国社会和经济发展所能提供的雄厚财力和物质基础，同时还依靠各国政府能够有效实施各种有利于协调部落与国家关系，促使部落民众生成国家认同的一系列相关手段和政策。因此，对上述问题的考量和辨析是探究非洲阿拉伯国家家族和部落问题的一种新的尝试。

四、列强对非洲阿拉伯国家的殖民统治及其影响。在近现代历史上，非洲阿拉伯国家不论大小，几乎都曾长期饱尝西方列强残酷的殖民掠夺和统治。法国率先在北非的马格里布地区建立了以阿尔及利亚为中心的殖民统治圈。1830年，阿尔及利亚沦为法国的殖民地；1881年，突尼斯成为法国的“保护国”；1888年，法国占领吉布提全境，并于1896年，在吉布提建立“法属索马里”殖民政权；[①]1912年，摩洛哥沦为法国的“保护国”，同年科摩罗四岛也成为法国的殖民地；1920年，毛里塔尼亚成为“法属西非洲”管辖的领地。英国紧步法国的后尘，它在奥拉比领导的埃及反英起义失败后，于1882年占领埃及，并将其变为“保护国”；1899年，在英国操纵下，苏丹成为英国和埃及的共管国；1887年，英国将索马里北部地区作为它的“保护地”，并于1941年控制整个索马里。1912年，意大利在意土战争后将利比亚变为它的殖民地；1925年，在索马里南部建立“意属索马里”。1943年，英国取代意大利，占领利比亚南、北两地区。西班牙在列强瓜分北非殖民地的浪潮中也分一杯羹。1912年，摩洛哥沦为法国的“保护国”后，西班牙旋即与法国签订《马德里条约》，摩洛哥北部地带和南部伊夫尼等地划归为西班牙的“保护地”。至此，非洲阿拉伯诸国陆续被西方列强纳入各自的殖民体系中。

马克思在《不列颠在印度统治的未来结果》一文中评价英国在印度的殖民统治时指出：“英国在印度要完成双重的使命：一个是破坏性的使命，即消灭旧的亚洲式的社会；另一个是建设性的使命，即在亚洲为西方式的社会奠定物质基础。”[②]但是，以法国为首的西方列强对非洲阿拉伯国家的长期统治只是完成了其破坏性的使命，即各国原有的传统社会经济结构在西方势力的冲击下遭到了毁灭性的破坏；而殖民者要完成的建设性使命则成了一个虚幻之梦。

以阿尔及利亚为例，马克思在马·柯瓦列夫斯基所著《公社土地占有制》一书摘要中揭露，自1830年法国入侵阿尔及利亚后，法国的殖民统治“手段有时改变，目的始终是一个：消灭土著的集体财产，并将其变成自由买卖的对象，从而使这种财产易于最终转到

---

① 在历史上，吉布提和索马里同属一个文化圈。法国于1850年前后入侵吉布提，1885年法国同吉布提地区的酋长们签订条约，确认法国在吉布提的统治地位。1888年，法国又同英国达成协定，两国以吉布提和泽拉之间的中线划分势力范围，吉布提一侧为“法属索马里”，泽拉一侧为“英属索马里”。1896年，法国在吉布提正式建立“法属索马里”殖民政府。

② 中共中央马克思、恩格斯、列宁、斯大林著作编译局编：《马克思恩格斯选集》第2卷，人民出版社1972年版，第70页。

法国殖民者手中”[①]。恩格斯撰写的《阿尔及利亚》一文，也对法国在阿尔及利亚的殖民统治进行了针针见血的深刻描述：“从法国人最初占领阿尔及利亚的时候起到现在，这个不幸的国家一直是不断屠杀、掠夺和使用暴力的场所。征服每一座大城市或小城市，每一寸土地都要付出巨大的牺牲。把独立视为珍宝、把对外族统治的仇恨置于生命之上的阿拉伯和卡拜尔部落，在残暴的袭击下被镇压，他们的住宅和财产被焚毁和破坏，他们的庄稼被践踏，而幸存的受难的人不是遭到屠杀，就是遭到各种奸淫和暴行的惨祸。”[②]

利比亚被形象地喻为第二次世界大战后由联合国“制造”出来的一个国家。实际上，这也是域外大国之间相互博弈、各自谋求在利比亚权益的一种妥协的产物。美国驻利比亚首任大使亨利·赛拉诺·维拉德（Henry Serrano Villard）曾指出，利比亚的历史基本上是征服与占领交替更迭的历史。[③] 据统计，1912年利比亚被征服后，在意大利殖民统治的30年间，大约有11万利比亚人被关押在集中营，4万人死于疾病、虐待或者饥馑。最新的利比亚解密档案显示，意大利殖民者处死的囚禁者多达7万人。[④]而本土人口则从1907年的140万降至1933年的82.5万人。[⑤]

西方列强长期的殖民统治，造成非洲阿拉伯国家的贫穷和落后，社会发展异常缓慢。同时，被置于殖民体系中的非洲阿拉伯国家不得不在屈从或服务于各宗主国殖民权益的前提下，实施自身的政治、经济、外交和文化政策等，致使这些政策普遍带有明显的殖民依附色彩。例如，科摩罗的许多现代政治和法律制度就源于殖民时代，一位科摩罗律师比喻：“科摩罗国家是从法国复制而来的，它是复印

---

① 《马克思恩格斯全集》第45卷，人民出版社1985年版，第316页。

② 《马克思恩格斯全集》第14卷，人民出版社1964年版，第104页。

③ Henry Serrano Villard, *Libya: The New Arab Kingdom of North Africa*, New York: Cornell University Press, 1956, p.11.

④ Ronald Bruce St. John, *Libya: From Colony to Independence*, Oxford: Oneworld, 2008, pp.73–74.

⑤ Ibid., p.81.

件。”又如，吉布提独立后，法国在此长期驻扎4000人的军队，并宣称为吉布提提供所谓的“安全保障”。

此外，西方列强对非洲阿拉伯国家实施的殖民手段和方式，也因对象国不同而有所区别：对于那些战略和经济利益重要的国家，通常采取直接统治的方式；对于那些小国或经济权益有限的国家，它们往往通过挑选代理人，诸如当地的封建主和有名望的部落酋长、首领等实行间接统治。非洲阿拉伯国家对于西方列强的殖民统治一直进行着顽强抗争，但各国谋求独立和解放的途径，则因国情和殖民者统治方式的不同而呈现反差。一般来说，在那些殖民统治最残酷的国家，民众浴血反抗的斗争就更加激烈。阿尔及利亚是一个最典型的案例。阿尔及利亚人自1954年在奥雷斯山区打响武装斗争的第一枪后，经过七年艰苦卓绝的反法解放战争，最终粉碎了法国强加于阿尔及利亚人长达132年之久的殖民枷锁，于1962年赢得独立。科摩罗、吉布提和毛里塔尼亚这些小国基于自身的局限，以及它们同前宗主国法国的无法割断的各种联系，因而选择了非暴力的和平方式走向独立。利比亚历来是大国逐鹿争雄之地，它的建国彰显了大国在联合国舞台上折冲樽俎、不甘舍弃已有权益的博弈。故此，西方列强在非洲阿拉伯国家的殖民史是非洲阿拉伯国家近现代史的重要研究内容。殖民统治对各国历史进程所衍生的各种关键问题及影响，都需要依据可靠的史料做出尽可能符合客观事实的更深层次的再分析和全新的解读。

五、现代化运动与阿拉伯社会主义的治国实践。现代化源于西欧，是伴随近代工业革命所聚集的强大内动力而兴起的。“二战”结束后，作为新生的现代民族独立国家，非洲阿拉伯国家在战后世界现代化浪潮的冲击和驱动下，陆续走上现代化发展道路。外源性和后发性是非洲阿拉伯国家推进现代化的基本特点。非洲阿拉伯国家启动现代化的原动力、经济结构、资源禀赋、社会基础和价值取向等完全不同于西方，由此决定了它们不可能照搬西方模式。

现代化是人类文明发展和演进的最复杂的过程。世界各国的现代化实践，按经济形态来区分，大致可归纳为三大类，即资本主义类型、社会主义类型、混合类型，而每一种类型都有多种发展模式。[①]但任何一种发展模式都要适应一定的生产力发展水平，符合本国的具体国情。非洲阿拉伯国家的现代化总体上都属于混合类型，是一种尚未定型的现代化选择。它兼采资本主义现代化和社会主义现代化两种模型的不同特色，是将两大对立模型合成而产生的一种中间发展形式；在本质上是一种边缘资本主义的发展模式。[②]

阿拉伯社会主义的发展道路堪称战后多数非洲阿拉伯国家推进现代化的一种主流。这一现象的出现同战后西亚北非地区盛行的阿拉伯社会主义思潮密切相关。阿拉伯社会主义主要由阿拉伯民族主义、伊斯兰传统和科学社会主义的个别原理所构成，是一种带有浓厚阿拉伯-伊斯兰特色的社会思潮。非洲阿拉伯国家的所谓社会主义主张，名目繁多，形式不一。其中包括埃及的纳赛尔主义、阿尔及利亚的自管社会主义、突尼斯的宪政社会主义、利比亚的伊斯兰社会主义，以及索马里西亚德总统自封的“科学社会主义”[③]等。阿拉伯社会主义有几个共同点：一是把社会主义等同于伊斯兰教的教义精神，认为伊斯兰教是社会主义原则的渊源；二是把社会主义作为一种发展经济和振兴民族，进而实现国家现代化的纲领和手段；三是拒绝科学社会主义，明确反对无神论，强调以伊斯兰教信仰为基础，尊重民族和宗教文化传统，主张阶级合作和私有制的永恒性。[④]纳赛尔就曾表示，他的阿拉伯社会主义与马克思主义存在根本

① 罗荣渠：《现代化新论——世界与中国的现代化进程》，北京大学出版社1993年版，第150页。

②〔埃及〕萨米尔·阿明：《不平等的发展》，高铦译，商务印书馆1990年版，第169页。

③ 索马里总统西亚德·巴雷自称奉行“科学社会主义”，但从不提以马克思主义为指导思想。他宣称其“科学社会主义”是与伊斯兰教“和谐一致”的，“伊斯兰教义中有社会主义的基础”。参见唐大盾等《非洲社会主义：历史·理论·实践》，世界知识出版社1988年版，第37页。

④ 黄心川主编：《世界十大宗教》，社会科学文献出版社2007年版，第310—311页。

性差异，并且具体表现在五个方面。[①]这便昭示了阿拉伯社会主义的特殊属性。

阿拉伯社会主义之所以能够成为多数非洲阿拉伯国家选择的现代化发展模式，一方面是由于非洲阿拉伯国家长期深受殖民主义之害，导致其本能地排斥西方发展模式。亦如研究者所言，当资本主义与殖民国家和剥削特权联系在一起后，社会主义作为一种相反的意识形态，在非洲无疑成为普遍的诉求。[②]自20世纪50年代中期到70年代中期，阿拉伯社会主义在多数非洲阿拉伯国家的实践，确实取得了一些不容否认的成效。一些数据也可说明这一点。例如，埃及的工业总产值从1952年的3.14亿埃镑增加到1979年的61.6亿埃镑，增长了近19倍。同一时期，农业总产值由3.87亿埃镑提高到36.6亿埃镑，增长了8.46倍。[③] 阿尔及利亚在1967—1978年国民经济保持年均7.2%的增长率，十多年间人均国民收入从375美元增至830美元。[④]突尼斯经过十年的建设，基本形成自身的民族工业体系，国有企业从1960年的不足25家发展到1970年的185家，国有经济在国民收入中的比例从1.8%上升到33.7%。[⑤]

然而，由于内外和主客观多种因素的局限，非洲阿拉伯国家在现代化进程中遭遇的挫折与失败远大于成功，是一种不成功的现代化尝试。它们面临一系列难题，诸如政治发展明显滞后于经济发展，经济发展对外的严重依赖性，生产结构的单一性与脆弱性，社会经济的二元性与对立性，工业分布的条块性与不均衡性，过度城市化和人口增长失控，生态环境不断恶化，等等。这些问题使非洲阿拉

① 1962年5月30日纳赛尔在全国人民力量代表大会上的发言，《金字塔报》，1962年5月31日。转引自唐大盾等主编：《非洲社会主义新论》，教育科学出版社1994年版，第96页。

② E. A. Alport, "Socialism in Three Countries: The Record in the Maghrib", *International Affairs*, Vol.43, No.4, Oct. 1967, p.692.

③ 唐大盾等：《非洲社会主义：历史·理论·实践》，第116页。

④ Massoud Karshenas, Valentine M. Moghadam, ed., *Social Policy in the Middle East: Economic, Political and Gender Dynamics*, New York: Palgrave Macmilian, 2006, p.42.

⑤ I. William Zartman, ed., *Tunisia: The Political Economy of Reform*, Boulder: Lynne Rienner Publishers, 1991, p.111.

伯国家在全球化时代难以摆脱被边缘化的命运。20世纪70年代中期以后，以阿拉伯社会主义为主导的非洲阿拉伯国家的现代化实践，无不经历了趋于衰势的变化。80年代末期，伴随东欧剧变和苏联解体，有关阿拉伯社会主义的议题在多数非洲阿拉伯国家逐渐成为一种历史记忆。从反思的角度看，理性处理宗教与现代化的关系问题，仍是非洲阿拉伯国家在现代化实践中不能回避的课题。宗教地域特征和传统文化使非洲阿拉伯国家的现代化之路充满了“悖论”。由于近代以来伊斯兰世界尚未真正出现比较彻底的宗教改革运动，未能在人的解放和价值取向等问题上实现跨越性的突破，伊斯兰世界在近代的各种社会改革基本上都没有超出改良范畴，其主轴大都以捍卫伊斯兰教传统价值观和巩固当权者的统治为目标。其所触及的仅仅是应对外来挑战的表象问题，而回避对其政治和思想体系的批判性内省与更新，从而制约着各国的文明演进和现代化进程。

阿拉伯社会主义作为一种民族主义思潮在战后的非洲阿拉伯国家盛行20年之久，它是独立后的非洲阿拉伯各国选择的一种现代化模式和社会制度。因此，其核心仍是国家定位和发展道路的问题，也是一个具有重大现实意义和理论价值的问题。对这些问题的深入研究和探索，将有助于充实和丰富马克思主义关于经济落后国家发展道路选择的相关理论。

六、早期的伊斯兰教和当代非洲阿拉伯国家的伊斯兰潮。恩格斯在《论早期基督教的历史》一文中指出：“伊斯兰这种宗教是适合于东方人的，特别是适合于阿拉伯人的。”[①]早期伊斯兰教在非洲的传播肇始于第二任哈里发时期穆斯林军队于公元639—642年对埃及的征服。非洲本土人最早的伊斯兰教皈依者大多为社会的上层，其中又以统治者和成功的商人最愿意改信伊斯兰教，穷人和乡村居民的改宗要晚得多。故此，早期的伊斯兰教在非洲被称为“宫廷和商业宗教”[②]，这一宗教首先在政界及商界权势人物中传播开来。后来埃

① 《马克思恩格斯全集》，第22卷，人民出版社1965年版，第526页。
② 〔美〕埃里克·吉尔伯特、乔纳森·T.雷诺兹：《非洲史》，黄磷译，第109页。

及人纷纷皈依伊斯兰教，这在很大程度上是因为当时的拜占庭统治者强加于埃及人的各种赋税过重，而新的伊斯兰政府所征税率很低。同时它对宗教自由的态度也比拜占庭要更宽容。科普特基督教徒直到11世纪依然占埃及人口的大多数，便是一个颇具说服力的佐证。

在伊斯兰教创立的初期，北非实际上也是那些发现自己与中央伊斯兰国家日益强大的逊尼派正统观念不合的穆斯林的庇护所。①伊斯兰教初期的两个重要少数派教派——什叶派和哈瓦利吉派②都在北非找到了避难地。哈瓦利吉派落脚于北撒哈拉沙漠中的小绿洲，以及卡比利亚和阿特拉斯山脉中的丘陵地带，他们同土著柏柏尔人建立了比较亲密的关系。什叶派在北非的势力和影响更大。什叶派首先在阿尔及利亚东南部站稳脚跟，并不断向外拓展。10世纪初，他们先后推翻了阿巴斯王朝在突尼斯的统治和打败柏柏尔-哈瓦利吉派。公元909年，什叶派首领奥贝德拉在突尼斯以先知穆罕默德之女法蒂玛的苗裔自居，被拥戴为哈里发，建立法蒂玛王朝，这是伊斯兰教什叶派的第一个王朝。国都为马赫迪亚。③随后，法蒂玛王朝征服摩洛哥，进而占领整个马格里布地区。969年攻占阿拉伯帝国统治下的埃及，973年迁都开罗，并在埃及实施了长达200余年的统治，直到1171年被推翻。基督教和伊斯兰教的初期，在北非的一个共同现象是：无论是基督教的少数派阿里乌斯派和一性论派，还是伊斯兰教的少数派什叶派和哈瓦利吉派，都把北非或是作为大本营，或是作为庇护地，这一现象的历史蕴含令人深思。或许正因为如此，近代以来北非阿拉伯诸国出现的各种伊斯兰复兴思潮或运动，都按

---

① 〔美〕埃里克·吉尔伯特、乔纳森·T.雷诺兹：《非洲史》，黄磷译，第95—96页。

② 哈瓦利吉派（Khawāridj），伊斯兰教早期派别之一。哈瓦利吉意为“出走者”。657年隋芬之战期间，穆阿维叶在面临失败时提出“以《古兰经》裁判”的停战要求。当时阿里营垒内分为主战和主和两派，阿里倾向和解，遂接受穆阿维叶的要求，引起主战派的极端不满，约有12 000人离开阿里的队伍出走，组成哈瓦利吉派。此外，该派认为哈里发应由穆斯林公选，当选者不应只限于古莱什人；同时主张在所有穆斯林中共同分配土地和战利品，故又称军事民主派。

③ 法蒂玛王朝初建都拉卡达，即今突尼斯的凯鲁万，后于920年迁都马赫迪亚，位于凯鲁万东南海岸。

照其自身的逻辑发展。就地缘政治来说，它不像西亚阿拉伯国家那样，处于中东各种矛盾的旋涡中，因而受外部影响相对较少。就对外交往来看，北非诸国毗邻欧洲，在历史上多为法、英等国的殖民地，与西方有密切的联系，故此对东西方文化和价值观差异的体验也比西亚阿拉伯国家更深刻。这些因素凝聚了北非伊斯兰复兴运动的多元化色彩。

20世纪80年代以来的北非伊斯兰复兴运动主要在埃及、苏丹和阿尔及利亚等国形成几个中心。一般来说，北非阿拉伯国家伊斯兰复兴运动的主调趋于温和与理性。这里并不否认在某些特定时空下出现的极端倾向。以埃及为例，由哈桑·班纳于1928年组建的穆斯林兄弟会（以下简称为“穆兄会”）是埃及最大的民间伊斯兰组织。20世纪70年代，虽然穆兄会分裂出一些激进组织，包括“赎罪与迁徙组织”和“圣战组织”等，但总体上看，埃及历届政府基本能够掌控来自宗教势力的挑战。纳赛尔时期，埃及政府与穆兄会的关系在合作、利用和打压中轮换。萨达特和穆巴拉克时期，穆兄会基本放弃暴力手段，转而采取和平、合法和半合法的斗争策略。穆兄会中占主导的温和派强调，以和平和渐进的方式实现伊斯兰化，以理性和现代的角度看待伊斯兰法和伊斯兰政府的功能。[①]由此，政府与穆兄会之间形成了容忍、妥协、限制和反限制关系的动态性变化，从而维持埃及社会的稳定。

哈桑·图拉比是20世纪90年代苏丹最有影响力的宗教政治思想家，有“非洲霍梅尼”之称。图拉比同1989年发动军事政变掌权的巴希尔合作，在苏丹建立了伊斯兰政权。图拉比主张实行政教合一，全面实现社会生活的伊斯兰化，并于20世纪90年代在苏丹实施所谓的“伊斯兰试验”。图拉比认为，他的伊斯兰试验是“建立在人民价值观基础之上，由知识分子引导，动用宗教资源促进不发达国家发

① R. H. Dekmejian, *Islam in Revolution: Fundamentalism in the Arab World*, New York: Syracuse University Press, 1985, p.181.

展的新尝试”[①]。他还认为，伊斯兰复兴最理想的情况是在没有内部压制和外部干涉的形势下通过和平、渐进的方式发展。[②]因而，一方面，他反对暴力，强调伊斯兰教的温和与宽容，认同与时俱进的宗教改革，倡导妇女解放和提高妇女地位等。这些都体现了图拉比伊斯兰试验的温和性。另一方面，图拉比的伊斯兰试验始终被限定在其合作者世俗的苏丹总统巴希尔设定的轨道内，巴希尔决不允许图拉比的宗教权势凌驾于其权力之上。事实上，代表国家政权的巴希尔与代表伊斯兰势力的图拉比的政教结合，从一开始就是一种权力借重和彼此利用的关系。在苏丹这种多部落多宗教的复杂的政治环境下，教权显然无法与世俗政权相抗衡。

阿尔及利亚是北非伊斯兰复兴运动的另一个类型，体现了阿尔及利亚宗教政治化和政治暴力化的双重特点。1989年诞生的阿尔及利亚“伊斯兰拯救阵线”（以下简称“伊阵”）是阿尔及利亚国内最大和最具影响力的伊斯兰复兴组织，其主要领导人阿巴斯·迈达尼是一个拥有英国教育学博士学位的大学教授，另一个是清真寺的伊玛目阿里·贝尔哈吉。实际上，他们分别代表阿尔及利亚伊斯兰复兴运动中的温和派与激进派两大势力。尽管存在思想意识上的分歧，但这并未成为双方合作的障碍，有研究者将他们对外发出的不同声音形象地喻为“双头性领导”下的“多声部合唱”[③]。两人迥然不同的风格，相得益彰，吸引了大批不满的阿尔及利亚人。[④]伊阵主张维护穆斯林共同体的统一，捍卫伊斯兰历史和文化遗产。[⑤]其最高目标是通过和平斗争的策略，实现阿尔及利亚的伊斯兰化。但是，军队作

---

① Hassan Al-Turabi, “U.S. House Foreign Affairs Africa Subcommittee Hearing on the Implications for U.S. Policy of Islamic Fundamentalism in Africa”, www. Islamonline.net/iol-english/qadaya/qpolitic-14/ qpolitic1.asp.

② 王铁铮主编：《全球化与当代中东社会思潮》，人民出版社2013年版，第269页。

③ 蔡佳禾：《当代伊斯兰原教旨主义运动》，宁夏人民出版社2003年版，第132页。

④ Robert Motimer, “Islam and Multiparty Politics in Algeria”, *Middle East Journal*, Autumn 1991.

⑤ John Ruedy, *Modern Algeria: The Origins and Development of a Nation*, Second Edition, Bloomington: Indiana University Press, 2005, p.252.

为阿尔及利亚独立战争胜利者的象征，不允许伊斯兰势力改变国家的世俗发展方向。当伊阵通过市政和议会选举即将掌控国家政权时，军队毫不犹豫地予以干涉，终止了其迈向权力舞台的步伐。而伊阵内部和政府内部对事态的不同认知，最终酿成了一个分裂的政府与一个分裂的伊斯兰反对派之间对抗的危机。[①]据统计，在随后四年多的时间里，暴力冲突和相互残杀此消彼长，约有6万平民和军人死亡。[②] 阿尔及利亚被打上了暴力政治的特有符号。这种状况一直持续到1995年11月泽鲁阿勒赢得阿尔及利亚历史上首次自由选举的胜利，由此证明了阿尔及利亚人最终抛弃了困扰国家政治的宗教和世俗极端主义。[③]

从北非三国的伊斯兰复兴运动来看，尽管其目标和行动手段有相似之处，但三国互不统属，几乎不存在彼此的协调和支持。这种状态表明北非伊斯兰复兴运动的分散性和多样性，因而外溢影响有限。同时，它也揭示了北非伊斯兰复兴运动所聚集的能量和张力，无论是在同世俗政权合作还是在抗衡方面，都不足以占上风的总趋势，更无法改变世俗政权主导国家政治秩序和发展方向这一历史事实。

七、政治剧变和北非阿拉伯国家的未来走向。北非是2010年底2011年初阿拉伯政治剧变的发源地，诱发了整个阿拉伯世界的震荡。从本质上看，此次阿拉伯剧变的根源在于，阿拉伯威权主义政权在政治上的极度僵化和现代化发展的“错位”，以致无法满足阿拉伯民众对民生、民主、民权的期盼。换言之，阿拉伯变局实际上也是阿拉伯民众谋求重新选择现代化发展道路的一种抗争。

然而，旧政权的垮台并不意味着新制度的建立。早在政治剧变之初，巴林思想家贾比尔·安莎里在一篇文章中就写道：“一层厚厚的浪漫主义之膜，正裹绕阿拉伯国家当前的变革要求。这种情形，

---

① William B. Quandt, *Between Ballots and Bullets: Algeria's Transition from Authoritarianism*, Washington, D. C.: Brookings Institution Press, 1998, p.58.

② 蔡佳禾：《当代伊斯兰原教旨主义运动》，第135页。

③ Martin Stone, *The Agony of Algeria*, London: Hurst & Company, 1997, p.120.

我们这一代人也曾经历过，我们曾经梦想过统一、自由和社会主义，但我们等来的却是专制，它带给我们的只有挫败和失望。”[①]另一位阿拉伯政治家指出，变革不应止于改变统治者，而应致力于改变社会，即改变社会的经济、文化基础。问题是：如何让变革从表面及于纵深，从形式过渡到实质？[②]这些担忧和发问似乎已预感到阿拉伯变局前景的迷惘。而后来阿拉伯变局的走向也印证了这一点：埃及经历了翻烧饼式的政权“轮回”，从穆巴拉克的垮台，到穆兄会的穆尔西在权力之巅的昙花一现，再到穆尔西被军人政权所取代，民主政治似乎离埃及依然遥远；卡扎菲之后的利比亚陷入四分五裂的武装割据状态，各派系之间的混战绵延不绝，新的政治秩序的重建渺无音讯；唯有突尼斯的局势让人看到了一缕“阿拉伯世界微弱的曙光”。2014年12月，突尼斯诞生首位民选总统，国内局势趋于相对稳定。但突尼斯的腐败之风并未得到有效遏制，根据国际组织提供的数据，2010年突尼斯在“透明国际”清廉指数中位列178个国家的第59位，2016年则在176个国家中名列第75位。[③]因此，突尼斯的社会改造和政治变革任重道远。

与此同时，阿拉伯国家的政治生态因政治剧变而发生明显变化，一些地区和国家出现权力“真空”。为抢占地盘和扩张势力，不同派系之间的恶斗持续升温。北非马格里布地区和非洲之角的索马里成为两个恐怖主义的渊薮。利比亚境内的恐怖活动日甚一日，它们所释放的破坏力对近邻突尼斯的稳定构成威胁；索马里青年党作为东非臭名昭著的恐怖主义组织，在阿拉伯政治剧变后进一步扩大活动领域，频繁制造一系列暗杀和暴恐事件，破坏索马里和平进程与民

① 〔巴林〕贾比尔·安莎里：《只有革命浪漫主义还不够》(阿拉伯文)，《生活报》，2011年4月25日。转引自马晓霖主编《阿拉伯剧变：西亚、北非大动荡深层观察》，新华出版社2012年版，第437页。

② 〔叙利亚〕阿多尼斯：《布阿齐齐的骨灰》(阿拉伯文)，《生活报》，2011年4月28日。转引自马晓霖主编《阿拉伯剧变：西亚、北非大动荡深层观察》，第438页。

③ Sarah Yerkes, Marwan Muasher, “Tunisia’s Corruption Contagion: A Transition at Risk”, https://carnegieendowment. org/2017/10/25/tunisia-s-corruption-contagion-transition-at-risk-pub-73522.

权社会。同时，索马里猖獗的海盗劫持活动①，也在严重干扰着国际水道的航行安全和各国间的经贸交往。

阿拉伯政治剧变距今已有十余年，反观非洲阿拉伯诸国的社会、政治、经济和意识形态的现状，多数国家仍然在过去的老路上徘徊不前，尚未在探寻新的发展道路中取得突破性进展，也没有找到能够理性化解长期困扰国家的社会、经济和族群割裂问题的有效策略。非洲阿拉伯国家的发展和创新之路如此之艰难，可从两个层面来解析：一是缘于自身的局限。多数非洲阿拉伯国家实际上都没有经受过现代大工业血与火的洗礼，迄今还不能形成一个真正能够体现或代表先进生产力，领导民众并得到民众广泛支持的社会阶层。这表明非洲阿拉伯国家仍处于由传统农业社会向现代工业社会转型的过程中。二是基于非洲阿拉伯国家固有的宗教地域特点。宗教被人为地承载了过多的非宗教因素，因而需要不断理顺信仰与理性、宗教与世俗、传统文明与现代文明等方面的关系，并且必须防止伊斯兰教义被随意曲解和"工具化"，从而挑起宗教狂潮，使国家的正常发展迷失方向。"伊斯兰社会民主演进的障碍不仅是政治层面的，而且在根本上还与价值观念有关。因此，要建立相对性、多元化的民主理性，就必须撼动神学与教法的基本结构。"②由此可见，实现与时俱进的宗教变革和激活人的创造力，将是非洲阿拉伯国家长期和不可懈怠的使命。

八、关于国外文献史料的使用。任何一项研究都离不开相关资源的支持，丰富可靠的史料是完成非洲阿拉伯国家通史研究最重要的前提条件。因此，这一研究必然要借助国外的各种文本资源。从语种来说，以英语为主，并且尽可能地吸纳阿拉伯语、法语、俄语等，以及中译本的文献史料；从文本来说，包括有关非洲阿拉伯10国各个时期

① 据国际海事署报告，在索马里海域发生的海盗袭击次数为：2006年18起，2007年48起，2008年111起，2009年215起，2010年219起，2011年236起。参见Elwaleed Ahmed Talha, *Political and Economic Impact of Somalia Piracy during the Period (1991–2012)*, The University of Tokyo, 2013, p.14 (http://www.pp.u-tokyo.ac.jp/courses/2013/documents/5140143_9a., 2014-10-2)。

② 〔突尼斯〕本·阿舒尔：《民主派和神学派的政治活动》，阿拉伯联合酋长国《联合报》，2011年3月14日。转引自马晓霖主编《阿拉伯剧变：西亚、北非大动荡深层观察》，第438页。

的历史著作，重要人物的传记和回忆录，对重要政策和重大事件的专题研究，相关国家陆续解密的档案资料，新媒体和网站的各种述评，以及国内外学者发表的一系列相关学术论文等。项目组在研究和写作过程中，对于这些庞杂的文献史料，都须经过审慎筛选、相互比对和甄别，以便使所用史料客观、可靠和可信。项目组遵循的原则是，注重对文献史料的合理吸纳和消化，确保研究成果的质量和应有水准。

如前所述，非洲阿拉伯国家作为一个国家群，各国国情独特而复杂，呈现纷繁和多元的色彩。但非洲阿拉伯国家同样存在共性，在历史演进中面临的许多问题也是相同的。按照传统观点，对于国别通史的研究，通常的聚焦点大多是诸如政治制度、经济模式、社会结构等这些显性要素在历史发展进程中的演化。毋庸置疑，这些要素是通史研究不可或缺的核心内容。但本项目的作者并不仅仅拘泥于这些显性要素，而是审慎地选择更贴近客观社会现实，且能折射事物本质的一些问题来解析非洲阿拉伯国家的历史发展。这实际上是力图从一个不同的新视角，来探讨非洲阿拉伯国家综合性通史的一种尝试。而这种尝试完全取决于非洲阿拉伯国家的固有的独特国情，也是非洲阿拉伯国家历史进程中必须直面的重大议题。它有利于突破惯性思维的窠臼或定式，从更深层次认知非洲阿拉伯国家的变迁。更重要的是，这些问题能够从根本上深刻反映不同时期非洲阿拉伯各国社会、政治、经济和宗教文化等领域的独特样貌及嬗变，凸显非洲阿拉伯国家历史演进的脉络和轨迹。从一定程度上讲，它们构建了非洲阿拉伯国家通史研究的一个总体框架，也提供了一种宏观的视野和路径，以便在纵横维度的比较研究中揭示非洲阿拉伯国家历史发展的基本规律和主要特点。我们企盼八卷本《非洲阿拉伯国家通史》的问世能够为读者和研究者深度了解非洲阿拉伯国家的历史提供借鉴，并发挥其应有的社会效应。同时，对于书中的不足之处，恳请行家不吝指正和赐教。

2022年3月于西北大学中东研究所

目　录

Contents

绪论　摩洛哥概况

一、自然环境

地理位置与地貌

摩洛哥王国（The Kingdom of Morocco）位于非洲西北端，西临大西洋，北隔直布罗陀海峡与西班牙相望，东北濒地中海，东、东南与阿尔及利亚接壤，南与西撒哈拉相邻。

摩洛哥的地理位置具有十分重要的战略意义。它地处欧洲、非洲两个大陆与大西洋、地中海两个水域相交汇的十字路口，扼守地中海出大西洋的门户。摩洛哥也是非洲大陆上距离欧洲最近的国家，北面与西班牙仅一水之隔，直布罗陀海峡最窄处只有14公里。可以说，摩洛哥兼具了马格里布、非洲和地中海三重地理属性。这种独特的地理特点，造就了摩洛哥兼具阿拉伯、非洲和欧洲三种特色的文化风格。正如已故摩洛哥国王哈桑二世（Hassan Ⅱ）在其回忆录中所言：摩洛哥"位于连接海洋、大陆、各族人民和各种文明的十字路口"[①]。也正是因为处于如此具有战略意义的地理位置，摩洛哥便成为历史上列强竞相争夺的焦点地区。

摩洛哥总面积为44.65万平方公里（不包括西撒哈拉26.6万平

① Hassan Ⅱ, *The Challenge: The Memoirs of King Hassan Ⅱ of Morocco*, translated by Anthony Rhodes, London: Macmillan, 1987, p.11.

方公里），[1]其中绝大部分是陆地，水域面积约为250平方公里，仅占0.056%。

摩洛哥拥有丰富的地形地貌。其以山地和高原为主，是北非山地最多的国家。除高山和高原外，还有平原、丘陵和沙漠，呈现出多姿多彩的特点。

摩洛哥境内三分之一是山地。北非著名的阿特拉斯山脉（Atlas Mountains）的西段位于摩洛哥境内，从西南向东北延伸，直至阿尔及利亚边界，呈逐渐降低之势，将国土大致分为西北部的沿海平原丘陵地带和东南部的近撒哈拉沙漠地带。摩洛哥境内的阿特拉斯山脉由四条山脉构成，自北向南依次为：里夫山（Er Rif Mountains）、中阿特拉斯山（Middle Atlas）、大阿特拉斯山（High Atlas）和小阿特拉斯山（Anti-Atlas）。

里夫山西起丹吉尔（Tangiers），东至梅利利亚（Melilla），长约290公里，大部分沿着地中海海岸东西向延伸，形成许多景色优美的海湾和岬角。里夫山的中段高峻，海拔在2000米以上；东段和西段比较低缓，海拔700—800米。最高峰是提迪根峰（Mount Tidirhine），海拔2456米，山顶冬季积雪。

里夫山往南，隔着塔扎（Taza）走廊和塞布河谷地（Wadi El Sebou），耸立着平均海拔2500米的中阿特拉斯山。它从地中海沿岸的摩洛哥与阿尔及利亚边境由东北向西南斜贯摩洛哥中部地区，与其南部的大阿特拉斯山平行绵亘。中阿特拉斯山的东端为褶皱地形，与穆卢耶河（Moulouya River）的上中游相连。海拔3340米的布纳塞尔山（Mount Bou Nasser）为其最高峰。中阿特拉斯山西端为侏罗纪平台，并逐渐降为大西洋沿岸平原。

大阿特拉斯山是阿特拉斯山脉的主体，从大西洋沿岸的阿加迪尔（Agadir）自西南向东北斜贯摩洛哥中部，蜿蜒700多公里，山势险峻，平均海拔在3000米以上，故而也被称作高阿特拉斯山。图

---

① 参见联合国数据库：“Moroco”，http://data.un.org/en/iso/ma.html，引用时间：2020年6月3日。

卜卡勒山（Mount Toubkal）海拔4165米，是摩洛哥和北非地区的第一高峰，山顶常年积雪。

最南边的是小阿特拉斯山，它与大阿特拉斯山之间隔着苏斯河谷地（Wadi El Sous）。小阿特拉斯山由西南向东北延伸约600公里，平均海拔2000米左右，最高峰艾克利姆山（Mount Aklim）海拔2531米。其特点是山脉中段有中断的地方，形成地势较低的山隘或峡谷，成为南北交通的天然通道。

在上述山脉之间的地带坐落着台地形的高原，中阿特拉斯山将其隔成两部分：东部高原夹在中阿特拉斯山和撒哈拉阿特拉斯山（位于阿尔及利亚境内）之间，海拔1000米左右。高原上盐湖密布，因当地人称盐湖为“绍特”（Shott），因此名称为“绍特高原”，高原的表面大部分是被阿尔法草覆盖的草原。西部的梅塞塔（Meseta）高原夹在中阿特拉斯山与大阿特斯山之间，平均海拔约300米。高原表面呈现多样化特点，一些地方受地下水溶蚀而形成为岩溶地区。辽阔无边的草原堪称天然牧场，而肥沃的河谷地区则大多开垦成了农田。

摩洛哥大西洋沿岸一带分布着一些低缓的肥沃平原。由于沿海平原利于垦殖和放牧，全国3/4的人口都聚集在这里。位于西北部的是杰巴拉（Jebala）平原、塞布（Sebou）平原和加尔布（Gharb）平原。其中最大的是塞布河（Sebou River）流贯的塞布平原，从大西洋岸边的塞布河口向内陆延伸到塔扎山口。这一带土地肥沃湿润，四周有许多湖泊，气候宜人，雨水丰富，是摩洛哥最好的农业区，包括皇家农场在内的许多大农庄都集中于此。此地盛产粮食、葡萄、水果和橄榄，往南是萨乌亚平原、杜卡拉（Doukkala）平原和阿勃达平原。再往南是位于大、小阿特拉斯山之间的苏斯（Sous）平原，得益于阿特拉斯山的水源和丰富的地下水层，这里成为盛产水果和蔬菜的重要农业区。此外，地中海沿岸还有穆卢耶平原，内陆有马拉喀什（Marrakesh）平原，这些平原的条件较差，只有1/3的面积可以用作耕地。

摩洛哥国土南部有一部分沙漠，覆盖着相当厚的砾石层，沿着水分稀少的河床地，点缀着零星的绿洲。东南部靠近阿尔及利亚边界一带是撒哈拉大沙漠，这里是茫茫一片如海浪般起伏堆积的沙丘，常常出现遮天蔽日的沙尘滚滚景象。

摩洛哥的海岸线长约1750公里，其中沿大西洋海岸线长约1300公里，沿地中海海岸线长450多公里，两段海岸线呈现出明显的差异。地中海海岸因是里夫山脉的延伸，海拔很高，除了拥有河口的地方外，多呈曲折蜿蜒状。而大西洋海岸除了北部的阿尔米耶海角到斯帕鲁提尔角之间、南部的西姆海角和苏斯河口外，其余都是平直的低平海岸，愈往南，海岸线愈显平直，沙滩也更加辽阔。

气候与水资源

摩洛哥地处亚热带，受到维度、地形和海洋的影响，基本上可以分成三个气候区，各个区域的气候有着迥然不同的特征。以里夫山脉为中心的摩洛哥北部和地中海沿岸，属于地中海型气候。每年的4—9月为夏季，也称旱季，少雨干燥，最热的7月气温平均为22℃—24℃之间；每年10月至次年3月为冬季，也称雨季，温和湿润，最冷的1月平均气温为12℃。年降雨量从北部地中海沿岸的700—800毫米递减到南部的300—400毫米。

中阿特拉斯山脉以南的中部内陆地区属于亚热带山地气候，温和湿润。气温随海拔高度的增加而递减，山麓地区年平均气温约为20℃，海拔1600米地带的年平均气温约为10℃，海拔2000米以上的地方几乎有长达半年的降雪期，有些山峰即使在夏天，也是白雪覆盖，气温在-20℃左右。年降雨量则随海拔高度的增加而递增，山麓地区约在400毫米，海拔高的地带超过1000毫米。

大阿特拉斯山以南地区和东部地区属于沙漠性气候。夏季从撒哈拉沙漠吹来的“西洛可风”，不仅使气候变得炎热干燥，而且夹带着大量沙尘，年平均气温约20℃，夏季最高气温可达40℃以上，非常炎热。东部的绍特高原气候干燥，年降水量只有250多毫米。西部的梅塞塔高原虽然敞向大西洋，但年降水量也仅为200—300毫米，并且自北向南递减，到阿加迪尔地区年降水量只有187毫米。再往南靠近撒哈拉沙漠的地区，年降水量仅109毫米，干热风不时从撒哈拉沙漠吹来，经常有旱灾，最高气温可达50℃。

摩洛哥是马格里布三国[①]中水资源最丰富的国家，有“天然水塔”之称。全境有10多条较大的河流，均源于中部山地，分别流向大西洋、地中海和撒哈拉，形成一个近似辐射状的水系。[②]

向西流入大西洋的河流有：位于西北部的塞布河，发源于非斯（Fes）市东南方约120公里处的中阿特拉斯山，向西北方流淌至盖尼特拉（Kenitra）附近注入大西洋，全长约450公里。该河上游流经山地，有沃尔哈河（Ouergha）、拜赫特河（Beht）等支流，在干支流上筑有几处水坝，用于灌溉和发电；下游流经宽阔的平原，河道宽150—200米，水流趋缓，河口以上170公里内可以行船，是摩洛哥国内唯一可以行船到达内陆的河。位于中西部的乌姆赖比阿河（Oum Er-Rbia River），是摩洛哥最大的常流河，发源于中阿特拉斯山，蜿蜒约555公里后在杰迪代（El Jadida）附近注入大西洋。它主要有阿比德河（El Abid）和泰索特河（Tessaout）两条支流。该河的上游在山区断崖间迂回，水势汹涌，流速急，沿途瀑布众多；下游进入平原地区，水流平稳，在入海口处形成沙洲。这条河的年内流量变动很大，最大时每秒超过2000立方米，但干燥期则降为每秒35立方米。该河虽不具航行之便，但水利资源丰富，主要用于水力发电和灌溉。坦西夫特河（Tensift River）是中西部地区重要河流，源自大阿特拉斯山北坡，由几条溪流汇合而成，从东往西，流经马拉喀什北部，在萨菲（Safi）以南32公里处注入大西洋，全长约260公里。河道上修建了水利枢纽工程，用于农田灌溉，使沿河两岸的干旱谷地变成了良田。苏斯河（Sous River）是摩洛哥南部的主要河流，全长180公里，自东向西流，在阿加迪尔南侧注入大

① 传统上马格里布地区包括摩洛哥、阿尔及利亚和突尼斯三个国家。1989年，阿拉伯马格里布联盟成立，主要包括摩洛哥、阿尔及利亚、突尼斯、利比亚和毛里塔尼亚。

② 肖克编著：《列国志·摩洛哥》，社会科学文献出版社2008年版，第8—9页。

西洋。沿河两岸的冲击平原是全国最肥沃的农业区之一，盛产棉花、甘蔗、橄榄、蔬菜和各种水果。德拉河（Draa River）位于南部，是摩洛哥最大的间歇河，由源自大阿特拉斯山的达代斯河（Oued Dades）和伊米尼河（Oued Imini）在瓦尔扎扎特（Ouarzazate）以东汇流而成，它先向东南流至塔古尼特（Tagounite），而后折向西南，构成摩洛哥与阿尔及利亚的边界线，再转向西流，注入大西洋。德拉河全长约1100公里，但只有上游约200公里段常年有水，一年中的大部时间里，中下游的河段常常呈干涸状。1971年，在上游建成了曼苏尔·埃达哈比（Mansour Eddahabi）大坝，用于灌溉和发电，并调节德拉河的流量。此外，注入大西洋的河流还有布赖格赖格河（Bou Regreg）、鲁卡斯河（Loukkos）等。

向北流入地中海的河流是位于东北部的穆卢耶河，其源自中阿特拉斯山脉和大阿特拉斯山脉之间，由南往东北，在梅利利亚东南56公里处注入地中海，全长约520公里。这条河的年内流量极不稳定，最大时可达每秒1000立方米，最低时仅有每秒5立方米。河道上建有迈什拉克利拉（Mechra Klila）水电站等几处水坝，以利防洪和灌溉。此外，还有吉斯河（Oued Kiss）、拉乌河（Oued Laou）等几条较小的河流。

向南流向撒哈拉沙漠的河流有齐兹河（Oued Ziz）、吉尔河（Oued Guir）和里斯河（Oued Rheriss）等，属于间歇性的内流河，雨季水量丰富，旱季干涸断流。这些河流润泽了干旱的沙漠，孕育出美丽的塔菲拉勒特（Tafilalet）绿洲。

摩洛哥的湖泊既少又小，集中分布在大阿特拉斯山和中阿特拉斯山的山谷盆地中，如西迪·阿里湖（Aguelmame Sidi Ali）、蒂格密胺湖（Tiglmamine）和提斯利特湖（Tislit）。在东部和南部的一些地区还有一些咸水湖，其中最大的是绍特—加尔比（Shott Gharbi）和绍特—蒂格里（Shott Tigri）。

自然资源及其分布

由于地质结构和地貌的多样性，摩洛哥拥有多种自然资源，其分布特征也十分明显。摩洛哥的矿物资源主要有磷酸盐、铅、锌、钴、锰、钡、铀、锑、银、铜、锡、金、无烟煤、油页岩、石油、石墨、云母、石棉、盐和铁矿石等。其中，磷酸盐资源最为丰富，故而，摩洛哥素有“磷酸盐王国”的美誉。目前已探明的磷酸盐储量为500亿吨，占世界总储藏量的70%以上，位列世界首位。磷酸盐主要分布在从大阿特拉斯山脉西坡到大西洋沿岸的广大地区。

摩洛哥的森林总面积为550余万公顷，约占国土总面积的12.6%。森林资源有限，主要分布在中阿特拉斯山脉西侧斜坡和大阿特拉斯山脉，以及拉巴特（Rabat）和梅克内斯（Meknes）之间的马梅拉地区和里夫山脉一带。主要树种有枞树（冷杉）、栎树（橡树）、桧柏（杜松）、雪松和矮棕榈等，其他植物包括低矮的灌木和抗干旱的灌木。

摩洛哥的动物资源非常丰富。在位于北部和中部的高山区，有许多昆虫类的动物和鸟类，还有草兔和猕猴，以及土狼和猎豹等猛兽。在大西洋沿海地区有许多属于热带种属的脊椎类、爬虫类和哺乳类动物，如松鼠和摩洛哥獭。在东部高原、山间盆地和河谷地区有属于地中海种属的动物类群。啮齿目动物有摩洛哥兔、跳鼠和冠豪猪等；蹄类动物有阿非利加羚羊；野兽有胡狼和土狼，还有猞猁（大山猫）、猢狲和狐狸。在位于大阿特拉斯山以南的地区主要有撒哈拉和热带的动物群。爬行类动物有非洲眼镜蛇和角毒蛇；还有其他类属的动物，如鸵鸟、跳鼠、砂土鼠、沙丘猫和猎豹。

摩洛哥沿海渔业资源极为丰富。摩洛哥北面和南面分别濒临地中海和大西洋，拥有200海里的经济专属区。湛蓝的地中海水通过直布罗陀海峡与大西洋汇合形成暖流，使海水表层的平均温度在夏季略高于20℃，而冬季却不低于16℃。因此，辽阔的摩洛哥沿海水域成为各种鱼类得天独厚的栖息地，从西南的阿加迪尔到北部的丹吉尔，整个海岸浅海都蕴藏着丰富的鱼类资源。主要鱼类有沙丁鱼、金枪鱼、青花鱼、鳕鱼、鲭鱼、鱿鱼，亦有大虾、龙虾和海蟹等水产。摩洛哥是非洲第一大产鱼国，沙丁鱼的出口量居世界首位。

二、社会与经济面貌

人口与民族

摩洛哥现总人口为3734.5万（2021年）。[①]在独立后的20年间摩洛哥的人口增长速度比较快，全国人口由1960年的1162万上升到1982年的2042万，年平均增长率为2.8%。此后，由于生育率下降等，摩洛哥的人口增长率开始逐年下降。至2005年，人口年增长率降至1.1%；2020年，人口增长率为1.3%。[②]

摩洛哥的人口分布极不平衡。以阿特拉斯山脉为界，西北部人口稠密，东南部人口稀疏，南方的半沙漠地区甚至每平方公里不足1人。全国平均人口密度为每平方公里81.7人。城市人口占总人口比重逐年升高，2005年为55.2%，2019年增至63%。大西洋沿岸的城市中人口最为集中，例如，卡萨布兰卡（Casablanca）有368.4万人，人口密度高达1520人/平方公里，首都拉巴特有186.49万人（2019年）。[③]

从年龄结构来看，摩洛哥人口非常年轻，以2019年的人口数据来分析，平均年龄为30岁左右，15岁以下人口占到27%，60岁以上人口仅占11.4%。[④]

阿拉伯人和柏柏尔人是摩洛哥的主要民族，占人口的99%；包括犹太人、法国人和西班牙人等在内的其他人种占1%。

阿拉伯人是摩洛哥的主体民族，约占全国人口的60%以上，主要定居在平原和高原的草地、大西洋和地中海沿海地带以及各大城

---

① 参见联合国数据库：“Moroco”，http://data.un.org/en/iso/ma.html，引用时间：2022年7月16日。

② 同上。

③ 参见联合国数据库：“Moroco”，http://data.un.org/en/iso/ma.html，引用时间：2020年9月18日。

④ 同上。

市中。南部和西南部半沙漠地区和中部地区约有250万阿拉伯游牧民和半游牧民。现今摩洛哥的大多数阿拉伯人已经不属于纯粹的阿拉伯人，而是自公元7世纪阿拉伯人迁入摩洛哥后与柏柏尔人通婚的混血后裔。阿拉伯人在摩洛哥拥有政治文化优势。

柏柏尔人是摩洛哥的土著居民，占全国人口的40%左右。历史上，柏柏尔人长期与侵占本土的外来者抗争。罗马人曾用了250年都未能彻底征服他们，罗马人认为凡是不属于希腊或罗马的人种都是不文明的“野蛮人”（Barbarian），而“野蛮人”在拉丁语中的发音正好为“柏柏尔人”。公元7世纪始西征北非的阿拉伯人也用“柏柏尔人”来称呼马格里布的非阿拉伯人，但柏柏尔人则自称为阿马齐格人（Amazigh），意为“自由的人”。

柏柏尔人大多生活在山区。柏柏尔人有三个主要的部族：桑哈贾人（Sanhaja）、扎纳塔人（Zenata）和马斯穆达人（Masmoda）。桑哈贾人是柏柏尔部落中人数最多的部族，他们是来自南方草原和沙漠的游牧民，分布在中阿特拉斯山和大阿特拉斯山的东部。扎纳塔人来自东部的塔菲拉勒特和阿尔及利亚，他们从事游牧业，控制着塔扎走廊，分为伊夫林部落和马格拉瓦部落两大部落。马斯穆达人是摩洛哥最古老的柏柏尔人部族，生活在大阿特拉斯山的西部和阿特拉斯山脉西北部的里夫山区及大西洋平原地带，他们主要从事农业和畜牧业，过着定居生活。马斯穆达人分为三支：古马拉人、巴格瓦塔人和马斯穆达人。

阿拉伯人征服摩洛哥后，以及在后来的摩洛哥各王朝时期，柏柏尔人经历了阿拉伯化和伊斯兰化的过程，柏柏尔人被阿拉伯人快速地融合同化。如今，根据相貌和语言来判断，还是比较容易将阿拉伯人和柏柏尔人区分开来的。柏柏尔人有明显的相貌特征：肤白，脸型酷似欧洲人，不同的地方是他们的眼珠是黑色的，头发是棕红色的；而柏柏尔人中的马斯穆达人则具有非洲黑人的特征。

此外，摩洛哥还有30多万其他民族的人口，主要包括法国人、西班牙人、意大利人和葡萄牙人等欧洲移民，还有长期在摩洛哥生存的犹太人，以及一部分非洲黑人。欧洲人和犹太人都居住在大城市。犹太人在法国殖民统治时期是一支数量较大的少数民族，但自以色列建国和摩洛哥独立后，犹太人大量移居以色列，现在摩洛哥境内的犹太人大约3000人。

语言与宗教

摩洛哥以阿拉伯语和柏柏尔语为官方语言，法语全国通用。自1956年独立后，摩洛哥先后实施的五部宪法都明文规定阿拉伯语为摩洛哥的官方语言。摩洛哥人在教育和行政管理等方面都使用阿拉伯语。特别是《古兰经》用阿拉伯文写成，摩洛哥的宗教书籍也采用阿拉伯文，因此人们在宗教生活中也都使用阿拉伯语。但是，这一规定忽视了占全国人口超过1/3的柏柏尔人和柏柏尔语在摩洛哥也很流行的事实。在柏柏尔人争取语言文化权利和身份认同的不懈努力下，2011年摩洛哥通过的新宪法确定柏柏尔语同阿拉伯语并列为摩洛哥的官方语言。柏柏尔语主要流行于柏柏尔人聚居的农村和山区。柏柏尔语有很多方言和土语，近些年来，摩洛哥政府一直努力推广一种标准的柏柏尔语——塔马塞特语（Tamazight）[①]。

法语和西班牙语对摩洛哥的影响很大。1912年摩洛哥沦为法国的“保护国”，法国殖民当局在摩洛哥推行法国语言文化。独立后，摩洛哥政府仍鼓励人民学习法语和法国科学文化。法国人在摩洛哥开办许多法语学校，法语成为摩洛哥的通用语，在商贸、医学、科技和外交等领域被广泛使用。由于摩洛哥与法国之间存在着极为密切的政治、经济和文化联系，摩洛哥的许多组织和机构都以法语为工作语言，大学里大多数课程也用法语讲授。在摩洛哥北部，特别是丹吉尔和得土安（Tétouan）地区，有两小块西班牙殖民保留

① 塔马塞特语（Tamazight），又译为“塔马齐格特语”。柏柏尔语并无统一的标准形式，而是存在很多方言和土语。在所有的柏柏尔语中，塔马塞特语是最流行的一种，它自公元前200年起就被用作书面语，采用的是一种古老的地中海文字——提非纳字母(Tifinagh)，通过近代以来的文字改良，发展成为适合现代书写用途的新提非纳文字。在摩洛哥的中阿特拉斯山区柏柏尔人普遍使用塔马塞特语。

地——梅利利亚和休达（Ceuta）。它们是西班牙在摩洛哥的商业和文化中心，西班牙文明在这里根深蒂固，当地大多数居民都能讲一口流利的西班牙语。

摩洛哥宪法明确规定伊斯兰教为国教，98%以上的居民信奉伊斯兰教，主要信奉逊尼派的马立克教法学派，但其受官方扶持的苏菲派提加尼教团（al-Tariqah, al-Tijaniyyah）[①]影响较大。摩洛哥政府重视伊斯兰教育和学术研究，在大、中、小学中，普遍开设宗教课程。伊斯兰教在摩洛哥的社会生活中起着重要作用。

由于位居阿拉伯世界的西部边陲，长期受到西方思想的影响，因此摩洛哥的宗教信仰不像其他阿拉伯国家那么狂热。摩洛哥的宗教官员采用宗教律条时，会根据当地的风俗习惯进行调整。伊斯兰教一般不允许偶像崇拜，但摩洛哥穆斯林却可崇拜修士或圣者。因为虔诚的举止和信仰的专注，修士的生命被认为是祝福和恩典，即使死后也是如此。许多摩洛哥人会去敬拜修士的坟墓或神龛，他们以为这样灵魂就好像历经了一场洗礼。

摩洛哥国内也有少数人信奉其他宗教。大约有2.3万人信奉天主教，境内的基督教徒占总人口的1.1%，犹太教徒占0.2%。在丹吉尔和卡萨布兰卡等城市，可以看到天主教堂、犹太教堂和清真寺比邻而立的景象。此外，在摩洛哥还有极少数的印度教徒。

经济结构与发展概况

自独立以来，摩洛哥政府根据国情制定经济发展战略并采取各种措施，努力改变经济基础薄弱、经济结构单一的状况，积极发展民族经济。经过多年的努力，在政府振兴经济的计划和措施下，摩

① 提加尼教团（al-Tariqah, al-Tijaniyyah），由著名苏菲主义学者艾布·阿拔斯·艾哈迈德·提加尼(Abu Abbas Ahmad al-Tidjani, 1733—1815年)于1781年前后在摩洛哥的非斯创立。提加尼教团的教义强调净修善行，严守伊斯兰教法，教团成员称为“教友”，禁止参加其他教团。该教团为近代伊斯兰教在非洲的进一步传播起了推动作用。现主要分布在摩洛哥、阿尔及利亚、毛里塔尼亚、塞内加尔、几内亚、马里、尼日利亚、苏丹等一些非洲国家，并传播到了阿拉伯半岛。

洛哥构建起一个以市场为导向的多元化、开放性经济体系，经济取得长足发展。1980—1985年，摩洛哥国内生产总值（GDP）的平均增长率为2.9%；2006—2011年，GDP的年均增长率上升为5%。2021年，摩洛哥GDP达1327.3亿美元，年增长率为7.4%，人均GDP为3496.8美元。[①]摩洛哥成为非洲第五大经济体。

摩洛哥的主要经济部门包括农业、捕鱼业、旅游业、采矿业、纺织和服装业等。磷酸盐出口、旅游收入和侨汇是摩洛哥的主要经济支柱。

农业在摩洛哥国民经济中占有重要地位。2016年，农业产值约占国内生产总值的11.6%。农业人口达1364万，约占全国总劳力的42%。全国可耕地面积为895万公顷，其中粮食作物耕种面积为558万公顷。粮食作物主要有小麦、大麦和玉米，经济作物主要有棉花、向日葵、亚麻、甜菜和烟叶等。摩洛哥的粮食自给率只有60%，每年仍需进口大量粮食。2008年，摩洛哥政府推出“绿色摩洛哥”计划，旨在提高摩洛哥的农业生产技术。2016—2017年摩洛哥粮食产量达510万吨，同比增长203%。[②]果树栽培在摩洛哥相当盛行，故而，摩洛哥是非洲有名的“水果王国”，所栽培的果树品种与中南欧大致相同。水果的产量相当丰富，大部分作为出口品，为国家换取大量外汇，其中以柑橘类水果所占比重最大。橄榄、柠檬、葡萄和柚子在世界市场上也占有重要地位。此外，摩洛哥还盛产椰枣、桃、甘蔗、无花果、香蕉和杏等水果。

摩洛哥的渔业资源极为丰富。它不但是非洲最大的渔业产品生产国，也是世界上最大的沙丁鱼出口国。摩洛哥主要有三大渔区，即北部地中海的胡塞马渔区、大西洋的阿拉伊什（El Araich）与阿加迪尔之间的渔区，以及伊夫尼（Sidi Ifni）与西撒哈拉之间的渔

---

① 参见世界银行数据库：“Moroco”，http://data.worldbank.org/country/morocoo?view=chart，引用时间：2022年7月19日。

② 中华人民共和国外交部：“摩洛哥国家概况”，https://www.fmprc.gov.cn/web/gjhdq_676201/gj_676203/fz_677316/1206_678212/1206x0_678214/，2019年4月，引用时间：2019年5月21日。

区。捕鱼旺季是每年的5—11月。2015年摩洛哥的捕鱼量约135万吨，出口收益超过10亿美元。①

摩洛哥的矿产资源十分丰富，磷酸盐储量居世界之首。摩洛哥是世界第三大磷酸盐生产国，出口量位居世界首位，约占世界市场的1/4，磷酸盐畅销全球60多个国家。2016年，摩洛哥的磷矿石产量为2690万吨，出口790万吨，磷矿石及加工制品的出口额约为43亿美元，占出口总额的30%。2018年，摩洛哥的磷矿石产量猛增至3760万吨，出口1130万吨。②磷酸盐成为摩洛哥换取外汇的重要来源，在国民经济中占有举足轻重的地位。摩洛哥磷酸盐公司（Office Cherifien des Phosphates,OCP）是磷酸盐及其制品的专营机构，目前拥有四大磷酸盐矿区，在四大出口港拥有专用码头，并拥有数家磷酸盐衍生品加工企业、子公司和研究所。

位于西部的胡里卜盖（Khouribga）矿区是摩洛哥最大的磷酸盐矿区，面积达4000多平方公里，其矿脉厚度达10米，矿石品质好，磷酸盐含量高达70%以上，是世界上最大和最好的磷酸盐矿之一。第二大磷酸盐矿区为优素菲耶（Youssoufia），这里采掘出的磷酸盐矿通过铁路专线被直接运送到邻近港口萨菲的大型精炼厂提炼。本格里尔（Benguerir）矿区和梅斯卡拉（Meskala）矿区的储量和产量也极为丰富。另外，摩洛哥占领的西撒哈拉地区也蕴藏有丰富的磷酸盐矿，布克拉（Bucraa）矿区磷酸盐矿床储量约17 亿吨。其矿藏大部分为露天矿，选矿很便利，也适于机械开采，而且这里开采出的磷酸盐品质高。布克拉建有现代化的磷酸盐矿区，年产量可达370万吨。

摩洛哥的纺织工业较为发达，全国约有1700家规模不等的纺织厂，1/3纺织品供出口，2/3满足国内消费需求。2016年，纺织服装产值约占国内生产总值的16%，出口额约35亿美元，占总出口额的

---

① 中华人民共和国驻摩洛哥王国大使馆："摩洛哥概况"，http://ma.china-embassy.org/chn/mlggk/，2019年12月1日，引用时间：2020年9月20日。

② 参见中华人民共和国驻摩洛哥王国大使馆经济商务处网站，http://ma.mofcom.gov.cn/article/c/201907/20190702883000.shtml，引用时间：2020年3月1日。

30%。纺织品主要出口到法国、西班牙、英国、德国和意大利等欧洲国家。

食品加工业和鱼类加工业是摩洛哥重要的经济部门。农产品加工方面，有利用橄榄、胡麻、棉花籽的榨油厂，以卡萨布兰卡为中心的制粉厂和制面厂，以及占有重要地位的制糖厂。摩洛哥的沙丁鱼罐头可与西班牙、葡萄牙和意大利竞争。南方著名海港萨菲是国内沙丁鱼加工厂的集中地，沿海的一条9公里长的马路两侧，密布着110多家沙丁鱼加工厂，其加工能力占全国的95%。随着加工业的不断发展，摩洛哥输出的沙丁鱼罐头品种也不断增加。这些出口的罐头成为欧美和亚洲一些国家的桌上佳肴，为摩洛哥赚取了可观的外汇收入。

手工业在国民经济中占重要位置，主要产品有毛毯（地毯）、皮革制品、金属加工品、陶瓷、木制家具、刺绣和编织品等，其中以毛毯和皮革制品为大宗，是热门的外销品。制革手工业具有令摩洛哥人引以为豪的传统，自古以来便驰名遐迩；制靴手工业相当盛行；拉巴特的地毯也远近闻名。

对外贸易历来都是摩洛哥的重要经济部门，发展出口一直是经济投资的重要方向，主要输出品有磷酸盐产品、锰、铁、铝、锌、化肥、服装、皮革制品、软木、针织品、地毯、水产、水果和蔬菜等。主要输入品有小麦、糖、奶制品、茶、食用油、机械设备、钢材、汽车及其零配件、飞机、金属器材、化工产品、纸张、水泥、电子产品及半成品、仪器和军事装备等。摩洛哥同90多个国家和地区有贸易往来，主要贸易伙伴为欧洲国家，它与欧洲国家的贸易额约占摩进出口总额的70%。法国、西班牙、意大利和中国是摩洛哥最重要的贸易伙伴国。2004年，摩洛哥与突尼斯、埃及、约旦签署了“阿加迪尔协定”，宣布成立四国自由贸易区。同年，摩洛哥分别与美国和土耳其签署双边自由贸易协议。2010年，摩洛哥与欧盟建立自由贸易区。随着贸易对象和进出口产品的增加，摩洛哥的对外贸易总额基本呈逐年增加之势。2013、2016、2020年的贸易总额分别为561、643.4、950.3亿美元。[①]

摩洛哥历史悠久，景色秀丽，气候宜人，享有“北非花园”之美誉，同时旅游资源丰富，因而旅游业比较发达。来摩洛哥旅游的外国游客逐年增加，2005年为584.3万人次，2010增加到928.8万人次，2019年更是高达1134.9万人次。游客主要来自法国、西班牙、德国和英国等欧洲国家。近些年，来自中国的游客也迅速增加。2017年摩洛哥旅游收入约76.6亿美元，占GDP总量的6.8%，[②]旅游业成为摩洛哥的第二大经济支柱和第二大创汇来源。根据2010年提出的摩洛哥旅游业发展“2020愿景”规划，到2020年将实现如下目标：将旅游业规模扩大一倍，新增八个目的地，入境旅游人数增加一倍，国内游客人数增加两倍，跻身世界前20个旅游目的地之列，旅游业收入达1400亿迪拉姆（约合170亿美元）。[③]为实现这一愿景目标，摩洛哥政府专门成立了摩洛哥旅游发展基金（The Moroccan Fund for Tourism Development，FMDT），投资150亿迪拉姆，兴建酒店等各种旅游设施，加强景点建设和服务，增设旅游职业学校，全力推动旅游业发展。目前摩洛哥全国直接或间接从事旅游服务业的人口约有50万。

摩洛哥的迷人之处除了有山、有海和有沙漠及绿洲外，还有许多保护良好的古建筑。摩洛哥对老城（Medina，麦地那）原貌的维护，以及对重点古迹文物的保护，更是不遗余力。在努力建设开发新城的同时，大多数的老城区被保存下来，甚至不添加任何新的道路和其他建筑，以便留存几百年的阿拉伯市场、手工艺品作坊、古巷、古老民居，乃至传承古老的生活习俗。老城尽量维持其古风古貌，以满足观光客的好奇心。因为古迹众多又保护周全，截至2019年，摩洛哥

① 中华人民共和国外交部：“摩洛哥国家概况”，https://www.fmprc.gov.cn/web/gjhdq_676201/gj_676203/fz_677316/1206_678212/1206x0_678214/，2022年6月，引用时间：2022年7月16日。

② 参见中华人民共和国驻摩洛哥王国大使馆经济商务处网站，http://ma.mofcom.gov.cn/article/jmxw/201810/20181002797400.shtml，引用时间：2019年3月2日。

③ 参见摩洛哥政府网站，http://www.maroc.ma/en/content/tourism，引用时间：2020年6月15日。

已有九处历史文化古迹被联合国教科文组织列入“世界文化遗产名录”，在阿拉伯国家中仅次于埃及。这九项世界遗产包括：非斯老城（Medina of Fez），马拉喀什老城（Medina of Marrakesh），阿伊特·本·哈杜筑垒村（Ksar of Ait-Ben-Haddou），梅克内斯历史名城（Historic City of Meknes），沃吕比利斯考古遗址（Archaeological Site of Volubilis），得土安老城（Medina of Tétouan），索维拉老城（Medina of Essaouira），马扎甘葡萄牙城（Portuguese City of Mazagan），拉巴特现代首都与历史古城（Rabat, Modern Capital and Historic City: a Shared Heritage）。

三、摩洛哥王国的形成及政治特征

民族独立国家的形成与发展

摩洛哥的历史悠久，远古时期便形成多种各具特色的古文明形态。柏柏尔人是摩洛哥最早的居民，相继受到腓尼基人、罗马人、汪达尔人及拜占庭人的入侵与统治。公元7世纪始，随着阿拉伯人的到来，摩洛哥经历了阿拉伯化和伊斯兰化的过程。从始建于788年的第一个阿拉伯王国伊德里斯王朝，至诞生于1660年并延续至今的阿拉维王朝，摩洛哥历经六大王朝，既建立过疆域横跨欧非的大帝国，亦曾遭受列强的入侵与占领。自15世纪至20世纪初，法国、西班牙等欧洲列强相继入侵摩洛哥，竞相扩大和巩固自己在摩洛哥的势力和地位。

1912年3月，法国强迫摩洛哥素丹签订了《非斯条约》，摩洛哥沦为法国的保护国。同年11月，法国又与西班牙签订了《马德里条约》（Accords de Madrid），摩洛哥北部沿海地区和南部伊夫尼地区等地被划为西班牙的保护地。20世纪20年代，摩洛哥北部里夫山区的柏柏尔人掀起了反抗西班牙殖民统治的大起义，并建立了里夫共和国。虽然最后被西班牙和法国殖民者联合镇压下去，但是，摩洛哥人民并没有停止反抗殖民者的斗争。第二次世界大战之后，摩洛哥民族解放运动出现新的高潮，在以独立党为代表的民族主义政党和共产党的领导下，全国各地爆发示威游行、罢工、罢市运动。摩洛哥王室也站在人民一边，国王穆罕默德五世因此被法国殖民当局废黜，由此引起摩洛哥各界民众的强烈抗议。在风起云涌的抗议斗争，特别是武装斗争的强大压力下，法国被迫恢复穆罕默德五世王位，并与摩洛哥进行谈判。

1956年3月2日，法国与摩洛哥签订《独立宣言》，废除非斯条约，宣布结束法国的“保护”，摩洛哥获得独立。同年4月7日，西班牙也承认摩洛哥独立，放弃它在摩洛哥的保护地。1957年8月14日，摩洛哥正式定国名为摩洛哥王国，素丹改称国王。摩洛哥王国终于以一个民族独立国家的姿态出现在世界政治的舞台上。

独立建国后，摩洛哥在穆罕默德五世、哈桑二世和穆罕默德六世三任国王的领导下，从政治、经济、军事、外交、社会、科教文卫等方面全面建设现代民族国家。政治上建立并逐渐完善了独具特色的君主立宪制，实行多党制和议会制；经济上制定了民族经济发展战略，通过多个经济发展计划，建立起较为均衡的经济结构，促进了经济的迅速发展；军事上建立了一支兵种比较齐全的正规军，并致力于军队的现代化建设和军事工业的发展；社会发展方面，大力发展科教文卫事业，扫除文盲，健全教育体系并加强职业培训，注重社会福利，提高人民生活水平；外交方面，实行“不结盟”的独立外交政策，开展多元化外交，与世界各国发展友好合作关系，为国家的建设和发展创造良好的外部环境。在现代民族国家的建设和发展过程中，摩洛哥也经历了各种各样的危机和调整，从王室统治危机到经济衰退危机，从民主改革的压力到伊斯兰极端主义的威胁，摩洛哥王室和摩洛哥政府积极协调和应对。经过几十年的努力，今天的摩洛哥已经发展成一个开放、繁荣的现代国家。

独具特色的君主立宪制

自1956年独立以来，摩洛哥先后颁布了六部宪法。现行宪法是

2011年7月1日经全民公投通过的宪法。宪法规定：摩洛哥是一个君主立宪制国家；国王是国家元首、宗教领袖和武装部队最高统帅；首相是政府行政长官，从议会选举中得票最多的政党产生，拥有任命和罢免大臣、解散议会等重要权力；议会拥有唯一立法权，实行两院制，众议院占主导地位。

摩洛哥的国家格言“真主，国家，国王”集中体现了摩洛哥君主立宪制的特性，即摩洛哥国王具有“双重身份”。作为世俗性的国家元首，摩洛哥国王在立法、行政、司法等各领域均享有最高权力，但在名义上受到宪法一定程度的约束。摩洛哥国王还是宗教领袖，拥有一个特殊的宗教头衔——埃米尔·穆米宁（Amir al-Mouminine，意为“信士们的长官”）。在正式场合，官方媒体对现任国王的称呼是“摩洛哥王国国王、穆斯林的首领穆罕默德六世陛下”。由于摩洛哥绝大多数国民是穆斯林，国王这一宗教身份发挥着特殊的功能，使他有可能超越宪法，通过诉诸教法而免受宪法约束。每当面临包括宪法在内的各种世俗法律无法处理的事务时，国王就会利用其宗教身份来解决。例如哈桑二世在执政期间，曾要求所有议员在出席会议时必须穿着带有风帽的白色阿拉伯大袍，遭到一些议员的拒绝。于是，哈桑二世就以其“信士们的长官”的宗教头衔勒令这些议员必须服从，否则就将其从“穆斯林共同体”（指议会）中开除，从而使他们就范。同时，国王的宗教身份也有利于其垄断伊斯兰教教权，特别是宗教领域的话语权和解释权。穆罕默德六世继位后，规定“政教合一”原则只适用于国王，且“教令”只能由国王控制下的“乌勒玛高等委员会”（the Higher Council of Ulema）[①]发布。这样，国王就可能有效地防止反对派政治势力利用宗教达到政治目的。

---

① 乌勒玛（Ulema），又译为乌莱玛、乌里玛。意为宗教学者，系伊斯兰教教职称谓。在伊斯兰国家，一些有名望的教法学家和宗教学者或权威，如清真寺教长、宗教法官、宗教大学教师等，常常被冠以乌勒玛头衔。“乌勒玛高等委员会”由摩洛哥最有名望和权威的乌勒玛组成，受国王直接领导，是摩洛哥宗教事务的最高管理机构。另外，摩洛哥还设有若干乌勒玛地方委员会，负责地方宗教管理。

摩洛哥实行的是世袭君主制。摩洛哥的六部宪法均规定：摩洛哥王国的王位及其权力是世袭的，从父亲到儿子，传交给直系男性后代。据此，独立后的摩洛哥先后顺利进行两次王位继承：第一次是1961年3月，哈桑二世继承其父穆罕默德五世的王位，统治摩洛哥长达38年之久，直到1999年去世；第二次王位继承发生在1999年7月，穆罕默德六世继位，成为摩洛哥独立后的第三任国王，统治摩洛哥至今。

摩洛哥实行的议会制度经历了从两院制到一院制再到两院制的变化，现在的议会由众议院和参议院组成。宪法规定：议会拥有唯一立法权；众议院议员由全体公民直接选举产生，任期5年；参议院 3/5 的议员由地方行政单位组成的选民团在该地区选举产生，另外2/5的议员由每个地区行业和工薪人员代表组成的选举团选举产生，任期9年，每3年轮换1/3。周期短的轮换制度在很大程度上保证了议会的“新陈代谢”，避免产生对王权构成威胁的政治集团。

根据宪法规定，摩洛哥实行多党制。1962 年，登基不久的哈桑二世颁布了摩洛哥王国第一部宪法，明确规定政府首相由议会选举中得票最多的政党任命，确立了多党制为王国的基本政治制度。摩洛哥因此成为马格里布地区第一个实行多党制的国家。但宪法同时规定，国王有权主动或根据政府辞呈解散政府和议会。显然，“国王控制下的多党制”成为摩洛哥君主立宪制的显著特征。2011年7月1日公投通过的摩洛哥现行宪法扩大了首相的权力，规定首相由议会选举中得票最多的政党任命，拥有提名和罢免大臣、解散议会等重要权力。但实际上，国王作为摩洛哥的最高统治者，拥有任命和罢免首相的权力，且政府中重要的职位均由国王的亲信或亲王室的政党担任。所以摩洛哥的多党制依然处于国王的控制之下。

摩洛哥现有30多个合法政党，各党均宣布拥护国王和伊斯兰教，在君主立宪制的框架内活动。2016年10月议会选举后，在众议院中拥有席位的共有12个政党。穆罕默德六世国王任命议会第一大党“公正与发展党”总书记阿卜杜拉·本·基兰（Abdellah

Benkirane）为首相组建政府，但因党派分歧，新内阁迟迟未能组成。2017年3月，国王任命公正与发展党全国委员会主席、前外交大臣萨阿德丁·奥斯曼尼（Saad Eddine El-Othmani）为新首相进行组阁。4月5日，摩洛哥第32届政府成立，由公正与发展党、全国自由人士联盟、宪政联盟、人民运动、人民力量社会主义联盟、进步与社会主义党六个党派联合组成。2019年10月，摩洛哥内阁重组，成立了由欧斯曼尼任首相、多个党派和无党派人士共24人组成的第33届政府。[①]

多党制虽在一定程度上体现了政治民主化，但受制于王权和党派纷争的事实，摩洛哥的政党势力日渐衰弱，出现诸多负面效应，如多党联合组阁迟迟未果、内阁多次重组、政见分歧导致政府运转不畅等。2021年10月，摩洛哥议会选举后，组成了以议会第一大党全国自由人士联盟主席阿齐兹·阿赫努什（Aziz Akhannouch）为首相的多党联合政府。[②]

近年来在摩洛哥政坛比较活跃的政党[③]主要有：

（1）公正与发展党（Party of Justice and Development，Parti de la Justice et du Développement，PJD）：前身是1967年成立的"人民民主宪政运动"，1998年更用现名。其为温和的伊斯兰政党，拥护君主制，反对暴力和恐怖主义，主张以渐进方式进行社会改革，推行"适度的"伊斯兰主义。在2016年议会选举中，赢得众议院395个议席中的125席，成为第一大党，负责组阁。在2021年的议会选举中只获得13席，成为在野的反对党。现任总书记为阿卜杜拉·本基兰。

---

① 中华人民共和国外交部："摩洛哥国家概况"，https://www.fmprc.gov.cn/web/gjhdq_676201/gj_676203/fz_677316/1206_678212/1206x0_678214/，2022年6月，引用时间：2022年7月20日。

② 张玉友：《当前摩洛哥国内政党形势：分裂与崛起》，《当代世界》2018年第4期。

③ 参见中华人民共和国外交部，"摩洛哥国家概况"，https://www.fmprc.gov.cn/web/gjhdq_676201/gj_676203/fz_677316/1206_678212/1206x0_678214/，2022年6月，引用时间：2022年7月20日；摩洛哥政府网站："Political Parties"，http://www.maroc.ma/en/content/political-parties-0，引用时间：2022年7月20日。

（2）宪政联盟（Constitutional Union，Union Constitutionelle，UC）：1983年3月，由时任首相马蒂·布阿比德（Maati Bouabid）等人创建代表民族资产阶级的政党，其骨干力量为中高级官员、企业家、知识分子和律师。在政治上拥护君主立宪制，忠于王室；在经济上主张经济自由化，强调发挥私营经济的作用，鼓励对外开放，吸引外资和吸收外国先进技术，主张优先发展农、牧、渔业及矿业和加工业；在对外关系上主张奉行不结盟政策，维护非洲统一，支持巴勒斯坦人民的正义斗争，强调阿拉伯团结和泛伊斯兰的立场，要求加强与马格里布国家的合作，主张加强与西方国家特别是法国的关系。该党作为保皇派政党，多次成为联合政府执政党。在2016年议会选举中获得19席。在2021年议会选举中获得18席。现任总书记为穆罕默德·萨吉德（Mohamed Sajid）。

（3）人民力量社会主义联盟（Socialist Union of Popular Forces，Union Socialiste des Force Populaires，USFP）。1975年1月从人民力量全国联盟中分裂出来而成立的代表中、小资产阶级及知识分子利益的政党。1984年7月，第四次全国代表大会确定党的纲领是“解放、民主和社会主义”，反对君主立宪，主张按照人民群众自由表达的意愿，通过民主方式，对社会和经济结构进行根本改革，让广大劳动群众在政治上获得真正的民主。在国际事务中反帝反殖，支持阿拉伯和巴勒斯坦人民反对以色列侵略扩张的斗争，主张阿拉伯统一。在1997年议会选举中，该党在众议院和参议院均为第一大党。[①]1998年3月，该党第一书记阿卜杜勒·拉赫曼·优素菲（Abderrahamane El Youssoufi）出任首相，组成了摩洛哥实行“多党轮流执政”后的首届政府。由反对党领袖出面组阁并任首相，这在摩历史上尚属首次。现有党员11万余人，大多为工人、农民、手工业者、小商人、教职员、青年学生和自由职业者。在2016年选举中，在众议院395个议席中占20席。在2021年议会选举中获得34

① 肖克编著:《列国志·摩洛哥》，第130页。

席。现任总书记为德里斯·拉什加尔（Driss Lachgar）。

（4）全国自由人士联盟（National Rally of Independents，Rassemblement National des Independants，RNI）：成立于1978年10月，代表大地主、官僚买办和大资产阶级利益，主要由大地主、房产主、大资产阶级、政府官员以及一些高级知识分子和技术人员组成。其政治主张是：支持国王的政策，在政治上建立一个君主立宪制下的“新摩洛哥”，保证国家的统一和自由，实行多党制。在经济上鼓励自由竞争，实施开放政策，推行土地改革，积极发展农业。在外交上，赞成不结盟政策，坚持阿拉伯和马格里布国家的团结与合作，强调非洲的团结与复兴。该联盟属保皇派政党，曾长期参政，在摩洛哥议会、政府部门中均有很大的势力。[①] 2011年11月众议院选举后曾一度成为反对党。在2016年议会选举中赢得37席，系众议院第四大党。在2021年议会选举中赢得102席，成为众议院第一大党，负责组阁。现任主席为阿齐兹·阿赫努什。

（5）人民运动（Popular Movement，Mouvement Populaire，MP）：创建于1957年，代表柏柏尔族部落酋长和地主阶级的利益，党员大多数是部落酋长和地主，还有部分政府官员和农民。其成立之初主要从事柏柏尔民族自治的运动，曾遭政府取缔。1959年，人民运动宣布支持君主立宪，放弃武装斗争，从而获得合法地位。其政治主张是：在伊斯兰教的范围内实行社会主义，消除贫富差别，在社会各阶层之间建立平等关系；保留柏柏尔人的文化和传统生活；将国有土地和清真寺土地分给农牧民或部落；实行经济开放，发展竞争，但关系到国计民生的经济部门应实行国有化。该政党属于传统保皇派政党，多次参加联合政府。在2016年议会选举中赢得27席，在2021年议会选举中获得28席。现任总书记为穆罕尼德·安索尔（Mohand Laenser）。

（6）进步与社会主义党（Party of Progress and Socialism，Parti

① 肖克编著：《列国志·摩洛哥》，第134—135页。

du Progrès et du Socialisme，PPS）：前身是1943年11月成立的摩洛哥共产党，由于积极参加摩洛哥民族解放运动，摩洛哥共产党被法国殖民当局取缔。摩洛哥独立后，摩洛哥共产党取得合法地位，但1959年又遭独立党政府取缔。1974年，哈桑二世国王开放党禁，摩洛哥共产党改名为“进步与社会主义党”，终于取得合法地位。1975年2月，该党的第一次全国代表大会召开，党纲规定进步与社会主义党是摩洛哥工人阶级的革命先锋队，宗旨是“以科学社会主义理论”为指导，在“尊重民族健康传统的基础上，建立一个消灭人剥削人、保证真正的社会主义、使人的才干得以发挥的社会”[①]。但它反对暴力革命，主张通过议会道路进行民族民主革命。在1984年第5届议会选举中，该政党只获得2席，第一次进入议会。在2016年议会选举中获得12席。在2021年议会选举中获得22席。现任总书记为穆罕默德·纳比尔·本·阿卜达拉（Mohamed Nabil Benabdallah）。

（7）独立党（Istiqlal Party，Parti de l’Istiqlal，PI）：前身是1934年成立的“摩洛哥行动委员会”，1937年改组为“民族行动党”，1943年12月更名为“独立党”，是摩洛哥最早的民族主义政党。它曾积极参加和领导摩洛哥民族解放运动，为摩洛哥赢得独立发挥了重大作用。摩洛哥独立后，该政党曾多次执政或参政。1985年11月政府改组时，宣布退出政府，加入议会反对派联盟“库特拉”。独立党代表地主和民族资产阶级的利益，党内领导层多为大企业家、大农场主，在工商界、政界及人民群众中均有较大影响。其政治纲领是：赞成君主立宪制，坚持国家领土完整，主张对政治、宪法、行政、财政、经济和社会进行适度改革，实行开放、民主和自由，实现经济和社会公正，改善人民生活，提高社会福利；对外主张奉行不结盟政策，强调阿拉伯民族和马格里布的团结和统一，强调伊斯兰国家和非洲的团结，支持巴勒斯坦人民的合法权利和第三世界人

① 赵国忠主编：《简明西亚北非（中东）百科全书》，中国社会科学出版社2000年版，第762页。

民的正义斗争。[①]在2016年众议院选举中赢得46席，成为众议院第三大党、第二大反对党。在2021年议会选举中赢得81席，是众议院第三大党。现有党员8.2万多人，现任总书记为尼查尔·巴拉卡（Nizar Baraka）。

（8）真实性与现代党（Party of Authenticity and Modernity，Parti Authenticité et Modernité，PAM）：2008年由穆罕默德六世的密友福阿德·阿里·希玛（Fouad Ali El Himma）组建的保皇派政党，由5个小党派合并而成。在2016年议会选举中获得102个议席，系众议院第二大党、第一大反对党。在2021年议会选举中赢得87席，保持了众议院第二大党的地位。现任总书记为伊利亚斯·奥马里（Ilyas Omari）。

此外，摩洛哥的政治和社会团体还包括：（1）工会组织：摩洛哥企业家联合会、摩洛哥劳工联合会、摩洛哥工人总联合会、摩洛哥民主劳工联盟等；（2）妇女组织：摩洛哥全国妇女联合会；（3）青年组织：摩洛哥青年联合会、摩洛哥全国学生联合会等。

---

① 肖克编著：《列国志·摩洛哥》，第132页。

第一章　上古时期的摩洛哥

摩洛哥是非洲最古老的国家之一。考古学家和人类学家已有的研究表明，摩洛哥是非洲大陆上最早有人类生存的地域之一，这里的人类生存历史可以追溯到遥远的史前时代。考古学家在摩洛哥多处发现了史前石器等器物和古人类遗迹，证明了自150万年前就出现的直立人以及后来出现的智人曾在摩洛哥创造出多种各具特色的远古文化形态。

柏柏尔人是古代摩洛哥的主要居民，他们以部落为单位，过着原始公社的生活，主要从事狩猎和游牧，也有少数人从事农耕。柏柏尔人曾建立短暂的古王国，而在此后相当长的历史时段，摩洛哥相继受到包括腓尼基人、罗马人、汪达尔人和拜占庭人等在内的外来异族的征服和统治。

一、摩洛哥的史前文明

阿布维利文化遗存

在摩洛哥多处考古发掘出的古人类遗骨和器物证明，早在旧石器时代（Paleolithic）[①]的早期摩洛哥就已有人类生存，并创造出灿烂的古文化形态。

大约250万年前，最早的人类——能人（Homohabilis）出现在非洲大陆，不同于南非古猿（Australopithecus）,他们已经具备了制造和使用工具的能力。1960年，考古学家在坦桑尼亚的奥杜韦峡谷（Olduvai Gorge）发现了能人化石，以及一些经砍凿而成的石器碎片。这些石器碎片可能被用来切割或刮削兽皮或树枝等，可以说是人类最早的石制工具。在奥杜韦峡谷发现的这些文化遗物即被称为奥杜韦文化。而早在1940年年底，法国考古学家纳维尔（R.Neuville）和德国考古学家吕曼（A.Rühlman）在摩洛哥的阿卜杜·拉赫曼（Abdu Rahman）的考古发掘中发现了一些具有能人特征的人骨化石和牙齿，以及一些被海水磨损的砾石工具和两个手斧。这些石器具有典型的阿布维利文化（Abbevillian）[②]特征，其代表性的石器是手斧，具有打制粗糙、器身厚、石片疤深、刃缘曲折的特点。很多学者认为阿布维利文化起源于奥杜韦文化，是奥杜韦文化的一部分。由于阿布维利文化与稍后出现的阿舍利文化（Acheulian）都以石斧为典型石器，所以，一般也称阿布维利文化为早期阿舍利文化。

考古学家还发现了这一时期人类曾居住的洞穴，并在其中发现了炭灰、烧骨等痕迹。在摩洛哥的这些考古发现证明，最早的人类

---

① 旧石器时代（Paleolithic），是以使用打制石器为标志的人类发展阶段，从距今约300万年前始，至距今1万年左右止。一般将旧石器时代划分为早期、中期和晚期三个时期，大致上分别相当于人类进化的能人和直立人阶段、早期智人阶段、晚期智人阶段。由于地域不同，以及发展的不平衡性，世界各地区所呈现出的旧石器时代的文化面貌有着较大差异。非洲旧石器时代文化可分为两大体系。一是北非即环地中海沿岸的部分，在文化上与欧洲和西亚有比较密切的关系，因而可以使用欧洲和西亚的分期法。二是撒哈拉以南的东非、西非和南非地区，发展状态与欧洲有所不同，因此使用单独的一套分期体系：早期石器时代，从最早的石器出现到大约10万年前；中期石器时代，从大约10万年前到1.5万年前；晚期石器时代，从大约1.5万年前到铁器时代的开始（大多数地区发生在公元前2000年左右）。关于晚期石器时代开始的时间，还存在着不同的看法。

② 阿布维利文化（Abbevillian）是欧洲旧石器时代早期文化，存在于距今300万年前到200万年前，因发现于法国北部索姆河边的阿布维尔附近而得名。在这里发掘的阿布维利文化遗物出土于高出索姆河河面45米的阶地砾石层中，其代表性石器是手斧。许多学者认为它起源于奥杜韦文化，大约在150万年前为阿舍利文化所取代，因而又称早期阿舍利文化。

即能人曾在摩洛哥生存和繁衍过。他们通过砍凿火山岩石而形成的碎片制造出简单的石器工具，并利用这些工具获取食物，而且他们已经学会了砍取树枝来烧火，用火来烤制食物和取暖。

阿舍利文化遗存

据人类学家和考古学家的研究证实，摩洛哥大西洋沿岸约150万年前就出现了阿舍利文化（Acheulian）[①]。阿舍利文化属于旧石器时代的早期文化，其存续的时期相当长，距今大约170万年—20万年。已知最早的阿舍利文化遗存乃在非洲大陆，考古学家在东非、南非和北非都发现了此种文化遗迹。该文化的主要标志是石器制作技术比更早期的有很大提高，且出现了器形多样的新型石器，包括手斧、手镐、锥子、刮子和大型石刀等。其中最具特色的工具是手斧，它两面打制，一端较尖较薄，另一端略宽略厚（便于使用者手握）。相较于早前出现的阿布维利文化中的粗制手斧，阿舍利手斧由于使用了骨质或木质的软锤技术，而具有器身薄、石片疤痕浅、刃缘规整、两面和两边基本对称等特点。考古学界一般认为，阿舍利石器是由直立人（Homo erectus）如北非的毛里坦人（Atlanthropus Mauritanicus）[②]制作的，可以说，它代表了直立人石器制作技术的最高水平。

1940年年底，法国考古学家纳维尔和德国考古学家吕曼在距离阿卜杜拉赫曼大约7公里的马林（Marlin）和艾尔塔莱克（Eltarek）的蒂勒尼安（Tyrrhenian）沙滩进行考古发掘，从砾石层中发现了

---

① 阿舍利文化（Acheulian）是非洲、西欧、西亚和印度的旧石器时代早期文化，因代表阿舍利文化的标志工具“手斧”最初是在法国亚眠市郊的圣阿舍尔发现的，故而得名。已知最早的阿舍利文化遗存在非洲，年代距今约170万年；最晚的遗存距今约20万年。

② 毛里坦人（Atlanthropus Mauritanicus），学名为 Homo erectus mauritanicus，属直立人类型。1954年，在阿尔及利亚的特尼芬遗址发现了3件下颌骨和1件顶骨，据研究，其形态特征类似“北京人”，属于非洲旧石器时代早期的人类化石。因发现地曾是古代柏柏尔人的王国毛里塔尼亚所在地，故被命名为“毛里坦人”。与人类化石一起发现的还有上百件石器。这些石器主要由石英岩和砂岩（少量用劣质燧石）制成，包括手斧、薄刃砍斫器、砍斫器和刮削器等，以手斧数量最多。

许多新式阿布维利工具，也就是阿舍利式工具。考古发掘还证明，阿舍利文化时期的直立人或称之为阿舍利人过着有规律的、季节性的营地生活。他们在海滩上扎营，开始捕鱼、狩猎和采集，甚至学会了使用火来烤制食物和取暖。[①]

1946年，法国考古学家马尔凯（Marcais）在拉巴特西北部距大西洋不远处所存在的第四纪砂岩中发现了一块属于人类的上颚骨和一块下颚骨，此处古人类即被称为“拉巴特人”。[②]1955年，在大西洋沿岸城市卡萨布兰卡西南几公里处的阿卜杜·拉赫曼，考古学家发现了两块人类下颌骨，此处古人类即被称为“卡萨布兰卡人”。[③]研究表明，“拉巴特人”和“卡萨布兰卡人”属于晚期直立人，生活在大约40万—50万年前，其形态类似“北京人”。与古人类遗骨一同出土的还有具有阿舍利文化特征的手斧、砍砸器等石器。类似的考古发现在丹吉尔附近、穆卢耶河谷、德拉河谷、中阿特拉斯山、前撒哈拉地区等多地也有存在。

阿舍利石器和古人类遗骨并存的遗址在摩洛哥、阿尔及利亚、埃及、肯尼亚、坦桑尼亚、赞比亚、津巴布韦、南非、安哥拉、扎伊尔和尼日利亚等多地都有发现。考古发掘和研究表明阿舍利石器在非洲使用的时间比世界其他地方都要早，所以有学者认为，阿舍利文化很可能起源于非洲，大约在距今100万年前才从非洲传到欧洲及世界其他地方。

勒瓦娄哇-莫斯特文化遗存

距今20万年，随着早期智人（Homo sapiens）的出现，石制工

① Deborah I. Olszewski, Utsav A. Schurmans and Beverly A. Schmidt, “The Epipaleolithic (Iberomaurusian) from Grotte des Contrebandiers, Morocco”, *The African Archaeological Review*, Vol. 28, No. 2, 2011, pp. 99-102.

② 参见裴文中《第二次大战前后世界各地对于人类化石的新研究》，科学出版社1954年版，第23页。

③ 参见〔苏〕A.Б.高农、〔苏〕Г.Н.乌脱金《摩洛哥：自然地理和经济地理概要》，西北大学地理系翻译组译，陕西人民出版社1977年版，第113页。

具的种类增多，制作也更加精细。北非地区进入旧石器时代中期。大约公元前7万年，在摩洛哥出现了一个重要的文化形态——勒瓦娄哇-莫斯特文化（Levalloisian-Mousterian）。很显然，这是受到欧洲的勒瓦娄哇文化（Levalloisian）[①]和莫斯特文化（Mousterian）[②]影响的结果。考古学家在摩洛哥发现了一些史前遗址，其中大部分都包括燧石（场）遗址，在穆鲁瓦山谷（the valley of the Moulouia）分布尤其多。在米德勒特地区（the Midelt distict）发现了勒瓦娄哇文化和莫斯特文化遗存，如勒瓦娄哇石片和莫斯特型石器的针、锥之类的尖状物，其他地方还发现了坟墓和似为史前时期石头砌成的村庄的废墟。在塔格那奈特山口（Col de Tagnagneit）附近的一个地方有石头垒成的两个同心圆，里面的直径20米，外面的直径至少100米。[③]位于萨非东南55公里处的杰贝勒伊尔胡德（Djebel Ighoud）是最大的莫斯特文化考古遗址。自1961年以来，考古学家陆续在这里发掘出人类的颅骨、下颌骨等。经初步考证，其与尼安德特人（Homo Neanderthalensis）[④]相似。但2017年考古

---

① 勒瓦娄哇文化（Levalloisian）是旧石器时代中期至晚期的文化。因发现于法国巴黎近郊的勒瓦卢瓦—佩雷而得名。在欧洲大部分地区，勒瓦娄哇文化在里斯—维尔姆间冰期时逐渐代替了阿舍利文化。勒瓦娄哇文化以一种预制石核为特色，这种预制石核技术被称为勒瓦娄哇技术。其制作方法是先对燧石石核进行修整，然后用石锤从修整后的石核上打下石片，有着锐利刃缘的石片可用作石刀，有些石片也被加工成尖状器和刮削器。

② 莫斯特文化（Mousterian）是旧石器时代中期文化。因最早发现于法国西南部多尔多涅省的穆斯特岩洞而得名。该文化在欧洲、西亚、中亚和东非、北非等地都有发现，存续年代距今约12.5万年—3.2万年。莫斯特文化的典型特征是日渐成熟的修理石核技术（勒瓦娄哇技术和盘状石核技术），莫斯特石器的特点是多种用石片精制而成的尖状器和刮削器，以及锯齿状器、凹缺器、钝背石刀、小型手斧和石球等。

③ Deborah I. Olszewski, Utsav A. Schurmans and Beverly A. Schmidt, "The Epipaleolithic (Iberomaurusian) from Grotte des Contrebandiers, Morocco", *The African Archaeological Review*, Vol.28, No.2, 2011, pp.104-105.

④ 尼安德特人（Homo Neanderthalensis）是一种在旧石器时代中、晚期居住在欧洲、中亚和西亚等地的古人类，属于智人的一种。尼安德特人头骨化石最初于1829年在比利时发现，但是直到1856年，在德国杜塞尔多夫附近的尼安德特山谷中的一个山洞发现了头盖骨和其他骨骼，并被命名为尼安德特人后才广为人知。其年代最早的距今达20万年左右，最晚的距今约4万年。对多地发现的尼安德特人的遗迹研究，确定了尼安德特人是介于直立人和现代人之间的人类进化史中间阶段的人类。2010年发布的尼安德特人基因组草图显示，欧亚大陆现代人均有1%~4%的尼安德特人基因成分贡献。

学家在此地发掘出新的人类遗骨，经科学测定，可追溯至30多万年前。他们是非洲大陆最古老的智人。[①]同时，发掘出的石器表明，他们已知道使用由石头打磨成的无柄斧、箭头和刮削器等，随后又开始使用燧石制的刀片和骨制的工具，如锥和针等。

勒瓦娄哇—莫斯特文化在摩洛哥一直延续到公元前1.5万—1.2万年。

阿特利文化遗存

大约公元前3万年，在摩洛哥出现第一个具有北非本土特色的文化——阿特利文化（Aterian）[②]。阿特利文化器物在整个马格里布地区都有发现，主要包括有柄的尖状器、刮削器和叶形尖状器。考古学家在摩洛哥发掘出具有阿特利文化特征的石器制品，而且在达尔苏丹（Dar es-Sultan）以及拉巴特附近的哈鲁拉（al-Harhoura）和所谓的“走私者的洞穴”（Smugglers’ Cave）发现了这些石器工具制造者的人类遗存。[③]阿特利文化是由晚期智人（Homo sapiens sapiens）人种创造的，他们已经是解剖学意义上的现代人。他们采用勒瓦娄哇技术进行石器加工。石头碎片被加工和再加工成细小精致的刀片和尖状物，有时被加工成各种几何形状，如三角形或月牙形。被削得更为锋利的尖状物一般被安装在木杆上制成矛，也用作弓箭的箭头。可以说，阿特利文化不仅继承和发展了本地区阿舍利文化传统，而且发扬和改进了欧洲勒瓦娄哇—莫斯特文化传统。

随着工具的改进，这些智人的生活环境和生活方式发生改变，渔猎和狩猎技术突飞猛进，效率大为提高，居所也从洞穴变为固定营地。在一些遗址中还留有炉灶的痕迹，说明当时火的使用已经相当普

---

① Jean-Jouques Hublin, etal, “New Fossils from Jebel Irhoud, Morocco and the Pan-African Origin of Homo sapiens”, *Nature*, Vol. 546, No.7657, 2017.

② 阿特利文化（Aterian）是旧石器时代中期文化，因最早在阿尔及利亚的阿特尔（Atir，今提帕萨以南75公里处）发现而得名。阿特利文化主要包括一些独特的石器工具，其中最著名的是“有柄尖状器”，它可以用作矛尖，也被当作箭镞使用。

③ Vincent Boele and Mohamed Saadouni, eds., *Morocco: 5000 Years of Culture*, Aldershot, Hampshire: Lund Humphries, 2005, p.18.

遍。在一些遗址中发现的兽骨还表明，古代摩洛哥境内有大象、犀牛、河马、狮子、熊和鸵鸟等大型动物。人们已经有能力捕获和宰杀较大的动物，并可以用动物的骨头制造工具或装饰品，动物的皮经石制削刮器刮干净后再干化，而后制成衣服、皮带以及采集用的皮袋等。

伊比尔-毛鲁西亚文化遗存

旧石器时代晚期，大约公元前1.3万年，摩洛哥北部地中海沿海地区出现了伊比尔-毛鲁西亚文化（Ibero-Maurusian）。这种文化遗址主要分布在欧洲西南部的伊比利亚半岛和北非沿海地区。因在阿尔及利亚的奥兰发现，又称奥兰文化（Oranian）。从考古发掘出的人类化石考证，该文化的创造者应为克马罗农人（Cro-Magnons）[①]的一个分支——梅奇塔—阿尔比人。伊比尔—毛鲁西亚文化属于旧石器时代晚期文化，它并不是阿特利文化的延续发展，其存在时间从1.5万年前延续到7000年前。

伊比尔-毛鲁西亚文化比较发达，主要体现在石器制作技术的显著提高和细石器的大量增加，如单刃小石片刀等小型石片工具、矛头和箭头等精修的尖状器等。这一时期，人类还制造出各种各样的骨制工具，如锥子、针、鱼钩、鱼叉和箭倒钩等。在摩洛哥，还发现了此时期的珠宝饰物和石刻画等艺术作品。

卡普萨文化遗存

旧石器时代晚期，大约1.1万年前，北非地区出现卡普萨文化（Capsian）[②]。卡普萨文化经过2000多年的发展，大致在公元前8000

---

① 克马罗农人（Cro-Magnons）属晚期智人，其生活年代大概是2万—3万年前，因1868年在法国多尔多涅的克罗马农山洞中发现的人类化石而得名。属于克马罗农人类型的人类化石在西欧和北非许多地方都有发现。

② 卡普萨文化（Capsian）最早发现于突尼斯中西部的加夫萨（Gafsa），此地在罗马时代被称为“卡普萨”（Capsa），故而得名。卡普萨文化产生于旧石器时代晚期，大约1.1万年前，经2000年的发展进入新石器时代，延续至公元前2000年。卡普萨文化主要集中于马格里布地区，在西班牙南部和西西里岛也发现了卡普萨文化遗址。其主要特征是以磨制和雕刻技术制成的刮削器、石刀、石斧和一些几何形石器等细石器。

年进入新石器时代（Neolithic）。新石器时代以使用磨制石器为标志。北非新石器时代文化共有四种类型：埃及新石器文化、撒哈拉新石器文化、地中海新石器文化和卡普萨新石器文化。在摩洛哥出现的主要是后两种。公元前5000年—前3000年，在摩洛哥地中海沿海出现了地中海新石器文化。其石器主要是有齿缘的工具和稍加修整的石刀、石片，也有各种几何形的细石器。同时出现的还有一些制作简单的陶器，属于地中海沿岸流行的印纹陶器文化类型，其多为无敞口圆形锥底容器，以压印纹为饰。由于与欧洲地中海沿岸的经济、社会和文化联系比较密切，摩洛哥的地中海新石器文化更接近欧洲的同时代文化类型，而与撒哈拉新石器文化有着明显区别。这一时期，摩洛哥地中海沿岸的居民们已经组成农业村落，开始饲养牛、绵羊和山羊。这些家畜都属于西班牙等地的品种，最初都是从欧洲输入的。

公元前6000年—前5500年，在摩洛哥中北部地区，出现了在旧石器晚期卡普萨文化传统基础上发展而来的卡普萨新石器文化。卡普萨型石器主要是用石片磨制或雕刻而成的刮削器、钝背刀、石斧和其他一些几何形石器等细石器。除了这类细石器的大量使用，据考古发现，这一时期还出现了粗制的陶器。这些陶器十分简朴，几乎没有任何装饰，以无印纹的圆形锥底容器为主，这与地中海新石器文化类型的带印纹陶器差别明显。从出土的大量陶器可见，陶器在当时当地应用很广泛。此外，还有以锥、针等为主的骨器。与撒哈拉新石器文化不同，卡普萨传统的新石器文化很可能是自成系统的一支。

大约在公元前3500年以后，由于气候的变化，整个撒哈拉地区变成了沙漠，造成北非与非洲大陆的隔绝状态。此后，北非与欧洲地中海沿岸地区的联系越来越密切。公元前3000年—前2000年，北非进入铜石并用时代，因主要受环地中海文化影响，北非成为地中海铜石并用文化的一个组成部分。欧洲文化的影响主要由两个途径进入北非地区：西从伊比利亚半岛传至摩洛哥，扩至阿尔及利亚西部，传入钟杯文化、冶金术、沟纹陶器和绳纹陶器、竖穴墓等；

东从意大利、西西里岛传至突尼斯，扩至阿尔及利亚东部和利比亚，传入巨石建筑和彩陶与斜坡屋顶等。[①]在休达附近斯帕特尔角（Cape Spartel）发掘出土的彩陶片，同西班牙的洛斯米拉雷斯铜石并用文化的陶器十分相似。在北非其他地区的考古发现也印证了北非与欧洲地中海沿岸文化的关联。从此，北非在环地中海文化中取得一席之地。[②]

二、原始柏柏尔人的社会生态

柏柏尔人的起源

在有文字记载的历史中，柏柏尔人是摩洛哥最初的居民。关于柏柏尔人的起源，学者们意见不一。主要有两种看法：一种认为他们是公元前7000年在今突尼斯西南卡普萨地区出现的卡普萨人的后裔，柏柏尔人继承了卡普萨人的文化；[③]另一种认为他们是多种人种混合的结果，即公元前9000年在北非西部存在的伊比尔—毛鲁西亚人、后来出现的卡普萨人和北非新石器时代的其他人种的混血种。[④]此外，还有学者认为，这个种族是由两个截然不同的成分混合而成，其一是公元前20世纪以前从东方的亚洲高原大规模迁徙过来的棕发柏柏尔人，即原始闪族人，他们构成了柏柏尔族的基础；其二是公元前20世纪从北方的西班牙迁移来的金发柏柏尔人，他们与前者彼此融合。[⑤]根据考古学家和人类学家已有的研究，更符合历史事实且更易接受的观点应该是：柏柏尔人是北非的原住民，而不是外来

---

① 参见林志纯、刘文鹏《北非新石器时代和铜石并用时代》，《中国大百科全书·考古卷》，中国大百科全书出版社1986年版，第36—37页。

② 〔埃及〕G.莫赫塔尔主编：《非洲通史》（第二卷），中国对外翻译出版公司1984年版，第330—331页。

③ J. Desmond Clarked., *The Cambridge History of Africa, Vol.1: from the Earliest Times to c.500 BC*, Cambridge: Cambridge University Press, 1982, p.552.

④ 〔埃及〕G.莫赫塔尔主编：《非洲通史》（第二卷），第330页。

⑤ 〔法〕亨利·康崩：《摩洛哥史》（上册），上海外国语学院法语系翻译组译，上海人民出版社1975年版，第13页。

的移民，他们是石器时代在北非生存的多个人种混合而成的。

“柏柏尔”一词是外来语，可能是古希腊人称他们为“巴巴罗”（Barbaroi），后来古罗马人叫他们“巴巴里”（Barbarl），意思是“野蛮人”或“外地人”。柏柏尔人的名称便由此外来语的发音演变而来。但柏柏尔人自己并不用这一名称，他们自称为“阿马齐格”（Amazigh）或“伊马齐恒”（Imazighen）[①]，意即“自由的人”或“高贵正派的人”。

分布在北非地区的柏柏尔人并非单一人种，柏柏尔人实际上是一个族群或部落联盟，由不同分支的柏柏尔人构成。阿拉伯著名史学家伊本·赫勒敦将柏柏尔人分为三大支：（一）马斯穆达人，居住在摩洛哥的里夫和阿特拉斯山区，多数是定居的农民。（二）桑哈贾人，居住十分分散，住在卡比利亚山区的多数是农民，住在摩洛哥东南部的为半游牧民，住在撒哈拉地区的是游牧民。（三）扎纳塔人，分布在北非从东到西的草原地区，基本上是牧民或半牧农。[②]事实上，柏柏尔人的划分十分复杂和困难。如在阿尔及利亚西北部和摩洛哥沿海地区居住着毛里人；居住在撒哈拉沙漠边缘的有法鲁西人、尼格里特人和加拉曼特人（Garamantes）；阿尔及利亚境内和突尼斯南部有努米底亚人，其中又可分为马西尔人和马塞西尔人等。

柏柏尔人的部落生活

旧石器时代晚期到新石器时代早期，生活在摩洛哥地区的原始柏柏尔人以狩猎和采集陆地上自然生长的野生动植物为生，沿海地区的原始柏柏尔人还从事捕鱼。柏柏尔人依据血缘亲属关系分为不同的支系，通常以有着一个共同祖先的父系大家庭即家族或若干这类大家庭组成的部落为单位，过着群居的生活。为了获得野生食物，他们不是长期定居在洞穴或原始村落中，而是经常不断地迁徙。

---

① 柏柏尔人以柏柏尔语中的Amazigh（中文译作“阿马齐格”）称呼自己，Amazigh的复数形式为Imazighen（中文译为“伊马齐恒”）。

② 杨人楩：《非洲通史简编：从远古至一九一八年》，人民出版社1984年版，第32页。

公元前5000年以后，气候的变化导致一些植物和动物迁徙、消失，柏柏尔人逐渐从食物采集者变成食物种植者，从狩猎者变成养殖者，种植业和畜牧业随之兴起。种植业的出现带来了社会和生产技术的重大变革。柏柏尔人开始选择在适宜农耕的平原和沿海地区建立定居点，并在周围种植小麦、大麦、蚕豆、鹰嘴豆等农作物。据考证，原始柏柏尔人已经掌握树木嫁接技术，开始种植椰枣树、无花果树、橄榄树等。至今在北非盛产的橄榄的种植史最早可以追溯至此时。柏柏尔人越来越多地使用磨制石器工具和骨制工具，并自制陶器，这些陶器主要用于储存、运送和烧煮食物及水。特别令人惊奇的是，他们已开始使用简单的犁头耕地，而不再使用石斧或石片翻地。考古学家在摩洛哥大阿特拉斯山的岩石上发现了据测定是柏柏尔人大约在公元前1600年雕刻的图案，其中包括短剑、长矛、斧头和方盾的图案。另外，从大阿特拉斯山区的一些雕刻中可以清楚地看出，柏柏尔人用牛拉犁耕地；收获时，用笨重的牛踩出谷粒。种植业的出现使食物供应变得更加稳定和丰富，人们终于可以在一个地方长期定居，他们开始建造更加坚固的房屋。这些房屋通常以泥浆、木杆和编织的麦秸及茅草作为建筑材料，也有一些房屋或围绕定居点的围墙采用石头建造。稳定的食物供应和固定的居所为人口的增长提供了保障，而家庭规模的不断扩大意味着农业劳动力的增加，农业生产规模随之扩大，定居点的规模也变得更大。同时，因为有了富余的食物，柏柏尔人的定居村落出现了很多不直接从事农作物种植的人，如工匠、牧师、掌管村落各种事务的管理人员等。随着富余食物的出现、非粮食生产者的存在和个人财产的增加，社会出现贫富分化，并产生不同的阶层。在摩洛哥多地的考古发掘证明了这种古代农业村落的存在。①

几乎在种植业兴起的同时，畜牧业也出现在摩洛哥地区。原始柏柏尔人学会了饲养牛、绵羊和山羊等牲畜，放牧成为他们从事的

① Vincent Boele and Mohamed Saadouni, eds., *Morocco: 5000 Years of Culture*, p.19.

主要生产活动。这些牲畜是他们的财富来源，一方面可以为他们提供肉和奶等食物，另一方面也可以用来与农业村落的居民进行交易以换取粮食。为了寻找季节性的牧场而迁移，柏柏尔人的定居点往往是不固定的，游牧生活便成为他们的生存方式。柏柏尔人通常是以部落或部落联盟为单位，随着季节变化从一个牧地迁徙到另一个牧地。考古学家在摩洛哥大阿特拉斯山发现的岩画，与撒哈拉地区发现的岩画（其出现年代可追溯至公元前3500—前2500年）类似，描绘了当时柏柏尔人生活的各个侧面。其中就有岩画展现了人们放牧长角牛和绵羊的场景。[①]

考古发掘证明，在原始柏柏尔人居住的农业村落中，人们的生活简朴。他们一般穿着有花纹的布片，不戴装饰品，同从事游牧的柏柏尔人截然不同。后者身披皮制衣服，携带有手镯、金属垂饰和陶珠等饰物。有的身佩武器，既为装饰品，又为谋生的生产手段。法鲁西人和尼格里特人随身携带弓和箭，努米底亚人和毛里人携带的武器则是形状细长的标枪和猎刀。

在农耕地区的考古发掘还发现不少坟墓，陶器是普遍的随葬品。陶器的类型极为相似，有盛液体和汤用的盆、碗和高脚杯，还有各种盛放食物的浅底大盘和水果碟等。这些器皿大都穿有小孔，表明古代柏柏尔人都有把器物挂在墙上的习惯。考古发现，有些坟墓前树立着方尖碑状的纪念石或石柱以象征死者生前的威严。在某些坟墓周围建起了整片墓地，这标志着一些特别受尊敬的人在生前有许多人围绕着，死后在他们坟墓周围也聚集着大批坟墓。著名的古希腊历史学家希罗多德（Herodotus）在他的不朽著作《历史》中记述了一些柏柏尔人发誓和占卜的方式，“他们是把他们的手放在他们中间号称最公正和最优秀的人物的坟墓上面，他们是凭着这些人的名字发誓的”[②]。虽然，由于缺乏史料，学者们对原始柏柏尔人的社会组织情况还难以做出精确的判断，但是，这些对死者崇拜的遗迹使人

① Vincent Boele and Mohamed Saadouni, eds., *Morocco: 5000 Years of Culture*, pp.19-20.

② 〔古希腊〕希罗多德：《历史》，王以铸译，商务印书馆1959年版，第499页。

们隐约看到在原始社会末期柏柏尔人家长制度的情景。

柏柏尔人的语言没有标准形式，也没有文字书稿。他们最主要的表达方式是音乐和舞蹈。直至今日，柏柏尔人仍然保留着自己的传统，特别是在农村和山区生活的柏柏尔人大多因循传统的风俗习惯。

柏柏尔人与外界的交往

原始柏柏尔人所生活的北非，早在公元前2000年以前就已经同外界有着较为密切的往来。其同南欧的伊比利亚半岛南部，地中海的西西里岛、萨丁岛、马耳他岛，远至意大利南部都建立了联系。考古出土物提供了不少有关这方面的证明。南欧铜石并用时代的彩陶器已经传抵摩洛哥的北部地区。在北非西部出土了大约公元前2000年从伊比利亚半岛运进的紫铜和青铜制造的箭头。北非中部卡比利亚陶器仿造从西西里岛传入的绘有褐色或黑色几何图案的陶器。在南欧一些地方也陆续出土了公元前2000年左右从非洲内陆经过北非传入的象牙和鸵鸟蛋等物品。有的学者据此认为，北非地区早在迦太基出现很久以前，就已经成为地中海文化圈的一个组成部分。①

原始柏柏尔人同非洲大陆其他部分的联系和往来也很密切。早在埃及统一国家出现前，生活在今利比亚东部边境内的原始柏柏尔人的某些部落已迁往埃及西北部，从事游牧或定居农业。随着时间的流逝，他们同埃及人逐渐融合。法老埃及时期，来自埃及西部境外的柏柏尔人不断东来。埃及古代文献、寺院铭文等对此都有丰富的记载，浮雕和岩壁画也提供了许多生动形象的历史资料。埃及古王国时期，新来的柏柏尔人被称为特赫努人，也有记载称他们为特梅胡人。经考证，特赫努人和特梅胡人虽都来自埃及西部境外，但不属于同一族群。特梅胡人不断东侵埃及。埃及古代文献中有法老军队同他们作战的记载。②

---

① 〔埃及〕G.莫赫塔尔主编：《非洲通史》（第二卷），第330页。

② Phillip C.Naylor, *North Africa: A History from Antiquity to the Present*, Austin, T. X.: University of Texas Press, 2009, p.98.

当时，撒哈拉地区因干旱引起的沙漠化并未完全阻断北非与非洲内陆的联系。在很长一段时期里，撒哈拉地带的不少地方沙层浅薄，地下水层离地面很近，溢出地表的水量很大，从而形成湖泊和沼泽地。各处依然水草茂盛，林木葱茏。长期生活在沙漠绿洲和沙漠南缘的居民大多是黑色皮肤人种，他们是古代尼格罗人的一部分，主要从事采集和狩猎活动，有的还发展着灌溉农业。柏柏尔人经常深入南方，同他们交往。经过长期的接触，有的融合成新的混合居民，如加拉曼特人就是著名的一支。有些柏柏尔人还径直南下，直抵尼日尔河的河曲地带，其中一些人在那里定居下来。

随着人们往来的频繁，北非和撒哈拉以南非洲地区的物品交换逐渐增多。穿越撒哈拉地区的商道开始出现。初期的交通依靠步行，或用牛、驴等作为负重工具。公元前16世纪前，马匹被引进非洲，用于撒哈拉地区，推动着交通的发展。在今阿尔及利亚南部的塔西里地区和撒哈拉其他地方遍布着马拉战车图案的岩壁画。假如将分散在各地的这种岩壁画连接起来，可以发现当时存在着东、西两条穿过沙漠的通道。东边的一条主要经过阿尔及利亚的塔西里、阿哈加尔、阿德拉尔一直到达尼日尔河畔的加奥（Gao）。西边的一条从今摩洛哥南部的泽木尔和今毛里塔尼亚的阿德拉尔、提切特、瓦拉塔（Walata）一直到达尼日尔河西北岸。[①]往北运输的物品主要有象牙、驼毛和小米等，南下的物品主要有食盐、装饰物等。虽然这一时期的交往十分有限，但为以后迦太基人深入非洲内陆奠定了基础。

三、腓尼基人的入侵与迦太基的统治

腓尼基人的入侵

腓尼基人（Phoenician）最初居住在地中海东部沿海地区（相

① J.D.Fage ed., *The Cambridge History of Africa, Vol.2: from c.500 BC to AD 1050*, Cambridge: Cambridge University Press, 1979, pp.280, 282.

当于今叙利亚和黎巴嫩的沿海地区），属于闪米特族，是古代世界最著名的从事航海和商业贸易的民族。大约在公元前1100年，腓尼基人从地中海东岸出发，沿着北非海岸向西航行，每隔30公里左右设置一个停留站，一些具有重要战略地位的停留站后来发展为永久性的殖民地。当时埃及以西的北非地区和西地中海的居民由于经济发展和社会组织都落后于腓尼基人，自然也没有足够强大的防御力量来保护自己。所以，腓尼基人比较容易地在这些地区扩展自己的地盘。①

腓尼基人凭借其航海技术、军事实力和经济优势，大举向西进行殖民扩张。公元前12世纪，腓尼基人涉足摩洛哥沿海地区，并在此定居，建立了几个商业中心，如利克苏斯（Lixus）②、丁吉斯（Tingis）③等。④

公元前814年，腓尼基人在今突尼斯的北部沿海建立了一个十分重要的殖民地——迦太基（Carthage）⑤。公元前8世纪—前7世纪，北非地区又相继出现多个腓尼基人的殖民地，其中包括哈德鲁梅特（即苏塞）、提帕萨、大雷普提斯（又叫莱卜达）、锡加、鲁萨迪尔（Rusadir，今梅利利亚附近）和利克苏斯。摩洛哥大西洋沿岸的摩加多尔（Mogador，今索维拉）是最远的殖民地。自公元前6世纪起，迦太基逐渐成为腓尼基人最重要的新兴殖民城邦，并且成为地中海地区一系列腓尼基殖民地的盟主，迦太基帝国就此诞生。迦太基与希腊展开长达300余年的争夺地中海霸权的角逐，最终确立在西地中海的霸权地位，其疆域包括今天北非的利比亚、突尼斯、阿尔及利亚、摩洛哥的沿海地区，以及西班牙南部、西西里岛大部、撒丁岛、科西嘉岛和巴利阿里群岛。此后，北非地区就称腓尼基人

① 〔埃及〕G.莫赫塔尔主编：《非洲通史》（第二卷），第344页。

② 利克苏斯（Lixus），即大西洋沿岸的拉腊什（Larache），位于今阿拉伊什北面。在阿拉伊什以北4公里处，保留有腓尼基人建立的利克苏斯城遗址。

③ 丁吉斯（Tingis），今丹吉尔（Tangier）。

④ 〔法〕亨利·康崩：《摩洛哥史》（上册），上海外国语学院法语系翻译组译，第14页。

⑤ 迦太基（Carthage）这个名字来自腓尼基文Kart Hadasht，意即“新城”，以区别于腓尼基本土的“旧城”。它位于今突尼斯首都突尼斯城附近。

为迦太基人（Carthaginians）。[①]

在摩洛哥，除了前面提到的利克苏斯、丁吉斯、鲁萨迪尔和摩加多尔，在塞拉（Salé）（今拉巴特附近）、塔姆达（Tamuda）（今得土安附近）等地也发现了迦太基人的遗迹，说明摩洛哥的北部和西部沿海地区大都置于迦太基帝国的殖民统治之下。

迦太基统治下的社会经济状况

公元前6世纪—前5世纪，摩洛哥沿海一带由于城市的兴起和社会阶层的出现，产生了最早的奴隶制国家形态。同时，伴随着在摩洛哥沿海建立了多个殖民地，迦太基人大量移民到摩洛哥，改变了当地居民的生活状况与社会活动。迦太基人基于农业经济和定居社会的文明对摩洛哥的大部分地区产生很大影响。

这些影响最为突出地体现在农业发展方面。为获取更多粮食，迦太基人不断地向内地蚕食柏柏尔人的耕地，扩大谷物的种植面积。他们采用铁三角铧制成的简陋犁和各种打禾用的钉齿板作为生产工具，主要种植小麦和大麦。[②]迦太基权贵们还在平原地区建立起许多大庄园，主要用来种植葡萄、橄榄树和无花果树等。庄园劳动力的主要来源是被征服的柏柏尔人奴隶和从撒哈拉以南贩卖来的黑人奴隶。迦太基人还大力发展畜牧业，饲养和繁殖马、羊、牛等，并出口到境外。此外，他们还从事捕鱼和鱼类加工，带动了摩洛哥沿海渔业的发展。他们的捕鱼技术比较发达，可以进行长时间的海上作业，而且船上设施完备，有储存各种鱼类的仓库。捕鱼量的增加促进了鱼产品加工业的发展，摩洛哥当地生产并出口的沙丁鱼产品远近闻名。特别值得一提的是，迦太基人拥有一种从紫色海螺中提取紫色染料的技术，索维拉成为当时著名的紫色染料生产中心。从某

---

① 参见〔埃及〕G.莫赫塔尔主编《非洲通史》（第二卷），第347页；J.D.Fage ed., *The Cambridge History of Africa, Vol.2: from c.500 BC to AD 1050*, pp.116-140.

② 〔法〕夏尔-安德烈·朱利安：《北非史》（第一卷上册），上海新闻出版系统“五·七”干校翻译组译，上海人民出版社1973年版，第147页。

种程度上说，在摩洛哥沿海的迦太基人移民促进了当地农耕的发展以及新技术与文化的输入。摩洛哥沿海地区也因此出现了繁荣的景象。

贸易给迦太基带来了巨大的财富，成为其持续扩张的物质和精神动力。迦太基商人贩运粮食、酒、陶器、玻璃器皿、布匹、染料、宝石、黄金、银子、珍珠、象牙、锡、布匹等物品，甚至还贩卖奴隶。迦太基城是这些商品的集散地。为了扩大和垄断海上贸易，迦太基人组建了庞大的商船队。船队的贸易活动范围越过西地中海，进入大西洋。北上到达西班牙沿海地区，位于西班牙南部的加的斯港成为重要的商品转运站；南下沿着摩洛哥大西洋海岸到达今天西非的塞拉利昂，甚至远达今天喀麦隆的沿海地区。

为攫取巨额贸易利润，迦太基颁布禁令，规定其他民族和国家不得与迦太基以西的地区进行贸易。通过与其他国家缔结条约或击沉擅闯禁区的船只，迦太基实现了海上贸易垄断，大量舶来品都转入迦太基商人之手。

除了海上贸易以外，迦太基人还依赖阿特拉斯山区和撒哈拉北部地区的柏柏尔游牧民作为中间人，与撒哈拉地区开展贸易活动。除了原有的东、西两条沙漠通道，他们又在撒哈拉中部开辟出一条新的贸易通道，从的黎波里经由杰尔马或波利尼亚克堡、加特、阿杰尔高原、霍加尔、提米索到达伊福拉斯高原的苏格。①

据历史文献记载，公元前500年—前480年，迦太基人汉诺曾率船队西出地中海沿摩洛哥西海岸南下，抵达西非的塞内加尔，甚至远至塞拉利昂。他在沿途陆续建立了一系列商站，并让一些迦太基人定居在那里。②希罗多德在其名著《历史》中记述了公元前5世纪中叶，迦太基商人同西非黑人进行“哑贸易”的情景：迦太基人到达这个地方并卸下他们的货物，并沿海岸把这些货物陈列之后，便登上船，点燃烟火。当地人看到烟便来到海岸边，他们放下换取货

---

① R.C.C.Law, “The Garamentes and Trans-Saharan Enterprise in Classical Times”, *Journal of African History*, No.2, 1967, pp.181-185.

② J.D.Fage ed., *The Cambridge History of Africa, Vol.2: form c.500 BC to AD 1050*, pp.297-298.

物的黄金，然后离开。于是迦太基人便下船，检查黄金，如果觉得交易不公平，他们便再到船上继续等候，而那些进行交易的当地人便回来放上更多的黄金，直到船上的人满意为止。据说交易双方互不欺骗。直到黄金和货物价值相等时，迦太基人才去取黄金，而那里的人也只有在船上的人取走黄金后才拿走货物。[①]

由于城市的兴起和对外贸易的繁荣，摩洛哥成为地中海地区的一部分，成为重要的贸易中心，新的思想和生活方式随之输入。与地中海周边的人民交往如此频繁，以至于马格里布的居民被古希腊和罗马的伟大历史学家和作家，如荷马（Homer）、希罗多德、波里比阿（Polibius）和撒路斯提乌斯（Sallust）经常提到。

为了扩大和巩固统治，迦太基统治者建立了强大的军队和一套完备的国家机构。公元前6世纪中叶，迦太基统治者改变早期只能由人数有限的迦太基公民服兵役的办法，建立了雇佣兵制。他们从北非殖民地雇佣柏柏尔人，组成骁勇善战的骑兵。柏柏尔士兵遂成为迦太基军队的主要组成部分，在迦太基长期的对外战争中起了重要作用。为了扩大其统治的社会基础，迦太基统治者实行了鼓励腓尼基人移民与当地柏柏尔人通婚的制度。[②]

与此同时，迦太基统治者对被征服地区的柏柏尔人采取高压政策，特别是对其进行横征暴敛，所征收的高额税赋成为迦太基主要的经济来源之一。在迦太基殖民统治的数百年里，柏柏尔人顽强抗争，奴隶和农牧民的起义此起彼伏，其中尤以公元前397年、前369年爆发的两次起义规模最大。尽管起义被镇压下去了，但迦太基的力量还是受到很大削弱。

柏柏尔王国的兴起

公元前4世纪末，居住在今摩洛哥地中海沿岸地区和阿尔及利

---

① 〔古希腊〕希罗多德：《历史》，王以铸译，第507页。

② Jane Soames Nickerson, *A Short History of North Africa: Libya, Tunisia, Algeria and Morocco from Pre-Roman Times to the Present*, New York: The Devin-Adair Company, 1961, p.11.

亚西北部的柏柏尔人（毛里人）建立了一个王国——毛里塔尼亚（Mauritania），其东部边界靠近穆卢耶河，西部边界临大西洋，南部边界则以阿特拉斯山为限。摩洛哥的内陆山区基本上处于相对封闭和独立的状态，其社会和经济发展比较缓慢和落后。但穆卢耶河谷和大西洋沿岸地区的自然条件优越、土壤肥沃，盛产大麦、小麦和薯类等粮食作物，农业比较发达，人口相对稠密，社会出现明显的阶级分化，最早进入阶级社会。[①]在迦太基帝国强盛时期，毛里塔尼亚古王国臣属于迦太基，他们为迦太基人提供粮食、动物皮毛、马匹和奴隶等。

几乎在毛里塔尼亚王国兴起的同时，在它东面的今阿尔及利亚和突尼斯南部地区也出现了两个独立的柏柏尔王国：一个是马塞西里（Masaesyli），位于阿尔及利亚西部，与摩洛哥的毛里人为邻；另一个是马西里（Massyli），在阿尔及利亚的东北部与突尼斯南部，紧挨着迦太基统治中心。这两个柏柏尔王国也都被迫臣属于迦太基。迦太基利用马塞西里人和马西里人之间的矛盾，对他们采取分而治之和远交近攻的政策。后来，迦太基支持马塞西里国王西法克斯（Syphax）吞并了马西里王国。而马西里王室后裔马西尼萨（Massinissa）则支持罗马人，并组织军队袭击迦太基。公元前202年，马西尼萨在罗马人的支援下，灭亡马塞西里，建立努米底亚王国（Kingdom of Numidia）。

据文字资料，公元前204年，毛里塔尼亚国王巴加（Baga）派6000骑兵护送他的盟友马西尼萨穿过马塞西里回到自己的王国领地。[②]毛里塔尼亚与努米底亚王国的关系一度十分密切。

关于毛里塔尼亚王国政府管理的文献记载很少。在国王之下可能设有一个部落首领组成的委员会。部落为王国军队提供兵源，这些士兵不是常设的，而是遇有需要时才动员起来。国王可能住在首都，或周游全国以巩固其对部落和主要城市的统治权。唯一可知的作为行政和法律中心的王国首都是恺撒利亚（Caesarea），即今阿尔

① 〔埃及〕G.莫赫塔尔主编：《非洲通史》（第二卷），第358页。

② Vincent Boele and Mohamed Saadouni, eds., *Morocco: 5000 Years of Culture*, p.65.

及利亚港口城市切厄切尔（Cherchel）。希腊和罗马著作中提到一些王室居住地：丹吉尔、利克苏斯和沃吕比利斯（Volubilis）。在位于塞布河流域的吉尔达（Gilda）以南不远处的西迪·苏莱曼（Sidi Sulimane）发现了许多古墓，说明吉尔达很可能是公元前4世纪—前2世纪毛里塔尼亚王国的首都。公元前2世纪末，毛里塔尼亚国王博库斯一世（Bocchus Ⅰ）建立了一个铸币厂。

这些柏柏尔王国其实类似于部落联盟，凭借军事实力，在罗马和迦太基之间周旋。公元前4世纪—前1世纪，北非出现带有希腊化时代君主国色彩的部落联盟，这并不是自然演进的结果，而是罗马与迦太基对峙下的产物。①

迦太基帝国的灭亡

公元前3世纪，罗马势力日益强大，开始向南扩张。公元前264年—前146年，罗马与迦太基为争夺西地中海的霸权先后进行了三次战争，史称“布匿战争”（Punic Wars）。连年的战争极大地削弱了迦太基。在第三次战争期间（公元前149年—前146年），迦太基城被罗马军队夷为废墟，迦太基帝国最终走向灭亡，罗马占领了原属迦太基的广阔领土。

迦太基虽然灭亡了，但它带给北非的影响是不可估量的。迦太基人不仅把地中海东岸的西亚古老文明传播到地中海西部和北非地区，而且在历史上第一次把北非带进了地中海世界，并使其成为地中海世界的一个重要组成部分。②另一方面，迦太基留给非洲的遗产也是弥足珍贵的，这一点在经济上有多方面体现，比如以奴隶为主要劳动力的大庄园制度、谷物种植业的发展、对外贸易线路和穿过撒哈拉商道的开辟等。另外，迦太基人给贸易所经地区带来了较为

① Andreas Schwarcz, “The Settlement of the Vandals in North Africa”, in A. H. Merrills ed., *Vandals, Romans and Berbers: New Perspectives on Late Antique North Africa*, Aldershot: Ashgate Publishing Limited, 2004.

② 〔埃及〕G.莫赫塔尔主编：《非洲通史》（第二卷），第359—360页。

先进的技术和文化，促进了它们的社会发展和文明进程，这些方面的影响无疑是十分深远的。

四、罗马人的征服与统治

罗马人的征服

罗马在灭亡迦太基之后非常忌惮北非地区再出现一个强大的国家，以妨碍它称霸地中海。因此，罗马利用马西尼萨诸子之间的不和，不断地干涉努米底亚王国的内政，企图分裂努米底亚王国。

公元前118年，马西尼萨的儿子米西普萨（Micipsa）将王国分给他的两个儿子以及他弟弟的私生子朱古达（Jugurtha）。然而，朱古达不久便杀死了堂兄，并袭击在努米底亚王国首都锡尔塔（Cirta）[①]的堂弟，重新统一努米底亚王国。[②]公元前112年，朱古达下令杀死居住在锡尔塔的一批罗马商人和高利贷者。次年，罗马统治者兴兵讨伐，朱古达动员全国力量进行抵抗。战败后，朱古达逃往盖图里，与其岳父毛里塔尼亚国王博库斯一世结盟，共同对付罗马。在博库斯一世的援助下，朱古达屡次击败精锐的罗马军队。然而，在战争持续5年之后，努米底亚军队终因寡不敌众而败退。公元前106年，罗马收买博库斯一世，诱捕朱古达并将其押往罗马处死。罗马元老院为了酬谢博库斯一世，将努米底亚王国的西部领土划归他管辖，毛里塔尼亚王国的东部边界便从穆卢耶河向东扩展到凯比尔河。毛里塔尼亚王国一度国势强盛，而努米底亚王国的东部则沦为罗马的附庸国，朱古达同父异母的兄弟高达（Gauda）成为傀儡国王。[③]公元前49年，努米底亚国王朱巴一世（Juba I）在恺撒

① 锡尔塔（Cirta），今阿尔及利亚的君士坦丁。迦太基人称为塞尔塔（Carta），罗马人改称锡尔塔（Cirta）。公元311年左右被毁损，在君士坦丁大帝时修复，从此改名为君士坦丁。

② Michael Brett and Elizabeth Fentress, *The Berbers*, Oxford: Blackwell, 1996, p.42.

③〔美〕菲利普·C.内勒：《北非史》，韩志斌等译，第35页。

（Gaius Julius Caesar）与庞培（Gnaeus Pompey）的罗马内争中支持庞培，在庞培失败后，朱巴一世自杀。恺撒将努米底亚王室流放至罗马，并在努米底亚实行直接统治。

公元前80年，博库斯一世逝世，马斯塔尼索苏斯（Mastanesosus）继任毛里塔尼亚国王。公元前49年，马斯塔尼索苏斯去世之前，把王国平分给他的两个儿子。博库斯二世（Bocchus Ⅱ）分到穆卢耶河以东的毛里塔尼亚，相当于现在的阿尔及利亚西北部；博古德（Bogud）分到西毛里塔尼亚，也就是现在的摩洛哥。

公元前38年，博古德听命于安东尼，亲自率远征军赴西班牙与屋大维军团作战。其臣民在丹吉尔反叛，博库斯二世趁机出兵吞并了西毛里塔尼亚，获得屋大维（Gaius Octavius Augustus）的封赏，成为毛里塔尼亚王国的唯一统治者。公元前33年，博库斯二世去世，毛里塔尼亚王国便由屋大维统治。

公元前29年，屋大维立努米底亚王国末代国王的儿子朱巴为努米底亚国王，称朱巴二世（Juba Ⅱ）。公元前27年，罗马元老院授予屋大维“奥古斯都”（Augustus，意为“神圣的”）称号，宣布罗马帝国建立。公元前25年，罗马元老院决定将努米底亚纳入罗马帝国，使其成为一个行省。为弥补朱巴二世的损失，奥古斯都委任他为毛里塔尼亚国王。

朱巴二世自幼在罗马宫廷成长，又由奥古斯都做主娶安东尼与埃及女王克利奥帕特拉（Cleopatra the Great）之女克利奥帕特拉·塞莱娜（Cleopatra Selena）为妻。因此，他在位期间对罗马十分恭顺，实际上就是罗马皇帝在北非的代理君主。[①]因为自小在罗马接受教育，他文采风流，既是艺术家和文学家，又是哲学家，他用希腊文写过历史、地理和戏剧等著作。朱巴二世上任后，致力于当时的科学研究和艺术教育，创建了一座著名的图书馆，培育了橄榄种植，发展了榨油业、葡萄种植业，以及沿海的渔业等。他还同地中海周边国家以及罗马帝国各属地进行贸易，并在由迦太基人在

---

① Phillip C. Naylor, *North Africa: A History from Antiquity to the Present*, p.44.

地中海沿岸和大西洋沿岸建立起来的贸易中心的基础上发展起不少城市。朱巴二世还铸造了带有他以及王后头像的金币和银币。在朱巴二世统治的48年间，毛里塔尼亚发展成西地中海最为繁荣的地区之一。①

公元23年，朱巴二世去世，其子托勒密（Ptolemy）继位。他统治王国17年，毛里塔尼亚王国继续保持着繁荣与富有。公元40年，罗马皇帝卡利古拉邀请托勒密访问罗马，并借机处死了托勒密，将毛里塔尼亚王国变成罗马帝国的属地。这激起毛里塔尼亚广大农牧民和奴隶的愤怒，一场反抗罗马占领的武装起义迅速兴起。罗马皇帝派遣大量军队历时4年才将起义镇压下去。公元44年，罗马将毛里塔尼亚划分为两个行省：穆卢耶河以东（今阿尔及利亚西北部）是毛里塔尼亚恺撒里西斯（Mauritania Caesariensis），省府为恺撒里亚②，穆卢耶河以西（今摩洛哥北部）是毛里塔尼亚廷吉塔纳（Mauritania Tingitana）（省府为丹吉尔）。③至此，除埃及以外的北非大部分地区均处于罗马的统治之下，摩洛哥成为罗马帝国的一部分。

罗马统治下的政治经济状况

罗马在埃及以西的北非地区建立直接统治以后，将其分为4个行省。在原迦太基的领地即阿非利加（Africa）省设置总督领行省，往西依次是努米底亚行省、毛里塔尼亚恺撒里西斯行省、毛里塔尼亚廷吉塔纳行省。努米底亚行省由罗马任命的一名军事长官负责，而毛里塔尼亚恺撒里西斯行省和毛里塔尼亚廷吉塔纳行省则由罗马各委派一名省长，负责军事、行政和财政事务。罗马统治下的这一地区史称“罗马非洲”（Roman Africa）。

摩洛哥北部地区作为毛里塔尼亚廷吉塔纳行省的一部分，被置于罗马的统治之下。虽说该行省的疆域并未明确划定，但可以确认的是，它囊括了今日摩洛哥北部地区，南部边界线从大西洋岸边的

---

① 〔美〕菲利普·C.内勒：《北非史》，韩志斌等译，第38页。

② 恺撒里亚，今阿尔及利亚地中海沿岸的舍尔沙勒（Cherchel），位于阿尔及尔西侧的一个渔港。

③ Phillip C. Naylor, *North Africa: A History from Antiquity to the Present*, p.45.

拉巴特向东北经非斯延至塔扎直到乌季达（Oujda）。[①]

在政治上，摩洛哥由罗马帝国委派的省长进行统治，他被授予一定的民政权力和军事权力。[②] 罗马对摩洛哥的统治与北非其他行省略有不同。罗马在突尼斯和阿尔及利亚的属地范围较大，并且已经开发，殖民化程度较高。而对于处在北非边缘地带的摩洛哥，罗马只是把它当作保护北非属地安全的侧卫。因此，罗马对摩洛哥的占领并未深入腹地，对摩洛哥的政治控制和行政管理也相对较松。毛里塔尼亚廷吉塔纳的南部边界距北部地中海沿岸只有400公里纵深。罗马人建造的利姆（Limes）[③]从塔扎和非斯延伸至大西洋沿岸拉巴特以北6公里处的塞拉，用以防御来自南部地区柏柏尔部落的攻击。[④]对于利姆以南地区，罗马人并未进行直接统治，而是采取与当地部落首领结盟的政策，给予部落首领领导头衔和礼物以确保他们的忠诚。因此，除了间或的突袭和劫掠，属于罗马行省的利姆以北地区几乎没有受到来自南方部落的严重威胁。[⑤]

在经济上，罗马人大力开发北非领地的农业资源。在罗马人提供的工程技术和组织管理下，摩洛哥在水利灌溉、谷物和亚热带作物种植等方面都得到显著发展，谷物、橄榄、无花果、葡萄的产量大幅度提高。罗马在北非各行省实行大地产制，大力发展庄园制经济。在灭亡迦太基后不久，罗马便在阿非利加省颁布了公共土地法，规定只有罗马公共权力机构才拥有土地所有权，从而把迦太基的丰田沃土收归为罗马公有地。依照此法，罗马将后来吞并的努米底亚、昔兰尼加、毛里塔尼亚的土地也据为己有。罗马人将掠来的大片土

---

① Jane Soames Nickerson, *A Short History of North Africa: Libya, Tunisia, Algeria and Morocco from Pre-Roman Times to the Present*, p.18.

② 〔埃及〕G.莫赫塔尔主编：《非洲通史》（第二卷），第365页。

③ 利姆（Limes），意思是筑有防御工事的围墙。罗马帝国在其殖民统治的北非地区建造了一系列这种综合性防御设施，通常沿着殖民属地的边境而建，墙体很长，有堑壕相配，间隔一段还设有哨所。主要用来防御来自外部的柏柏尔人的侵袭。

④ 〔法〕亨利·康崩：《摩洛哥史》（上册），上海外国学院法语系翻译组译，第16页。

⑤ Jane Soames Nickerson, *A Short History of North Africa: Libya, Tunisia, Algeria and Morocco from Pre-Roman Times to the Present*, pp.17-18.

地划分成50公顷的方块，无偿分给罗马退伍军人，或以纳税为条件分给其他罗马移民。罗马工商业奴隶主们看到在北非经营土地有利可图，便掀起了大规模的移民运动。一部分移民因罗马皇帝赏赐得到土地，更多的人则是买到或租到一大块土地，还有人投资于生荒地的开发。后来，罗马贵族、元老院的元老以及征税团的官吏也纷纷在北非获取大地产，建立起自己的大庄园。当地的柏柏尔农牧民因失去了土地而不得不到罗马人的庄园做雇工；或者租种罗马大土地所有者的土地，并缴纳沉重的税赋或实物地租；还有很多人被迫迁往山区或南部的荒漠地带。奴隶制的剥削方式开始向封建制过渡。在摩洛哥收获的农产品除了供应罗马驻军和地方执政官外，大多被运往罗马本土，以供罗马皇帝使用和供应给其臣民。包括摩洛哥在内的罗马非洲实际上成了罗马帝国的谷仓。[①]

罗马统治下的摩洛哥，沿海地区的捕鱼和鱼产品加工业有了一定发展。在大西洋沿岸丹吉尔半岛的考古发掘显示，在斯帕特尔角的海岸沿线曾有一处金枪鱼渔场。从现存遗迹可以看出，其规模相当大，设施完备，包括围墙、隔墙、柱子、神殿和腌鱼用的盐水箱等等。[②]

罗马统治时期，摩洛哥的城市有了显著发展。罗马统治者在北非通过搞城市化来推行“罗马化”。从恺撒至图拉真，在近两个世纪的统治中，罗马在北非建立了许多军屯市，它们开始只是罗马驻军的城堡，后来逐渐发展成工商业发达的城市。这种军屯市在屋大维时期增多，其中迦太基、吉尔达和锡加最大，在这三个城市的辖区内，不少原来的村庄逐渐发展成城市，甚至是繁华的大都市。据统计，当时罗马非洲至少有500座城市，整个地区的人口总数约为400万，城市人口高达130万—250万，约占罗马非洲人口的30%—75%。[③]城市居民主要是罗马人和意大利人，包括罗马驻军首脑、行

① Jane Soames Nickerson, *A Short History of North Africa: Libya, Tunisia, Algeria and Morocco from Pre-Roman Times to the Present*, 1961, pp.21-22.

② Ibid., p.18.

③ 赵国忠主编：《简明西亚北非（中东）百科全书》，第65页。

政长官、大庄园主和工商业奴隶主等。此外，城市居民还有希腊人、腓尼基人和柏柏尔人中的富人。城市中也住有为奴隶主服务的工匠、执役等下层当地人。城市是罗马人政治、经济统治的重心，军事和行政长官以城市为依托，统辖着附近的广大农村地区。

在罗马殖民时期，摩洛哥的城市也按照罗马风格迅速发展起来。如丁吉斯、塞拉、利克苏斯和沃吕比利斯①，这些城市都建有罗马式的纪念碑、剧院、广场、商业街道，甚至还有一些专业作坊。其中，在公元3世纪初已颇具规模的沃吕比利斯成为当时最为繁华的城市。从现存遗址可以看出，它有六座城门，城围2.5公里。城内有许多大型公共建筑，包括集会广场、神殿、剧场、公共浴室和凯旋门等。

罗马人在北非各城市极力推广罗马文化。拉丁文和拉丁语被用作官方语言。值得一提的是，基督教和犹太教在此期间开始在摩洛哥传播。基督教最初由商人和海员传入摩洛哥沿海城市，后逐渐传入内地。由于基督教普世主义和平均主义的教义对民众颇具吸引力，公元3世纪始基督教在摩洛哥得到广泛传播。犹太人在摩洛哥定居的时间可能更早一些，第一批犹太人移民是从巴勒斯坦随着腓尼基人而来的，他们给当地人带来了一种神教。在伊斯兰时期之前的几个世纪，他们在摩洛哥的城市和广大农村建立犹太人社区，传播犹太教，柏柏尔人纷纷皈依犹太教。但是，伊斯兰教的到来终止了这一改宗过程。尽管如此，就整个北非地区来说，受罗马宗教和文化影响的程度仍然是有限的，北非的广大农村和山区依然保持着非洲的古老文化传统，占北非人口大多数的柏柏尔人仍然信奉着自己的神灵，使用自己的文字，讲着自己的地方语言，恪守着自己的风俗习惯，过着传统的农牧生活。罗马化的城市犹如大沙漠中的绿洲一样，仅仅是北非传统社会之上的亭台楼阁而已。

---

① 沃吕比利斯是摩洛哥著名的罗马古城，位于现今梅克内斯以北约30公里处，1997年被列入联合国世界文化遗产。现存遗址上有保存完好的凯旋门和剧场的白色石圆柱，还有数个橄榄油磨坊的遗迹，当时在房屋地面上铺设的精美大型马赛克图案仍依稀可辨，从废墟中还挖掘出大批制作精巧的青铜人像和大理石人头像。可见当时该城曾呈现出十分繁华的景象。

罗马在北非的统治是为罗马统治者和贵族服务的，是建立在对北非人民掠夺和奴役的基础之上的，对于当地柏柏尔人来说，真正享受到这种繁荣的只是柏柏尔人的特权阶层或上层。在罗马化的过程中，摩洛哥社会出现了阶级分化，产生了不同以往的社会阶层。受罗马人的影响，摩洛哥居民的生活方式也发生了很大变化。少部分人受益巨大，其中包括已经变成罗马公民的大地主、军人、地方执政官、商人、艺术家和其他城市居民，他们进入学校，光顾公共图书馆，讲拉丁语，享受着罗马公民生活的所有好处。他们形成了一个与在罗马北非城市生活的欧洲裔公民完全平等的社会阶层。而处于社会底层的大部分人则受益甚微。其中有被剥夺了土地的柏柏尔农民，这些农民被迫在罗马庄园遭受奴役，或负担税赋和地租以租种小块土地。这类群体还包括采石工、灌溉沟渠挖掘者、采摘和踩踏葡萄的农工，以及榨油工人等等。他们讲腓尼基语或柏柏尔语，生活在贫穷落后的村庄，对精致而文明的城市生活完全不了解。[①]上层的奢华与下层的贫困形成鲜明对比，孕育着社会矛盾的爆发。

柏柏尔人起义

罗马在北非地区的统治和掠夺，引起北非柏柏尔人持续不断的反抗。其中最著名的是塔克法里纳斯（Tacfarinas）领导的大起义。塔克法里纳斯是努米底亚人，曾在罗马辅助军团服役，后逃离部队，在奥雷斯山区（the Aures Mountains）各部落中进行宣传和组织活动。他提出了归还柏柏尔人土地的口号，得到柏柏尔各部落的广泛支持。公元17年，塔克法里纳斯发起了反抗罗马统治的武装起义，他采用灵活机动的游击战术，屡挫习惯于阵地战的罗马军队。起义持续8年之久，范围遍及从的黎波里塔尼亚到毛里塔尼亚的广大地区。由于双方力量过于悬殊，公元24年，起义最终被镇压，塔克法里纳斯战死沙场。

公元40年毛里塔尼亚王国沦为罗马的属地后，当地居民在艾迪

---

① Jane Soames Nickerson, *A Short History of North Africa: Libya, Tunisia, Algeria and Morocco from Pre-Roman Times to the Present*, pp.24-25.

蒙（Aedemon）的领导下发动持续4年之久的反罗马起义。由于起义军的顽强抵抗，罗马的“毛里塔尼亚行省”只局限于摩洛哥北部。118年，北非爆发更大规模的起义，范围从阿特拉斯山区到奥雷斯山区，以致罗马皇帝哈德良亲征，起义持续多年才被镇压下去。138年，势头更猛的大起义再度爆发。罗马皇帝不得不调集重兵前来镇压。起义此起彼伏直到2世纪末，沉重打击了罗马在北非的统治。253年，法拉克辛（Faraxen）率领柏柏尔农民和奴隶在卡比利亚举行大暴动，反对罗马帝国的奴隶化政策，努米底亚和毛里塔尼亚各行省群起响应。大暴动持续了10年，直至262年才平息。罗马统治者为此付出了免征税的代价。罗马在北非各行省的南疆经常遭到柏柏尔部落的袭击，罗马势力也始终未能侵入摩洛哥的里夫山区。285年，罗马皇帝戴克里先放弃对沃吕比利斯城的统治。后来城市落入当地柏柏尔人部落的掌控之中。罗马的行政管理机构从摩洛哥被吞并的大部分地区撤离。

罗马帝国晚期，在整个4世纪和5世纪初叶，柏柏尔人频繁发动起义，矛头指向罗马大庄园主和横征暴敛的罗马官吏。斗争以基督教外衣为掩护进行。基督教于公元2世纪传入北非，3—4世纪得以广泛传播，在北非形成许多具有当地特点的土著教派。其中以多纳图斯教派（Donatism）影响最大。该教派领袖是柏柏尔人基督徒、迦太基主教多纳图斯·马格努斯（Donatus Magnus）。他认为财富即罪恶，主张人们过淳朴的生活；教徒人人平等，从本地教徒中选举产生牧师和长老等神职人员，反对罗马主教的控制；抨击穷奢极欲的罗马贵族，反对为罗马服军役。这些主张实质上是反对罗马统治的政治斗争在宗教上的反映。而这也是该教派在深受罗马压迫的北非人民中得到广泛和迅速传播的主要原因。335—347年，以努米底亚为中心爆发了带有宗教斗争性质的阿哥尼斯特（Agonistici）[①]运

① 阿哥尼斯特派（Agonistici）为4世纪兴起于北非的基督教派别。“阿哥尼斯特”一词源出希腊文agonistēs，系“战士”“斗士”之意。该教派属于多纳斯图派的左翼，信奉者多为贫农、佃农和奴隶。主张返回到原始基督教状态；要求实现社会平等和财产公有；宣扬禁欲主义；反对教会同罗马帝国相结合。该教派多次发动反对奴隶主国家和罗马帝国教会的大规模起义，其活动遍及北非各罗马行省。至7世纪阿拉伯人进入北非后逐渐消失。

动。这是一次由信奉多纳图斯教的柏柏尔人阿斯基多和法西尔共同领导的奴隶、隶农和贫苦农民的联合大起义。起义者洗劫罗马人的大庄园，焚烧奴隶名册和债券，杀死大庄园主和高利贷者。起义发展迅速，席卷了整个努米底亚和毛里塔尼亚地区。罗马派重兵镇压，起义者英勇战斗，阿斯基多和法西尔先后战死，多纳图斯主教继续领导起义。最终在罗马军队的残酷镇压下，很多起义者被杀，起义运动暂时受挫。373—375年，毛里塔尼亚的柏柏尔王公费里姆为争取独立，联合多纳图斯派发动起义。起义军摧毁许多大庄园，占领毛里塔尼亚恺撒里西斯行省省府凯萨里亚。后来，在罗马大军的镇压下，费里姆因遭部落叛卖而战败身亡，起义最终失败。公元5世纪初，以努米底亚为中心的阿哥尼斯特运动再度兴起，阿非利加行省的许多地区也参加了起义。罗马统治者节节败退，只保留对休达的控制权。418—420年，起义一度受挫。429年，汪达尔人从西班牙渡过直布罗陀海峡到达北非。阿哥尼斯特运动与汪达尔人迅速联合起来，运动达到高潮。430年，起义者杀死罗马教会在北非统治的代表奥里留·奥古斯丁（Aurellus Augustinus）主教。

五、汪达尔王国与拜占庭帝国的统治

汪达尔王国的兴起与扩张

429年，汪达尔人（the Vandals）[①] 的国王盖塞里克（Gaiseric）率领8万民众和1.5万士兵横渡直布罗陀海峡，在占领摩洛哥北部的

---

① “汪达尔人”（the Vandals）一词的原意是“流浪者”，它是古代日耳曼人的一支。公元前2世纪上半叶，汪达尔人从其原居住地波罗的海沿岸向西迁徙，在现今波兰西南部的西里西亚地区定居下来。此后很长一段时期，他们都是周边强大民族的附庸，并被迫不断向西、向南迁移，直至公元5世纪初退居西班牙南部沿海一带。429年，汪达尔人渡过直布罗陀海峡进入北非，439年，攻陷罗马在北非的首府迦太基，建立汪达尔王国。534年，汪达尔王国被拜占庭帝国灭亡。

休达之后，继续向东横扫北非地中海沿岸。[①]此时，已进入晚期的罗马帝国业已衰弱不堪，根本无力组织起有效的抵抗，汪达尔人一路烧杀劫掠，所向披靡。[②]与此同时，罗马北非境内的柏柏尔诸部亦处于涣散状态，反抗罗马的阿哥尼斯特运动正如火如荼，这无疑为汪达尔人提供了绝佳时机。430年，汪达尔人围攻努米底亚省府希波城（Hippo）。435年，汪达尔人与罗马签订《希波协定》（the Convention of Hippo），罗马人被迫承认汪达尔人已占领的罗马北非的部分土地归汪达尔人所有。[③]暂时喘息之后，盖塞里克又率部攻打并占领君士坦丁地区。439年，汪达尔人几乎没有遇到强有力的抵抗就攻占罗马在北非的省府迦太基，并以该城为首都，建立汪达尔王国。

建立汪达尔王国后，汪达尔人继续扩张领土。他们连续发动三次大规模征讨，最终吞并了罗马整个北非地区，并占领西地中海的主要岛屿——巴利阿里群岛、撒丁岛、科西嘉岛和西西里岛西部。442年，罗马被迫承认汪达尔王国对罗马北非地区的统治。455年，盖塞里克率舰队渡海攻打罗马本土，一举攻陷罗马城，洗劫并纵火焚烧了两个星期，使这个昔日无比繁荣辉煌的帝国首都万劫不复。[④]468年，汪达尔人终于击败罗马帝国，迫使其缔结和约，承认汪达尔人的军事占领。继迦太基与罗马之后，汪达尔王国从此称雄西地中海地区。

汪达尔人统治下的摩洛哥

汪达尔人在北非的统治大约持续了100年。盖塞里克在北非地

① A. H. Merrills ed., *Vandals, Romans and Berbers: New Perspectives on Late Antique North Africa*, pp.38-39.

② Jane Soames Nickerson, *A Short History of North Africa: Libya, Tunisia, Algeria and Morocco from Pre-Roman Times to the Present*, p.39.

③ Ibid., p.40.

④ A. H. Merrills ed., *Vandals, Romans and Berbers: New Perspectives on Late Antique North Africa*, p.40.

区建立了绝对的家族统治，集行政、军事和外交大权于一身，并且还是汪达尔人的宗教领袖。在行政方面，汪达尔统治者基本保留了罗马统治时期设立的一套行政机构，并保留原来的省议会，使之维护王国的合法性。对于当地的柏柏尔诸部落，一般给予自治权，与罗马统治时期相比，控制程度有所放松。事实上，汪达尔人在北非的管理统治仅限于沿海部分地区，并未深入内地，因此他们与柏柏尔部落接触不多，冲突不大。特别是处于北非边缘的摩洛哥，除少数沿海城市，汪达尔人涉足并不多。

汪达尔人统治时期，北非在文化、艺术、宗教、生产效率和繁荣程度等方面都出现明显的衰退。土地没有得到很好的耕种，水利灌溉工程被忽视，而原有灌溉设施也没有得到修缮，许多在罗马统治时期建造的精美建筑被毁坏。特别是汪达尔人信仰已被罗马教会视为异端的基督教阿里乌斯派（Arianism），他们联合北非当地的多纳图斯教派，对罗马教会进行打击和迫害，并没收罗马教会财产，赶走主教。总之，在汪达尔人的统治下，北非的农业生产率大幅下降，不少城市逐渐衰落，北非罗马化的痕迹被抹去了一大半。[①]

汪达尔统治者禁止汪达尔人与柏柏尔人通婚。这一方面使原本就很少的人口长期没有增加，限制了其补充兵员；另一方面则使其统治的社会基础相当薄弱。特别是舒适的定居生活使汪达尔人腐化堕落，他们流连于罗马人留下的各种娱乐场所穷奢极欲。汪达尔人的武力因此逐渐衰微，他们的腐化生活也引起当地居民的极大不满。同时，汪达尔人对柏柏尔人的横征暴敛和粗暴无礼也使当地社会的不满情绪与日俱增。

5、6世纪之交，乘汪达尔人武力衰弱之机，北非内地的柏柏尔人组建部落联盟，发动起义，并建立了一些独立王国。这一时期柏柏尔人的崛起与骆驼的饲养和使用有很大关系，骆驼不仅是柏柏尔人的交通运输工具，而且被柏柏尔人巧妙地运用于军事作战。柏柏

---

① Jane Soames Nickerson, *A Short History of North Africa: Libya, Tunisia, Algeria and Morocco from Pre-Roman Times to the Present*, pp.42-43.

尔游牧部落从内陆荒漠不断北进，袭击汪达尔人。

拜占庭帝国的统治

527年，查士丁尼（Justinian）成为拜占庭帝国（即东罗马帝国）皇帝，史称查士丁尼一世。他自视为罗马帝国的合法继承人，积极采取西进攻策，致力于收复西欧和罗马非洲，以恢复昔日罗马帝国在地中海的雄风。在与东部的夙敌波斯帝国经过战争达成暂时和平之后，533年，查士丁尼一世派遣贝利撒留（Belisarius）将军统率1.5万远征军出兵北非。贝利撒留纠集罗马贵族和教会的残存势力，利用当地部落与汪达尔统治者之间的矛盾以及汪达尔贵族的内讧，采取慎重的军事策略，很快就占领了迦太基城。次年，汪达尔国王盖利默（Gelimer）在战争中被俘，汪达尔王国遂告灭亡。

拜占庭帝国占领北非后，在迦太基设立阿非利加长官府，将北非地区各行省合并为单一的北非行政区，由皇帝派遣大区长官所罗门（Solomon）进行管理。作为北非的最高长官，大区长官全面负责司法、税收和宗教纠纷仲裁，其下设顾问、司法官等一批官员来协助工作，并拥有一支私人卫队。北非行政区下辖7个行省，其中3个行省由大区长官直接领导，4个行省由省长管辖。摩洛哥北部所属的原毛里塔尼亚廷吉塔纳行省被暂时划入毛里塔尼亚恺撒里西斯。①

查士丁尼一世非常注重军队建设和对北非的军事控制。拜占庭军队基本上由罗马人和柏柏尔人组成，负责恢复和保卫罗马原有的领土，防止南方柏柏尔游牧部落的入侵。查士丁尼一世在迦太基设立督军署，委派军队长官统一管理。在军事上则将北非划分为4个军区：的黎波里塔尼亚、毕撒曾（南突尼斯）、努米底亚、毛里塔尼亚，由各军区司令官分别管辖。②

---

① 〔法〕夏尔-安德烈·朱利安：《北非史》（第一卷下册），上海新闻出版系统“五·七”干校翻译组译，上海人民出版社1973年版，第488—489页。

② 同上书，第489—490页。

在经济方面，拜占庭统治者没收汪达尔人侵占的庄园和土地，将其归还给原土地所有者的后裔和教会。同时恢复罗马帝国实行的税收制度，向各行省臣民征收很高的赋税。尽管如此，北非地区的经济仍有一定的恢复和发展，商业和对外贸易为拜占庭帝国带来了大量财富。

拜占庭帝国在北非的统治相当薄弱，实际上只控制着城市和交通要塞，始终未能征服广大的农村和山区。罗马帝国强盛时在北非构筑的防御城墙“利姆”已被汪达尔人破坏和废弃，拜占庭人在旧利姆界限以内新建了防御阵线和堡垒，但新利姆保护的地区仅限于今阿尔及利亚东部和突尼斯北部的部分地区。而在它西面的阿尔及利亚西部和摩洛哥以及东面的昔兰尼加，拜占庭人的统治相当薄弱。许多生活在山区和沙漠中的柏柏尔部落或部落联盟，建立了自己的独立小王国，过着传统的农牧生活。即使拜占庭占领的受利姆保护的地区也时常面临来自外部柏柏尔部落的袭击威胁。[①]534—539年，奥雷斯山民和的黎波里牧民起义，顽强抗击拜占庭军队的镇压。尽管拜占庭统治者使用各种手段拉拢和分化柏柏尔诸部落酋长，却仍然未能在广大农村和山区建立起有效的统治。

拜占庭在北非的统治自始至终受到三方面的威胁：军队的不忠和反叛，当地民众的不满和反抗，柏柏尔部落持续不断的威胁压力。565年，查士丁尼一世去世，之后查士丁尼二世（Justinian Ⅱ）和提比略二世（Tiberius Ⅱ）统治下的北非呈现出明显的衰落迹象。拜占庭为维持其在北非的统治而所仰仗的军队愈发涣散和腐败，行政管理也因官员们的贪腐和无能而混乱无序。特别是官员和军人们肆意掠夺当地居民，攫取大量资产，并征收沉重的苛捐杂税，饱受压迫和剥削的柏柏尔人忍无可忍，频频奋起反抗。莫里斯一世（Maurice Ⅰ）统治时期，拜占庭帝国在北非的辖区日益缩小，毛里塔尼亚恺撒里西斯行省只剩下少数沿海城市，被并入该行省的摩洛

① Jane Soames Nickerson, *A Short History of North Africa: Libya, Tunisia, Algeria and Morocco from Pre-Roman Times to the Present*, p.47.

哥北部则仅仅保留了休达。587年，柏柏尔人掀起大规模起义，起义军一度攻入迦太基城。602年，拜占庭帝国北非总督希拉克略（Heraclius）派儿子小希拉克略举兵讨伐通过反叛莫里斯一世而上台的福卡斯皇帝。610年，小希拉克略登上王位，开创了希拉克略王朝的百年统治。

第二章　中古时期的摩洛哥

公元7世纪，先知穆罕默德在阿拉伯半岛创立并传播伊斯兰教。随着阿拉伯人的西征，伊斯兰教开始在摩洛哥传播。阿拉伯人与柏柏尔人的融合，使摩洛哥进入一个崭新的阿拉伯伊斯兰文明时代。8世纪末，摩洛哥开始由本地王朝统治，历经伊德里斯王朝、穆拉比特王朝、穆瓦希德王朝、马林王朝和萨阿德王朝。摩洛哥文明呈现出阿拉伯伊斯兰文化、西方基督教文化和非洲柏柏尔部落文化相互交融的特色。[①]

自15世纪起，葡萄牙、西班牙和英国等欧洲列强先后侵占摩洛哥大西洋和地中海沿岸多地。与此同时，奥斯曼帝国也逐渐进入鼎盛期，在占领突尼斯和阿尔及利亚之后，奥斯曼土耳其人企图进一步西侵摩洛哥。西方列强与奥斯曼帝国在地中海地区的争夺对当时的马林王朝和萨阿德王朝形成极大压力，处于西方殖民列强和奥斯曼帝国东西夹击之中的摩洛哥努力维持自身的独立。

一、阿拉伯人对摩洛哥的征服

阿拉伯人的西征

公元7世纪初期，先知穆罕默德在阿拉伯半岛创立伊斯兰教并

① 〔法〕亨利·康崩：《摩洛哥史》（上册），上海外国语学院法语系翻译组译，第67页。

建立伊斯兰教中心。此后，为传播伊斯兰教，其后继者哈里发领导阿拉伯人开始向外全面扩张。在征服了西亚大部分地区之后，阿拉伯人又将目标转向北非。639年，第二代哈里发欧麦尔派大将阿穆尔·伊本·阿斯（Amr ibn al-‘As）率兵进军埃及。当时处在拜占庭帝国统治下的埃及因不满拜占庭人的统治，并未进行积极抵抗。642年，阿拉伯人占领亚历山大城，征服埃及。随后，以埃及为基地，阿拉伯人展开大规模的西征行动，意图征服处于拜占庭帝国控制下的埃及以西的北非地区。阿拉伯人在阿穆尔和阿卜杜·本·萨阿德的率领下先后进行了两次西征，他们攻城略地，所向披靡，但往往在洗劫所攻占的城池后即携大量战利品班师回朝，所以并未撼动拜占庭人在北非的统治地位。666年，倭马亚王朝哈里发委派奥克巴·伊本·纳菲（Uqba ibn Nafi）为总指挥官，率阿拉伯大军开始第三次西征行动。奥克巴首次率骑兵深入荒漠，征服费赞地区（Fezzan）和库瓦尔绿洲地区，迫使当地统治者臣服纳贡。这次远征巩固了阿拉伯人在撒哈拉沙漠地区的势力，并在该地区的柏柏尔人中传播伊斯兰教。670年，奥克巴就任伊非里基亚（Ifriqiya）[①]总督，并开始兴建阿拉伯帝国北非行省的新都城凯鲁万（Kairouan），意图把它建成“一座可以支持伊斯兰教直到世界末日的堡垒”[②]。680年，奥克巴率兵从凯鲁万出发，沿着地中海的海边古道西进，一路击溃拜占庭军队的抵抗，于682年进入摩洛哥，直抵摩洛哥北端丹吉尔以西的海角。面对波涛汹涌、一望无际的大西洋，奥克巴认为这里就是大地的最西端，他一面迎着海浪纵马驰骋，一面情不自禁地随口喊出“马格里布”（Maghreb，阿拉伯文意为“最西之地”或“日落之国”）。随后，奥克巴率军一路向南，占领了沃吕比利斯，挺进

① 伊非里基亚（Ifriqiya）是对罗马帝国和拜占庭帝国的北非领地“阿非利加”的阿拉伯文音译。阿拉伯人征服北非时，将这一地区设置为阿拉伯帝国的一个行省——“伊非里基亚”，地辖现在利比亚西部、突尼斯和阿尔及利亚东部。

② Charles-André Julien, *History of North Africa—Tunisia, Algeria, Morocco: From the Arab Conquest to 1830*, translated by John Petrie, London: Routledge & Kegan Paul, 1970, p.7.

苏斯地区的塔鲁丹特（Taroudannt）和塔菲拉勒特。[①]686年，阿拉伯远征军在今卡萨布兰卡的一块高地上建立了一个军事要塞，取名安法（Anfa）。但是，“奥克巴的远征，只是一种骑兵的袭击，既不占领，也不征服。”[②]不久，阿拉伯人便班师回朝，在东返途中遭到柏柏尔人首领库塞拉（Koseila）率领的柏柏尔人大军的狙击，奥克巴被库塞拉杀死。从此以后，埃及以西这片北临地中海、西濒大西洋、南接撒哈拉沙漠的土地，便被称为马格里布地区。

阿拉伯人对马格里布的征服遇到了拜占庭人和当地柏柏尔人的强烈抵抗。库塞拉在杀死奥克巴后，集结了奥雷斯山区和中马格里布的柏柏尔部族，向凯鲁万进军。686年，祖哈尔·伊本·盖斯·巴拉维（Zuhayr ibn Qays al-Balawi）被任命为伊非里基亚总督，再次率阿拉伯军队西征，在凯鲁万附近的马姆斯与库塞拉大军决战，最终击败柏柏尔人，杀死了库塞拉。692年，哈桑·伊本·努曼（Hassan ibn al-Numan）被任命为伊非里基亚总督。次年，他统率4万大军从埃及出发，再次大规模西征。哈桑首先集中兵力对付拜占庭人，695年，攻克迦太基城，根除了拜占庭人有组织的反抗。之后，阿拉伯军队便集中兵力征讨柏柏尔人。698年，阿拉伯军队击败卡希娜（al-Kahina）[③]率领的奥雷斯山区柏柏尔人部族联盟军队，并杀死卡希娜。[④]701年，哈桑在率军回师凯鲁万途中，再次袭击已被拜占庭收复的迦太基城，并将该城彻底毁坏。及至702年，阿拉伯人占领了马格里布整个沿海地区，但柏柏尔人反抗阿拉伯人入侵的斗争并未偃旗息鼓。

705年，穆萨·伊本·努塞尔（Musa ibn Nusair）就任伊非里基亚总督。709年，他率领阿拉伯大军第二次西进摩洛哥，占领丹

---

① Jamil M. Abun-Nasr, *A History of the Maghrib in the Islamic Period*, 3rd edition, Cambridge and New York: Cambridge University Press, 1987, p.30.

② 〔法〕亨利·康崩:《摩洛哥史》(上册)，上海外国语学院法语系翻译组译，第25页。

③ 传说，卡希娜（al-kahina）是奥雷斯山（Aures Mountains）信犹太教的柏柏尔吉拉瓦（Jrawa）部落的女占卜师，是抗击阿拉伯军队的柏柏尔部落联盟的首领。

④ 〔美〕菲利普·C.内勒:《北非史》，韩志斌等译，第63页。

吉尔，征服了直至大西洋岸边的摩洛哥大片土地，甚至还深入摩洛哥南部的塔菲拉勒特地区，占领撒哈拉沙漠地区的贸易中心西吉尔马萨（Sijilmasa）。不久，穆萨·伊本·努塞尔委派其释奴柏柏尔人首领塔里克·伊本·齐亚德（Tariq ibn Ziyad）为当地总督。塔里克握有一支1.2万人的军队，其中大部分是柏柏尔人。他还有27名阿拉伯人教导他的臣民信奉伊斯兰教的信条和行为准则。711年，穆萨派塔里克统率7000名将士，越过直布罗陀海峡，进兵伊比利亚半岛，占领包括塞维利亚（Seville）、科尔多瓦（Cordoba）和托莱多（Toledo）在内的各大城市。随后，穆萨率领1.8万人的军队与塔里克的军队会合。713年，西哥特人在西班牙的王国最终被阿拉伯人占领，成为阿拉伯帝国的一个行省，阿拉伯人将其命名为安达卢西亚（Andalusia，意为“汪达尔人的土地”），并以塞维利亚为首府。这样，阿拉伯人将其伊斯兰帝国的版图扩张到了欧洲。

阿拉伯人对北非的征服过程并非一帆风顺。他们历经70余年，在与拜占庭军队和柏柏尔人的反复较量之后，才完全征服北非地区，终结了拜占庭在北非的统治。此后，北非地区进入一个崭新的阿拉伯伊斯兰文明时代。

阿拉伯化与伊斯兰化

阿拉伯人征服北非的过程，也是北非地区阿拉伯化与伊斯兰化的过程。

随着阿拉伯人的数次西征，一批批阿拉伯青壮年参加圣战大军来到埃及和马格里布。与此同时，许多阿拉伯部落也从阿拉伯半岛移居到埃及并继续西迁马格里布地区。这些移民受到阿拉伯统治者的优待。在征服北非广大地区之后，阿拉伯移民的势头更加强劲，在11世纪50年代的10年间，大约有25万阿拉伯游牧民从埃及向西迁入马格里布。那些沿着北部沿海迁移来的游牧民就是所谓的希拉尔人（Banu Hilal），而苏莱姆人（Banu Sulaym）则迁往内陆的阿特拉斯山南部，同化了大量当地柏柏尔人。不过柏柏尔人的语言在阿特拉斯山区、桑哈贾部落地区和撒哈拉的图阿雷格部落地区保存了下来。[①]自7世纪到13世纪，摩洛哥相继经历了3次阿拉伯移民浪潮，阿拉伯人在摩洛哥当地居民中的占比增大。同时，阿拉伯统治者还鼓励阿拉伯人与柏柏尔人通婚，大力推行同化政策，使得马格里布居民中具有阿拉伯血统的人口大幅增加。大量阿拉伯移民及其后裔成为推动阿拉伯化和伊斯兰化的动力。

随着阿拉伯人征服北非，伊斯兰教也在北非地区得到传播与推广。在阿拉伯人到来之前，除柏柏尔部落仍保持自己的原有信仰外，基督教已在马格里布得到广泛传播。阿拉伯人纷至沓来，基督教迅速被伊斯兰教替代。到8世纪末，马格里布的基督教会基本上已荡然无存，只有小股基督教团体坚持到11—12世纪。

伊斯兰教之所以能在马格里布地区迅速传播，并不能简单地归因于阿拉伯征服者武力强迫柏柏尔人皈依，更为重要的原因是马格里布有着便于伊斯兰教传播的社会条件。正如恩格斯指出的："伊斯兰教这种宗教是适合于东方人的，特别是适合于阿拉伯人的，也就是说，一方面适合于从事贸易和手工业的市民，另一方面也适合于贝都英游牧民族。"[②]马格里布的柏柏尔人在生存环境、生活方式、风俗习惯和社会发展水平等方面与阿拉伯人有许多相似或相近之处，再加上伊斯兰教的教义简单易懂，宗教仪式简便易行。特别是伊斯兰教所提倡的"人人平等、四海之内皆兄弟"的理念对柏柏尔人极具感召力。还有一点不容忽视的重要因素，即阿拉伯征服者对柏柏尔人采取免税的办法，鼓励当地居民皈依伊斯兰教。[③]因此，伊斯兰教能在较短的时间内就在马格里布地区拥有了广大的信众。

阿拉伯语言和文字在马格里布的广泛传播，是该地区阿拉伯化和伊斯兰化的主要条件。在阿拉伯人征服之前，马格里布流行各种

① 〔美〕凯文·希林顿：《非洲史》，赵俊译，东方出版中心2012年版，第193页。

② 《马克思恩格斯全集》第22卷，人民出版社1965年版，第526页注1。

③ 杨人楩：《非洲通史简编：从远古至一九一八年》，第52页。

柏柏尔方言，还有同外来语言融合而生的新语言，如布匿语等。阿拉伯人征服之后，统治当局随即宣布阿拉伯语言和文字为官方的语言和文字，在行政管理方面一律使用阿拉伯语。再加上散居各地的阿拉伯人在日常生活和宗教生活中都使用阿拉伯语言和文字。这一切都推进了当地柏柏尔人了解和掌握阿拉伯语。于是，柏柏尔人开始讲阿拉伯语，并学习使用阿拉伯文字。相较于伊斯兰化，摩洛哥的阿拉伯化则要缓慢一些。据一位阿拉伯旅行者记载，在当时摩洛哥的宗教和文化中心非斯城外几公里的地方就很少能听到人们讲阿拉伯语了。[①]

摩洛哥大致到11世纪基本上完成了阿拉伯化和伊斯兰化。具有阿拉伯血统的人口已占多数，他们讲阿拉伯语，信仰伊斯兰教，认同阿拉伯族系与文化传统。一些保持原始信仰与习俗的柏柏尔人部落被迫退居阿特拉斯山区或撒哈拉沙漠地带。从此，摩洛哥成为阿拉伯伊斯兰世界的一员，并进而成为向伊比利亚半岛和黑非洲传播和扩张伊斯兰教的中心。

经贸和社会发展

阿拉伯人迁入后，摩洛哥社会发生重大变化，古罗马式的奴隶统治制度渐趋瓦解，阿拉伯人和柏柏尔人的部落贵族成为大土地所有者，确立了封建主义的经济基础和社会生活。

阿拉伯人从发达的两河流域和尼罗河流域带来先进的生产技术，摩洛哥的经济得到迅速发展。从近东干旱地区迁移来的阿拉伯人在摩洛哥种植水稻、甘蔗等需要灌溉的作物和耐旱的硬小麦，当地的农业呈现出兴旺发达的景象。摩洛哥的手工业也得以改进，商业和对外贸易也开始走向活跃。8—10世纪，摩洛哥的经济和文化得到了高度发展，出现经济和文化繁荣的局面，人口不断增长，建立起不少新的阿拉伯式城镇，如非斯、乌季达等。

---

① Vincent Boele and Mohamed Saadouni, eds., *Morocco: 5000 Years of Culture*, p.49.

阿拉伯人征服北非给撒哈拉南北之间的贸易带来新的动力。来自伊斯兰世界东半部（主要来自伊拉克）的穆斯林商人也被吸引到撒哈拉商道北端，诸如费赞的扎维拉（Zawila）和摩洛哥的西吉尔马萨等贸易中心。这样通过撒哈拉商道所建立起来的贸易网络就成了伊斯兰世界商业体系的一个组成部分。于是，对西苏丹黄金产地的黄金渴求推动着更多的穆斯林商人踏上撒哈拉商道而进入黑人之乡。从8世纪起，奔波于撒哈拉商道上马格里布、埃及和伊斯兰世界其他地区的商人，除了一部分当时尚未改宗伊斯兰教的柏柏尔人外，其余都是穆斯林。他们把伊斯兰教带进西苏丹和中苏丹的黑人各族社会里，在那里开始了伊斯兰教文明的传播。

阿拉伯人的崛起和伊斯兰教的传播，大大推动了撒哈拉贸易的发展。沟通南北的撒哈拉商道有四条主干线：最西边一条是从西吉尔马萨到瓦拉塔，通向塞内加尔河和尼日尔河上游的产金地区；一条从盖达米斯到加特，通向艾尔和豪萨地区；一条从的黎波里经费赞到卡瓦尔，通向博尔努和乍得湖地区；最东边一条从昔兰尼加经库夫拉到瓦达伊。①这四条主干线中，最东边一条的经济价值最小，沿途并未形成重要集镇。西部商路最繁荣，经济价值最大，变化也最多，商路多次改道。撒哈拉商道的主要贸易产品包括黄金、奴隶、象牙以及北非的盐和地中海的鱼类产品等。

在摩洛哥，阿拉伯人作为管理者、商人或地主，主要聚居在沿海地区。在那里，阿拉伯人役使那些在征服战争中所抓获的柏柏尔人俘虏，以及后来那些在与撒哈拉中部和南部进行贸易时掠夺来的黑人。阿拉伯人将他们当中的一些人纳入军队，还有一些人则被当作奴隶在农庄里劳作。阿拉伯统治者并未试图征服摩洛哥内地山区和南部荒漠地区，而是保留当地柏柏尔部落首领的权力和地位，只要他们缴纳税赋和贡物，就允许他们保持自己的部落组织和社会生活秩序。

---

① E. W. Bovill, *The Golden Trade of the Moors*, London: Oxford University Press, 1958, p.52.

柏柏尔人的反叛

阿拉伯人经过很长的时间，才在马格里布地区建立起稳固的统治，但他们当家做主的日子却很短暂。柏柏尔人虽然经历了伊斯兰化和阿拉伯化，但被来自东方的阿拉伯人视为被征服的种族而受到歧视，并且被强迫缴纳更多的赋税。倭马亚王朝哈里发叶齐德二世仿效伊拉克的哈贾吉，对柏柏尔人进行残酷统治，专门向柏柏尔人征收土地税（Kharāj）和人头税（jizīya）。[①]希沙姆任哈里发在位时，对摩洛哥柏柏尔人实行更加严厉的税收制度，丹吉尔总督和驻苏斯代表狂热的收税行为，激起了柏柏尔纳税者的强烈抗议。此外，在阿拉伯军队中服役的柏柏尔人也不能像阿拉伯人一样得到战利品。在阿拉伯征服者中间流传着一种说法——先知将柏柏尔人描述为背信弃义之人。这种说法加之最初遇到柏柏尔人的抵抗，使阿拉伯总督们认为对柏柏尔人进行敲诈是正当的。这些敲诈包括向大马士革进贡女奴和生羊皮，以及向穆斯林军队提供奴隶兵。[②]上述暴政促使柏柏尔人奋起反抗。

伊斯兰教什叶派的哈瓦利吉派（Kharijism）强烈反对阿拉伯帝国哈里发的统治。他们批评正统伊斯兰教的排外性，强调所有皈依伊斯兰教的穆斯林都是平等的，无论他们的种族、文化或语言有何不同。哈瓦利吉派反对压迫和提倡平等的思想对广大柏柏尔民众颇具吸引力，因而该教派在马格里布很快流行起来。739年，在哈瓦利吉派教徒迈塞拉·本·瓦达阿（Maisara）领导下，柏柏尔人举行了反抗阿拉伯帝国中央政权的大规模起义，起义最先爆发于摩洛哥北部，起义者占领了丹吉尔。在迈塞拉被处死后，哈立德·本·哈米德（Khalid ibn Hamid）继续领导起义，于740年在摩洛哥北部展开"贵族之战"（The Battle of the Nobles），大败阿拉伯军队。起义很

---

① 按照伊斯兰教法的规定，这些税种只能向异教徒征收。

② Bruce Maddy-Weitzman, *The Berber Identity Movement and the Challenge to North African States*, Austin: The University of Texas Press, 2011, p.24.

快扩大到凯鲁万地区，哈里发希沙姆急忙从叙利亚调派精兵强将前往镇压。这场柏柏尔人大起义历时3年才被平息下去。[①]748年，柏柏尔农牧民再次暴动，起义波及整个马格里布，最终瓦解了倭马亚王朝在这一地区的统治。750年，倭马亚王朝被阿拔斯王朝取代，倭马亚王朝王子阿卜杜·拉赫曼·本·穆阿威叶（Abd al-Rahman ibn Mu'awiya）逃往安达卢西亚，并于756年在科尔多瓦建立了伊斯兰政权——科尔多瓦哈里发国，即后倭马亚王朝（756—1492年）。8、9世纪，马格里布地区的哈瓦利吉派起义此起彼伏，一些地区甚至宣布与巴格达的哈里发脱离关系，建立了若干独立的柏柏尔国家，如摩洛哥的柏柏尔人阿布·卡西姆·米德拉里（Abu al-Qasim al-Midrari）于758年在西吉尔马萨及其周边地区建立了一个哈瓦利吉派的王朝，称米德拉里王朝（Midrarids），这个王朝持续存在了200多年。[②]阿拉伯哈里发对马格里布的大一统局面完结了。

二、摩洛哥各王朝的兴衰交替

伊德里斯王朝（788—974年）

伊德里斯王朝（The Idrissids，The Idrissite Dynasty ）（788—974年）是中世纪摩洛哥建立的第一个伊斯兰什叶派王朝。

785年，伊斯兰教什叶派伊玛目（Imam）[③]哈桑的曾孙伊德里斯·本·阿卜杜拉（Idris Ben Abdullah）因在麦地那参加反对阿拔斯王朝哈里发的阿里党人暴动，遭到阿拔斯王朝的镇压，被迫率部

① Charles-André Julien, *History of North Africa—Tunisia, Algeria, Morocco: From the Arab Conquest to 1830*, pp.21-22.

② 〔美〕菲利普·C.内勒：《北非史》，韩志斌等译，第69页。

③ 伊玛目（Imam），阿拉伯语的音译，最早是对穆斯林祈祷主持人的尊称，后引申为学者、领袖、伊斯兰法学权威等。在伊斯兰昌盛时代的早期，逊尼派和什叶派都曾用伊玛目一词尊称伊斯兰国家或地区的行政首脑，也就是哈里发，以及一些知名将领和学者。四大哈里发时代之后，一些什叶派组织、团体、政权等用伊玛目一词专指伊斯兰宗教组织内部地位最高的领导人，也就是宗教领袖。

分追随者经埃及、巴尔卡、特莱姆森（Tlemcen），逃到摩洛哥北部的瓦利利（Oualili）[①]，并在此定居。

他被认为是先知穆罕默德的女儿法蒂玛和女婿阿里的直系后裔，因此得到当地柏柏尔人奥拉巴部落（the Awraba）穆斯林的尊敬和支持，被拥立为伊玛目，尊称穆莱[②]·伊德里斯（Moulay Idriss）。伊德里斯开始宣传伊斯兰教并号召人们进行圣战，许多信奉基督教、犹太教的柏柏尔人皈依了伊斯兰教。穆莱·伊德里斯适时地把部落团结起来保卫自己的领土不受外来侵犯，这也成为他领导摩洛哥穆斯林反对阿拔斯哈里发帝国统治的政治机会。在他的带领下，柏柏尔人渡过穆卢耶河，占领了东起特莱姆森、西至塞拉河的广大地区。788年，在柏柏尔部落酋长的推举下，伊德里斯正式宣誓就任伊玛目，称伊德里斯一世，建立了摩洛哥历史上第一个什叶派阿拉伯王朝——伊德里斯王朝，最初的都城设在瓦利利[③]。这是非洲最早独立的什叶派穆斯林阿拉伯王国，统治摩洛哥近190年。

伊德里斯一世创建了一支主要由柏柏尔人组成的穆斯林军队，开始对外征服，占领了东起特莱姆森西至塞拉河的大片地区，并迫使一些信奉基督教和犹太教的柏柏尔人皈依伊斯兰教。与此同时，大批阿拉伯人从希贾兹迁移到伊德里斯王国。阿拔斯王朝哈里发哈伦·拉希德（Harun al-Rashid,）对此深感不安，于792年派遣特使沙马赫来到伊德里斯王国，沙马赫千方百计博取伊德里斯一世的信任和重用，并借机于793年毒死伊德里斯。[④]

---

① 瓦利利（Oualili），即后来的穆莱·伊德里斯城旧址，位于今非斯和梅克内斯之间的扎尔洪山（the Zerhoun），距罗马古城遗址沃吕比利斯约3公里。

② 穆莱（Moulay 或 Mulay）是阿拉伯语对王族头衔的称谓，可用于对国王、王子和亲王的称谓。

③ 有学者认为，沃吕比利斯（Volubilis）是柏柏尔语的音译，瓦利利是阿拉伯语的音译，这两个名称实际上指的是同一个地方，所以，有些文献中记载伊德里斯王朝最初的首都是沃吕比利斯。

④ 伊德里斯一世去世后被安葬在瓦利利的一座小山上，后来围绕着伊德里斯一世的陵墓建起了一座小城，并以穆莱·伊德里斯（Moulay Idriss）的名字命名。穆莱·伊德里斯城逐渐兴盛起来，成为摩洛哥穆斯林朝圣的胜地。

伊德里斯一世去世后，其遗腹子继承王位，称伊德里斯二世。伊德里斯一世的密友拉希德作为摄政王辅佐年幼的国王。804年，成年后的伊德里斯二世正式理政，他雄心勃勃地力图扩大王国，建立一个伊斯兰帝国。为此，他建立了一个中央集权政府和一套行政管理制度，注重发展农业和商业贸易。同时采取宗教宽容政策，对基督教徒和犹太教徒在缴纳规定赋税前提下进行的宗教和社会活动不予干涉，并倡导穆斯林与基督教徒相互尊重，和睦共处。王朝的政治和社会秩序因此日趋稳定。

808年，伊德里斯二世委派大维齐尔（wazir）①为自己梦想建立的伊斯兰帝国选择一个适宜建都的地址，最终选择中阿特拉斯山区扎纳塔部落境内的一个山谷，该山谷背靠扎拉格山，近邻塞布河。伊德里斯二世亲自划定城址，调动全国工匠大兴土木，在今日非斯旧城区所在的地方修建了新都城——非斯②。809年，非斯建成，很快便发展成一座宏伟而繁华的城市。来自安达卢西亚和凯鲁万的贵族、商人和阿拉伯学者纷至沓来，他们在这里从事商业贸易，进行宗教传播，开展学术交流，使这座城市呈现出一派繁荣景象。作为伊德里斯王朝的首都，非斯在传播伊斯兰学术文化方面起到了重要作用，吸引了更多的阿拉伯人（甚至远在阿拉伯半岛的希贾兹人）来到伊德里斯王国各地定居，这进一步加速了摩洛哥的阿拉伯化。

伊德里斯王朝在伊德里斯二世统治下达到顶峰。其领土由最初主要局限于中阿特拉斯以北的摩洛哥最肥沃的农业地区逐渐向南扩张至大阿特拉斯山甚至撒哈拉沙漠边缘的广大地区。伊德里斯二世建立了第一个中央集权政府，并设置一种谏议组织，它可以说是后

---

① 维齐尔（wazir，或vizier）是伊斯兰国家历史上对宫廷大臣或宰相的称谓。该词为阿拉伯语的音译，意思是“支持者”“辅佐者”。大维齐尔就是首席大臣或宰相，秉承素丹旨意处理国务和宗教事务。

② 非斯这个名称是由“法斯”（Fass）演变来的。在阿拉伯语里，“法斯”意为“金色的斧子”。据说伊德里斯二世当年主持该城破土奠基时，在朝向圣城麦加的方向发现了一把金色的巨斧，伊德里斯二世觉得此乃吉兆，当即给城市定名为“法斯”，后来“法斯”演变成“非斯”（Fes），并一直沿用到今天。

来马赫曾（Makhzen）[①]的雏形。这一时期，摩洛哥的国力强盛，社会稳定。

此时，国家的主要收入来源是部落农民或牧民以及城市手工业者缴纳的税收和贡品。中央政府对农村地区征税，通常是经由一个酋长委员会把部落农牧民作为一个整体而不是按地块或人头来征收。部落中牧民、果农和农民之间进行自由的商品交易，同时也把自己的产品带到城市，用于交换城市生产的手工艺制品和其他生活必需品。

非斯的建立以及伊德里斯王朝政治统治范围的扩大，是摩洛哥社会政治变革的一部分，这种变革是地方政治和社会组织与中东伊斯兰都市传统相结合的产物。

828年，伊德里斯二世去世，其长子穆罕默德·本·伊德里斯（Muhammad ibn Idiris）继位。穆罕默德·本·伊德里斯遵从母后之命，与兄弟们分治王国，伊德里斯王朝被分成7个小王国，7兄弟分别在非斯、纳库尔（Nakur）、巴士拉（Basra）和坦杜特（Tamdoult）等城市建立了各自王国的首都。在随后的岁月里，7个小王国之间不时地发生自相残杀的战争，没有一个能取得持久的优势，结果导致伊德里斯王朝衰微。[②]同一时期，柏柏尔部落之间冲突不断，扎纳塔部落常常袭击和劫掠桑哈贾部落。

848年，伊德里斯二世的孙子叶海亚一世（Yahya Ⅰ）继位。在他执政期间，非斯再次繁荣，成为北非的政治和文化中心，也是当时伊斯兰世界的大城市之一。859年，来自凯鲁万的政治和宗教反对派法蒂玛·穆罕默德·法哈里（Fatima Muhammad al-Fahari）在非斯城内兴建了卡拉维因清真寺（al-Qayrawiyyin）。来自科尔多瓦

① Makhzen是阿拉伯语的英文音译，中文译为“马赫曾”或“麦赫赞”，在马格里布阿拉伯语中的字面意思是“仓库”，表示储存货物的地方或该地区公务人员领取工资的地方，后来引申为“中心”“中央”。历史上摩洛哥各王朝均以首都为权力中心，其权力管辖范围主要包括首都附近和其他城市地区，对边远的山区和农村的部落地区则常常鞭长莫及。所以，马赫曾就成为对王朝中央政权或政府的称谓。

② 参见James L. Boone, J. Emlen Myers and Charles L. Redman, “Archeological and Historical Approaches to Complex Societies: The Islamic States of Medieval Morocco”, *American Anthropologist*, Vol. 92, No. 3, 1990, p. 633.

的难民在非斯修建了安达卢西亚清真寺（al-Andalusiyyin）。在卡拉维因清真寺基础上建立的卡拉维因大学成为马格里布地区著名的伊斯兰高等学府，培养了大批穆斯林学者。

只可惜后来继任者叶海亚二世和阿里二世都是昏君，先后被逐出首都非斯。917年，法蒂玛王朝（Fatimid Caliphate，al-Fātimiyyūn，909—1171年）[①]征服了伊德里斯王朝的北部和东部，占领了非斯。974年，西班牙的科尔多瓦后倭马亚王朝哈里发哈卡姆二世，派兵驱逐法蒂玛王朝的势力，消灭了伊德里斯王朝。

穆拉比特王朝（1061—1147年）

9世纪，居住在摩洛哥南部撒哈拉地区到尼日尔河一带的柏柏尔人桑哈贾族系的雷姆图纳部落（Lamtuna）皈依了伊斯兰教。他们以游牧为生，同时为过往的商队服务并征收过境税。11世纪中叶，该部落首领叶海亚·伊本·易卜拉欣（Yahya ibn Ibrahim）前往麦加朝圣，归途中在凯鲁万拜访了知名宗教学者阿布·伊姆兰·法西（Abu Imran al-Fasi），邀请他或其学生前往自己家乡古达拉部落（Guddala）传教，但当时没有人愿意去。最后法西写信给位于苏斯地区的伊斯兰教逊尼派马立克教法学派著名学者瓦加格·本·扎维（Waggag ben Zalwi），后者介绍其学生阿卜杜拉·伊本·亚辛（Abdullah ibn Yasin）陪同易卜拉欣返乡传教。[②]

1036年，阿卜杜拉·伊本·亚辛来到西撒哈拉，在柏柏尔人中传播伊斯兰教。他提出“纯洁伊斯兰教”的口号，主张严格遵奉伊斯兰教先知穆罕默德的原旨教义，强调穆斯林要严守教律、虔修苦行。他指责统治者背离伊斯兰教原旨教义和教法，奢侈腐化，反对强加给穆斯林的沉重赋税，主张向异端统治者发动“圣战”。亚辛宣

---

① 法蒂玛王朝（Fatimid Caliphate, al-Fātimiyyūn），伊斯兰教什叶派在北非建立的伊斯兰王朝，以先知穆罕默德的女儿法蒂玛的名字命名，首都设在开罗。中国史籍称之为“绿衣大食”。

② Amira K. Bennison, *Almoravid and Almohad Empires*, Edinburgh: Edinburgh University Press, 2016, p. 27.

扬以纯朴和纪律为主的伊斯兰教，在生性自由散漫的桑哈贾人中并不受欢迎，于是便带领少数信徒隐退至塞内加尔河口的一个小岛上，在那里建造了一个带有军事设防的寺院——“里巴特”（al-Ribat）①，追随他住在寺院里的人被称作“穆拉比特”（al-Murabitun）②。亚辛在这里对穆拉比特讲授伊斯兰教教义，并进行军事训练。亚辛实行严格的马立克派教规和严酷的棍棒纪律，将穆拉比特组成宗教、军事性的兄弟会，向周围各部落传播其教义，使当地居民皈依伊斯兰教。在雷姆图纳部落首领叶海亚·伊本·奥马尔（Yahya ibn Umar）的支持下，大批平民百姓纷纷加入兄弟会，亚辛迅速组建起一支拥有3万人的强悍、虔诚、服从的武装部队。1042年，亚辛指挥这支军队以“圣战”为名开始自南向北扩张。

亚辛任命叶海亚·伊本·奥马尔担任军队统帅，率领穆拉比特大军先是北上攻掠撒哈拉商路上著名的贸易中心西吉尔马萨，后于1054年南下黑人国家加纳王国（The Kingdom of Ghana），占领重镇奥达戈斯特（Awdaghust）。1056年叶海亚·伊本·奥马尔战死，亚辛又指派其弟阿布·伯克尔·伊本·奥马尔（Abu Bakr ibn Umar）继任军事统领，挥师北上，于1056年攻占苏斯的首府塔鲁丹特，又进兵大阿特拉斯山，占领阿格马特城（今马拉喀什附近）。但是，穆拉比特人很快便陷入困境：新占领地区尚未稳定，东方又受到哈马德人的威胁，撒哈拉沙漠地带的桑哈贾人又起内争。1059年，亚辛在与大阿特拉斯山区的马斯穆达柏柏尔人部落巴格瓦塔部族（the Berghouata）作战时阵亡。1061年，阿布·伯克尔在征服巴格瓦塔部族后，将大部队交由堂兄弟优素福·伊本·塔什芬（Yusuf ibn Tashfin）指挥，他自己则率领余部南征加纳，于1076年攻占加纳首都昆比萨利赫（Kumbi-Saleh），迫使加纳国王和贵族皈依伊斯兰教，并向被征服者征课贡物。加纳各部落对被迫改宗和交纳贡赋

① 里巴特（al-Ribat），阿拉伯语对一种宗教、军事合一性质的设防寺院的称呼，留驻在这种寺院中的人就被称为“穆拉比特”。

② 穆拉比特（al-Murabitun），阿拉伯语意为“寺院战士”。

进行强烈反抗。1087年，阿布·伯克尔在一次镇压行动中被杀，穆拉比特人对加纳的统治也随之结束，加纳各部落纷纷独立，煊赫一时的加纳王国就此分崩离析。穆拉比特人对加纳的征服开启了伊斯兰教在西苏丹黑人诸国中传播的历史。

伊本·塔什芬是一个虔诚而极具军事才能和政治眼光的穆斯林，在部属和臣民中享有很高威望。1061年，塔什芬率军征服摩洛哥北部，自称"埃米尔"，宣布建立穆拉比特王朝[①]。1062年，塔什芬在大阿特拉斯山北麓、坦西夫特河上游建立了穆拉比特大营，取名"马拉喀什"（Marrakesh，柏柏尔语的意思是"神的土地"）。从此地出发，他率大军远征马格里布西部到中部的广大地区，最先击败柏柏尔人扎纳塔族诸部落，于1069年攻占非斯。1070年，穆拉比特王朝定都马拉喀什。而后，塔什芬进军里夫，1078年夺取丹吉尔，之后率兵东进，1080—1082年占领了特莱姆森、瓦赫兰（即奥兰）等地，1082年攻陷阿尔及尔。1084年，塔什芬征服了摩洛哥全境，实现了摩洛哥有史以来的统一，[②]并且几乎控制了整个西北非。

盘踞西班牙的后倭马亚王朝此时业已衰落瓦解，分裂为数个纷争不休的穆斯林小邦。西班牙的基督教势力趁机在卡斯提尔王国（Kingdom of Castile）[③]国王斐迪南一世（Ferdinand I）和阿方索六世（Alphonse VI）的率领下展开"收复失地运动"（Reconquista）[④]，割据分立的穆斯林小邦根本无力抵抗。于是，塞维利亚的阿巴德王朝埃米尔穆塔米德便向塔什芬求助，塔什芬随即向基督教势力发起圣战。

1086年6月30日，塔什芬率领由阿拉伯人、柏柏尔人和苏丹黑

---

① 穆拉比特王朝在西班牙语中被称作"阿尔摩拉维德王朝"（The Almoravids）。

② H T.Norris, "New Evidence on the Life of Abdullah B Yasin and the Origins of the Almoravid Movement", *Journal of African History*, Vol.12, No.2, 1971, p.2.

③ 卡斯提尔王国（Kingdom of Castile）是1036年在伊比利亚半岛中部卡斯提尔地区建立的独立王国，后成为半岛上的强国之一。

④ "收复失地运动"（Reconquista）是指8—15世纪西班牙人为收回被阿拉伯人所占领的伊比利亚半岛上的土地而进行的长期战争。从718年科法敦加战役开始到1492年格拉纳达战役结束，经历了将近8个世纪之久，最终以西班牙人收复全部失地而告终。

人组成的7000人远征军渡过直布罗陀海峡，登陆西班牙。之后，集结塞维利亚等穆斯林小邦的军队，组成3万人的联军，“这是一支组织成分极为复杂的奇特的军队。其中有在穆斯林旗帜下应募的基督教徒，有阿拉伯人，柏柏尔人，苏丹黑人等。”[①]联军在阿扎加勒平原与阿方索六世指挥的军队展开决战。同年10月23日，两军在扎拉卡（Zallaka）[②]开战，结果阿方索六世的军队伤亡惨重，塔什芬大获全胜。塔什芬进而占领西班牙东南部和巴利阿里群岛。1090年，联军攻入格拉纳达（Granada），次年夺取塞维利亚及其他重要城市，基督教军被迫撤离。随后，塔什芬没收各穆斯林小邦王公的领地，统一了西班牙穆斯林领地。“以塞维利亚为陪都，塔什芬建立了一个横跨欧非两大陆的庞大的柏柏尔帝国，其边界从南部的西非的塞内加尔河延伸到北部的西班牙的埃布罗河，从西部的大西洋到东部的突尼斯，王朝达到了鼎盛时期。”[③]

穆拉比特王朝的统治者集世俗与宗教大权于一身，自称“穆斯林的长官”，俨然为阿拉伯西部世界的领袖。穆拉比特人虽崛起于落后的沙漠地区，却进入了较为发达的马格里布沿海地区，尤其是进入西班牙后，受到了定居地农业和都市文明的熏陶，成为新建国家的统治集团。他们在政治、经贸、文化艺术等方面努力建设一个伊斯兰国家。

在政治方面，穆拉比特王朝的埃米尔（君主）集行政、军事与宗教权力于一身，实行军事集权统治，维护封建军事贵族和宗教上层的利益。

在经济贸易方面，穆拉比特人开始注重农业，在非斯修建水渠，灌溉田园。他们与伊比利亚半岛和萨赫勒（Sahel）[④]国家之间的贸

---

① 〔法〕亨利·康崩：《摩洛哥史》（上册），上海外国语学院法语系翻译组译，第41页。

② 扎拉卡（Zallaka）今巴达霍斯（Badajoz）附近的萨拉卡（Sagrajas）。

③ 肖克编著：《列国志·摩洛哥》，第51页。

④ 萨赫勒（Sahel）阿拉伯语意为“边缘”，是非洲撒哈拉沙漠南部和中部苏丹草原地区之间的一条长超过3800公里的地带，从西部大西洋伸延到东部非洲之角，横跨塞内加尔、毛里塔尼亚、马里、布基纳法索、尼日尔、尼日利亚、乍得、苏丹共和国和厄立特里亚9个国家。

易，带动了穆拉比特王朝的经济繁荣。穆拉比特王朝的商业也有很大发展，著名的阿拉伯作家伊德里西说："没有人能有像在穆拉比特人统治下那样富有和优裕的条件。他们的奴隶和代理人带着由70至100头满载货物的骆驼所组成的商队前往（西苏丹）"。[①]

在穆拉比特人所进行贸易和转运的商品中，最重要的是金粉（tibar），[②]它来自撒哈拉以南的西非，该地区当时被称为苏丹。作为与东方的交换媒介，黄金极为重要，它经由中亚被运送，用来交换香料、丝绸、瓷器和其他奢侈品。[③] 9—13世纪，黄金出口和交换的几条重要贸易路线得以发展。最直接的路线是向东穿过沙漠到达埃及，穿越整个马格里布地区。9世纪中叶，这些向东的路线变为向北穿过摩洛哥直到地中海，使得通过该地区的贸易交往显著增加。向东路线被废弃的主要原因是沙尘暴的增加和掠夺者的袭击。在此后的一个时期中，一些新的政治中心在这一不断扩大的贸易网中的重要节点附近兴起。阿格玛特（Aghmat）、西吉尔马萨和达伊（Dai）是这些新中心当中最重要的。作为这一进程的一部分，北方以前的伊德里斯城市也变得越来越大，越来越富裕。其中最重要的是非斯。从这一点来讲，政治权力的基础似乎已经转向强调对贸易的控制，而不是提取盈余。然而，直到11世纪也没有一个政治集团能够控制贸易网络中一个以上的环节。穆拉比特王朝控制了奥达戈斯特和西吉尔马萨，从而控制了撒哈拉西部商路网中南北两个最重要的集结点。在穆拉比特王朝统治下，撒哈拉西部商道贸易再度繁荣。大量西苏丹黄金源源不断地北运，西吉尔马萨成为西苏丹黄金进入北非

---

① Y. Lacoste, "The General Characteristics and Fundamental Structures of Medieval North African Society", *Economy and Society*, Vol.3, No.1, 1974, pp.1-17.

② S. D. Goitein, "Mediterranean Trade in the 11th Century: Some Facts and Problems", in M. A. Cook, ed., *Studies in Economic History of the Middle East*, London: Oxford University Press, 1970.

③ James L. Boone, J. Emlen Myers and Charles L. Redman, "Archeological and Historical Approaches to Complex Societies: The Islamic States of Medieval Morocco", *American Anthropologist*, Vol.92, No.3, 1990, pp. 633-634.

的主要中转站。[①]

为适应商贸发展的需要，1058年，穆拉比特王朝在西吉尔马萨设立铸币厂，开始铸造金币。[②]以后陆续在摩洛哥的阿赫梅特、非斯、马拉喀什、特莱姆森和西班牙的塞维利亚、科尔多瓦、马拉加和阿尔梅里亚等地设立铸币厂，铸造了大量印有奥马尔和塔什芬名字的金币。[③]其中，西吉尔马萨铸造了穆拉比特金第纳尔[④]的大约60%。[⑤]穆拉比特金第纳尔的成色虽说比埃及法蒂玛王朝铸造的金第纳尔低5%，但它在整个伊斯兰世界享有很高的信誉，在当时国际贸易中广泛流通。因此，穆拉比特王朝在开发西非黄金资源并使这些黄金在王国内部以及在南欧、埃及甚或在远东流通起了重要作用，它使撒哈拉黄金贸易达到新的高峰，而王朝本身也靠苏丹黄金而繁荣兴旺。

在宗教方面，穆拉比特王朝推崇逊尼派马立克学派的教法学说，各清真寺教长和法官均由马立克学派学者担任。教法学家经埃米尔核准发布“费特瓦”（Fatwa，即行政命令），明令穆斯林严守其教律。曾因安萨里的学说与其教法学家的意见相左，故凡遵从安萨里学说的人都被斥为“异教徒”，安萨里的著作被列为禁书，在科尔多瓦当众销毁。

在文化艺术方面，穆拉比特王朝时期的摩洛哥聚集了许多杰出的学者和艺术家，许多建筑师与手工业者纷纷从西班牙来到摩洛哥谋生。穆拉比特人在马拉喀什、非斯、阿尔及尔和特莱姆森等城市建起了规模宏大的清真寺，其风格也深受科尔多瓦和格拉纳达建筑

① Ronald A. Messier, “The Almoravids: West African Gold and the Gold Currency of the Mediterranean Basin”, *Journal of the Economic and Social History of the Orient*, Vo1.17, No.1, 1974, pp.36-38.

② Ibid.

③ Roland Oliver ed., *The Cambridge History of Africa, Vol.3: from c.1050 to c.1600*, Cambridge: Cambridge University Press, 1977, p.336.

④ 第纳尔（Dinar），阿拉伯语的音译，是中东地区一些国家的货币单位，来源于拉丁语Denarius，意为“钱”，系古罗马帝国时使用的一种银币，后来西亚北非的阿拉伯国家开始打造此银币，9世纪后以金粉打造的硬币开始流行。由于地区和时代不同，第纳尔与伊斯兰世界当时流行的银币迪拉姆（dirham）的汇总比率不同，如穆拉比特王朝铸造的金第纳尔，1第纳尔=32迪拉姆。

⑤ Ronald A. Messier, “The Almoravids: West African Gold and the Gold Currency of the Mediterranean Basin”, *Journal of the Economic and Social History of the Orient*, Vo1.17, No.1, 1974, p.38.

的影响。除清真寺外，他们还建造了宫殿和城堡。这些建筑彰显了安达卢西亚、摩洛哥和撒哈拉艺术风格的共同影响。

与伊德里斯王朝时期形成强烈对比，穆拉比特王朝时期的国家经济社会结构发生了巨大变化。对长途贸易特别是对撒哈拉以南黄金贸易的控制，成为支撑穆拉比特王朝国家地位的首要经济基础，农业生产的重要性退居其次。同时，长途贸易的重要地位也使军事征服的作用变得更加突出。摩洛哥在地理上处于连接地中海区域商业活动中心与撒哈拉以南西非产金区之间的中心位置，这促进了摩洛哥内陆各王朝行政首都和城市的兴起，这些最初为便利长途贸易而建立的城市后来逐渐向周边及农村地区提供服务和商品。①

穆拉比特王朝所取得的成就标志着伊斯兰西部世界时代的开启。1106年，塔什芬去世，给他年轻的儿子阿里·本·优素福（Ali ibn Yusuf，1106—1142年在位）留下了一个以摩洛哥为核心地区的庞大帝国。可惜新王不善于守成，过分依赖柏柏尔人来统治这个庞大的帝国，在当时基督教与伊斯兰教势不两立和长期对抗的情况下，他显得束手无策。特别是1118年萨拉戈萨被十字军攻克后，他已无力阻挡基督教徒收复失地的浪潮。此后，穆拉比特王朝从鼎盛时代急剧走向衰微。在穆拉比特王朝走向衰落的同时，大阿特拉斯山区马斯穆达部落的柏柏尔人掀起了一场反对穆拉比特王朝的宗教政治运动——穆瓦希德运动。1147年，穆瓦希德军队攻占马拉喀什，刺杀了穆拉比特王朝末代国王伊沙克·本·阿里（Ishaq ibn Ali），穆拉比特王朝就此终结。

穆瓦希德王朝（1147—1269年）

12世纪初，大阿特拉斯山区柏柏尔部落马斯穆达部落的穆罕默德·本·阿卜杜·阿拉·伊本·图马特（Mohamed ibn Abd Allah ibn Toumart）领导了一场摩洛哥柏柏尔人反对穆拉比特王朝的宗教政

① James L. Boone, J. Emlen Myers and Charles L. Redman, "Archeological and Historical Approaches to Complex Societies: The Islamic States of Medieval Morocco", *American Anthropologist*, Vol.92, No.3, 1990, pp. 631-632.

治运动。图马特出身于笃信伊斯兰教的乡村贵族家庭，自幼有志于神学研究。青年时代，他到巴格达、大马士革等地学习和研究神学，归途中在突尼斯收罗门徒，并进行传教活动。伊本·图马特的追随者包括了他日后的继承人、出身于柏柏尔人扎纳塔族库米亚部落的阿卜杜·穆敏（Abd al-Mumin）。

1120年，伊本·图马特率领门徒经特莱姆森、非斯等地，到达穆拉比特王朝的首都马拉喀什。由于公开批评穆拉比特的君主及其亲属，伊本·图马特无法在马拉喀什立足，被迫返回自己的家乡——大阿特拉斯山马斯穆达部落的廷迈勒（Tinmal）进行宗教宣传，并在此地获得成功。

图马特属于信奉马立克学派的正统逊尼派，他宣扬以《古兰经》和“圣训”为根本的原始伊斯兰教，坚持“除安拉之外别无神灵”的一神观念，要求教徒必须严格遵循《古兰经》、圣训和教法。其门徒因此被称作“穆瓦希德”（al- Muwahhidun），意为“信仰真主独一无二的人”。他谴责穆拉比特王朝违背伊斯兰教认主独一的基本信条，指责穆拉比特王朝统治者信奉神人同一说和多神论。特别是，他谴责权贵们的腐化堕落和统治者的强取豪夺，主张俭朴、节制和纯洁的生活方式，因而迎合了普通百姓不满统治者贪婪奢华和压榨人民的心情。由于图马特提倡用柏柏尔语和民众喜闻乐见的方式传教，故而在当地民众中得到极大响应和支持。图马特号召穆斯林以“圣战”方式推翻穆拉比特王朝，建立一个公平正义的社会。他的一神教主张很快在阿特拉斯山区各部落中传播开来，并发展成一场推翻穆拉比特王朝的政治运动。

运动之初，图马特就发动了一系列小规模的战斗和突然袭击，赢得了小阿特拉斯山区的大部分地方和苏斯地区。1121年，他自称为“马赫迪”（Mahdi）[①]，并由包括阿卜杜·穆敏在内的10名教友宣

---

① 马赫迪（Mahdi）为阿拉伯语音译，原意是“被真主引上正道的人”，最初用来尊称具有先知天赋的政治、宗教领袖，后来用以称呼世界末日来临前复临人间的救世主。在伊斯兰教历史上，曾兴起多次马赫迪运动。其领导者利用民众对社会现状的不满情绪和期待安拉派遣特选之人降临人间以改变现状的迫切心情，声称自己就是“马赫迪”或其代理人，号召人民起来反对现政权，为建立一个公正、完美的社会进行圣战。

布，随后马斯穆达等部族首领拥立他为政教领袖。他以先知穆罕默德为楷模，既是这一运动的宗教领袖，又是民众的政治领袖和军事统帅。在穆拉比特王朝强大的镇压下，1123年，伊本·图马特率部退守廷迈勒，并在此建立了第一座清真寺，以作为穆瓦希德运动的领导中心。他建立了一个以少数核心人物组成的最高会议，其中包括伊本·图马特的三个兄弟和阿卜杜·穆敏。马赫迪核心集团下设有10人委员会，由伊本·图马特最早的10名追随者组成，他们就像是马赫迪的亲信大臣，遇到重大问题，图马特都要同他们商议，并委托他们执行重要决策。另外，他还设立了一个50人委员会[①]，成员由山区各主要部落首领组成，带有更多的咨议性质。这些机构协助他领导运动，确保了穆瓦希德运动的迅速发展。同时，他组建由各部落成员组成的武装部队，为进行"圣战"做准备，也为穆瓦希德王朝的建立奠定了基础。[②]

1125年，图马特率军向马拉喀什发动进攻，但被穆拉比特国王阿里·本·优素福的军队打败。1128年，穆拉比特王朝军队在布海拉战役中重创图马特的部队。1130年，图马特在穆瓦希德运动遭遇困难的形势下去世，临终前指定他的忠实门徒阿卜杜·穆敏为继承人。

图马特去世后，阿卜杜·穆敏继续领导反对穆拉比特王朝的斗争。为与穆拉比特王朝抗衡，他建立了一支由法国人和西班牙人训练的舰队和陆军。经过长期征战，阿卜杜·穆敏以其卓越的军事才能，控制了大阿特拉斯山区和中阿特拉斯山区，并于1144—1146年先后攻占了特莱姆森、非斯、休达、丹吉尔和艾格马特。1147年，他率军占领马拉喀什，杀死穆拉比特王朝末代国王伊沙克，灭亡穆拉比特王朝，自称哈里发，号称"穆斯林的长官"，建立了穆瓦希德王朝[③]，仍以马拉喀什作为首都。

① 50人委员会是一个咨询性议事会，其成员主要由各氏族集团的首领组成，人数不确定，史料记载各异，从7人到70人都有。

② 〔塞内加尔〕D.T.尼昂主编：《非洲通史》（第四卷），中国对外翻译出版公司1992年版，第20—22页。

③ 穆瓦希德王朝在西班牙语中被称为"阿尔摩哈德王朝"（The Almohades）。

穆瓦希德王朝建立后，不断扩张。1151年，阿卜杜·穆敏率部征服了阿尔及利亚和突尼斯的大部分地区，回国途中在塞提夫（Sétif）附近与阿拉伯部落联盟进行决战，大获全胜。但他并未惩罚败军，反而将阿拉伯骑兵收编，在对西班牙基督教十字军的“圣战”中再度大获全胜。1158年，阿卜杜·穆敏征服了的黎波里，结束了西西里人对北非海岸的统治。1160年，他率部占领了前法蒂玛王朝首都马赫迪亚，不仅统一了摩洛哥，还将埃及以西的整个北非地区纳入麾下，并北上西班牙，占领了其南部地区，建立了第二个横跨欧非两洲的柏柏尔人帝国。穆瓦希德王朝控制的国土比穆拉比特王朝还要辽阔，其版图包括埃及以西的整个非洲北部和西班牙的全部穆斯林地区。

在不断扩张穆瓦希德王国领土的过程中，阿卜杜·穆敏也同时不断扩大自己的权力。伊本·图马特当年所建立的制度，如10人委员会和50人委员会等，具有一种柏柏尔人联邦与贵族共和制的性质。到阿卜杜·穆敏统治时代，这些机构已经名存实亡。阿卜杜·穆敏确立了世袭君主制，他指定自己的儿子为继承人，又将王国划分为几个总督管辖区，交由自己的几个儿子治理，从而建立了阿卜杜·穆敏家族的统治。这引起了诸多柏柏尔部落的不满。①

1163年，阿卜杜·穆敏在拉巴特去世，其子阿布·雅库布·优素福（Abu Yaqub Yusuf）继位，称优素福一世。他执政时期，国力逐渐强盛，吞并了西班牙的安达卢西亚地区。1172年，他又攻占塞维利亚，将统治范围扩展到西班牙北部。但是，这位国王的军事才能并不很强，在后来的十字军进攻时频频受挫。与此同时，帝国境内反叛此起彼伏。1184年，他在西班牙围攻圣塔伦，久围不克，最终敌不过基督教军队的进攻，重伤而死。其子阿布·优素福·雅库布（Abu Yusuf Yaqub,）继位后，雄心勃勃，重振祖父阿卜杜·穆敏霸业。据说，阿布·优素福·雅库布曾派遣180艘兵船前往埃及和叙利亚，支

① Charles-André Julien, *History of North Africa—Tunisia, Algeria, Morocco: From the Arab Conquest to 1830*, pp.108-109.

援萨拉丁（Saladin）抵抗十字军。[①]1195年，他在西班牙的阿拉尔科斯（Alarcos）击败卡斯提尔王国阿方索八世（Alphonse Ⅷ）率领的基督教军队，扼制了十字军进攻的锐气。至此，穆瓦希德舰队称雄西地中海之后，阿布·优素福·雅库布接连镇压了马格里布的反叛，巩固了自己庞大的王国，从而获得了“曼苏尔”（al-Mansour）[②]的称号。在曼苏尔执政时期，穆瓦希德王朝达到鼎盛。曼苏尔治理下的国家，政治稳定，经济繁荣，社会秩序良好，伊斯兰学术文化也得到很大的发展。

与此同时，穆瓦希德王朝的统治者们还热衷于建筑。在马格里布建筑发展史上，穆瓦希德时代占有很重要的地位。这一时期，城市的发展和建筑受到新的外来影响。马拉喀什成为皇城，被奢华的花园和带有湖泊的公园所围绕。阿格达勒（Agdal）和米纳拉（Menara）是阿拉伯世界最古老的植物花园。阿卜杜·穆敏从一开始就重视清真寺的建筑，他在塔扎、马拉喀什、廷迈勒等地都修建了清真寺，其中库图比亚清真寺（Koutoubia Mosque）是北非最美丽的清真寺之一，成为马拉喀什的标志性建筑。其子阿布·雅库布·优素福在陪都塞维利亚建造了一个大清真寺，并着手建造吉拉尔达塔（Giralda），同时还在塞拉建造了大清真寺。1191年，曼苏尔在阿布拉克拉克河的入海口处扩建了拉巴特城，在阿卜杜·穆敏建造的老城中心（今著名的乌达雅区，the Oudaya district）之外修建了城墙，加建巨大的乌达雅门（Bab Oudaia），将其扩建成一个巨大的城堡（Ribat al-Fath），巨大的城门和壮观的城墙成为马格里布建筑的杰作。曼苏尔主持了拉巴特的哈桑清真寺的工程，还兴建了在当时被誉为“举世无双的”马拉喀什医院。

1199年曼苏尔去世，其子穆罕默德·纳西尔（Mohammed al-Nasir）继位。西班牙北方的基督教徒向南方大举进攻，导致南部柏柏尔人穆斯林小国纷纷独立，穆瓦希德王朝开始走向衰落。穆罕默德·纳西尔镇压了国内柏柏尔人的叛乱，收复了被叛乱分子占领的

① 彭树智主编：《阿拉伯国家史》，第104页。

② 曼苏尔（al-Mansour），阿拉伯语意为“胜利者”。

北方各地。1210年，由于与西班牙国王之间达成的和平破裂，他率军跨海进攻基督教的领土；1211年，占领了西班牙的领土，并包围了萨尔瓦·铁拉（Salva Tierra）的要塞。1212年，在科尔多瓦东部的托洛萨战役（Las Navas de Tolosa）中，穆罕默德·纳西尔率领的数十万人军队被由莱昂（León）、卡斯提尔（Castile）、纳瓦拉（Navarra）和阿拉贡（Aragon）四个基督教王国组成的联军打败。穆瓦希德王朝位于安达卢西亚并信奉伊斯兰教的地区被基督教军队占领，这象征着王朝开始走向终结，伊斯兰教开始从西班牙和葡萄牙退却。穆罕默德·纳西尔逃回马拉喀什，次年逝世。

穆瓦希德王朝衰落的原因与穆拉比特王朝极为相似。穆瓦希德人在执掌政权后不久，便背弃了当年用来号召民众的那些教义和主张，日渐奢侈腐化，成为马格里布被征服地区平民百姓的剥削者、压迫者。沉重的苛捐杂税激起人民的普遍不满和反抗。原先强大无比的军队则越来越像雇佣兵，渐渐失去了昔日所向披靡的士气。特别是13世纪初的大饥荒以及后来由鼠疫引起的灾难性流行病，使中央政府和军队受到严重削弱。“穆瓦希德王朝缺乏可用于管理和捍卫从安达卢西亚延伸到的黎波里塔尼亚广阔帝国的人力和物质资源”，[①] 因此，曼苏尔之后，穆瓦希德王朝便日趋衰微。

穆罕默德·纳西尔之子穆斯坦绥尔（al-Mustasir）继位后，不仅对治国毫无建树，甚至对威胁王朝的危机也不闻不问，任凭马林（Marinid）部族势力日益膨胀。1224年，穆斯坦绥尔病逝，他的两个儿子为争夺王位而兄弟阋墙开战，摩洛哥全国陷入混乱。

1227年，曼苏尔的孙子伊德里斯·本·曼苏尔·马蒙（Idris ibn al- Mansour al-Mamun）在基督教民防军的帮助下登上王位。基督教民防军是当时唯一有能力采取果断行动的武装力量。马蒙虽系穆斯林，但过去一直住在西班牙，娶基督教徒拉纳·哈芭波为妻，与基督教徒交往密切，深受基督教的影响，在马拉喀什的清真寺中登

---

① 〔美〕菲利普·C.内勒：《北非史》，韩志斌等译，第106页。

场讲经时宣扬基督教的优点。这种丝毫不加掩饰的倾向，使穆斯林社会更加动荡不安。

1232年10月17日，马蒙去世，传位给年仅14岁的王子阿卜杜·瓦希德·拉希德（Abd al-Wahid al-Rashid）。年轻的拉希德治国不力，到他1242年在马拉喀什病逝时，穆瓦希德王朝已处在危倾之中。西班牙被各基督教王国和穆斯林小王国尽数瓜分，北非领地的总督们也纷纷宣布独立，相继分裂成多个穆斯林王朝。1248年，柏柏尔人扎纳塔族的马林部落以非斯为中心建立马林王朝。1269年，马林人攻占马拉喀什，推翻了穆瓦希德王朝。

马林王朝（1248—1554年）

13世纪上半叶，随着穆瓦希德王朝的衰落，马格里布地区走向分裂，形成了哈夫斯王朝（The Hafsids）[①]、阿卜德·瓦德王朝（The Abd al-Wadids）[②]和马林王朝（the Marinids）[③]三国鼎立的格局，构成了今天马格里布三国，即突尼斯、阿尔及利亚和摩洛哥的雏形。

马林人是柏柏尔人扎纳塔族的一个部落,原来在塔菲拉勒特和阿尔及利亚之间的地域过着游牧生活。13世纪初，马林人趁穆瓦希德王朝衰微之际，逐渐向北方移动，并在穆卢耶河流域定居下来。1213年，穆瓦希德王朝把王国东部边疆的大片土地划归马林人，目的是让他们保护王国，抵御来自东方的侵袭。1216年，马林人占领塔扎峡谷，之后向西部渗透，散居于塞布河两岸。马林人在其首领

---

① 13—16世纪马格里布中部柏柏尔人建立的伊斯兰封建王朝（1228—1574年）。1228年，穆瓦希德王朝派驻今突尼斯地区的总督阿布·扎卡里亚·叶海亚趁穆瓦希德王朝衰落之机宣布独立。哈夫斯原为部落名称，这个新建立的国家即沿用该名。其疆域除今突尼斯外，还包括的黎波里塔尼亚和阿尔及利亚的部分领土。哈夫斯王朝曾是当时马格里布3个国家中最强盛的国家，1574年，被西班牙和奥斯曼帝国所支持的海盗所灭亡。

② 伊斯兰封建王朝，亦称吉亚尼德王朝（the Zayyanids）。穆瓦希德王朝阿卜杜·拉希德二世时期任命伊本·阿卜德·瓦德为特莱姆森地区总督，将马格里布中部（现阿尔及利亚西北部领土）赐为封地。1235年，伊本·阿卜德·瓦德趁穆瓦希德王朝内讧分裂之机，宣布独立，自称埃米尔。1554年，奥斯曼帝国军队占领特莱姆森，阿卜德·瓦德王朝灭亡。阿尔及利亚沦为奥斯曼帝国的行省。

③ 马林王朝（the Marinids），亦译“马里尼德王朝”。

奥斯曼一世（Uthman Ⅰ）及其兄弟的率领下，横扫整个摩洛哥中部，占领了梅克内斯和塔扎等地，迫使这些城市向他们纳贡。①

1245—1258年，马林人在阿布·叶海亚本·阿卜杜·哈克（Abu Yahya ibn Abd Haqq）的率领下征服了穆瓦希德王朝的东部、北部和塔菲拉勒特大片领土。1248年，阿布·叶海亚攻占非斯城，并定都于此，创立马林王朝。1258年，阿布·叶海亚逝世。其弟阿布·优素福·雅库布（Abu Yusuf Yaqub）继位后，又征服了穆瓦希德王朝的西部地区。1269年，阿布·优素福·雅库布攻占马拉喀什，穆瓦希德王朝灭亡。此后，马林王朝的领土不断扩大，至1276年，统一了整个摩洛哥。

阿布·优素福·雅库布励精图治，文治武功兼备。他在位期间把西班牙的著名艺术家请到宫廷中，让大臣们磋研以提高文化修养。1276年，他下令在非斯城南边修建新城，他从西班牙的安达卢西亚聘来建筑师和许多泥瓦匠、木匠、花匠及油漆工，很快建起了堡垒城墙、大清真寺、宫殿、露天市场、浴室以及高官显贵的宅第、草木青葱的庭园、水池和喷泉。新城建筑具有浓郁的西班牙风格。1279年，他在老城的基础上兴建了王宫、特区、兵营和受王室保护的犹太居民区，即所谓的“监区”；旧城也被悉心地保留下来，还增建了许多新的宏伟建筑，包括伊斯兰学校和神学院。其他城市如梅克内斯、塞拉、马拉喀什和休达也都建立了伊斯兰学校。②

在积极进行内部建设的同时，阿布·优素福·雅库布还强势镇压了国内的叛乱，又整军经武，出征西班牙。1275年，他亲率大军渡过直布罗陀海峡，对西班牙基督教势力发动“圣战”，马林军队大获全胜。他在位期间，曾四次对西班牙用兵，基本稳固了穆斯林在西班牙的势力。1286年，他战死在西班牙，遗体被运回摩洛哥，安葬于拉巴特城郊的舍拉皇陵。

阿布·优素福的继承人是阿布·雅库布·优素福（Abu Yaqub

① 〔法〕亨利·康崩：《摩洛哥史》（上册），上海外国语学院法语系翻译组译，第48—49页。

② Vincent Boele and Mohamed Saadouni, eds., *Morocco: 5000 Years of Culture*, pp.21-22.

Yusuf）。他执政期间发生了著名的“特莱姆森之围”。因为他的儿子阿布·萨比特·阿米尔（Abu Thabit Amir）曾起兵谋反失败，逃到邻国阿卜德·瓦德王朝都城特莱姆森避难。1299年，阿布·雅库布进军特莱姆森，围攻该城9年，未能攻克。阿布·雅库布驻扎在离城很近的地方，利用围城之暇，建造曼苏尔堡。从至今尚存的遗址可以看出，这座城堡当时极为富丽堂皇。1306年，阿布·雅库布被一名心存不满的内侍刺死。

继位的阿布·拉比·苏莱曼（Abu Rabi Sulayman）和阿布·赛义德·奥斯曼二世（Abu Said Uthman Ⅱ）放弃了围攻特莱姆森。奥斯曼二世兴建了得土安。他性格软弱，两度遭小儿子阿布·阿里反叛，平庸地执政21年，于1331年病逝。随后继位的阿布·哈桑·阿里（Abu Hasan Ali）重新围困特莱姆森，终于在1337年攻占该城。1340年，他出师西班牙，在直布罗陀海峡摧毁卡斯提尔王国的舰队后，进军到塞维利亚附近的萨拉多河（Salado River）。卡斯提尔国王阿方索十一世和葡萄牙国王阿方索四世的联军在此与马林军队发生激战，马林军队战败，撤回北非。1347年，阿布·哈桑·阿里又出征哈夫斯王朝。他的军队先是节节胜利，但在凯鲁万城吃了败仗。返回摩洛哥时，他发现儿子阿布·伊南·法里斯（Abu Inan Faris）已经篡夺了王位。于是父子之间展开了一场殊死搏斗。结果，阿布·哈桑·阿里败于乌姆赖比阿河战役，1351年亡命于阿特拉斯山。

马林王朝在阿布·哈桑·阿里统治时期达到鼎盛阶段。他对内善理朝政，对外先后征服了阿卜德·瓦德王朝和哈夫斯王朝，重建了从大西洋到加贝斯湾的马格里布帝国。[①]马林王朝拥有一支强大的军队，这支军队成分复杂，由扎纳塔人和阿拉伯人诸部组成的骑兵是马林大军的主力。同时，军队还有来自安达卢西亚的弩手，亚洲的雇佣兵弓箭手，以及基督教雇佣兵。此外，马林王朝还有精锐的素丹卫队，以及一支相当强大的海军舰队。这支舰队曾在1340年击

① 〔法〕夏尔-安德列·朱利安：《北非史》（第二卷上册），上海新闻出版系统“五·七”干校翻译组译，第330页。

败西班牙基督教势力的海上力量，并一度建立了在直布罗陀海峡地区的霸权。

马林王朝时期，摩洛哥的经济得到了发展，影响力超出了西地中海，成为东西方的贸易中心。欧洲和西苏丹及其他非洲国家之间的贸易，都要经过摩洛哥。旅行商队从摩洛哥穿过撒哈拉沙漠，使之与西苏丹人的贸易繁荣起来。来自威尼斯、热那亚、比萨、马赛、加泰罗尼亚和阿拉贡的商船经常停泊在丹吉尔、休达、梅利利亚等港口，并在那里设置商栈。当时，摩洛哥主要进口猎禽、金属、小五金制品、纺织品、香料和葡萄酒，出口则以鱼、皮革、毛皮、地毯、珊瑚、粮食和糖为主。

繁荣的贸易刺激了摩洛哥的港口和绿洲的兴盛，以及城市手工业生产的发展，并促进非农业人口的增长。休达成为大马士革式工艺的中心，里夫出产粗亚麻布，拉腊什（Larache，今阿拉伊什）出产棉织物，萨菲地区出产呢绒和陶器，塔德拉出产黑色的斗篷，苏斯出产贵重的金属、皮革制品和纺织品等，塔菲拉勒特出产著名的皮革。这一时期，非斯在摩洛哥的经济生活中起了很大的作用，其规模超过马拉喀什，是主要的商业贸易中心，集中了大部分行销全国的进口商品。当地的工匠制造兵器、匕首和利剑，生产大量的陶器、布匹和绳子。非斯有商道通往巴迪斯、休达、丹吉尔和特莱姆森等马格里布沿海港口，还有商道直达撒哈拉商路重镇西吉尔马萨。它还是摩洛哥最大的文化中心，许多学者到非斯城讲解《古兰经》、科学、法律、诗歌和地理。随着伊斯兰教势力在西班牙的灭亡，大批穆斯林难民再度涌入非斯，这促使城市发展加快。14世纪中叶后，非斯成为摩洛哥学术和商业的重镇，并且一直是伊斯兰著名的文化中心之一。卡罗维因大学曾培养出许多阿拉伯思想家、政治家、社会改革家、演说家、旅行者和学者，如历史学家、哲学家和思想家伊本·赫勒敦撰写了历史名著《阿拉伯人、波斯人、柏柏尔人古今历史大纲》，大维齐尔、诗人伊本·哈提卜（Ibn al-Khatib）编纂了其著名的诗集，旅行家伊本·白图泰（Ibn Battuta）完成了远至中国的伟大旅行。

在马林王朝时期，摩洛哥的建筑也极具特色，带有深深的安达卢西亚色彩，特别是与格拉纳达的奈斯尔王朝的建筑艺术相近。例如，阿布·哈桑在位时修过乌巴德清真寺（al-Ubbad Mosque），其入口高大，还用陶瓷镶嵌装饰；祈祷大厅的墙壁和天花板都饰以浮雕，壁龛由两根装饰着雅致柱头的条纹玛瑙柱支撑着；壁龛的前面是拱，拱的上面是用钟乳石修建的华美圆顶。院子四周围着菱形柱柱廊，高塔则装饰着花纹交织的图案。又如位于拉巴特城边埋葬着历代马林王朝君主的舍拉（Chellah）陵墓，周围是长达300米且用粗混凝土加涂白灰泥呈五角形的城墙，有20个塔楼，拱形大门则用大量雕刻花纹的石头、彩色大理石和陶瓷加以装饰。舍拉陵墓（Chellah）卫城内建有清真寺，其中阿布·优素福祈祷室的高塔达14.35米，塔上有尖顶，塔身饰有彩色陶瓷塑成的大幅彩画。

马林王朝时期是马格里布文明大力发展以及各种文化和民族融合取得重要进展的时期。马林王朝还建立了犹太人定居点，犹太人开始在摩洛哥聚集。这一时期，由于基督教势力的膨胀，西班牙穆斯林不断涌入摩洛哥，来自安达卢西亚的大批官吏、文人、哲人、建筑师、艺术家、匠师，带来了精美的建筑、艺术、手工艺和文学风格，给落后的马格里布地区文化注入了极大的活力。马林统治者鼓励文学和诗歌创作，支持应用技艺，开办手工艺作坊。

阿布·伊南在位时，为将整个马格里布置于马林王朝统治之下，东征君士坦丁和突尼斯，遭到伊非里基亚阿拉伯人的起兵反抗。1358年，阿布·伊南身患重病，大臣伊本·哈桑·法杜迪杀害他后，立五岁的王子赛义德即穆罕默德二世（Muhammad Ⅱ）为王，而大臣伊本·哈桑自封为摄政王。“随之而来的是一个大动乱、宫廷政变和谋杀的时代，是一连串更迭不已的摄政政权”，[①]直到1366年，阿布·哈桑的儿子阿卜杜勒·阿齐兹一世（Abdul Aziz Ⅰ）登基，

① 〔法〕亨利·康崩：《摩洛哥史》（上册），上海外国语学院法语系翻译组译，第54页。

秩序方才恢复。不幸的是，1372年阿卜杜勒·阿齐兹病逝后，马林王朝又开始了大臣当政的乱局。

1420年，马林人的旁支瓦塔斯人（the Wattasids）担任大维齐尔，马林王朝的统治权实际上落到了瓦塔斯人手中。1471年，非斯城居民处决了马林王朝末代国王，马林王朝遂告瓦解。1472年，阿布·阿卜杜拉·谢赫·穆罕默德（Abu Abdullah Sheikh Muhammad）出任素丹，瓦塔斯人正式执政，仍称马林王朝，历经7代君主（1472—1554年）。瓦塔斯王朝所能控制的范围只限于非斯地区，反对其篡权的斗争遍及全国。

马林王朝晚期和瓦塔斯王朝时期的摩洛哥面临严重的外来威胁。摩洛哥与当时海上殖民强国葡萄牙距离最近，成为后者侵略的最早目标。1415年，利用马林王朝内部纷争与分裂之际，葡萄牙人越过直布罗陀海峡占领了休达，在这个位于地中海咽喉的要地建立起葡萄牙在非洲最早的一块殖民地。15世纪下半叶至16世纪初，葡萄牙沿着大西洋海岸继续向南扩张，先后占领了丹吉尔（1471年）、艾西拉（Assilah）、拉腊什（1473年）、马扎甘（Mazagan）（1502年）[①]、阿古兹（Agouz）、阿加迪尔（1504年）、摩加多尔（1505年）、萨非（Safi）（1508年）和阿泽穆尔（Azemmour）（1513年），[②]控制了摩洛哥大西洋沿岸的大部分地区，并在西非海岸建立了一系列要塞，垄断了当时的非洲奴隶贸易。西班牙则于1399年攻占得土安和沙万（Chaouen），1497年占领了梅利利亚，随后又相继占领了摩洛哥地中海沿海的一些岛屿。而在摩洛哥的东面，已于16世纪初进入鼎盛期的奥斯曼土耳其帝国占领了的黎波里、阿尔及尔和突尼斯，将马格里布东部和中部都纳入囊中，变成帝国的行省，并意欲进一步西侵摩洛哥，称霸整个北非地区。摩洛哥已处于西方殖民者和奥斯曼帝国的东西夹击之中。

15世纪末，阿拉贡国王斐迪南二世（Ferdinand Ⅱ）和卡斯提尔

① 现名杰迪代（El Jadida），也译作杰迪达。

② Phillip C. Naylor, *North Africa: A History from Antiquity to the Present*, p.124.

女王伊莎贝拉一世（Isabella Ⅰ）开始对西班牙的穆斯林政权发动最后的进攻。1492年1月，在西班牙南部的穆斯林王国格拉纳达投降，结束了穆斯林在安达卢西亚存在了800年的政权。成千上万的穆斯林被驱逐出西班牙涌入摩洛哥。

亲历国土沦丧、宗教感情受到凌辱的摩洛哥人民，在马拉布特（Marabout）①的领导下反对瓦塔斯王朝和殖民侵略的斗争风起云涌，遍及各地。这一斗争最后汇集成为萨阿德人的强大运动。1549年，萨阿德军队攻占非斯。1554年，瓦塔斯王朝最后一位君主阿布·哈桑·阿布·哈松·阿里·伊本·穆罕默德（Abu Hasan Abu Hasun Ali ibn Muhammad）在抵抗萨阿德人的战役中战死，随后，其子率余部在逃往西班牙途中遇难，瓦塔斯王朝遂亡。②

萨阿德王朝（1554—1666年）

萨阿德人（Saadians）是12世纪从阿拉伯半岛迁居到摩洛哥南部德拉谷地的阿拉伯人的后裔，他们自称是伊斯兰教先知穆罕默德女儿法蒂玛的后裔。15世纪后半期，萨阿德人在苏斯平原建立扎维亚（Zawiya）③，展开了反对异教徒的“圣战”以及反抗葡萄牙人侵的斗争。1510年，萨阿德人的首领穆罕默德·马赫迪（Muhammad Mahdi）④被公认为谢里夫（Sharif）⑤。他组建起部落联盟武装力量，

① 马拉布特（Marabout）意为伊斯兰教修行的圣者或隐士，是北非地区对伊斯兰教圣人及其后裔的通称。约12世纪后，北非盛行的圣人崇拜与传入的苏非主义结合，柏柏尔人伊本·亚辛由传道者变身为收授门徒的神秘主义导师，“里巴特”也演变为“扎维亚”建筑群。导师死后，其后裔和信徒们组成教团组织，这些教团的首领就被称为“马拉布特”，他们被当地部落和集镇奉为庇佑圣人，凭借其威望而免受其他部落的劫掠，并作为宗教和社会生活的指导者，执掌教法，仲裁内部纠纷。15世纪后，马拉布特的家族或氏族首领成为素丹的地方代表，维持秩序和稳定，有时也代表地方利益，抵御税吏和军队的横征暴敛，成为一种特殊的社会阶层。

② 〔法〕亨利·康崩：《摩洛哥史》（上册），上海外国语学院法语系翻译组译，第59页。

③ 扎维亚（Zawiya）阿拉伯语的音译，原意为物体的一角或建筑物内部的一个角落，后引申为修道场所。系伊斯兰教苏非派修士进行道乘修炼、举行诵念聚会，并招收门徒、讲授苏非派教理的宗教建筑物。通常包括清真寺、学校，有时也作为军事活动的据点。同时，“扎维亚”也成为对这类苏非派潜修教育组织团体的称谓。

④ 即穆罕默德·伊本·阿卜杜·拉赫曼·卡伊姆（Muhammad ibn Abd al-Rahman al-Qaim），因为其圣裔身份，族人称之为穆罕默德·马赫迪。

⑤ 谢里夫（Sharif），阿拉伯语的意思是“荣誉”，指“穆罕默德的后裔”，即圣裔。

以发动反对欧洲异教徒入侵"圣战"的方式来抵抗葡萄牙人等欧洲人的侵略，并在民众的拥护下致力于推翻马林王朝。1511年，他们夺回阿加迪尔之举受挫，转而先统一了摩洛哥南部。1518年穆罕默德·马赫迪去世后，其子艾哈迈德·阿鲁吉（Ahmed Aroudj）继位。在抗击葡萄牙人的斗争中多次获胜。1525年，穆罕默德·谢赫（Muhammad al-Shaykh）即穆罕默德一世，从其兄弟阿鲁吉手中夺取政权，占领马拉喀什，以"救世主"自居，继续进行征战。1541年，他收复葡萄牙人占领的阿加迪尔，1542年迫使葡萄牙放弃阿泽穆尔、萨非和阿古兹，重新打开从摩洛哥内陆到大西洋沿岸、从西非到摩洛哥大西洋沿岸的食糖和黄金贸易之路。[①]

随着他在民众中威望大增和萨阿德人反侵略斗争日渐高涨，穆罕默德·谢赫趁势一路北上，致力于统一摩洛哥。1549年，他率军攻克非斯。瓦塔斯王朝末代国王阿布·哈松逃往阿尔及尔，勾结土耳其人，向非斯反扑。1553年，奥斯曼帝国的军队向非斯推进。次年，奥斯曼军队进入非斯，阿布·哈松向奥斯曼素丹称臣。由于驻在非斯的土耳其军队骚扰居民、为所欲为，激起民愤，阿布·哈松便以400米特卡耳[②]黄金，换来奥斯曼军队的撤退。穆罕默德·谢赫乘机发动进攻。在塔德拉战役中，阿布·哈松被杀，军队溃散，瓦塔斯王朝随之灭亡。1554年，穆罕默德·谢赫重占非斯，正式称素丹，建立萨阿德王朝（The Saadians），统一了整个摩洛哥。因统治者自称为"谢里夫"，故而又被称作"谢里夫王朝"。[③]

为了抵御奥斯曼帝国对摩洛哥内政的干涉，1556年，穆罕默德·谢赫率军进攻奥斯曼土耳其人控制下的特莱姆森，招致奥斯曼帝国的报复。1557年10月，穆罕默德·谢赫在远征阿特拉斯山区抗税部落时遇刺身亡。

阿布·穆罕默德·阿卜杜拉·加利卜·比拉希（Abu Muhammad

① Phillip C. Naylor, *North Africa: A History from Antiquity to the Present*, p.124.

② 1米特卡耳等于1/8盎司。

③ Phillip C. Naylor, *North Africa: A History from Antiquity to the Present*, p.125.

Abdallah al-Ghalib Billahi）继位后，继承其父的政策。为消除对萨阿德王朝政权基础和合法地位构成的威胁，他发动反对苏菲派和马拉布特的运动。为了对付奥斯曼帝国的侵略和干涉企图，他与西班牙继续维持友好关系。伴随着穆罕默德·阿卜杜拉·加利卜的执政，萨阿德王朝争夺王位的斗争也展开了。穆罕默德·阿卜杜拉·加利卜的三个兄弟阿卜杜·穆明（Abd al-Mumin）、阿卜杜·马利克（Abd al-Malek）和艾哈迈德·曼苏尔（Ahmed al-Mansour）逃往特莱姆森，投奔土耳其人。阿卜杜·穆明被穆罕默德·阿卜杜拉·加利卜派人谋杀，而阿卜杜·马利克和艾哈迈德则远走伊斯坦布尔，得到奥斯曼素丹的庇护。1574年，穆罕默德·阿卜杜拉·加利卜病逝，其子穆罕默德·穆塔瓦基勒（Muhammad al-Mutawakil，1574—1576年在位，即穆罕默德二世）继位，遭到阿卜杜·马利克的反对。奥斯曼素丹认为，侵占整个马格里布、把摩洛哥变成其附庸的时机已经成熟，遂于1576年1月派军队从阿尔及尔出发向摩洛哥进军，并指定阿卜杜·马利克为摩洛哥的统治者和奥斯曼素丹的封臣。穆塔瓦基勒的军队被打败，退往马拉喀什。同年3月，马利克回到非斯，立即以丰厚的黄金馈赠土耳其人，使其撤出摩洛哥。他开始建立自己的军队，招募安达卢西亚人、土耳其人、阿拉伯人和柏柏尔人入伍，按照奥斯曼帝国的模式训练和装备军队。被马利克军队追赶的穆塔瓦基勒则逃到了葡萄牙，向葡萄牙人求援。

葡萄牙对失去摩洛哥沿海据点并不甘心。年轻的国王塞巴斯蒂昂一世（Sebastiao Ⅰ）一心想重振殖民大业，建立大北非帝国。1574年，当摩洛哥政局不稳时，他亲自到休达和丹吉尔窥探虚实，回国后更热衷于十字军远征。他不听叔父西班牙国王菲利普二世的劝阻，决定亲征摩洛哥，在国内大力搜罗炮灰，并从德国、荷兰、西班牙和意大利招募雇佣军。在准备远征之时，穆塔瓦基勒向他求援，塞巴斯蒂昂认为这是天赐良机，欣然同意。1578年，他亲率大军两万余人在艾西拉登陆，向摩洛哥内陆进军。由于天气炎热，加上长途行军，葡军官兵的体力消耗严重。同年8月4日，在马哈赞河

（Oued Makhazin）畔的卡斯尔·卡比尔（al-Qasr al-Kabir，即凯比尔堡），马利克指挥五万大军向疲惫不堪的葡军发起突然袭击。经过数日激战，葡萄牙全军几遭覆灭，摩洛哥军队也伤亡惨重。两个相互争夺萨阿德王朝王位的国王，即穆塔瓦基勒和阿卜杜·马利克，都在战斗中死去，葡萄牙国王塞巴斯蒂昂淹死在马哈赞河里。该战役因参战的三位国王而闻名，史称“三王之战”。[①]

“三王之战”的影响是巨大的。首先，葡萄牙经此一战，一蹶不振。它失去了赖以东征西伐的军队，几百名贵族成了摩洛哥人的阶下囚。许多贵族家庭卖掉华丽的衣服、银制的餐具、耀眼的宝石，凑集一笔巨款，才把俘虏赎回。塞巴斯蒂昂死后无嗣，统治阶级内部纷争不已。早就觊觎葡萄牙王位的西班牙国王菲利普二世，以同葡萄牙王室有血缘关系为由，于1580年6月率两万大军进入里斯本，夺取了王位。菲利普二世口头上要保持两个帝国的独立，实际上葡萄牙已成为西班牙的附庸。葡萄牙的殖民和海上霸权从此衰落了，葡萄牙占领的摩洛哥领土随之转入西班牙手中。其次，“三王之战”对摩洛哥来说是一个转折点。这次决定性的胜利解除了葡萄牙对摩洛哥的威胁，也减轻了来自奥斯曼帝国的压力。艾哈迈德·曼苏尔在凯比尔堡战役中掳获了大批欧式武器，用葡萄牙俘虏换取了大笔赎金，增强了军事和经济力量。摩洛哥开始走上复兴之路，发展为一个强大的独立国家。

马利克死后，其胞弟艾哈迈德·曼苏尔继任素丹。曼苏尔学识渊博，精明能干，作风强硬，善理国事，被称为“哈里发中的学者，学者中的哈里发”[②]。在曼苏尔统治期间（1578—1603年），摩洛哥出现了历史上少有的和平繁荣的景象，迎来了萨阿德王朝的鼎盛时期。

在政治上，曼苏尔积极推行中央集权制度，创立中央行政机构

---

① 因为是葡萄牙与摩洛哥之间进行的战争，又称“葡摩战争”，也因战役发生地而称之为“马哈赞河之战”。

② 〔法〕夏尔-安德烈·朱利安：《北非史》（第二卷下册），上海新闻出版系统“五·七”干校翻译组译，第397页。

“马赫曾”，制定了一套行之有效的行政管理制度。素丹是国家元首，拥有最高行政权，但受“马赫曾”节制。国内一些地区由素丹和马赫曾指派的哈里发（素丹代理人）、帕夏（省长）、卡伊德（Qa'ids，专区长官）[①]、谢赫（部落酋长）负责管辖。他的这套行政制度基本上一直沿用至法国殖民统治之前。

在经济上，曼苏尔鼓励农业、畜牧业和商业的发展。将土地分给高官，并豁免其赋税；在他统治时期，农业和制糖业都得到迅速发展。但他并没有改变摩洛哥原有的经济条件和经济秩序，广大山区和荒漠依然保持落后的部落经济。为保证内外贸易的顺利发展，曼苏尔严厉打击和限制海盗活动。来自西班牙、英国等欧洲国家的商船，装载大量商品来到摩洛哥港口。摩洛哥出口雪茄、硝石，交换英国的棉布和武器（其中有优质的铸铁大炮）。曼苏尔垄断硝石和雪茄的生产和贸易，增加了财政收入。

但是，曼苏尔像摩洛哥历代封建君主一样，并没有触动和变革社会经济秩序，因而也就不能消除封建分裂的根由。他仿效历代君主，大兴土木，修建了许多能彰显其权威的宏大公共建筑。他将首都迁至马拉喀什，修建富丽堂皇的王宫——巴迪宫（the Badi Palace），为此从欧洲请来技术专家，又从意大利进口花岗石。素丹宫廷的豪华和铺张，令欧洲国家的使节都为之咋舌。巴迪宫于1593年建成，曾被誉为“世界上最美丽的宫殿”[②]。他还对非斯城进行了扩建和修缮，促进了非斯的繁荣。

在文化教育方面，曼苏尔大力推行伊斯兰教法，积极倡导伊斯兰学术文化，建立了摩洛哥最大的宗教学校——优素福清真寺学校（Médersa Ben-Youssef），此校共有132座房间，最多可容纳900名学生。神学院结合了安达卢西亚和阿拉伯风格，建筑构造极为对称，奢华的雕花与马赛克也无不展现宗教在阿拉伯历史上的神圣地位。

---

① 卡伊德（Qa'ids），古代伊斯兰国家地方长官的称号。

② 17世纪，当时的摩洛哥阿拉维王朝国王穆莱·伊斯梅尔下令拆走了巴迪宫的大部分建筑材料，用于建造梅内克斯的新皇宫，巴迪宫只剩下残垣断壁，但依稀可见昔日的辉煌。

马拉喀什和非斯城仍保持伊斯兰文化的中心地位。

在军事上，为确保中央政权和抵御外敌，曼苏尔组建了一支强大的武装力量，建立了常备军——吉什（Jaysh），实行义务兵役制，规定军人在服役期间可享有特权，分得土地，免征赋税。他借鉴土耳其人的军事建制，并委托土耳其人训练自卫军，用欧洲的火器和大炮武装这支部队。他还特别重视部队的后勤支援，组建负责供应、工程和通讯的辅助部队。依靠这支强大的部队，他平息部落叛乱和马拉布特的骚动，维持国内政局的长期相对稳定，抵抗外来侵略，收复葡萄牙人侵占的沿海地区，粉碎了西班牙人的侵略图谋。

在对外关系上，为防御来自东面奥斯曼帝国的扩张威胁，艾哈迈德·曼苏尔改善与欧洲国家的关系，许多欧洲国家派遣使节到马拉喀什发展贸易。同时，曼苏尔向奥斯曼帝国派驻阿尔及尔的贝勒贝伊（Beylerbey）[①]尤勒吉·阿里（Eulj Ali）献上丰厚的礼物，从而暂缓了同奥斯曼的紧张关系。1587年，尤勒吉·阿里去世。次年，奥斯曼帝国取消了贝勒贝伊之职，代之以三年一任的帕夏，分别统治阿尔及利亚、突尼斯和的黎波里塔尼亚三个行省。[②]这三个行省处于事实上独立自治的状态，这无疑为摩洛哥保持独立创造了条件。

曼苏尔在位期间还致力于对外扩张。在摩洛哥南部的西非地区，桑海帝国（Songhay Empire）于15—16世纪进入鼎盛期，控制着邻近摩洛哥边境的塔加扎盐场和从尼日尔河中游地区通往摩洛哥的撒哈拉商道，长期从食盐、黄金贸易中获取丰厚利润。1578年，曼苏尔用1000第纳尔从桑海手中获得了采盐一年的权利。1581年，派兵进攻塔加扎，破坏盐场，占领图瓦特（Touat）。1590年，派朱达尔（Jawdhar）率领摩洛哥军队远征桑海帝国。次年3月，在汤迪比（Tondibi）战役中，朱达尔远征军击败桑海军队，占领了通往西苏丹贸易通道上的桑海帝国首都加奥；4月，又占领通布图

---

① 贝勒贝伊（Beylerbey），土耳其语的音译，意为“总督”。

② Charles-André Julien, *History of North Africa—Tunisia, Algeria, Morocco: From the Arab Conquest to 1830*, p.235.

（Timbuktu，即廷巴克图 Tombouctou）。朱达尔以帕夏之职留驻当地，代表摩洛哥素丹行使统治权。因不满朱达尔对桑海的怀柔，曼苏尔派马哈茂德·本·扎尔昆（Mahmud ibn Zarqun）前往接替。桑海帝国随之陷入万劫不复之境。曼苏尔率军开辟从非洲内陆至地中海的骆驼商道，控制黄金商路，带回大量金银财宝，特别是黄金，以此充盈了国库，因而得到"达哈比"（al-Dhahabi，金素丹）的称号。远征西苏丹虽然为萨阿德王朝带回大量黄金财富，但由于西苏丹各族人民的抵抗，萨阿德王朝企图占领黄金产地的愿望并未实现，反而深陷战争泥潭。大量人力、财力和物力的消耗，在一定程度上削弱了萨阿德王朝的国力，引起了民怨。曼苏尔去世后不久，摩洛哥人便撤离了西苏丹地区，西非出现长达200余年的政局动荡和小国林立的局面。①

艾哈迈德·曼苏尔在位的25年是萨阿德王朝的鼎盛时期。1603年8月20日，曼苏尔去世，他的三个儿子与曼苏尔兄弟之间因争夺王位而斗争。穆罕默德·谢赫·马蒙（Mohammed Sheikh Mamun）在非斯被立为素丹，穆莱·齐丹（Moulay Zidan，即Abu Maali Zidan）在马拉喀什被立为素丹。萨阿德王朝因此分裂为非斯和马拉喀什两个割据小王朝。

与此同时，由于新的海上贸易路线的兴起，陆上贸易路线开始转移和衰落，特别是17世纪20—40年代，摩洛哥沿海海盗活动十分猖獗，如1638年拉巴特—塞拉沿海的海盗船竟有40—50艘。海盗们大肆偷盗和抢劫过往商船的货物，并扣押人质以换取赎金。海盗的劫掠和杀戮不仅威胁着摩洛哥沿海地区的安全，也严重阻碍摩洛哥的对外贸易。萨阿德王朝也因此面临严重的经济问题。

为争夺王位而发生的无休止斗争最终导致萨阿德王朝日趋衰落。后来继位的几位素丹懦弱无能，荒淫腐败，内讧频起，致使萨阿德王朝陷入无政府状态，地方势力特别是马拉布特称雄一方。迪

① Richard L. Smith, *Ahmad al-Mansur: Islamic Visionary*, New York: Pearson Longman, 2006, pp.111-155.

拉人（the Dilaites）统治着海尼特夫拉（Khenifra）以东的阿特拉斯山区，迪拉（Dila）的马拉布特行将取代萨阿德王朝的素丹。迪拉人占领了非斯和塞拉，欲将整个摩洛哥北部地区控制在其统治之下。此时，谢里夫家族的阿拉维人（Alawis）在南方迅速崛起。与此同时，西方列强卷土重来。西班牙占领了休达、拉腊什和马穆拉，葡萄牙重新控制了丹吉尔和马扎甘。1662年，丹吉尔交由英国统治。内忧外患中的萨阿德王朝最终在1666年被阿拉维王朝取代。

三、科学技术与文化艺术的繁荣

历史与哲学

摩洛哥中古王朝时期是摩洛哥文化发展的黄金时代。“这个时期的文化使西部阿拉伯世界从10世纪到13世纪这个历史阶段在文化史上的地位达到了顶峰。”[①]在这一鼎盛时期，直布罗陀海峡两边的哲学家、诗人、文学家、科学家、医生和手工艺人相互交流，对两地科学文化的繁荣发展做出了重要贡献。

伊本·赫勒敦是中世纪马格里布地区最著名的哲学家和历史学家之一。由于学识渊博，他曾先后在突尼斯的哈夫斯王朝、摩洛哥的穆瓦希德王朝和马林王朝担任官职。伊本·赫勒敦的学术成就斐然，其著述涉及哲学、逻辑学、历史学、社会学、教法学、数学及诗歌等方面。他的著名历史哲学巨著《阿拉伯人、波斯人、柏柏尔人古今历史大纲》以翔实的史料，从哲学高度论述了伊斯兰国家和民族史，阐发了其哲学和历史观。全书分三部，共七卷：（一）历史绪论（一卷），集中反映了作者的哲学观点和历史观点；（二）阿拉伯人及诸王朝和民族的历史（三卷）；（三）柏柏尔人及北非各穆斯林王朝的历史（三卷）。他把哲学和历史学相结合，去探索历史发展

① 〔法〕亨利·康崩：《摩洛哥史》（上册），上海外国语学院法语系翻译组译，第67页。

的规律和历史现象的内在联系，开创性地提出了新的历史观及研究方法。他的学说为欧洲哲学家、历史学家和社会学家所推崇，称他是“人类历史哲学和社会学的奠基人之一”，阿拉伯学者誉他为“伊斯兰划时代的史学哲人”。

伊本·巴哲（Ibn Bajja，即阿芬帕萨Avempace）生于穆拉比特王朝统治下的安达卢西亚的萨拉戈萨。1118年，他到塞维利亚从事学术研究，后到格拉纳达和萨拉戈萨任地方官。晚年到达北非，在当地穆斯林王朝宫廷中从事著述和政治活动，一度担任大臣。后来，他被人指控为“叛教”而遭监禁，1138年在摩洛哥非斯被毒害而死。他博学多才，不仅是哲学家，还是数学家、天文学家、医学家、音乐家和诗人。伊本·巴哲在哲学上追随法拉比，认为由物质和形式构成物质世界；他把对理性的研究放在头等重要的位置，认为人能够通过理性认识一切。他还把法拉比哲学介绍到西方，其学说对后来的阿拉伯哲学及西欧中世纪哲学具有一定的影响。[①]

伊本·图菲利（Ibn Tufayl）早年先后在塞维利亚、格拉纳达学习和研究伊本·西拿及伊本·巴哲等人的哲学和医学著作，并精通数学、天文学和文学。他先在格拉纳达行医，后到马拉喀什穆瓦希德王朝埃米尔艾布·叶尔库白·优素福宫廷任御医兼大臣。1182年，他辞职并推荐伊本·路世德继任。伊本·图菲利写有医学、天文学和哲学方面的大量著作。流传迄今的哲理性文学著作《哈伊·本·亚克赞》（*Hayy ben Yaqzan*），其含义为“人智来自神智”，通过故事阐发哲学思想和观点。阿拉伯史学家誉他为“伟大的思想家”“理性主义的哲学家”。

伊本·路世德（Ibn Rushd，即阿威罗伊Averroes）生于西班牙科尔多瓦的一个伊斯兰教法官世家，早年受过良好的传统教育，精通医学、天文学和数学，在伊斯兰教法、伊斯兰哲学、希腊哲学、阿拉伯文学及逻辑学等方面均有较深造诣。1182年，受伊本·图菲

① 〔伊拉克〕穆萨·穆萨威:《阿拉伯哲学——从铿迭到伊本·鲁西德》，张文建、王培文译，商务印书馆1997年版，第149页。

利推荐，伊本·路世德赴马拉喀什穆瓦希德王朝担任宫廷御医。在此期间，他曾奉哈里发之命翻译并注释了亚里士多德的全部哲学著作，并将伊斯兰的传说与希腊哲学，特别是亚里士多德的哲学，融合并形成了自己的哲学体系。他是中世纪阿拉伯–伊斯兰哲学的集大成者，对西方世界的影响极大，仅流传后世的有关哲学、宗教方面的著作就多达118本。其中《关于宗教和哲学之间的一致性》一书全面阐释了宗教与哲学的关系。他认为，哲学和宗教是朋友，两者结伴而行，二者带来的都是真理，真理和真理相辅相成，而非相悖相反；[①]同时，哲学和宗教各有侧重点，信仰和理性是在不同层面活动的。伊本·路世德晚年因被诬陷其著作具有异端倾向而遭放逐，后被召回，死于马拉喀什。

自然科学与医学

阿拉伯人曾是天文学的先驱。摩洛哥天文学家阿布·阿里·哈桑·马拉库什（Abu Ali al-Hassan al-Marrakushi）在13世纪初就已经确定了北非41座城市的经纬度，其精确度相当高，他把研究结果写在一本名为《开始与终极》的著作里。[②]在非斯的卡拉维因清真寺的一间小屋里，至今还保存着一些观察天文气象用的仪器，其中有世界上最古老的水准仪一台，日晷两台，沙漏一架，星盘一只。西班牙塞尔维亚的阿拉伯天文学家贾比尔·伊本·艾弗拉赫（Jabir ibn Aflah，即格伯尔Geber）发明了一种天文观测仪器——赤基黄道仪，著有《天文学书》，对托勒密的某些天文学观点进行了批判。他还是一位颇有建树的数学家，使用球面三角形的正弦定理推出了球面直角三角形的其他定理，还发现了球面三角形边角关系的定理，对三角学的发展贡献很大。西班牙穆斯林天文学家比特鲁吉（al-Bitruji al-Ishbili, 即阿尔比特拉吉斯Alpetragius）撰写了著名的《天文书》，讨论了宇宙结构问题，提出了行星运动的几何模型。他还是

① 〔德〕第·博尔：《伊斯兰哲学史》，马坚译，中华书局1958年版，第193页。
② 〔法〕亨利·康崩：《摩洛哥史》（上册），上海外国语学院法语系翻译组译，第72页。

亚里士多德派哲学家。

在化学方面，阿拉伯人把中国人发明的火药用来做炸药。据说，英国人在克勒西战役中所使用的大炮，就是向摩洛哥人学来的。1342年，摩洛哥人用大炮保卫阿尔赫西拉斯（Algeciras），抵抗葡萄牙国王阿方索十一世。德比伯爵和索尔兹伯里伯爵参加了此次战役，他们把大炮这一发明带了回去。[①]

在医学方面，主要人物为享有盛誉的医学家伊本·路世德和伊本·祖赫尔（Ibn Zuhr，即阿文佐阿Avenzoa），他们的医学名著分别为《医学通则》和《治疗与食疗实用手册》。伊本·路世德和伊本·祖赫尔都曾在摩洛哥穆瓦希德王朝时期担任过御医，由于学识渊博，伊本·祖赫尔在穆瓦希德王朝阿卜杜·穆明统治时期还曾官拜维齐尔。与此同时，通过大量的翻译，西方的医学与科学知识在摩洛哥的教堂和大学里也得到广泛传播。

技术工艺

摩洛哥各王朝时期，传统的手工艺技术相当发达，包括制革、制陶、打铁、铜盘银饰打制、木雕、制鞋和毛毯编织等。

在非斯旧城区铜器广场（塞法林广声，Place Seffarine）东边的皮革染坊（Tanneries）是已有600多年历史的一大名胜，从14世纪开始至今一直在运作。在这个中世纪的大染坊中，排列着许多木制和石制的圆形露天大染缸，猩红色染料刺眼无比，身穿短裤、体格健壮的工人在烈日下忙碌着。各地牧场的牛皮、骆驼皮和羊皮被运到这里，这些未经处理的生皮革先被扔入石灰水中浸泡，去除毛发和油脂等。工人将石灰洗去后，再搓揉捶打，使生皮革稍变柔软；再用硫酸和海盐浸泡，过后将其投入用明矾制的鞣革液中数日，使皮革变成多孔而易于后续处理。之后将皮件涂油润滑，用石头刮打里侧磨光，再投入大染缸中，加以反复搓揉踩踏。染缸中染料多

① 〔法〕亨利·康崩：《摩洛哥史》（上册），上海外国语学院法语系翻译组译，第73页。

来自天然植物，如蓝色染料提炼自靛蓝草，黄色染料来自黄蔓草（Tanners Weed）或石榴壳，红色染料提炼自茜草、虞美人花或仙人掌虫（Cochinea）等。据说，其中蜚声世界的非斯蓝（Fès Blue）就源于染坊中带着深沉忧郁的蓝色，这是10世纪非斯工匠在烧制陶器时因掺入钴金属而散发出独特的蓝色光彩，因此得名为“非斯蓝”。皮件经媒染剂固定色泽后，从染缸中一件件捞起，放在火墙上烘干，或在太阳下晒干；最后用刀具将皮件仔细刮干净，才算完成全部工作。整个过程要花30天时间。

非斯古城里从事金属打造工艺的作坊特别多。工匠们采取传统的制作方法，一支小锤、一支小钢钻和一个铁墩，就是他们的工具。操作时，将一个圆形铜盘或小铜壶坯子放在铁墩上，用小锤子不断地轻轻敲打，再用小钢钻雕刻出各种美丽的线条和花纹图案，然后再镀上金色或银色。

建筑艺术

摩洛哥主要有柏柏尔式和阿拉伯式两种截然不同的建筑式样。柏柏尔式建筑主要分布在阿特拉斯山区或更南面的地区。建筑物的外表很简朴；线条挺拔，饰以几何图案；石头垒砌，给人一种坚固结实之感。按照这种式样建造起来的两种典型建筑物是庄园和寨子。庄园是古老封建家族代表人物的府第，其中具有代表性的是格拉维庄园和斯库拉绿洲庄园等。柏柏尔式的石砌建筑物也有寨子，或叫设防村庄，村郭的四角常设有炮塔，外表看来固若金汤。

此外，不仅在最南面的地区，有时在偏北方的地区，也可以看到撒哈拉式的典型建筑物。由于是用土坯砖砌的，此种建筑远不如前面两种牢固。如被列入世界文化遗产目录的阿伊特·本·哈杜筑垒村，即是一个由摩洛哥柏柏尔人于11世纪建造的古村落城堡，土坯砖砌的房屋密布在山坡上，山脚下有环绕村庄而筑的城墙用以抵御外敌入侵。

柏柏尔艺术是摩洛哥土生土长的艺术；而阿拉伯艺术，或更确切地说西班牙—摩尔艺术，则是舶来品。在阿拉伯人到来后的最初两个世纪里，建筑师和艺术家都把注意力集中在凯鲁万城的艺术上，在那里寻找典型。位于非斯古城西区的卡拉维因清真寺占地约半公顷，共有18个大门。宽阔的寺院中心是雄伟壮丽的礼拜大殿，由270根圆柱支撑。殿前有长排的拱形门廊，殿堂前后分别有讲经台，旁边还有一座高耸入云的宣礼塔，整个寺院建筑完美地呈现了"凯鲁万艺术风格"。寺院建筑工艺非常讲究，花砖铺地，呈现各种优雅的几何图形。四米多高的围墙上布满镶嵌画，圆柱上也雕刻有图案，生动别致。寺内外都被细小的釉瓷块贴饰，这些釉瓷分为绿、蓝、白等不同颜色，华丽漂亮。寺内还有一个大幅的镶嵌。这些都体现了非斯古代高超的建筑艺术。

但从10世纪起，安达卢西亚的影响逐渐彰显出来，特别是穆拉比特王朝时期，具有西班牙文化特色的艺术在摩洛哥发展起来。这一时期，马拉喀什、非斯等城市建起了规模宏大、装饰华丽的清真寺、宫殿和城堡，其风格就集中体现了11—12世纪西班牙艺术的特点。

穆瓦希德王朝继承了穆拉比特王朝的艺术传统，但风格略有不同。因为穆瓦希德人不喜欢华而不实的装饰，摩尔艺术家就简化了装饰部分，这一时期的建筑也因此出现了一种比较简朴的设计。如库图比亚清真寺，整体呈西班牙南部摩尔人的传统风格，端庄而宏伟，拥有一个中央礼拜大殿和16个同样的平行礼拜堂，还建有一个67米高的宣礼塔。整个寺院基本上是土褐色，少有五颜六色的装饰，只有宣礼塔的墙体上饰以简单几何图案、花草图纹和线条优美的阿拉伯文字，并有呈拱形的花边窗户，造型朴实优雅。

马林王朝把穆瓦希德王朝的建筑工程延续了下去，并保持其同样的严谨风格。非斯城内的布伊纳尼亚神学院（Bou Inania Medersa）是14世纪伊斯兰文化鼎盛时期的建筑艺术杰作，于1350—1357年由马林王朝的艾布·伊南素丹下令兴建。灰泥墙面和香杉木门窗的雕刻，尽情展现伊斯兰图案的装饰艺术风格，优雅细致，华美和谐。当最后一批摩尔人在1610年被赶出西班牙时，他们把承袭西班牙文艺复兴艺术的少数题材带到了摩洛哥。

文学艺术

诗歌在马格里布阿拉伯人的文学中占很重要的地位，其发展可分为两个时期。到萨阿德王朝为止的第一个时期里，伊本·赫勒敦的古老诗文成为城市诗歌的典范。这些诗文都是用西班牙—阿拉伯方言写的，诗律以每个音节的长短为基础，同拉丁文诗歌一样。西班牙科尔多瓦的阿拉伯诗人伊本·库兹曼（Abu Bakr ibn Quzman）的诗歌采用民歌体，通俗易懂。经其运用、改造，民歌体逐渐提高到文学体裁的地位。他的诗歌继承了安达卢西亚的遗产，影响了法国的宫廷爱情诗和行吟诗人的抒情诗体。第二个时期是16世纪发展起来的诗歌，西班牙的影响逐渐消失，阿拉伯贝都因游牧民的诗歌影响占了上风，诗律以句诗的音节来计算，同法文诗歌一样。

直到13世纪，摩洛哥的文化生活一直受到西班牙的影响。最早的文化中心是最接近伊比利亚半岛的城市：丹吉尔和得土安。之后，非斯及穆拉比特王朝的马拉喀什才闪耀起灿烂文化。而马格里布的文学达到最高峰的时期是在马林王朝。

摩尔人被赶出西班牙后，移民曾继续进行一定的文化活动，但基本上只表现在宗教范围里。这样，马格里布的文化就不可避免地衰颓下去，日甚一日，直到19世纪末期没落。从17世纪起，文人的主要精力都放在《古兰经》的注释工作上，而“这种工作是不允许有任何自由思想和任何幻想的：曾经哺育摩尔人的精神世界达五个世纪之久的精华已经枯竭了。”[①]

① 〔法〕亨利·康崩：《摩洛哥史》（上册），上海外国语学院法语系翻译组译，第75页。

第三章　阿拉维王朝的建立及早期统治

17世纪初，摩洛哥南部塔菲拉勒特地区的阿拉维人在其首领穆罕默德·谢里夫的率领下，以伊斯兰教为旗帜，不断通过武力向外扩张。另一方面，阿拉维人自称是伊斯兰教先知穆罕默德的女儿法蒂玛与女婿阿里的后裔，因而得到广大民众的拥戴。阿拉维人的实力和威望持续上升，于1666年建立了延续至今的新王朝，史称“阿拉维王朝”。这个王朝建立伊始，便强力推行中央集权制，并在政治、军事、外交等方面实施对国家的治理和改造。伊斯梅尔执政期间收复失地，基本实现了国家的统一，国势日渐强盛。但在其后的近百年间，频仍的王朝内讧和权力争夺不断引发国家的动荡和分裂。几任素丹为重振国家努力提出新的治理措施。尽管这些治理并未获得完全的成功，但为摩洛哥后续的社会、经济和宗教治理提供了借鉴，一定程度上促进了摩洛哥社会和历史的发展。

一、阿拉维王朝的建立

阿拉维人的悄然崛起

阿拉维人起源于阿拉伯半岛红海沿岸的一个小绿洲扬布纳希尔（Yanboo al-Nakhil），据说是伊斯兰教先知穆罕默德的女儿法蒂玛与女婿阿里的后裔。13世纪初，阿拉维人迁移到摩洛哥南部的塔菲拉勒特绿洲，并在此定居下来。[①]他们以务农、经商和放牧为生，并建立了扎维亚，传播伊斯兰教义。阿拉维人在塔菲拉勒特绿洲默默无闻地生活了几个世纪，并无大的政治作为。但因他们是圣裔，其首领“谢里夫”在塔菲拉勒特地区受到广泛拥戴。

17世纪初，趁萨阿德王朝内乱衰落之际，阿拉维人的首领穆罕默德·谢里夫（Muhammad al-Sharif）组建起自己的军队，不断扩张势力范围。1631年，穆罕默德·谢里夫被拥立为素丹，史称穆罕默德一世（Muhammad Ⅰ）。当时觊觎塔菲拉勒特的有两个势力：马拉布特，即布·哈松·塞姆拉里（Bu Hassun al-Samlali）和穆罕默德·哈吉（Muhammad al-Hajj），后者是迪拉的扎维亚首领。在穆罕默德一世的领导下，阿拉维人多次阻击来犯的迪拉人。1636年，穆罕默德一世的儿子穆莱·穆罕默德（Mulay Muhammad）继位，史称穆罕默德二世（Muhammad Ⅱ，1636—1664年在位）。1638年，穆罕默德二世率领阿拉维人将迪拉人逐出了塔菲拉勒特，随后阿拉维人继续扩张。由于北面有迪拉人，西面有塞姆拉里的势力，南面是茫茫沙漠，穆罕默德二世便选择向东北方向突破。1640年，阿拉维人将土耳其人赶出了乌季达，并出击特莱姆森地区。奥斯曼土耳其人不得以向穆罕默德二世作出保证，退守塔夫纳一侧。此后，穆罕默德二世控制了大片地区，威望大增。[②]

阿拉维王朝的建立

1664年，穆莱·拉希德（Mulay Rashid）在安加德（Angad）平原战役中击败其兄弟穆罕默德二世，打出捍卫伊斯兰教、推翻萨阿德王朝统治的旗号，率军北进，远征里夫地区。1666年3月，穆莱·拉希德打败里夫部落酋长阿拉斯（Shaikh Aras）；同年6月，他

① 参见摩洛哥政府网站，http://www.maroc.ma/en/content/biography-hm-king-mohammed-vi.，引用时间：2020年3月1日。

② C. R. Pennell, *Morocco: From Empire to Independence*, Oxford: Oneworld Publications, 2003, pp. 97-98; Charles-André Julien, *History of North Africa—Tunisia, Algeria, Morocco: From the Arab Conquest to 1830*, pp.242-243.

率军占领非斯，并以此为首都，被拥立为素丹，号称“穆斯林的长官”，建立了延续至今的阿拉维王朝（The Alawites，或The Alawi Dynasty）。

新王朝的领土范围仅限于安加德、塔扎、塔菲拉勒特、里夫和非斯地区。穆莱·拉希德同伊斯兰教正统派的代表结盟，反对分裂割据的马拉布特教团，着手重新统一摩洛哥。他先是将猖獗的海盗加里安（Ghalian）驱逐出丹吉尔沿海地区，迫使其退至阿尔及尔。而后，他又打败了迪拉人马拉布特的军队，摧毁了他们的扎维亚。1669年，他率军攻占马拉喀什。1670年，他又远征苏斯河流域，夺取塔鲁丹特，摧毁扎维亚，结束了马拉布特在苏斯地区长达一个多世纪的统治。[①]穆莱·拉希德的这些征服和扩张活动为阿拉维王朝的统治奠定了基础。

二、阿拉维王朝的早期统治

伊斯梅尔的集权统治

1672年，穆莱·拉希德同父异母的兄弟穆莱·伊斯梅尔·本·谢里夫（Mulay Ismail ibn al-Sharif，1672—1727年在位）继位。他即位之初，威胁来自四面八方，在塔菲拉勒特有其兄弟穆莱·哈兰（Mulay al-Harran），在马拉喀什和苏斯一带有其侄子艾哈迈德·本·马赫里兹（Ahmad ibn Mahriz），在北部沿海有频频骚扰的海盗加里安。他们三人都受到在阿尔及尔的土耳其人的支持和收买。土耳其人竭力阻止在西马格里布出现一个强有力的政权。伊斯梅尔为此采取各个击破的策略，用五年时间消除了与他争夺权力的这三股势力。之后，他又平定受土耳其人怂恿的穆罕默德·哈吉领导的在德拉河流域及其西部地区爆发的大规模叛乱，巩固了自己的统治。

① Charles-André Julien, *History of North Africa—Tunisia, Algeria, Morocco: From the Arab Conquest to 1830*, pp.244-246.

伊斯梅尔执政长达55年，他在位期间实行严酷的中央集权统治。通过各方面的改革和建设，摩洛哥出现前所未有的繁荣。

在政治上，伊斯梅尔逐步剥夺地方部落中宗教势力的政治权力，加强中央集权以巩固自己的地位。为防止叛乱，他对民众实行高压政策。伊斯梅尔为人苛刻，个性极为残忍。他曾屠杀一万多人，并将成千上万的俘虏和基督教奴隶送往他拟建的新都梅克内斯的建筑工地上服苦役。为实现营造强盛王国的梦想，他在梅克内斯不仅建造宏大的宫殿、牢固的城门，还建造了一个可关押数以千计囚徒和俘虏的地下监狱。为巩固铁腕统治，他将非斯城内700多位贵族的头颅砍下来示众。为了自身安全，他的黑奴禁卫军竟多达2.5万人。伊斯梅尔是摩洛哥历史上最出名的暴君，他曾砍去一个儿子的一手一足，下令闷死过一个儿子。他把基督教俘虏送去喂动物园的野兽。一些摩洛哥特有的酷刑（如盐刑）就是他发明的。对于伊斯梅尔推行的专制制度，非斯的乌勒玛提出批评，但伊斯梅尔非但不听他们的谏言，反而施加迫害，排斥这些宗教学者对政治的干预，削弱他们对社会的影响。

在军事上，为保证素丹的统治，维持阿拉维王朝政局的稳定，以及抗击外来侵略者，伊斯梅尔的改革完全依赖部落力量的军事制度，他组建了由瓦达亚（Wadaya）骑兵和“阿比德·布哈里”（Abid al-Bukhari）[①]步兵军团构成的摩洛哥常备军。瓦达亚骑兵是素丹的近卫军，驻防在非斯，士兵主要来源于部落农牧民；“阿比

① 阿比德（Abid）是阿拉伯语的音译，意思是奴隶或仆人。为了使黑奴忠于素丹，素丹要求他们向《布哈里圣训实录》起誓，因而名为“阿比德·布哈里”，意即布哈里的奴仆。起初，阿比德集中住在迈什拉·赖木勒（位于梅克内斯与塞拉之间的塞布河附近）。他们的子女被称为“军队之子”，10岁时被送往梅克内斯。男孩受五年一期的军训，学习手艺、骑术、使用长矛、火枪。女孩学习做家务，有些俊俏者还学音乐。到15岁时，男孩被分配到各团队当兵，女孩则成为他们的配偶。他们的婚姻要登记，所生子女到10岁时又被送到梅克内斯受训，如此嗣续不断。补充阿比德的另一个来源，是从廷巴克图帕夏区征募黑人，或者远征撒哈拉俘获黑人。例如1678年远征欣吉特就带回了2000名黑奴。参见〔法〕夏尔-安德列·朱利安《北非史》（第二卷下册），上海新闻出版系统“五·七”干校翻译组译，第435—436页。

德·布哈里”兵团的司令部设在梅克内斯，兵员大多是从撒哈拉以南地区招募的黑奴和远征撒哈拉时俘获的黑人，以及伊斯梅尔从摩洛哥各地原黑奴主人手中赎买的黑奴及其子嗣。到伊斯梅尔统治末期，这支军队共达15万人，其中7万人住在迈什拉·赖米勒（Mechra er-Remel），2.5万人住在梅克内斯，其余分住全国各地城堡。“阿比德·布哈里”既是士兵又是垦民，伊斯梅尔利用他们建造和占领了大量要塞。同时，他依靠这支军队，对内平息由王族争权而引发的动乱，并征服“化外之地”的反叛部落，使马格尔部落（Maqil）重新效忠素丹；对外则抵抗西方殖民者的入侵和奥斯曼帝国的控制，并向南扩张，远征萨赫勒地区，一度占领今天毛里塔尼亚所在的地区。[①] 自1681年起，他先后收复西方殖民者占领的大西洋沿岸土地，包括英国占领的丹吉尔（1684年）[②]和西班牙侵占的拉腊什（1689年）、艾西拉（1691年）等地。除葡萄牙占领的马扎甘，以及休达[③]和梅利利亚等地仍在西班牙手中，摩洛哥初步实现了国家统一。伊斯梅尔维护了民族主权，被誉为“伟大的素丹”。

为保证军队的忠诚，伊斯梅尔给予军人在住房、土地、军饷和家庭口粮等方面的特权。此外，他还从对马赫曾政府友好的部落中征召士兵，但不付军饷，而是以免税为条件换取他们在军队服役。另外，为保卫西部沿海边境领土的安全，伊斯梅尔把当时在穆拉比特教团领导下的名为“圣战者”的陆地海盗兵团改编成正规军，同时配备一些阿比德·布哈里做骨干，并把指挥权交给隶属于他们的卡伊德。自此，抵御基督教徒和土耳其人的海防任务有了保障。

在对外关系上，伊斯梅尔基本继承了萨阿德王朝的外交政策，

---

① Phillip C. Naylor, *North Africa: A History from Antiquity to the Present*, p.131.

② 葡萄牙于1471年占领了丹吉尔。1662年,英国国王查里斯二世（Charles Ⅱ）与葡萄牙布拉甘萨王室公主凯瑟琳（Catherine of Braganza）联姻，丹吉尔作为凯瑟琳公主的嫁妆被割让给了英国。

③ “三王之战”后，1580年，腓特烈二世继承葡萄牙王位，西班牙与葡萄牙两国合并。1640年，葡萄牙贵族若昂在里斯本起义，被推选为葡萄牙国王，称若昂四世（Joao IV, 1640—1656年在位），葡萄牙重获独立。1668年，葡萄牙与西班牙签订《里斯本条约》，将休达割让给了西班牙。

重新推行收复失地运动。当时摩洛哥沿海有许多港口被欧洲基督徒占据，他先组织海盗在大西洋打劫西方商船，后来直接用武力收复沿海各城镇，欧洲殖民者在摩洛哥的据点几近肃清。但是，伊斯梅尔抗击土耳其的三次战争却均告败北。

同时，伊斯梅尔努力与法国的路易十四建立外交关系。伊斯梅尔“希望在平等的基础上和世界上最伟大的帝王建立关系”①，奢望路易十四给予军事和经济援助，以收复休达和梅利利亚。而路易十四也希望与这位马格里布的君主保持关系，以便在对付阿尔及尔土耳其人方面得到协助，并希望早日赎回被海盗掳去的法国难民。1698年11月，伊斯梅尔任命其最显赫的大臣之一阿卜杜拉·本·阿伊沙（Abdallah ben Aicha）为特使，前往巴黎凡尔赛宫觐见路易十四。路易十四接见了阿伊沙，并任命自己的代表与他谈判。由于在讨论交换和赎回俘虏的条件时各执己见，谈判进行了五个月，没有任何进展。②

伊斯梅尔也像曼苏尔一样，不断向撒哈拉和西苏丹扩张。他扩张的目的，除了保证撒哈拉黄金商道的安全之外，更注重保障黑奴的来源，也就是保障“阿比德·哈布里”的兵源。1678年，伊斯梅尔率领一支远征队从苏斯进入南撒哈拉。阿拉伯部落向他称臣纳贡。根据法国资料，1718年以后，在南撒哈拉和塞内加尔河河谷出现了被称为“奥曼”的摩洛哥军队，其数量多达12000—15000人，其中还有叛教的法兰克人。他们攻击法国殖民者，拦截塞内加尔河上的船只，干涉富塔托罗的内政，插手迪尼安凯王朝各派争夺王位的斗争。1719—1720年，特拉扎的埃米尔同摩洛哥结盟，并在摩洛哥军队的支持下反对布拉克拉人。伊斯梅尔一度控制了塞内加尔河中游，他的权威在尼日尔河湾也得到了承认，撒哈拉商道和黄金的供应一度得到了恢复。“穆莱·伊斯梅尔的黄金是那样的充裕，以致王宫门栓和厨房用具都是用纯金制成的。……那时穿越沙漠的旅行就像现在（1820年）在摩洛哥平原上，或在英国的大道上旅行一样

① 〔法〕亨利·康崩：《摩洛哥史》（上册），上海外国语学院法语系翻译组译，第85页。

② Jamil M. Abun-Nasr, *A History of the Maghrib in the Islamic Period*, 3rd edition, pp.232-234.

安全。”[①]

在伊斯梅尔执政期间，摩洛哥保持了较长一段时期的稳定局面，农业、工商业和贸易得到发展。这一时期王朝的主要经济来源是依靠贸易利润、征收海盗税和农业税。塞拉和得土安是当时最大的对外贸易港口。沿海城市加工的羊皮、鱼类产品等被大量出口；英国、法国、西班牙、荷兰等则将棉纱、布绸、杂货、铁、钢和武器输入到摩洛哥。素丹政府从进出口贸易的货品中抽取10%的关税，其中蜂蜡则抽25%。非斯是内地的货物集散地，梅克内斯是谷物、皮革和蜂蜡的主要交易市场，塔菲拉勒特地区用金砂、靛青、羽毛、枣子、象牙交换所需要的货物。通过对撒哈拉的远征并控制撒哈拉商道和黄金供应，伊斯梅尔获取了极大的利润。特别值得一提的是，伊斯梅尔借海盗战利品和人质赎金来充盈国库，因此对海盗活动持包容态度。也许是因为伊斯梅尔向海盗收取的税收和贡赋太重，海盗的利润大大减少，便逐渐放弃了海盗活动。及至18世纪初，摩洛哥的海盗活动实际上已停止。

此外，伊斯梅尔也像其他封建君主一样，大兴土木，建造梅克内斯王城。他征召2000名基督教徒、共计30000名罪犯和俘虏以及各部落的服役者，修建了长达25公里的围墙，还有卡比拉宫和两座清真寺。卡比拉王宫由20个亭榭楼阁组成。后来，他还建造了一个堪比路易十四王宫的“摩洛哥凡尔赛宫”（le Versailles Marocain）[②]，并将首都从非斯迁到梅克内斯。由于独特的建筑风格彰显了马格里布伊斯兰和欧洲风格的和谐统一，以及壮观的历史遗迹，梅克内斯被列入世界文化遗产目录。

在伊斯梅尔执政期间，阿拉维王朝政权稳固，社会安定；经济繁荣，同欧亚一些国家的经济往来和贸易频繁；文化昌盛，非斯和

---

① Richard Gray ed., *The Cambridge History of Africa, Vol.4: from c.1600 to c.1790*, Cambridge: Cambridge University Press, 1975, p.151.

② Jane Soames Nickerson, *A Short History of North Africa: Libya, Tunisia, Algeria and Morocco from Pre-Roman Times to the Present*, p.79.

马拉喀什保持着北非地区伊斯兰学术文化中心的重要地位，与阿拉伯伊斯兰各国保持经济和文化交流。从现存的城市遗址依稀可见伊斯梅尔时期国家强盛的景象。

穆罕默德三世重建国家的努力

1727年3月22日，伊斯梅尔逝世。在他死后的30年间（1727—1757年），阿拉维王朝内讧和宫廷政变接连不断。此后有七位素丹相继在位，摩洛哥陷入分裂和混战的状态。摩洛哥素丹在萨赫勒和撒哈拉地区的权威也丧失殆尽。

1727年，艾哈迈德·达哈比（Ahmad al Dhahabi）继位，政权很快就因官吏们的违法乱纪和昏庸无能而受到危害。全国各地发生叛乱，连黑人禁卫军也参加了叛乱。艾哈迈德的兄弟阿卜德·马利克（Abud Marlik）在马拉喀什称王，并占领梅克内斯。艾哈迈德逃到塔菲拉勒特避难，但不久又被召回。摩洛哥由两个争权的君主分治帝国。

1729年艾哈迈德逝世后，其兄弟穆莱·阿卜杜拉（Mulay Abdullah）在梅克内斯继位，阿卜德·马利克在马拉喀什继续执政。王国北部成了内讧纷争的舞台，阿卜杜拉曾四次被废黜，最后他在瓦达亚骑兵和黑人禁卫军的支持下，凭借坚韧的品格、聪明的才智和卓越的政治才能，维护了王朝的统治和国家的统一，直到1757年逝世。

1757年，西迪·穆罕默德·本·阿卜杜拉（Sidi Mohammed ibn Abdullah）继位，称穆罕默德三世。穆罕默德三世面临着长期内乱带来的一系列问题：中央统治集团的内讧和地方势力割据导致的国家权力分散和中央权力削弱；主要由禁卫军和部落队伍组成的军队缺乏组织纪律性，战斗力不足；中央及地方官吏工作懈怠、贪污腐败；宗教阶层或乌勒玛不服从素丹，自行其是；以桀骜不驯的部落为基础的广大农村和山区急需安抚和有效的控制；连年战争等原因造成的经济衰退和财力匮乏；道路、桥梁等交通设施和其他社会基础设施严重缺乏；由于战乱、饥荒和疾病，人口数量不断减少，人力资源短缺等等。面对这样的局面，为了稳固自己的统治，穆罕默德三世决意重建国家的政权基础。为此，他与奥斯曼宫廷进行了频繁的书信和使节交往，从中学习和借鉴奥斯曼式的治国理政之道，进而推行了一个雄心勃勃的改革计划，[①]使摩洛哥社会恢复了安定，经济有所复兴。

在政治方面，穆罕默德三世首先按照奥斯曼方式改组中央管理机构和地方机构，加强中央集权。具体而言，在中央集权的基础上增设维齐尔，负责王朝内部所有事务，该职位成为了素丹以外最有权威的人物。为处理外部势力的关系，穆罕默德三世还设了维齐尔巴赫尔（Wazir al-Bahr）[②]。此外，他还任命许多基督教徒和叛教者担任王国的各种公职，他的几位大臣都是意大利人，另有800名皈依伊斯兰教的西班牙人和葡萄牙人担任各种行政工作。他还改组了军队，废除阿比德制度，使军队更服从自己的命令。

在经济方面，他积极促进海外贸易，并通过收取海外贸易关税的方法，增加国家税收，改变国家的财政基础。为了促进海外贸易，穆罕默德三世先后与丹麦、瑞典、英国和法国等国家签订了友好通商条约，还鼓励英国人、法国人和犹太人到摩洛哥定居。同时，他还努力促进与欧洲的贸易，使摩洛哥发挥作为与撒哈拉沙漠以南地区进行贸易的桥梁作用。为此，穆罕默德三世重建了大西洋沿岸的港口。1765年，穆罕默德三世雇用法国建筑师西奥多·科纳特（Theodore Cornut），将摩加多尔再次建成一个适合外贸的港口城市。受法国港口城市圣马洛的启发，摩加多尔的再建结合了摩洛哥与欧洲的建筑风格和技术，首次使用欧洲街道的网格结构布局。穆罕默德三世对改建后的城市非常满意，将其改名为索维拉（Essaouira，意为巧夺天工），该港口迅速发展成欧洲与摩洛哥贸易往来的重镇。1769年，摩洛哥从葡萄牙手中夺回马扎甘。1770年，穆罕默德三世

---

① Abdallah Laroui, *The History of the Maghrib: An Interpretive Essay*, Princeton: Princeton, N. J. University Press, 1977, pp.275-279.

② C. R. Pennell, *Morocco: From Empire to Independence*, p. 111.维齐尔巴赫尔（wazir al-Bahr）是阿拉伯音译，字面意思是海洋大臣（Minister of sea），是阿拉维王朝专设的处理海外事务的大臣。

在安法废墟上重建新城，取名卡萨布兰卡（Casablanca）[①]。这些港口城市的重建极大地促进了摩洛哥与欧洲的贸易交往。穆罕默德三世建立了商品出口的垄断制度，并对进口的商品征收很高的关税，这无疑大大增加了国库收入，但同时也引起外商的不满。另外，他还强征新税收马克斯（Maks）[②]来充实国库，但这种税收违反《古兰经》的规定，遭到乌勒玛和普通民众的强烈反对。

在宗教方面，穆罕默德三世转而开始崇拜瓦哈比主义，同时消灭境内大量苏菲教团的扎维亚。他将乌勒玛分成不同的等级，并依据他们的不同职责分发相应薪水；建立宗教贵族（Shurafa）名录，从中清除谎称自己是先知家族后裔而获得免税特权的人；亲自修订清真寺的教学课程，指定学习书目；利用自己作为摩洛哥穆斯林社区大伊玛目的特殊身份重新解释现行法律，并通过签署费特瓦和达希尔（dahir，敕令）来颁布新的法律，以加强自己的统治。[③]

在对外关系方面，为了营造良好的外部环境，穆罕默德三世一方面坚称摩洛哥是伊斯兰世界的一员，与奥斯曼及其所属北非国家实行睦邻友好政策；另一方面，实行友好开放政策，与欧美一些国家建立和发展外交关系。法国与摩洛哥之间由于海盗的掠夺行为存在不和，“这种不和又因1765年海军上将夏福在拉腊什的惨败[④]而加剧”[⑤]。直到1767年，凡尔赛决定利用素丹穆罕默德比较温和与机智的性格，争取通过外交途径建立关系。同年4月，法国舰队司令布勒尼翁伯爵奉命以特使身份前往摩洛哥，与穆罕默德三世谈判，最

① 因建城费用是由西班牙人资助的，故被命名为Casa blanca，西班牙语意为“白色的房子”，中文音译为“卡萨布兰卡”，而摩洛哥人习惯使用其阿拉伯语名称Dar el-Beida，意思也是“白色的房子”，中文译作“达尔贝达”。

② 马克斯（Maks），相当于“门税”，主要针对进入城市的商品和在市场上出售的商品征收。

③〔美〕苏珊·吉尔森·米勒：《摩洛哥史》，刘云译，东方出版中心2015年版，第10—11页。

④ 夏福奉命捣毁盘踞在布赖格赖格河和卢科斯河入海口处的海盗巢穴。他先炮轰拉巴特和塞拉，然后在拉腊什登陆。但他不了解当地情况，因缺少应有的准备而遭到惨败。上岸的450名士兵四面受围，被迫退到卢科斯河边。绝大部分士兵落水而死，余者皆被俘走。

⑤〔法〕亨利·康崩：《摩洛哥史》（上册），上海外国语学院法语系翻译组译，第98页。

终双方签订了一项全面条约。条约保证“法国臣民和船只有完全通商自由”，同时规定，法国人遇有死亡时，其财物和继承问题只有法国领事可以处理。在关税方面，法国人只按“与最惠国同等的地位和方法”缴纳税款。摩洛哥的海盗船不得拦截和检查任何法国船舶，只得要求出示海军部的护照。如法摩断交，法国人得享受延期六个月的期限，以便携带财物一并撤退。摩洛哥应允许法国人有信仰自己宗教的自由。法国人之间发生的纠纷，领事有权进行初审。法国人和摩尔人之间的纠纷，只有素丹有权处理，地方法官无权过问。[①]条约的这些规定，开创了被奥斯曼帝国称为“投降”制度保护制的先河。此后，西方列强纷纷效仿，造成了长期困扰摩洛哥政府的“保护”问题。此外，路易十四的特使还解决了赎回所有扣押在海边服劳役的法国俘虏问题，以及在塞拉设立领事馆的问题。为了更好地监视英国人和西班牙人，第一任领事舍尼埃不久后便把领事馆迁到丹吉尔。此外，摩洛哥还与瑞典、丹麦、英国、葡萄牙等国签订和平协议。1777年，穆罕默德三世颁布法令，向美国船只开放港口。1785年，摩洛哥与美国签订友好贸易协定，美国允诺每年向摩洛哥素丹纳税一万美元，以换取素丹政府和军队保证美国人在摩洛哥的货运安全和商业利益。1786年，两国签订和平友好条约，摩洛成为最早承认美国的国家之一。1791年，美国在丹吉尔建立领事馆。借助这些外交政策的调整与实施，摩洛哥在某种程度上摆脱了被动和孤立的外交处境。

穆罕默德三世的改革触动了外国商人、宗教上层和普通民众的利益，反对改革的力量聚集在穆罕默德三世的儿子穆莱·亚齐德（Moulay Yazid）旗下。1790年，穆罕默德三世逝世，穆莱·亚齐德继位，他试图废除其父实施的改革，但在统治摩洛哥的短短两年里，他并无作为。

苏莱曼的内政外交

1792年，亚齐德去世，他的两个儿子希沙姆（Hisham ibn Muhammad）

① 〔法〕亨利·康崩:《摩洛哥史》(上册)，上海外国语学院法语系翻译组译，第99—100页。

与苏莱曼（Sulayman ibn Muhammad）争夺王位，分别在马拉喀什和非斯即位。

苏莱曼执政超过30年，实行了不同于其父穆罕默德三世的内外政策。为了抵御西方的侵蚀，苏莱曼开始推行闭关锁国的政策，限制同欧洲国家的贸易和交往，鼓动外国商人离开，禁止摩洛哥人到欧洲旅行，只允许欧洲国家派遣外交使节驻扎丹吉尔。他将其父与欧洲签订的11个协定减至3个，并关闭摩洛哥的所有港口。同时，他放弃发动海上“圣战”的一切行为。1817年，迫于欧洲列强的要求，苏莱曼不仅禁止摩洛哥沿海的海盗行为，还解散了摩洛哥的全部海军。苏莱曼执政期间正值法国大革命如火如荼进行着，同时，法兰西帝国皇帝拿破仑四处征战而与反法联盟激烈对峙，这些闭关锁国之举与苏莱曼惧怕欧洲的大动荡危及摩洛哥不无关系。

苏莱曼致力于整顿内政。他在执政初期便废除穆罕默德三世时期强征的税收马克斯，解除城市居民的沉重负担。但为了解决财政收入问题，他把税收的重心转移到广大的山区和农村，通过天课（Zakat）[①]和乌舍尔（Ushr）[②]等传统的税收榨取各部落。1817年之后，一系列自然灾害造成农业收成锐减，但苏莱曼坚持执行对农民征收重税的政策，结果引起各部落的群起反抗。

在宗教领域，以18世纪末兴起于阿拉伯半岛的瓦哈比派为代表的伊斯兰教复兴浪潮席卷马格里布，苏莱曼对宣扬纯洁和禁欲的瓦哈比派教义十分推崇，极力打压苏菲派、马拉布特教团和扎维亚兄弟会。他利用自己的权威攻击摩洛哥民众的宗教信仰习俗，谴责在宗教仪式中使用音乐和舞蹈，禁止圣陵朝拜和宗教节日，对他认为是离经叛道的行为进行毫不留情的镇压。这些做法“使他与一些过去通常是素丹王朝盟友的主要社会群体——贵族、苏菲道堂、甚至

---

① 阿拉伯语Zakat，意为“涤净”，亦译作“扎卡特”。天课是伊斯兰教的宗教税，又称“济贫税”。伊斯兰教法规定，凡有合法收入的穆斯林家庭，须抽取家庭年度纯收入的2.5%用于赈济穷人或需要救助的人。交纳天课是伊斯兰教五功之一。

② 乌舍尔（Ushr），伊斯兰国家征收的一种农业税。又译“乌什尔”。一般每年征收收成的十分之一。

乌莱玛——处于激烈的斗争之中”[①]。

苏莱曼施行的内政外交措施并未产生保持国家稳定和发展的效果，反而加剧了其与摩洛哥社会各阶层的紧张关系。苏莱曼统治后期，中部的柏柏尔部落阿义特·尤西（Ait Youssi）、穆吉尔德（Beni Mguild）、祖穆尔（Zommour）和泽扬（Zayans）群起作乱。相继为首的是他的两个侄子，即穆莱·伊卜拉欣（Mulay Ibrahim）和穆莱·赛义德（Mulay Said）。经过激烈的斗争，素丹将赛义德流放到塔菲拉勒特。苏莱曼于1822年11月22日去世，临死前指定他的侄子阿卜杜·拉赫曼（Abd al-Rahman）继位。

① 〔美〕苏珊·吉尔森·米勒：《摩洛哥史》，刘云译，第12—13页。

第四章　欧洲列强争夺下的近代摩洛哥

18、19世纪之交，北非成为欧洲列强殖民侵略的对象。至19世纪初，北非的阿尔及利亚、突尼斯和利比亚都已沦为奥斯曼帝国的属地，只有摩洛哥仍保持独立地位。但它却处于封建割据、政治分裂和经济落后的状态，这给西方列强提供了可乘之机。19世纪至20世纪初，摩洛哥这个被西方殖民者称为“甜包子”的国家，俨然成为欧洲列强的竞技场，法国、西班牙、英国、德国和美国等西方列强纷纷对摩洛哥实施侵略和扩张，侵占大片摩洛哥领土，攫取诸多政治和经济权益。在内忧外患的困境下，摩洛哥统治者先后进行了三次重要改革，试图以改革求生存，实现民族振兴，维护国家独立。但这些改革均以失败而告终，摩洛哥最终未能幸免被西方列强共同瓜分的厄运。

一、欧洲列强对摩洛哥的侵略

法国的入侵

1830年6月，法国军队以打击海盗活动为由，在阿尔及尔登陆并向阿尔及利亚内地推进。法国对阿尔及利亚的征服使摩洛哥感受到殖民入侵的直接威胁。当时，摩洛哥素丹阿卜杜·拉赫曼已平息国内的部落叛乱，企图借机把摩洛哥的版图向东扩展，作为恢复已严重受损的素丹形象和声誉的政治资本。

摩洛哥与阿尔及利亚西北部关系十分密切。两地之间存在一条经特莱姆森连接非斯与奥兰的贸易走廊，跨境交往和货物流动非常频繁。双方间的宗教联系也很密切，以摩洛哥为基地的瓦赞尼亚（Wazzaniyya）和达尔卡维亚（Darqawiyya）等苏菲教堂，在阿尔及利亚西部拥有许多重要的扎维亚，为他们提供了稳定的收入。此外，在重税压迫下的阿尔及利亚西部省民众对奥斯曼帝国任命的统治者德伊们（Deys）深感不满。在法国人占领阿尔及尔之后，奥兰省的部落和城市居民转而向摩洛哥寻求帮助。这正好为阿卜杜·拉赫曼提供了绝佳时机，以填补土耳其撤退后留下的真空，同时也可借此向东扩展权力。

1830年10月，阿卜杜·拉赫曼派其侄子穆莱·阿里率领共计500名骑兵和步兵奔赴特莱姆森，以素丹的名义占领该城，并以哈里发的资格驻扎在那里。法国对此不满，出兵占领瓦赫兰和米尔斯—克比尔。穆莱·阿里的低能，以及由雇佣兵和部落民军组成的摩洛哥驻军的奸淫掳掠，招致当地居民的反感。1831年3月，阿里被召回非斯，出身哈桑部落的谢里夫穆罕默德·贝勒·哈姆里奔赴特莱姆森接任哈里发。[①]

为扭转不利形势，1831年10月25日，法国外交部部长塞巴斯提昂尼伯爵让副领事德拉波特交给丹吉尔帕夏拉尔比·萨伊迪一封措辞强烈的信，由他再转给阿卜杜·拉赫曼。信件要求摩洛哥撤出特莱姆森和马斯卡腊。法国两艘军舰“拉耶兹”号和“贝阿内兹”号 停泊在丹吉尔，以施加压力。帕夏对法国人的要求置若罔闻，法国政府因此一方面在瓦赫兰地区加强兵力，另一方面派外交官夏尔·德·莫尔内伯爵为特使，到丹吉尔去谈判。1832年1月，法国军舰“珍珠”号将莫尔内伯爵送至丹吉尔。随后双方开始谈判，其中最主要的问题就是贝勒·哈姆里以素丹哈里发名义驻扎在瓦赫兰地区。因涉及素丹在邻国贝伊政府中的权力等重大问题，帕夏请莫

① C.R.Pennell, *Morocco since 1830: A History*, New York: New York University Press, 2000, pp.42-43.

尔内伯爵直接与穆莱·拉赫曼谈。同年3月5日，使团一行启程前往梅克内斯；22日，素丹接见使团；之后第三天开始会谈。所讨论的最重要的问题有两个：（一）贝勒·哈姆里仍驻扎在瓦赫兰地区，这意味着素丹仍在行使主权，法国对此不能同意；（二）阿尔及利亚阿拉伯人的一个代表团抵达梅克内斯，要求素丹支持他们反对法国势力。在法国的强大压力下，穆莱·拉赫曼不得不满足法国的要求，下令从特莱姆森撤出，声明摩洛哥停止在瓦赫兰地区的一切行动，并许诺不干涉阿尔及利亚西部。

与此同时，阿卜杜·卡迪尔（Abd al-Qadir，1808—1883年）作为阿尔及利亚西部阿拉伯部落中最强大的先知家族的后裔和阿尔及利亚卡迪利亚兄弟会（Qadiriyya Brotherhood）的马拉布特，被奥兰省的阿拉伯诸部落推举为埃米尔，向法国侵略者发起“圣战”。1832—1834年，阿卜杜·卡迪尔率军多次击败法国侵略军。1834年2月26日，双方签订《瓦赫兰条约》，法国被迫承认阿卜杜·卡迪尔对阿尔及利亚西部地区的主权。1835年6月，法军司令特雷泽尔撕毁条约，率领远征军2500多人攻打阿尔及利亚西部。阿卜杜·卡迪尔亲率步、骑兵数千人在马克塔河的穆扎亚峡谷设伏，再次大败法军。法军进攻连遭失败后，不得不又一次向阿卜杜·卡迪尔求和。1837年5月 30日，双方签署《塔夫纳条约》（Treaty of Tafna），法国被迫承认阿卜杜·卡迪尔对阿尔及利亚大部分地区的统治地位。在摩洛哥不断提供给养的支持下，阿卜杜·卡迪尔以灵活务实的策略领导阿尔及利亚人民展开了长期抵抗法国殖民者的运动。

其实，摩洛哥素丹当时的处境左右为难。一方面，碍于之前对法国的承诺和签订的协定，他不希望因为支持阿卜杜·卡迪尔的抗法斗争而使摩法关系公开破裂，并担心因此招来法国人的报复。[①]另一方面，他又感到自己有捍卫伊斯兰教的职责，不愿意被穆斯林民众谴责为屈服于外来侵略者的懦夫。而英国圣詹姆斯政府实行绥靖

---

① C.R.Pennell, *Morocco since 1830: A History*, p.48.

政策，因害怕法国在摩洛哥进行扩张，故力劝素丹不要向法国提供干涉的借口。于是，素丹与法国政府百般周旋。而不甘心失败的法国侵略者则改变策略，采取各个击破的战法对付阿尔及利亚的抗法力量。1840年，法军元帅托马斯·罗贝尔·比若·德·拉比贡利（Thomas Robert Bugeaud de la Piconnerie）先是集中兵力攻陷君士坦丁，残酷镇压东部地区阿尔及利亚人民的抵抗运动。这样，1841年年底至1843年年初，摩洛哥东部边界与阿尔及利亚西部地区保持了一段时期的相对安宁。

然而，法国在阿尔及利亚的存在对摩洛哥始终是极大的威胁。素丹阿卜杜·拉赫曼对阿卜杜·卡迪尔抗法斗争的态度由初期的模棱两可到中期转变为默许和明确支持，这便成为法国侵略摩洛哥的口实。

法国政府改变初期对阿尔及利亚“有限占领”的政策，以“全部占领”为目标，对阿尔及利亚展开“焦土”战争。法国驻阿尔及利亚总督比若元帅率领10万法军全力围剿阿卜杜·卡迪尔反法武装。1843年5月，遭受重挫的阿卜杜·卡迪尔不得不率余部撤退到摩洛哥境内。阿卜杜·卡迪尔接受摩洛哥各种各样的补养供给，时常派突击队越境打击法国军队。法军越境在摩洛哥东部城市乌季达附近的拉拉·马格尼亚（Lalla Maghnia）圣陵旁边建立要塞。眼见法国人已踏入国土东大门，素丹阿卜杜·拉赫曼不得不紧急调动军队，派出最精锐的部队阿比德·布哈里黑人禁卫军驻防乌季达，加强东部的防卫力量。1843年5月30日，拉摩里西尔将军率领的法军，在阿尔及利亚境内马赫尼亚的阿齐兹清真寺附近遭到2000名摩洛哥骑兵的突然袭击。因此，法国基佐政府要求摩洛哥素丹惩罚5月30日事件的罪犯，同时解散集结在阿摩边境地区的摩洛哥军队，并驱逐阿卜杜·卡迪尔，但双方谈判失败。1844年6月22日，法国出兵占领乌季达；6月28日，法国向摩洛哥素丹发出最后通牒，阿卜杜·拉赫曼拒绝法国提出的要求。这实际上代表了宣战，尽管素丹很不情愿，但摩洛哥不可避免地被卷入与法国的直接对抗之中。

法国随后进行撤侨和战前部署。1844年8月1日，法国国王路易·菲利普（Louis Philippe）派第三个儿子儒安维尔王子（Prince de Joinville）率领28艘法国军舰抵达丹吉尔，8月6日开始炮轰丹吉尔。持续不断的密集轰炸使丹吉尔城毁坏严重，城里居民纷纷逃往内地，或由海路逃往加迪斯和直布罗陀，只有少数居民留在家中，提心吊胆地等待风暴停息。[①]与此同时，法国军队还从阿尔及利亚入侵摩洛哥东部地区。面对外敌入侵，摩洛哥各地反法情绪日益高涨。阿卜杜·拉赫曼宣布向法国发起"圣战"，派儿子穆莱·穆罕默德（Moulay Muhammad）率五万大军迎战法军。8月14日，在乌季达东北的伊斯利（Isly）河畔，摩洛哥军队与比若元帅率领的法军展开激战。摩洛哥军队在法军优势火力的打击下损失惨重，穆莱·穆罕默德败逃非斯。8月15日，法国舰队抵达摩加多尔，炮轰并占领该城。"就这样，在九天之内，法国对三个不同的地方：丹吉尔、伊斯利、摩加多尔的统治权就此确定下来"[②]。英国对法国取得的胜利感到担忧，急忙插手斡旋，阿卜杜·拉赫曼被迫接受和谈。

1844年9月10日，摩法签订《丹吉尔条约》(The Tangier Convention)。依条约规定，摩洛哥"不得以任何形式援助法国的任何敌人"[③]。这样一来，阿卜杜·卡迪尔领导的阿尔及利亚抗法斗争便失去了摩洛哥的支持。反过来，摩洛哥也同样失去了一支可以联合起来进行抗法斗争的重要力量。

由于在阿尔及利亚与摩洛哥的边界不时爆发冲突，法国向摩洛哥素丹提出举行谈判来确定摩、阿边界。事实上，摩阿边境地区已经有一条摩洛哥与奥斯曼帝国非洲领土之间的分界线。但是，这条边界划分得很不明确：北段从吉斯河入海口起一直到特尼埃萨西

---

① S. G. Miller, "Crisis and the Community: The People of Tangier and the French Bombardment of 1844: The Purim of 'Las Bombas'", *Middle Eastern Studies*, Vol.27, No.4, 1991, pp.583-596.

② 〔法〕亨利·康崩:《摩洛哥史》(上册)，上海外国语学院法语系翻译组译，第124页。

③ 〔法〕马塞尔·佩鲁东:《马格里布通史——从古代到今天的摩洛哥、阿尔及利亚、突尼斯》，上海师范大学《马格里布通史》翻译组译，上海人民出版社1974年版，第409页。

（Teniet el-Sassi）山口，此段已经形成了一条比较清晰且双方都承认的边界线，大约有140公里；南段从特尼埃萨西山口往南则是一片广袤的沙漠，一些游牧部落在此过着迁徙不定的生活，摩洛哥与奥斯曼北非领地之间在此地并不存在划定的边界，而土耳其人实际上也从未在此行使过主权。法国决定保持北段既有的边界现状，而对于南段，为了将来能扩大统治范围，法国决定和摩洛哥明确划分在各方管辖下的定居和不定居的部落，以及规定集市用的寨子和绿洲的界线。[①]1845年3月18日，法国代表拉律将军和摩洛哥全权代表在马尔尼亚会面，并签订《拉拉—马尔尼亚条约》（the Treaty of Lalla-Marnia）。该条约详细划分了从地中海沿岸至特尼埃萨西山峰之间165公里长的边界；对特尼埃萨西山峰以南、吉尔沙漠以北的地带，列出了一份分别受阿尔及利亚和摩洛哥管辖的部落名单，依据部落的归属而不是划定疆界的办法确定了两国的主权范围；[②]对于从吉尔沙漠向西南至西撒哈拉之间的边界未作划分，理由是因沙漠缺水无法住人故而无需划界。这样，阿尔及利亚与摩洛哥之间除了从地中海沿岸至特尼埃萨西山峰这一段，实际上并没有明确划定的边界。特别是条约第七条对法国的"追捕权"做了规定，即摩洛哥允许法国在摩洛哥领土上追捕在法国管辖范围内干了坏事的人。这就为法国继续向南扩张并对摩洛哥渗透埋下了伏笔。

鉴于素丹对阿卜杜·卡迪尔的伊斯兰宗教感情，以及摩洛哥与法国之间的关系及条约约束，摩洛哥素丹阿卜杜·拉赫曼对待阿卜杜·卡迪尔的政策十分谨慎。1845年春，阿卜杜·卡迪尔应在阿尔及利亚沿海山区领导武装起义的布马扎（Bu Ma'za）的请求，回国继续领导抗法斗争，收复了西部大片领土。1846年，比若元帅调集法军10万余人围攻阿卜杜·卡迪尔军队，因寡不敌众阿卜杜·卡迪

① 〔法〕亨利·康崩：《摩洛哥史》（上册），上海外国语学院法语系翻译组译，第128—129页。

② Anthony S. Reyner, "Morocco's International Boundaries: A Factual Background", *The Journal of Modern African Studies*, Vol.1, No.3, 1963, p.316.

尔再次率余部撤入摩洛哥境内。阿卜杜·卡迪尔以君主和教民领袖的姿态出现，希望在其统治的人民中享有像素丹一样的威望。他在与法国打仗的同时，还要与摩洛哥西部不服从其统治的部落进行斗争。1847年6月7日，阿卜杜·卡迪尔发动了一场对盖来亚人的大规模进攻，终于打败了这个强大的部落。用这样的手段对付摩洛哥素丹的臣民，表明他有意与素丹决裂。从此，素丹与阿卜杜·卡迪尔变成了公开的敌人，[①]竟和法军联合起来攻打他。1847年10月14日，摩洛哥素丹派遣其儿子穆罕默德和艾哈迈德率领一支1.5万人的军队和一个骑兵团，从非斯出发，前往围剿出没于塞卢阿奈一带的阿卜杜·卡迪尔所部，他们一路上接受了各大部落的归降。阿卜杜·卡迪尔部队遭到围追堵截，被困于穆卢耶河流域。同年12月，阿卜杜·卡迪尔率部越过阿摩边界，试图进入撒哈拉沙漠地区，在那里重整旗鼓。但是，法军事先已有防备，当阿卜杜·卡迪尔部队行至格尔布斯山口时，突遭法军包围。为避免给士兵和人民带来更大的灾难，阿卜杜·卡迪尔被迫向法军投降；次年1月，他被押解到法国，此后开始了长期的流亡生活，直至1883年逝世。法国确立在阿尔及利亚的殖民统治之后，进一步觊觎摩洛哥。

1851年，法国派军舰炮轰塞拉，逼迫摩洛哥签订城下之盟。自19世纪70年代起，法国开始越过阿尔及利亚边界逐步蚕食摩洛哥的东南部地区，并试图从这里继续向摩洛哥内地推进。1898年，法国垄断资本的代言人埃济恩扬言："阿尔及利亚既然引导我们到突尼斯，它就更应当引导我们到摩洛哥"，公然提出了要把摩洛哥"突尼斯化"的要求，甚至鼓吹用武力兼并摩洛哥。1899年，一群法国人借科学考察之名进入瓦赫兰地区南端的图瓦特绿洲，与当地居民发生了冲突。1900—1901年春，法国出兵强行占领该地区。1901年6月，摩洛哥外交大臣阿卜杜·克里姆·本·苏莱曼率使团到访巴黎，与法国就瓦赫兰的边界进行谈判，最终于7月20日签订《法摩巴黎

---

① 〔法〕亨利·康崩：《摩洛哥史》（上册），上海外国语学院法语系翻译组译，第135—136页。

议定书》(The Franco-Moroccan Protocol of Paris)。条约第四款规定摩洛哥和阿尔及利亚的领土界线沿着将要设立的哨所和税卡确定，并分别指出从菲吉格(Figuig)尽头到泰勒扎扎河(Oued Telzaza)与吉尔河交汇处往南15公里处的摩洛哥边界线的大体走向；从杰南达尔(Djenan ed Dar)起，穿过贝沙尔(Bechar)东部，向南直到吉尔河与祖斯法纳河(Oued Zousfana)交汇处的阿尔及利亚边界线的大体走向。条约第五款规定，原在贝沙尔山两侧放牧的乌拉—贾里尔(Oulad Djerir)和杜伊—马尼亚(Doui Menia)部落要么选择成为法国的臣属，要么离开这一地区。在吉尔河—祖斯法纳河流域中央的克索尔绿洲区的定居者可自行选择归属摩洛哥或阿尔及利亚管辖。①

1902年4月20日，法国又以在撒哈拉建立哨所和税卡有困难为由，同摩洛哥签订《法摩阿尔及尔协定》(the Franco-Moroccan Accord of Algiers)。新协定规定废除1901年议定书中关于在特尼埃萨西以南设立哨所、税卡的条款，并规定在两国边境地带建立若干联合管理区。1902年协定不仅使摩阿边界基本上退回到《拉拉一马尔尼亚条约》所确定的状态，而且也为法国进一步向西南侵吞摩洛哥的领土打开了方便之门。②

1903年，法军在路易·于贝尔·贡扎尔夫·利奥泰将军(Louis Hubert Gonzalve Lyautey，1854—1934年)率领下从阿尔及利亚进入摩洛哥，相继占领了乌季达、布瓦南(Bou Anane)、布宰尼卜(Boudenib)等地。1912年，法国政府批准法国驻乌季达高级专员瓦涅尔(Varnier)所提出的一条摩洛哥与阿尔及利亚之间的行政边界线。这条线从特尼埃萨西到菲吉格一段与1901年议定书所划定的界线基本一致，但从菲吉格向南至吉尔沙漠一段则比先前的边界向

① Frank E. Trout, "Morocco's Boundary in the Guir-Zousfana River Basin", *African Historical Studies*, Vol.3, No.1, 1970, pp.41-42.

② Anthony S. Reyner, "Morocco's International Boundaries: A Factual Background", *The Journal of Modern Africon Studies*, Vol.1, No.3, 1963, p.317.

北部和西部推移了很多。如此，便使摩洛哥丧失了很大一部分土地，而法国殖民地阿尔及利亚的领土则扩大了数百平方英里。[①]1928年，摩洛哥素丹被迫接受这条行政边界线。

法国在入侵摩洛哥领土的同时，也竭力巩固和扩大在摩洛哥的经济利益，掠夺摩洛哥的自然资源。1846—1849年，法国金融家塞耶在欧洲商港和摩洛哥的卡萨布兰卡、萨菲和马扎甘建立代理机构网，购销摩洛哥的羊毛等产品。1863年8月，法国胁迫摩洛哥签订条约，规定凡是以前摩洛哥给予英国的特权均同样给予法国。法国并未就此满足，又借口各国船只在直布罗陀海峡附近不断遭到里夫部落人民的袭击，要求摩洛哥政府提供安全保障。此后，法国加紧在摩洛哥的扩张，将丹吉尔领事升为代办级。法国资本家在摩洛哥收购土地，组织勘察队，兼并已经开采的矿产资源。法国资本还渗入摩洛哥的畜牧业，据估计，法国资本家在1866年攫取了50万只绵羊[②]。1899年，许奈特财团组成的摩洛哥公司协会，取得修筑卡萨布兰卡和塞提弗海港的权利。

20世纪初，法国占领摩洛哥沿海一些重要战略据点和港口。1901年和1902年法国强迫摩洛哥素丹阿卜德·阿齐兹签订不平等条约，规定法国可给摩洛哥政府“帮助”和“合作”，协助素丹消灭“叛乱”，法国军队可以根据条约开进摩洛哥。这使法军向摩洛哥腹地推进合法化。与此同时，摩洛哥和法国又签订新的边界协定，法国将摩洛哥的贝沙尔绿洲合并到阿尔及利亚。1904年12月，法国宣布它对摩洛哥享有特权。1907年3月，借口法国医生被暗杀事件，法国派军队占领摩洛哥东部的乌季达地区。同年5月，又以杀害法国建筑工人事件，法军强行在卡萨布兰卡登陆。1911年 4月，法国派兵占领摩洛哥首都非斯和一些主要城市。西班牙也乘机派军队从北部入侵摩洛哥。

随着法国殖民者的入侵，法国资本也渗入摩洛哥社会经济生活

---

① Anthony S. Reyner, “Morocco’s International Boundaries: A Factual Background”, p.317.

② Jamil M. Abun-Nasr, *A History of the Maghrib in the Islamic Period*, 3rd edition, p.293.

的各个方面。法国资本的渗入主要是通过借贷方式进行的。20世纪初，摩洛哥陷入财政危机，法国力图垄断摩洛哥的债权。1903年，摩洛哥素丹向英国、法国和西班牙举借同等数量的外债，总计2250万法郎，但到手仅1350万法郎，其余的被配销债券的法国各银行扣除。1904年，由“巴黎荷兰银行”“巴黎联合银行”“贴现银行”“日内瓦公司”“工商信贷银行”“马赛信贷银行”组成的法国银行团向摩洛哥素丹提供6250万法郎贷款，年息5厘，但素丹到手仅4800万法郎，主要用来偿还1903年的债款。摩洛哥则以海关税收的60%为贷款的担保。这样，关税就被法国掌控，而关税是国家收入中最固定的一部分。1905—1906年间，素丹又向法国举借新债，这就进一步使摩洛哥处于依附于法国资本的从属地位，加深了对法国经济上的依赖性。

1905年1月，法国派出使团到摩洛哥“协助”改革内政，计划成立一个在法国银行团控制下的摩洛哥国家银行，组织一支在法国军队指挥下的港口警察队伍，并向素丹取得铁路租让权和矿山租让权等。法国的公司也派员往摩洛哥收购土地，成交买卖，并拨款组织勘探队。法国“矿业联合”公司开展勘探工作，并在法国兼并摩洛哥不久前开始开采的天然资源。①

西班牙的扩张

19世纪初，西班牙控制着摩洛哥沿海的一些飞地：休达、梅利利亚、胡塞马群岛（al-Hoceimas）等。这些飞地成为西班牙对摩洛哥内陆进行经济与政治渗透的基地。1848年，西班牙占领舍法林群岛（al-Zaffarins）②，后又向摩洛哥北部地区扩张，遭到里夫部落的抵抗。

---

① John P. Halstead, *Rebirth of a Nation: The Origins and Rise of Moroccan Nationalism, 1912-1944*, Cambridge, M · A.: Harvard University Press, 1967, p.32.

② 舍法林群岛（al-Zaffarins），又译作“查法里纳斯群岛”（Chafarinas）位于摩洛哥地中海海岸的穆卢耶河口外，距离海岸约2.5公里，由3个小岛组成。现在仍被西班牙占领，是西属摩洛哥领地。

1859年，素丹穆莱·阿卜杜·拉赫曼去世，其子穆罕默德·本·阿卜杜·拉赫曼（Muhammad ibn Abd al-Rahman）继位，称穆罕默德四世。穆罕默德四世即位不久，里夫部落人民发动反抗西班牙侵略者的武装斗争，杰巴拉山区的安吉拉（Anjera）部落袭击并破坏休达的防御工事。西班牙向素丹穆罕默德四世要求赔偿，遭到拒绝，遂于1859年10月22日向摩洛哥宣战。11月，西班牙调集一支舰队和五万名士兵进攻得土安，穆罕默德四世派其弟穆莱·阿巴斯和穆莱·阿赫默德率军迎战。1860年2月4日，两军在得土安附近展开决战，由于战术不当，摩军溃败，得土安陷落。接着，西班牙军队又进攻丹吉尔，同年3月23日，摩洛哥军队又遭到一次失败。英国惟恐西班牙扩大在摩洛哥的军事占领，急忙从中调停。4月26日，摩洛哥与西班牙签订《得土安条约》，条约规定：摩洛哥放弃休达周围地区的全部主权，将伊夫尼地区让给西班牙；得土安归还摩洛哥；摩洛哥向西班牙赔款2000万皮阿斯特（Piastre）[①]，因摩洛哥无力偿付这一巨额赔款，由英国贷款垫付，摩洛哥则以海关收入作抵押；西班牙代理人将常驻摩洛哥港口监督关税的征收，并增加在港口城市生活的外国商人人数。此外，摩洛哥还被迫与西班牙签订贸易协定（通商条约），给予西班牙以最惠国待遇，并给予西班牙在摩洛哥沿海捕鱼的优先权。为了付清赔款，摩洛哥被迫向英国贷款42.6万英镑，年息高达15%，以海关收入作抵押。[②]

得土安战争的失败使摩洛哥马赫曾政府陷入巨大的债务危机，并迫使向欧洲列强敞开大门。从此，摩洛哥的国家财政受到外国资本的控制，摩洛哥与欧洲列强的纠葛日益增多。

1873年，穆莱·哈桑（Mulay Hassan）继位，称哈桑一世。哈桑一世在位期间，一方面在国内征战，平定地方教团和部落骚乱；另一方面应对与西班牙的冲突。1884年，西班牙吞并西撒哈拉南部，

---

① 皮阿斯特（Piastre），当时西班牙8里亚尔银币。

② 〔法〕马塞尔·佩鲁东：《马格里布通史——从古代到今天的摩洛哥、阿尔及利亚、突尼斯》，上海师范大学《马格里布通史》翻译组译，第411页。

将其命名为里奥德奥罗（Rio de Oro），并索要西撒哈拉大西洋沿岸的博哈多尔角（Cape Bojador）到布兰科角（Cape Blanco）的大片土地。穆莱·哈桑坚持西撒哈拉是摩洛哥传统领土的一部分，予以拒绝。摩洛哥北部里夫各部落奋起反抗西班牙殖民军。西班牙与这些部族进行了多次战争。1893年，里夫地区的柏柏尔人围攻梅利利亚，西班牙方面派遣2.5万人的军队与他们作战。1894年，西班牙驻梅利利亚总督马加洛将军遇刺后，西班牙政府派军进驻属地，并派使团到马拉喀什，迫使素丹哈桑一世签订了一个条约，规定摩洛哥向西班牙赔款3000万西班牙银币。

英国的掠夺

英国一直将摩洛哥视作重要的商品市场及其控制直布罗陀海峡的战略要地，因此，在与西方列强对摩洛哥的争夺中不遗余力。1803年，英国著名海军将领霍雷肖·纳尔逊（Horatio Nelson）任英国地中海舰队司令，他提出了一个基本原则：丹吉尔必须掌握在一个像摩洛哥那样的中立国（非欧洲力量）手中，否则英国就必须拥有它。1805年10月，纳尔逊勋爵在指挥地中海舰队对法、西联合舰队的特拉法尔加角海战中中弹身亡，但此次海战彻底粉碎了拿破仑一世从海上进攻英国本土的计划，巩固了英国的海上霸权地位。1830年，以强硬著称的亨利·约翰·坦普尔·帕默斯顿（Henry John Temple Palmerston）勋爵担任英国外交大臣，在他任职期间，英国成功推行巩固海上霸权和争夺海外殖民地的政策。

为了遏制竞争对手法国和西班牙在摩洛哥势力的扩张，并扩大英国在摩洛哥的影响力，英国政府派驻摩洛哥的代表约翰·德拉蒙德·海爵士(Sir John Drummond Hay)积极开展外交活动，竭力劝说素丹阿卜杜·拉赫曼与英国签署一项通商条约，并使他相信，这样一来英国就会成为摩洛哥的“保护者”，帮助其对付不友好的国家。海爵士表示：“法国守住海峡、守住商业大门、守住通往印度和东方的通道，这对我们永远行不通。这比它控制（苏伊士）运河要危险得多。”[①]1856年，素丹派出首席谈判代表穆罕默德·哈提卜（Muhammad al-Khatib）与英国代表开始谈判。经过几个月的商谈，摩方终于接受了英方提出的条款。

1856年12月9日，英国与摩洛哥于丹吉尔签订了关于贸易和航海的协定，取得了领事裁判权和贸易特权，由此英国商人可以在摩洛哥全境自由贸易，英国商品可以享有低额关税（按商品价值的10%征税）。1856年条约规定，为了鼓励英国人在摩洛哥开展贸易活动，英国公司在摩洛哥当地的经纪人或代理人不应列入由沙里亚法官或卡迪（Qadi）主持的摩洛哥当地法庭的管辖范围，他们只接受英国领事法庭的管辖。这种所谓的领事裁判权“保护”那些在摩洛哥的外国人不受摩洛哥司法的管辖，严重践踏了摩洛哥的主权。此后，外国代表授予外国人“保护”的案件急剧增加。“保护”范围不仅包括在摩洛哥的外国商人，还包括官方领事代表及其雇员、家人、仆人、朋友，甚至扩大到外国人在摩洛哥当地的合作伙伴和经纪人或代理人，某些欧洲人甚至出卖保护身份。事实上，任何与欧洲人有关的人都可以通过协商或购买而得到“保护”，从而得以免税，躲避债务，或拒绝在沙里亚法庭出庭。这种对“保护”权力的滥用严重损害了摩洛哥马赫曾政府的权威和声望。[②] 1880年摩洛哥与英国签署的《马德里协定》限制和明确规定了这些权利，每家公司的经纪人或代理人数量限制在两个，保护范围扩大到经纪人或代理人的家庭和住所，但领事裁判权不是世袭的，不扩大到享有者的仆人和雇员。

英国从与摩洛哥的贸易中获得极大好处。1861—1865年，英国从摩洛哥的年均进口额是1852—1854年的三倍；同期，英国对摩洛哥的出口量则翻了一番。英国占了摩洛哥海外贸易的大部分份额，摩洛哥进口总额的3/4以上来自英国，对英国的出口则占其出口总额

---

① K. Ben Srbir, *Britain and Morocco During the Embassy of John Drummond Hay, 1845-1886*, London and New York: Routledge Curzon, 2005, p.59.

② Edmund Burke, Ⅲ, *Prelude to Protectorate in Morocco: Precolonial Protest and Resistence, 1860-1912*, Chicago: University of Chicago Press, 1976, pp.26-27.

的2/3以上。从棉织品到铜茶壶等各式各样的英国制造品充斥摩洛哥市场，代替了摩洛哥国内手工产品。此外，英国还派顾问到摩洛哥，在摩洛哥建造铁路。凭借为摩洛哥垫付向西班牙的赔款，英国以摩洛哥的海关收入为抵押，将摩洛哥的财政进一步控制在自己的手中。结果，摩洛哥的“开放”不但没有刺激经济发展，反而破坏了原有的经济和财政机制，阻碍了民族经济的发展。

到19世纪末，英国已经成为西方列强中对摩洛哥的经济利益和政治影响最强的国家。英国对摩洛哥的入侵，不仅使之捞取了很多实际利益，还为之获取了更多的战略利益，既为之提供了进入地中海海峡的安全，又削弱了老牌殖民主义国家，如西班牙在摩洛哥的势力，得以与法国抗衡。

转折点出现在1891年，当时查尔斯·尤安·斯密斯爵士(Sir Charles Euan Smith)改善英国与摩洛哥贸易关系的使命遭到素丹的拒绝。从此，英国的政策变成了绥靖政策。1904年4月8日，英国与法国签订友好协定，法国承诺不阻碍英国在埃及为保护苏伊士运河而设计的行动，英国则保证不干涉法国对摩洛哥的计划。这意味着英国放弃了长期以来支持摩洛哥中立和独立的政策，法国进一步控制摩洛哥的一大障碍被清除了。

德国的渗透

在西方列强入侵摩洛哥的行动中，德国也不甘心落后。德国在摩洛哥的扩张，一方面是军事战略方面的需要，想把摩洛哥作为其重新分割世界的军事基地；另一方面也想获得本国工业发展所急需的而在摩洛哥藏量丰富的铁矿石。德国资本大量渗入摩洛哥，其中包括著名的德国钢铁大王克虏伯康采恩（垄断组织）的代表，也有著名的工业家雷姆夏特—曼纳斯曼公司的代理人。他们千方百计地掠夺摩洛哥的铁矿石和其它矿产。曼纳斯曼公司仅用微不足道的两万法郎赏金就获得开采许多铁矿石产地和一些其他矿产地的权利。1907—1910年间，德国资本家在摩洛哥获得了许多租让权，开设了烟厂，参与了港口设施、道路和公共建筑物的建设，创办了银行，以及开采铁矿石产地和其他矿藏产地的权利，“成为摩洛哥最大的外国资产所有者集团”。[①]1908年，曼纳斯曼兄弟公司获得摩洛哥铁矿的租让权。

列强争夺与摩洛哥的衰落

西方列强于19世纪下半叶在摩洛哥的侵略扩张严重威胁摩洛哥的主权独立，造成摩洛哥国家政权动荡不定，经济衰退日渐加剧。

1865年5月，针对直布罗陀海峡的航行安全问题，摩洛哥与西班牙、葡萄牙、意大利、英国、美国、荷兰、瑞典、奥地利、比利时、挪威和法国等国举行谈判，并被迫于同年5月31日在丹吉尔与上述国家签署了不平等条约。这些国家在摩洛哥取得了一系列特权。条约规定，凡是签约国的臣民，都可以在摩洛哥享有特权；甚至在签约国领事馆工作的摩洛哥人，或者作为外国公司的股东、外国商行的职员或经纪人的摩洛哥人，也可以享受这些特权，而不必服从摩洛哥本国的法律。

随着取得一系列特权，列强在摩洛哥的势力大为增强，在沿海的主要城市，列强设立了领事馆。欧洲人在摩洛哥的数量迅速增加，他们从事贸易，放高利贷，购买房屋、牲畜和土地。基督教传教士还兴建教堂，并于1862年开设第一所教会学校，教授外语、算术和簿记。外国商行和轮船公司在摩洛哥设立代理机构。不平等条约使外国商品突破了垄断贸易壁垒，源源不断地涌入摩洛哥市场。以摩加多尔为例，糖的进口增长率在1846—1856年为12%，而在1856—1866年提高到32%。欧洲的商品倾销破坏了摩洛哥的手工业，造成大量手工业者破产，导致摩洛哥出现严重的外贸逆差、通货膨胀、货币贬值和黄金外流。1862年，摩洛哥金盎司的含金量只有1822年的1/2、1766年的1/4。赔款、外贸逆差和偿还外债本息，

① 肖克编著:《列国志 · 摩洛哥》, 第63—64页。

致使摩洛哥财政走向破产的边缘。

1873年即位的穆莱·哈桑一世目睹了摩洛哥衰落的全过程，试图维护摩洛哥的国家利益。1876年，哈桑一世照会欧洲列强，要求修改领事裁判权制度。英国和西班牙对法国在摩洛哥所处的优势地位及其独霸摩洛哥的野心深感不安，便趁机提出召开国际会议讨论摩洛哥问题。1880年5月19日，摩洛哥与英、法、西、德等14国在马德里正式召开国际会议，经长时间的讨论，于7月3日签订《马德里条约》。1881年4月10日，俄国也加入该条约。条约规定：与会各国承认摩洛哥的独立主权，摩洛哥承认“所有缔约列强在外交和领事方面的保护权今后都处于平等地位，承认每一个缔约列强在保护权方面均享有最惠国待遇，承认一切外国人在摩洛哥土地上享有产业权。”①《马德里条约》的签订进一步确立了西方列强瓜分摩洛哥的基础，实际上使摩洛哥丧失了主权国家的地位。

二、摩洛哥统治者励精图治的改革

穆罕默德四世的改革

19世纪中叶以后，摩洛哥日益衰落。一方面是中央政权的控制能力下降，统治集团内讧不断，封建割据加重；另一方面是广大山区和边远地区的柏柏尔部落各自为政；更为严重的是西方列强的纷纷入侵，致使国家独立遭受威胁。连续不断的内乱和对外战争，使摩洛哥经济严重衰退，民不聊生。

在这种内忧外患的困境下，摩洛哥统治者尝试以改革求生存的道路。为了抵御西方列强的侵略，维护国家独立，实现民族振兴，摩洛哥统治者在近代史上先后进行了三次重要改革，即穆罕默德四

① 〔法〕马塞尔·佩鲁东：《马格里布通史——从古代到今天的摩洛哥、阿尔及利亚、突尼斯》，上海师范大学《马格里布通史》翻译组译，第413页。

世改革、哈桑一世改革和阿卜杜拉·阿齐兹改革。[①]

穆罕默德四世亲身经历了伊斯利战役和得土安战争的惨败，强烈的屈辱感以及摩洛哥所面临的殖民侵略危机，促使他决心为摩洛哥探寻新的发展道路。穆罕默德四世在位期间（1859—1873年）坚定地推出改革政策，大胆尝试了一些改革措施。

长年的内乱和反抗殖民侵略的战争使摩洛哥的国库空虚，与列强签订的条约又使摩洛哥背上沉重的外债负担。为了解决财政困难，穆罕默德四世采取了一项新的税收制度。由于摩洛哥各通商口岸的海关收入被作为偿还外债的抵押，而受到外国债权人的监管，穆罕默德四世便将获取财政收入的目标转向农村，特别是从卡萨布兰卡到萨菲的沿海平原，这里是摩洛哥农业作物的主产区，被称为摩洛哥的肥沃粮仓。穆罕默德四世废除了根据收成按比例缴纳的农业税，代之以向每个部落征收固定金额的货币税。新的税收制度行之有效，国库很快得到充实，但它忽略了自然环境对农业生产的影响，丝毫不顾及遇到坏年景时农民收入微薄甚至挨饿的现实。这种残酷掠夺国内农业财富的做法造成了马赫曾政府与农村关系的恶化。1867—1869年，摩洛哥全国大旱，农民们为了度过荒年，不得不借高利贷，一些农民开始卖地，有的干脆放弃土地，逃往城市。沉重的税收、地方官员的苛刻、自然灾害等多种因素综合作用的结果是，农村经济的崩溃，农村社会的解体。另外，穆罕默德四世还于1864年恢复了素丹苏莱曼执政初期停征的新税目马克斯。1856年与英国签订自由贸易协定后，外国商品大量涌入摩洛哥市场，与当地工匠的手工制品展开竞争，城市民众又要缴纳沉重的税收，故而在像制革业行会这样的同业行会中民怨沸腾。

随着欧洲列强对摩洛哥的殖民侵占，外国势力逐步插手摩洛哥的金融财政。到穆罕默德四世上台时，摩洛哥已处于金融危机之中，其集中体现在摩洛哥的货币急剧贬值。19世纪中叶，欧洲硬币大量

---

① 彭树智主编：《阿拉伯国家简史》（修订版），福建人民出版社1999年版，第251—253页。

充斥摩洛哥市场，马赫曾政府无奈之下只能允许外国硬币作为法定货币流通，摩洛哥人开始同时使用本土货币和外国货币。结果，摩洛哥银币退出了流通，最常用的青铜币贬值，使得商品对普通人来说更加昂贵。[①]为了稳定货币，减轻通货膨胀对民众造成的生活压力，穆罕默德四世发行了新银币——穆罕默德迪拉姆，并保持其与青铜币的兑换值固定不变。他下令在所有商业交易包括征收税金中使用迪拉姆。这一举措在短期内对稳定货币、遏制通货膨胀和维持政府财政收入起到一定效果，但并不能从根本上解决摩洛哥持续存在的货币危机。它实行了很短一段时间就失效了，新币迪拉姆退出了流通。

长期以来摩洛哥并没有正规化和专业化的行政管理制度。中央和地方的官僚机构基本上立足于精英统治模式，以家族关系、忠诚度和政绩作为进入官僚机构和加官晋爵的条件。19世纪中叶以来，官僚机构不断扩大，对于管理人员的需求增长。穆罕默德四世在拉巴特创建了一所现代管理技术培训学校。他又以奥斯曼帝国的坦齐马特改革为蓝本，推出了结构性的行政改革措施。为了提高政府收入以适应管理机构扩张的实际需要，摩洛哥于1862年设立检查机构乌玛纳（Umana），正式监管港口费、城门费、市场费等税费的征收。而这一机构的官吏主要是从非斯、得土安、塞拉等地的上层家庭招募的年轻聪明男性。他们由被称为“阿明·乌玛纳”（Amin al-Wumana）的总监察官即事实上的财政大臣领导，被派到内陆腹地收税。每个官吏都领取一定的薪水，不允许从事商业活动。驻在港口的检察官既对马赫曾负责，也为那里的外商服务。他们的作用意义非凡，增强了当地人与外国人之间的交往，使更多的当地人掌握了国际贸易的具体技能，并开拓了信息和文化交流的新途径。1870年，穆罕默德四世进行了更大范围的官僚机构改组。

伊斯利战役和得土安战争的惨败教训使穆罕默德四世认识到，

① Thomas K. Park, “Inflation and Economic Policy in 19th Century Morocco: The Compromise Solution”, *The Maghreb Review*, Vol.10, No.2-3, 1985, pp.51-56.

必须按照欧洲的方法对军队进行现代化改革。[①]几个世纪以来，摩洛哥军队一直是以伊斯梅尔时期创建的由瓦达亚骑兵和“阿比德·布哈里”步兵军团构成的摩洛哥常备军——吉什为主，辅之以非常规的部落队伍——纳伊巴（na’iba）。为保证军队的忠诚，素丹赋予军人们在许多方面的特权。在苏莱曼统治时期，军队变得愈发桀骜不驯，经常激烈抵制政府消减其特权的任何措施。阿卜杜·拉赫曼执政期间，军队公然蔑视改革政策，不服从素丹命令，于1831—1834年爆发瓦达亚起义。虽然起义被平定，但这暴露出军事制度的弱点：以礼物和奖励安抚军官；训练水平低，装备简陋；由相互竞争的不同单位组成的军队桀骜不驯，经常反抗中央政府的控制；军费长期不足等等。阿卜杜·拉赫曼曾尝试对军事制度进行改革，于1845年建立了一支新军阿斯卡尼扎米（askarnizami）。虽然原有的常备军吉什和部落队伍纳伊巴仍然存在，但新军与昔日禁卫军存在明显差别：与旧式骑兵不同，新军是一支步兵；军队与军事单位参照奥斯曼帝国和埃及的军事手册重新命名；军人身着欧洲风格的制服，携带英格兰燧发步枪。19世纪40年代，这支新军被用来对付阿尔及利亚民族英雄阿卜杜·卡迪尔，声誉受损，不少士兵离开新军。在得土安战争中，新军也不过是摩洛哥正规军中一支遭受惨败的微不足道的部队。[②]

穆罕默德四世继位后，在军事领域开展了大刀阔斧的改革。据说他曾仔细阅读了被译为阿拉伯语的奥斯曼土耳其和欧洲国家的军事手册，了解现代化军队的组建。他重组了新军阿斯卡尼扎米，以现代化标准建设这支摩洛哥正规军。他设置了一个等同于国防大臣的职位来监督军务；通过定期地在全国各地向社会各阶层征召新兵

---

① Abderrahmane El Moudden, “Looking Eastward: Some Moroccan Tentative Military Reforms with Turkish Assistance (18th-Early 20th Centuries)”, *The Maghreb Review*, Vol.19, No.3-4, 1994, pp.237-245.

② Amira K. Bennison, “The ‘New Order’ and Islamic Order: The Introduction of the Nizāmī Army in the Western Maghrib and Its Legitimation, 1830-1873”, *International Journal of Middle East Studies*, Vol.36, No.4, 2004, pp.591-612.

来扩充兵力，并扩大了军队的社会基础；用精良的武器、军装、供给品装备军队，为此从国外购买大量新式武器，并在马拉喀什建立兵工厂生产新式武器装备；制定铁的纪律，对违反军纪者实行严厉的处罚；在非斯建立军事训练学校，从欧洲更多的是从阿尔及利亚和突尼斯等伊斯兰国家聘请军事教官来训练新军。通过上述措施，穆罕默德四世为摩洛哥打造了一支装备精良、纪律严明、训练有素的正规军，使马赫曾拥有了对内控制、对外御敌的尖刀利刃。[①]穆罕默德四世的军事改革产生了深远影响。新军阿斯卡尼扎米的建立不仅提高了国家防卫能力，而且随着它的发展壮大，发挥了更为广泛的作用。它成为极大扩展国家权威的手段，为围绕摩洛哥“民族”理念而凝聚起来的有序社会提供了保障。

穆罕默德四世还充分意识到外部世界发生的技术变革。他大胆引进欧洲的先进技术，招聘欧洲技术人员，希望通过购买外国先进的工业设备和兴办近代工厂来振兴摩洛哥的民族工业。1863年，他聘请了一位英国人在马拉喀什王宫制造蒸汽机。1865年，他在非斯建立印刷厂，由政府出钱引进了印刷机，到1868年，已印刷出3000多册书籍（大多为宗教教育手册）。他还制订改善道路和港口的建设计划，在豪伍兹（Haouz）地区开辟甘蔗和棉花种植园，在马拉喀什建立制糖厂，从欧洲进口加工原料的机械。

哈桑一世的改革

为了抵御外国的入侵、镇压地方封建势力的割据和分裂，穆莱·哈桑继承父志，团结并起用了一批拥护改革的人士，继续推行改革政策。穆莱·哈桑在其执政的20余年间施展了平衡之术，成为摩洛哥“最善意的和最精明的”[②]一位强势素丹。哈桑一世执政期间（1873—1894年），在以下方面进行了大胆改革：

---

① W. J. Rollman, “The ‘New Order’ in a Pre-Colonial Muslim Society: Military Reform in Morocco, 1844-1904”, Ph. D. Diss., University of Michigan, 1983, pp.574-575.

② Vincent Boele and Mohamed Saadouni, eds., *Morocco: 5000 Years of Culture*, p.69.

（一）军队建设

哈桑一世着力于打造一支正规化和职业化的军队。他废除了黑人世袭禁卫军，实行征兵制，定期在摩洛哥各地面向各阶层招募新兵，编入新军。他在位期间，阿斯卡尼扎米的规模扩大到2.5万人。他还从比利时、英国、法国、德国、西班牙和奥斯曼帝国聘请军事教官训练军队，并选派本国高级军官和学生赴欧洲留学。[①] 1876年，哈桑一世就聘请法国军事教官一事与法国进行谈判，于第二年迎来了常驻摩洛哥的法国军事使团。1874—1888年，他从吉什和阿比德以及平民中挑选了300—400名学生，赴英国、法国、意大利和比利时的军事院校学习数学、工程和军事科学。同时他还购买了大量的国外新式武器装备，如比利时的步枪、英国和德国的大炮、法国的野战炮。他还创建了本国的军事工业，于1888年在非斯建立了小型兵工厂（Makina）[②]，兵工厂聘用了西、法、英、意、德五国技术人员来管理，并从欧洲进口机器。他还加强了海军建设，购买了一艘巡洋舰和三艘运输舰，奠定了摩洛哥海军舰队的实力基础。[③]

哈桑一世建立近代化军队出于两个目的：其一是加强抵抗外敌侵略的能力，其二是镇压国内地方封建分裂势力。正是依靠这支近代化军队，他曾先后平定了乌季达、苏斯河和嫩河地区、塔德拉地区、塔菲拉勒特地区的叛乱。

（二）行政管理

为了加强和巩固中央政府的权力，哈桑一世积极推进行政管理制度改革，对马赫曾进行改组，设置了司法、外交、金融、国防等维齐尔职务，把一些大权交给大维齐尔行使，使之发挥中央政府职能。他将国家机构进行科层化建设，中央政府划分为多个正式部门，每个部门都被赋予了一整套专门的任务。

---

① 陆庭恩、艾周昌编著：《非洲史教程》，华东师范大学出版社1990年版，第244页。

② 关于非斯兵工厂，参见W. J. Rollman, “The ‘New Order’ in a Pre-Colonial Muslim Society: Military Reform in Morocco, 1844-1904”, Ph. D. Diss., University of Michigan, 1983, pp.704-706.

③ 苏联科学院非洲研究所编：《非洲史1800—1918年》（下册），顾以安，翁访民译，上海人民出版社1977年版，第397页；陆庭恩、艾周昌编著：《非洲史教程》，第244页。

为了改变部落割据局面，哈桑一世重新划分行政区。他将原来的18个大卡伊德辖区划分成330个小辖区，由完全听命于他的小卡伊德负责管理（素丹亲自从改革后的新军阿斯卡尼扎米中挑选“新人”充当省级官员）。例如，在杜卡拉地区，省长由5人增加至18人。借此，他削弱和打击了传统的地方封建势力和分裂势力，使国家朝着政令统一的方向发展。

为了加强中央对地方的控制，哈桑一世采取了“分而治之”的统治策略。长久以来，摩洛哥基本上分为两种地区：由中央政府控制的地区（bled el Makhzen）和不承认中央权力的“叛乱地区”（bled es Siba）。[①]中央政府并不能有效地控制和管理边远地区及内陆的广大农村地区，由于地理环境、部族和语言等方面的巨大差异，这些地区常常是各部落或部落联盟雄踞一方，各自为政。哈桑一世执政期间，几乎每年都要亲自率军远征，借此扩大马赫曾的统治范围，塑造素丹至高无上的权威，同时征收税款以填补国库空虚。他经常巡视摩洛哥各地，频繁接触各部落首领，并以恩威并举的方式使他们不断提升对素丹和马赫曾的效忠度。哈桑一世通过实施远征计划，把以前对国家没有认同感的边区和山区民众纳入到民族国家范畴。大阿特拉斯山、恭达法（Goundafa）、穆托呷（M’touggas）和格拉瓦（Glawa）部落的大酋长们纷纷接受素丹的统治，与哈桑一世合作，为其军队提供人员支持。19世纪后期，摩洛哥部落社会结构弱化，中央与边缘地区之间的经济、政治和军事等各种联系加强，“部落”因素进入中央，马赫曾的权力也进入其领土范围的最遥远之处。[②]

（三）文化教育

在文化教育方面，哈桑一世想以向西方学习的方式，来阻挡西方列强的侵略，便对摩洛哥的文化教育事业也采取一些改革举措。

---

① James N. Sater, *Morocco: Challenges to Tradition and Modernity*, 2nd edition, London and New York: Routledge, 2016, p.4.

② 〔美〕苏珊·吉尔森·米勒:《摩洛哥史》，刘云译，第42—43页。

1888年，摩洛哥成立了一所工程师学校，向欧洲派遣留学生，学习医学、工程和自然科学。同时，摩洛哥也创办了图书馆和报社。但是，这些措施对占统治地位的伊斯兰教育触动不大。

（四）财政与经济发展

为遏制外国资本渗透，哈桑一世宣布将矿产资源收归国有，不愿出租采矿权，拒绝向西方列强出让铁路、公路、桥梁和港口的建设权，阻止西方人在摩洛哥购置土地。他制订了新的税制和海关税则，扩大纳税人群范围，规定外国人和以前免税的宗教首领一律都须纳税。他也发展交通运输业，在卡萨布兰卡修建港口；在丹吉尔建造新码头；改建拉巴特港，安装新式吊车；修建从非斯到梅克内斯的铁路。他还发展邮政事业；发展工农业，引种棉花和甘蔗，发展经济作物；发展贸易；创办制糖厂、制药厂、棉织厂、面粉厂等。

为了稳定货币，哈桑一世实行了本币与外币的固定兑换率，并于1881年铸造了摩洛哥新币——（银）里亚尔（又称哈桑里亚尔）。但是，外商却在新币铸成后以走私方式大量外运，致使摩洛哥的贵重金属大量流失，造成摩洛哥新币贬值。尽管如此，他的经济改革还是取得了一定的成效，国家的经济出现繁荣。1884年，摩洛哥还清了给西班牙的赔款和积欠西方的债务。此后，所有海关收入直接进入国库，国库的储备达到6000万杜劳（Douros Hassani）。①

（五）对外关系

哈桑一世执政时本想实行独立的均衡外交政策。他不单纯排外，也不仅仅依靠某一个强国，而是利用列强之间的矛盾，与之周旋。与西方列强纠纷不断的“保护”问题一直困扰着马赫曾。为限制西方列强在摩洛哥实行的保护权，哈桑一世了解到列强在“保护”问题上的目标有所差异，且他们经常因此勾心斗角。他认为解决此问题的良好时机到了，就向西方列强提出修改领事裁判权制度，要求召开相关各方参加的国际会议进行讨论。针对外国公使馆给某些摩

① 〔法〕马塞尔·佩鲁东：《马格里布通史——从古代到今天的摩洛哥、阿尔及利亚、突尼斯》，上海师范大学《马格里布通史》翻译组译，第414页。

洛哥公民颁发“保护”护照的做法，1880年2月8日，摩洛哥外交大臣穆罕默德·巴尔加什通知各国驻丹吉尔的公使馆，说他奉哈桑一世之命，宣布保护权停止生效。[①]此举引起了轩然大波，列强群起反对。同年5月，由英国提议，哈桑一世的代表与列强的代表在马德里举行国际会议，7月3日签订了《马德里条约》。该条约肯定了列强的保护权，只是废除了保护权的世袭制。《马德里条约》规定：各国承认摩洛哥的独立主权，摩洛哥则须承认：“所有缔约国在外交和领事方面的保护（权）今后都处于平等地位，承认每一个缔约国在保护权方面均享有最惠国待遇，承认一切外国人在摩洛哥土地上享有产业权。”[②]哈桑一世原本想借此会议修改保护制度，却未能如愿。《马德里条约》不但没有限制保护制度，反而使马赫曾做出了更多让步，进一步限制了摩洛哥的主权。尽管遭到素丹政府和乌勒玛的强烈反对，保护制度却一直持续存在，造成了“秩序混乱，分裂了摩洛哥人民”[③]。这无疑加深了摩洛哥的半殖民地化程度。

哈桑一世的改革收效甚微，而且还带来了一些不良后果。组建新军耗费了大量财力，新军的组织性和战斗力极为薄弱。他聘苏格兰人哈里·麦克莱恩（Harry Maclean）担任军事顾问来训练一支模范军队，允许法国派遣军事使团常驻非斯，这些措施无异于引狼入室。麦克莱恩后来成为素丹阿卜杜·阿齐兹的权臣。法国军事使团享有特殊地位，掌握重要的军事情报，对法国控制摩洛哥极为有利。使团中的利纳雷斯医生与素丹过从甚密，同大维齐尔交情颇深，他频频出入宫廷，对素丹的影响很大。法国政府利用这些便利在列强对摩洛哥的争夺中处于优势。[④]

---

① 〔法〕亨利·康崩：《摩洛哥史》（上册），上海外国语学院法语系翻译组译，第147页。

② 〔法〕马塞尔·佩鲁东：《马格里布通史——从古代到今天的摩洛哥、阿尔及利亚、突尼斯》，上海师范大学《马格里布通史》翻译组译，第413页。

③ S. G. Miller and A. Rassam, “The View from the Counrt: Moroccan Reactions to European Penetration During the Late 19th Century'”, *International Journal of African Historical Studies*, Vol.16, No.1, 1983, pp.31-37.

④ 郭应德：《阿拉伯史纲》，经济日报出版社1997年版，第337—338页。

另外，改革既未能触及教会和世俗封建主的领地，也没能改变摩洛哥传统的社会结构。卡伊德、商人、买办大量强占和购买土地，底层人民的地位并没有得到改善。通货膨胀，农民破产，农村部落的暴动和起义也不断发生。来自封建势力和伊斯兰教神学家的阻力十分强大，以致哈桑一世都感到难以推进改革。但更重要的是，从当时整个世界的形势来看，摩洛哥的改革是一场迟到的改革。它不只是在时间上比埃及晚了70年、比突尼斯晚了30年，而是当穆莱·哈桑推进改革之时，资本主义社会已经由自由资本主义阶段逐步向垄断资本主义阶段过渡。列强加紧对非洲的争夺和瓜分，再也不容许一个独立的近代化摩洛哥出现在直布罗陀海峡的南侧。

阿卜杜拉·阿齐兹的改革

1894年6月，哈桑一世去世，年仅14岁的穆莱·阿卜杜·阿齐兹（Mulay Abd al-Aziz）继位，但政权操控在大维齐尔艾哈迈德·伊本·穆萨（Ahmad ibn Musa）手中，他摄政直至1900年死于霍乱疫病为止。年轻的阿卜杜·阿齐兹既缺乏经验，又无才智，不得不依靠艾哈迈德摄政时期遗留下来的各部门的少数大臣帮他处理国家政务。阿齐兹沉溺于在宫廷娱乐，很少接近他的臣民。在他执政期间（1894—1908年），马赫曾变得非常虚弱，大臣们明争暗斗，政见相左。特别是阿齐兹在宫廷中聘用了不少外国人，如来自苏格兰的军事顾问哈里·麦克莱恩，他几乎受外国人操纵。他推行的改革带有明显的欧化特征，被欧洲列强利用来为自己服务。

财政困境是阿齐兹首先要解决的核心问题。1900年阿齐兹正式掌权时，国库有相当于6000万法郎的储备，足以支付四年财政预算的正常费用。但是，由于阿齐兹大手大脚的消费习惯和大幅上升的政府开支，国库盈余很快消耗殆尽。为了解决迫在眉睫的财政危机，阿齐兹推出了一项财税改革计划，开始在全国范围内面向所有人开征一种统一税收——“太尔提布”（tartib）。新的征税制度规定“所有人每年都一律要缴纳同等的捐税。不论是贵、贱、强、弱、贫、富，还是欧洲商人及其所保护的穆斯林和犹太人，以至政府各级官吏，均无例外。”[①]政府相关部门精心准备了纳税名册，包括对纳税人拥有的土地、牲畜等财产的评估等文件，并配备了专人去收税。

但是，这个被称作“太尔提布”的新税制在刚开始实施就引起激烈的反对。一方面，它遭到摩洛哥国内各种势力的反对。首先，在伊斯兰国家，税赋，尤其是什一税和天课都源自《古兰经》，以乌勒玛为代表的宗教人士和穆斯林民众认为，以“太尔提布”取代这些税是反宗教的、不公正的，而且是令人讨厌的。其次，人们认为这是阿卜杜拉·阿齐兹崇尚外国制度的结果。有人说“太尔提布”这种“现代”税收形式是“英国观念”，阿齐兹是在其英国朋友卡伊德·麦克莱恩（Kaid Madean）的鼓动下出台了这一新税收。阿特拉斯山区的部落开始宣传要进行“圣战”。再则，由专人征收“太尔提布”的做法剥夺了地方官卡伊德的征税权力。卡伊德们通常会在征税时截留部分税收为自己所用，因此对新税制十分痛恨。另外，那些原来因向常备军吉什提供兵源而享受免税权的部落，按照新规定也开始纳税，这些享受特殊待遇的部落自然对新税制深感不满。总之，在摩洛哥国内，人们普遍痛恨这种税收。1902年8月，梅克内斯地区最先发生骚动，虽遭官兵镇压，但局势进一步恶化。另一方面，“太尔提布”计划的推行也遇到极大的外部阻力。依据在摩洛哥普遍存在的“保护”制度，外国人及其他被“保护”人享有免缴税赋的特权，而“太尔提布”是摩洛哥全国包括外国人在内的所有人都必须缴纳的，深感利益受损的外国人极力反对新税制。1902年1月，法国驻丹吉尔公使圣—勒内·塔扬迪埃率领的法国外交使团前往拉巴特觐见阿卜杜拉·阿齐兹，表达法国对传闻中的素丹改革和与英国合作的担忧，并表示如果事实如此，法国将放弃与摩洛哥在阿摩边界的合作政策，恢复自己的行动自由。最终阿齐兹被迫作出保证，一定重视法国提出的所有意见，关于革新项目一定在取得

---

① 〔法〕亨利·康崩：《摩洛哥史》（上册），上海外国语学院法语系翻译组译，第175页。

法国同意之后再实施。结果，在内外势力的联合反对下，1903年11月，新税制被迫取消。

与此同时，由于"太尔提布"计划的实施，原有的赋税不再征收，而新税赋又遭到普遍抵制，国库出现枯竭之势。阿卜杜拉·阿齐兹试图寻求一个快速的补救措施来解决迫在眉睫的财政困境。马赫曾因此决定铸造一种内在价值较小的新硬币，但公众拒绝使用这种硬币。1896—1906年，摩洛哥货币价值贬值25%，这进一步削弱了国家的财政资源。[①]为了渡过难关，素丹政府不得不向外部借款，而国外财团也乐得随时"施以援手"。1901年12月，马赫曾向法国银行以6%的利息借贷750万法郎。英国趁机提出资助素丹为推行新计划而要建立的一套管理机构所需要的资金、设备和人员，以此换取素丹给予某些租让权和垄断权，从而扩大英国对摩洛哥的影响力。之后，英国、比利时等国家都为马赫曾提供了大量贷款。虽然这些贷款帮助素丹解了燃眉之急，但摩洛哥从此背上了沉重的外债负担，使得马赫曾在财政上开始依赖欧洲人。1904年4月英法协定的签订使法国在与英国的外交博弈中占据优势地位。法国承诺在阿齐兹的改革中发挥特殊作用，并答应给素丹提供一笔贷款，迫使阿齐兹承认了英法协定。1904年6月，法国与马赫曾签订贷款协议，法国提供6250万法郎的贷款，利息5%，以60%海关税收作抵押。[②]这样，法国便控制了摩洛哥国家财政收入的主要来源。

为了应对内外危机，阿卜杜拉·阿齐兹还尝试着对行政制度作出改革，试图改变传统的政府机构，代之以比较现代化的行政管理机构。他从全国各地的城市和农村中精心挑选了15名精英代表，组成一个"贵族委员会"来商议国家大事、帮助素丹决策。实际上，"贵族委员会"就相当于"协商会议"（舒拉）。为了阻止法国控制摩洛哥的野心变成现实，1905年1月，"贵族委员会"召开会议，呼吁

① Edmund. Burke, Ⅲ, *Prelude to Protectorate in Morocco: Precolonial Protest and Resistence*, 1860-1912, pp.56-57.

② Idid., pp.71-75.

欧洲自由主义者维护摩洛哥政权统一的局面。虽说这一改革并未使摩洛哥出现一个“现代代议制政府”，但是，“贵族委员会”在许多问题上发挥了作用。比如在对法国的殖民行动做出反应时起到了很好的舆论作用，支持素丹将摩洛哥问题提交国际谈判的策略等。

阿卜杜拉·阿齐兹的软弱无能及改革失利，削弱了他的权威和对政府的控制权，使他几乎受制于欧洲人。由于政府力量的衰弱，摩洛哥全国陷入混乱无序的状态，社会各阶层纷纷起来反对素丹和马赫曾。

1902年，在摩洛哥北部的塔扎地区形成了一个以劳吉·布·哈马拉[①]为首领的新的暴动中心。该地区的哈亚伊纳部落、里亚塔部落、瓦拉因部落、苏勒部落和巴拉尼斯部落结成了一个反马赫曾的联盟。劳吉甚至组建了自己的马赫曾，有自己的官服和礼仪，以梅利利亚与乌季达之间的摩洛哥北部边远地区为中心。素丹的军队对这里基本无控制。劳吉在其控制地区与欧洲人开展商业往来，收取关税，进口枪支，甚至出让里夫山区的铁矿和铅矿的采矿特许权。他给自己披上马赫迪的外衣，宣布对异教徒（他将素丹阿齐兹也包括在内）发动“圣战”。他曾轻松击败素丹派来镇压他的马哈拉（远征军），一度对非斯形成威胁。马赫曾出动大批军队平叛，于1903年7月进驻塔扎地区，恢复了当地的平静。[②]

劳吉暴动给其他反政府武装公然违抗马赫曾的行为起到了引领和示范的作用。1903—1904年冬，丹吉尔南部杰巴拉山区的谢里夫艾哈迈德·雷苏尼（Ahmad al-Raysuni）率领全副武装的山民占领了丹吉尔。他们闯入丹吉尔郊区的豪华住宅区，对外国人的豪宅

---

① 1862年穆莱·穆罕默德在位时，一个名叫杰利勒·劳吉的骚动者企图篡位，后来他的名字就成了篡权者的代名词。1902年，扎尔洪地区优素福部落的吉拉利·本·伊德里斯·优素福·扎尔胡尼（Jilali Ben Idris al-Yusufi al-Zarhuri），自称是素丹的兄长和王位的合法继承人，从此就得到了“劳吉”的外号。

② Edmund Burke, Ⅲ, *Prelude to Protectorate in Morocco: Precolonial Protest and Resistence*, 1860-1912, pp.62-65; P. R. Venier, “French Imperialism and Pre-Colonial Rebellions in Eastern Morocco, 1903-1910”, *The Journal of North African Studies*, Vol.2, No.2, 1997, pp.58-59.

进行了洗劫。他们还绑架了一位希腊籍美国富豪约恩·柏迪卡里斯（Ion Perdicaris）及其女婿，并勒取赎金和地区总督职位。这些举动震惊了国际社会。他的要求得到满足后，释放了人质。但事后欧美国家迫使阿卜杜拉·阿齐兹解除了雷苏尼的职位。雷苏尼便到阿鲁斯部落地区的塔兹鲁山寨隐居，并在摩洛哥北方建立了自己的政治基地。

非斯的乌勒玛穆罕默德·本阿卜杜·卡比尔·卡塔尼（Muhammad ibn. Abd al-Kabir al-Kattani）对欧洲顾问、外交官和冒险家渗入摩洛哥王宫并试图左右朝廷事务感到震惊和忧虑。1895年，他呼吁曾建立在伊智提哈德（Ijtihad,创制）基础上的伊斯兰教复兴，号召抵抗欧洲人并将他们从国家的权力机构中驱逐出去。他利用自己在非斯建立的扎维亚广收门徒，教导神秘主义的修炼方法，要求他们放弃现有的教条，重新定义正统伊斯兰教的界限。因此他被非斯的乌勒玛领导人贴上了异端的标签，并对他提起审判。卡塔尼想方设法接近素丹阿卜杜拉·阿齐兹并获得有力支持，素丹认为可以利用卡塔尼对乌勒玛的批评压制过分独立和傲慢的教法学家。对他的指控失败后，卡塔尼继续宣传其伊斯兰复兴思想，并在非斯印刷宗教传单和小册子，抨击道德腐败，反对日益增长的西方影响，还在丹吉尔建立了非斯扎维亚的分部，将其作为深入扩大与马格里布、马什里克（Mashriq,埃及以东的阿拉伯地区）接触的平台，在更大更远的范围内宣传他的改革情况。[①]卡塔尼建立了各种势力的联盟，寻求代替日益衰弱的政府。由于对素丹的无能失望至极，卡塔尼最终放弃支持阿卜杜拉·阿齐兹，转而投奔阿齐兹的兄长阿卜杜勒·哈菲兹（Abd al-Hafiz ibn al- Hassan），并在1907—1908年兄弟二人争夺统治权的斗争中发挥了重要作用，帮助哈菲兹登上了素丹之位。卡塔尼作为谢里夫和苏菲道堂首领，其影响力无论在城市还是农村部落地区都在持续增长。因为怀疑卡塔尼会领导一场起义，1909年

① Sahar Bazzaz, *Forgotten Saints: History, Power, and Politics in the Making of Modern Morocco*, Camgridge, M · A.: Harvard University Press, 2010, pp.50-53.

3月，哈菲兹下令逮捕他并以残忍的方式将其处死。

阿卜杜拉·阿齐兹在14年的统治期里，不断受到财政危机、政府衰弱、国内各种势力的反叛和外来侵略势力的控制等问题的困扰，他无法也没有才能像先辈们那样大展改革宏图，甚至连自己的素丹之位都保不住。

改革结果与失败原因

19世纪下半叶，西方列强在非洲加速殖民扩张，英国、法国、德国和西班牙等欧洲列强对摩洛哥的争夺愈演愈烈，严重威胁摩洛哥的主权和独立。为应对危机,摩洛哥统治者选择了以改革求生存的道路，在多个领域进行了一系列改革。但是，改革的结果并不理想，它既没有阻止欧洲列强的侵略行动，也没有增强国家抵御外来干预的能力。

历经三代素丹的改革以失败而告终，其中的原因值得探究。

摩洛哥改革失败的外因是帝国主义列强的侵略与压迫。19世纪下半叶，通过签订不平等条约、享有特权等手段，西方列强在摩洛哥疯狂地展开了政治和经济渗透。他们想方设法地维护自己的特权，维护在摩洛哥的既得政治利益和经济利益。因此对素丹触及列强利益的改革极力阻挠和反对，如阻挠和破坏素丹提出的税制和币制的改革。而1880年马德里会议的结果则证明，列强不会容忍摩洛哥通过改革而实现自身发展。

摩洛哥改革失败的内因是国内封建势力和宗教势力的极力反对，他们顽固地维护神权思想。地方卡伊德强占土地，肆意盘剥，反对改革，闭关锁国。由于国内宗教势力和大封建主的煽动，摩洛哥下层百姓也因自身生活状况未得到改善而频发骚乱，将反对的矛头直接指向改革。哈桑一世时期，由于繁重的马克斯税收和外国商品涌入的竞争打击，非斯市民和制革行会发起暴动，素丹派新军阿斯卡尼扎米进行镇压。起义虽被镇压下去，但是普通民众与特殊利益群体及素丹统治集团之间存在的裂痕明显增大。

可以说，哈桑一世的改革完全是一场封建统治者的改革，受到了封建神权思想的支配，并未触及宗教势力和封建势力的利益，并未改变摩洛哥的传统社会结构。因此，哈桑一世的改革只是为了阻止欧洲列强的侵略，维护自己的统治地位；只是为了接受欧洲的生产方式和科学技术，避免与之发生冲突。

长期以来，摩洛哥因经济落后、政治分散，一直未能发展资本主义。所以，直到19世纪下半叶尚未产生新的阶级。虽然沿海城市出现了一些商人和买办，但人数有限、力量薄弱，且与摩洛哥封建势力关系密切，甚至充当殖民者的代理。哈桑一世本人是封建统治者，并不能代表新兴资产阶级。其改革的社会基础较为薄弱，既无新兴社会阶级力量的支撑，也无广大群众的支持，最终失败在所难免。因此，封建统治阶级为了挽救国家危亡、维护民族独立，在不根本改变封建制度的情况下而推行改革，根本就没有成功的希望。

当然，哈桑一世的改革虽然因其历史和阶级的局限性而失败，但是，它在摩洛哥近代史上却具有一定的积极意义。封建统治阶级为反对帝国主义列强侵略而进行的微弱抗争，在一定程度上解放了社会生产力，促进了经济发展，打击了外国侵略，促进了国家统一，增加了财政收入，激发了复兴希望。

三、20世纪初期的两次摩洛哥危机

第一次摩洛哥危机

1884—1885年瓜分非洲的柏林会议后，欧洲列强在非洲大陆的角逐愈演愈烈。进入20世纪后，非洲大陆已被帝国主义列强瓜分完毕。尽管摩洛哥依然是北非唯一保持“独立”的国家，但它却成为后起的德国帝国主义争夺的一个目标。为此，西方列强开始了对摩洛哥的新一轮争夺，其中法国与德国的争斗尤为激烈，引发了两次摩洛哥危机（1905年和1911年）。

在西方列强对摩洛哥的争夺中，法国开展了频繁的外交活动，与列强相互勾结，签署了一系列协议，最终实现了独占摩洛哥的目的。1900年和1902年，法国与意大利签署秘密协定，法国同意意大利占领利比亚的的黎波里，意大利则同意法国在摩洛哥的行动自由。[①]1904年4月8日，英国与法国签署了所谓的“友好协定”。该协定针对摩洛哥问题提出了如下规定：英国同意法国控制摩洛哥；由法国在摩洛哥维护秩序；对摩洛哥的行政、军事、财政和经济改革提供可能需要的援助；英国将不阻挠法国为此目的而采取的行动，只要这种行动不损害英国根据条约、协定和惯例在摩洛哥享有的权利。[②]作为回应，法国不再要求英国撤出埃及。英、法两国之间持续近百年的竞争宣告结束。法国以承认英国对埃及的保护权换来了英国对法国在摩洛哥特权地位的承认。[③]德国对这一协定极为不满，为了维护其在摩洛哥的利益，坚决反对法国控制摩洛哥，德、法之间的矛盾进一步加深。1904年10月3日，法国和西班牙签订划分摩洛哥势力范围的秘密协定，规定西班牙控制摩洛哥北部、伊夫尼港及其周围地区和南部的希里德地区；其他地区归法国。同年末，法国迫使摩洛哥接受一笔贷款，并要求摩洛哥将警察和最重要的港口关税交由法国控制，摩洛哥军队聘用法国教官。此后，法国加速侵略摩洛哥的步伐。

1905年2月，为了使摩洛哥成为其“保护国”，法国政府派出了由外交部部长德卡尔赛率领的使团，向素丹阿卜杜·阿齐兹提出了所谓的“改革”计划，要求摩洛哥在法国顾问的监督下进行行政、警务、财政和经济的“改革”，包括由法国组织摩洛哥沿海港口的警察部队，由法国银行团组建摩洛哥银行，并要求素丹把铁路和矿山租让权给予法国等。法国势力在摩洛哥的不断扩张，引起德国的强

---

① 世界知识出版社编辑：《国际条约集（1872—1916）》，世界知识出版社1986年版，第211—212、218—219页。

② 世界知识出版社编辑：《国际条约集（1872—1916）》，第237—239页。

③ 王绳祖主编：《国际关系史》（第三卷），世界知识出版社1995年版，第339—340页。

烈不满，绝不承认法国在摩洛哥的特殊地位。1905年3月31日，德皇威廉二世访问摩洛哥丹吉尔港，发表了措辞强硬的讲话，声称摩洛哥素丹是“绝对独立的君主”，德国是伊斯兰教的朋友和保卫者，要求在承认素丹主权的前提下，各国在摩洛哥享有同等的权利，表示德国将保卫它在摩洛哥巨大和日益增长的利益。德皇还派使团到非斯，要求素丹阿卜杜拉·阿齐兹拒绝法国提出的“改革”方案。德国外交大臣比洛还向1880年马德里会议参加国建议召开国际会议来解决摩洛哥问题，声称若此建议遭拒绝，就有发生法德战争的危险。这引发了法、德两国间的“丹吉尔危机”，即所谓的“第一次摩洛哥危机”。第一次摩洛哥危机发生在1905年3月至1906年5月，是欧洲列强为了争夺在摩洛哥的利益而引发的国际危机。

阿尔赫西拉斯会议

德国坚持要求召开国际会议讨论摩洛哥问题。美国不愿法国独占摩洛哥，支持德国的要求，并提出摩洛哥“门户开放”和“无差别的经济自由”等原则。法国当时已清楚地认识到德国的军事优势，不愿冒与德国再次发生战争的危险，加上来自其他列强的压力，不得不接受德国的要求。1906年1月15日—4月7日，英、法、德、美、俄、意、西、葡、比、奥匈、荷、瑞典和摩洛哥的13国代表齐聚西班牙南部港口城市阿尔赫西拉斯，召开了旨在解决摩洛哥问题的国际会议。会议的主要议题有两个：一是如何组建摩洛哥警察部队，二是如何建立摩洛哥银行并对其实行监督。出于各自的利益考虑，与会国明显形成两大阵营：以法、英、意、西、美、俄等国为一方，以德国和奥匈帝国为一方，双方间展开了激烈的争论。4月7日，会议通过了《阿尔赫西拉斯条约》(Treaty of Algeciras)，承认摩洛哥的“独立”和“主权完整”；保证西方列强在摩洛哥的“经济自由和平等”；共同参加摩洛哥国家银行，每个国家一股，法国两股；法、德、英和西班牙四国“平等”地享有在摩洛哥修建铁路和租借矿山的特许权；法国接管摩洛哥的海港关税；丹吉尔成为一个国际自由港；在摩洛哥组织国际警察部队，由法国和西班牙分别管理摩洛哥的警察部队，负责维持摩洛哥的“治安”。[①]此次会议实际上是欧洲列强以牺牲摩洛哥主权为代价而推行强权政治的一次交易，它暂缓了因摩洛哥问题引发的国际危机。

通过此次会议，德国并未得到它所希望的结果，唯一的收获就是让摩洛哥问题成为一个国际问题。这就使法国在采取进一步行动时受到一定限制，而且也使德国有可能在条件成熟时再次提出摩洛哥问题。这次会议虽使法国独占摩洛哥的野心未能如愿以偿，但相较于其他列强，法国终究取得了在摩洛哥的最大特权，这也成为它日后进一步侵略摩洛哥的依据。1907年3月19日，法国医生埃米勒·毛尚（Emile Mauchamp）在马拉喀什被杀害，法国以此为借口，从阿尔及利亚出兵占领了摩洛哥东部地区和乌季达。同年7月，因法国公司在卡萨布兰卡修筑铁路而破坏了穆斯林墓地，八名欧洲人被愤怒的当地居民杀害。法国又借机出兵摩洛哥西海岸，8月5日，法国巡洋舰“伽利略”号炮轰卡萨布兰卡，造成城市多处被毁，许多居民伤亡。随后，约2000人的法军登陆并占领了卡萨布兰卡。[②]及至1908年2月，卡萨布兰卡周围的沙维亚(Chaouia)沿海平原地区全部被法军控制。西班牙则趁机占领了梅利利亚沿海地区。

素丹阿卜杜勒·哈菲兹的困局

摩洛哥遭受列强任意宰割的命运和素丹政府面对列强表现出的软弱和妥协，激起了摩洛哥人民的强烈愤慨，摩洛哥各地的反侵略斗争此起彼伏。阿卜杜勒·哈菲兹是素丹阿卜杜勒·阿齐兹的兄长和马拉喀什的哈里发，他被视为可以领导摩洛哥民众维护国家统一和独立的最佳人选，受到卡塔尼派等宗教团体和格拉瓦部族等阿特拉斯山区柏柏尔部落的支持。1907年8月16日，摩洛哥部落领袖

---

① C. R. Pennell, *Morocco since 1830: A History*, New York: New York University Press, 2000, pp.132-133.

② Ibid., p.135.

在马拉喀什开会，宣誓推翻阿卜杜拉·阿齐兹，拥立阿卜杜勒·哈菲兹为素丹，引发了摩洛哥内战。法国又趁机占领了摩洛哥西部和东部的一些地区。1908年7月23日，哈菲兹率部落武装击败摩洛哥政府军，进逼首都非斯。非斯的宗教领袖乌勒玛发表声明，废黜素丹阿卜杜拉·阿齐兹，由阿卜杜勒·哈菲兹继任，但要求阿卜杜勒·哈菲兹宣誓从法国侵略者手中解放自己的国家。阿齐兹逃往法国占领的卡萨布兰卡寻求庇护，两天后宣布退位。同年12月，欧洲各国先后承认阿卜杜勒·哈菲兹为新一任摩洛哥素丹（1908—1912年在位），哈菲兹则允诺承担前素丹对列强的一切义务，包括履行条约、偿还债务和给予外国租借地等。

哈菲兹上台后，面对严重的财政短缺，恢复了不受欢迎的税收“太尔提布”，并常常征用民间财产，卖官鬻爵，对农村人口进行其他形式的强取豪夺。另一方面，哈菲兹又向外国大举借贷。1910年3月，哈菲兹以摩洛哥全部关税作担保，又向法国借贷一亿法郎。

哈菲兹对外软弱，未能遏制欧洲列强对摩洛哥的侵略和影响。法国人占领着乌季达和卡萨布兰卡等大片领土。德国资本家在摩洛哥获得了诸多租让权，参与了港口设施、道路和公共建筑物的建设，并开设了银行。在摩洛哥的国内外贸易和初步兴起的工业中，德国资本几乎与法国资本相等。1909年2月9日，法国与德国又签订一项协定，其内容如下：“法兰西共和国政府和德意志帝国政府出于同样的愿望，即促进《阿尔赫西拉斯决议》的执行，已同意明确它们对其条款的重要性，以期避免今后引起相互之间的任何误解。因此，法兰西共和国政府完全致力于维护谢里夫帝国的完整和独立，决心维护经济平等，因而坚决不妨碍德国的商业和工业利益；德意志帝国政府只谋求在摩洛哥的经济利益，且承认法国的特殊政治利益与摩洛哥的秩序和内部和平密切相关，并决心不妨碍这些利益。声明他们将不从事或鼓励任何从本质上可能会形成有利于他们或任何大国的经济优势的措施，并将努力使其国民参与到那些可能被批给他们的开发项目中。”[1]该协定的实质是既承认法国在摩洛哥的政治利益，同时也保护德国在摩洛哥的商业利益。

1908年，西班牙两家公司在当时统治里夫地区的劳吉酋长的保护下，在距离梅利利亚20公里的地方进行矿产发掘和开采，并开始修建一条通往铁矿的铁路。同年10月，劳吉的奴仆们起来反抗他的统治，并袭击了铁矿，打死了西班牙工人。西班牙政府派四万远征军侵入里夫地区，西班牙人和当地部落之间的冲突不断。西班牙政府要求素丹支付赔偿，哈菲兹被迫做出让步。1910年，里夫部落选择投降，西班牙人重新启用了铁矿，并承担了马尔奇卡的港口工作。同年，西班牙殖民军还占领了摩洛哥西北部大西洋沿岸的拉腊什和凯比尔堡。

哈菲兹虽然是摩洛哥的素丹，但无论是在政治上还是经济上都没有实权。哈菲兹对内压迫、对外妥协的行径激起极大民愤，引发了摩洛哥新一轮起义。1910年11月，梅克内斯北部的舍拉尔达部落和南部的木提尔部落发动起义，反对法国和西班牙侵占摩洛哥领土。法国出兵镇压，起义军斗志高昂，连败法军。1911 年4月，非斯爆发了反对素丹哈菲兹和法国侵略者的起义，起义军包围了王宫。

第二次摩洛哥危机

非斯爆发的起义震惊了素丹和法国，被围困在王宫的哈菲兹向法国求助。1911年5月，法国政府以恢复“秩序”和保护侨民利益为由，派穆瓦尼埃将军（General Moinier）率三万大军占领了非斯、拉巴特和梅克内斯等地。[2]西班牙也趁机派军队占领了摩洛哥北部各港口和伊夫尼地区。法、西两国的军事行动引起了德国的极大不满。同月，德国要求法国分割部分法属非洲殖民地作为补偿。1911年7月1日，德国以保护德国侨民生命财产安全和在摩洛哥的商业利

① “Agreement Between Germany and France Relative to Morocco”, *The American Journal of International Law*, Vol. 6, No. 1, Supplement: Official Documents (Jan., 1912), p. 31.

② Douglas Porch, *The Conquest of Morocco*, New York: Alfred A. Knopf, 1983, p.233.

益为借口，派遣炮舰“豹”号驶抵摩洛哥大西洋沿岸的阿加迪尔港，声称法军占领非斯已使《阿尔赫西拉斯协议》失效，德国将不惜用武力来“保护摩洛哥的独立”，战争一触即发。这个被称为“豹的跳跃”的事件震惊世界，造成“第二次摩洛哥危机”，亦称“阿加迪尔危机”。1911年7月9日，法国驻德国大使朱尔·康崩与德国外长基德兰·瓦克特进行谈判，德国提出要法国割让整个法属刚果给德国以换取法国在摩洛哥的行动自由。7月17日，法国政府拒绝了德国的条件，谈判陷入僵局。法国便向英国寻求支持。7月21日，英国外交大臣格雷告诉德国驻伦敦大使，英国认为德国的要求过分，德国应对它在阿加迪尔的行动作进一步的解释。与此同时，英国财政大臣劳合·乔治发表演说，并进行了相应的海军作战动员。他在演说中声明：如果英国的利益“由于被忽视而受到损害……这种代价换来的和平，对于一个伟大的国家来说将是无法忍受的耻辱”[①]。劳合·乔治虽然没有直接提到摩洛哥事件或德国，但其暗含对德国警告的意味是清楚的。8月15日，素丹哈菲兹被迫签署文件将军队的控制权交给法国，但法国要为摩洛哥士兵提供军饷。法国顾问很快就接管和取代了摩洛哥官员。德国虽对此提出抗议，但面对英国的强硬态度，加上国内发生金融危机，被迫退让，并与法国就较小规模的补偿问题进行谈判。经过艰苦的讨价还价，11月4日，法、德达成协议，签署《关于摩洛哥的专约》《关于两国在赤道非洲领地的专约》，德国承认摩洛哥受法国保护，法国则同意给予德国一部分法属赤道非洲的土地（法属刚果27.5万平方公里）和南摩洛哥的铁路经营权作为补偿。[②]一场迫在眉睫的战争就此避免。至此，法国清除了吞并摩洛哥的一切外部干扰。法国垄断资本在摩洛哥迅速扩张，1912年2月法国银行团成立了“摩洛哥总公司”，意欲全面“开发”摩洛哥。

---

① C. L. Mowat ed, *The New Cambridge Modern History*, Vol.12, The Shifting Balance of world Force, 1898-1945, Cambridge: Cambridge University Press, 1968, p.138.

② 世界知识出版社编辑：《国际条约集（1872—1916）》，第465—469、470—475页。

摩洛哥迈入现代社会的门槛

20世纪初的摩洛哥可以说是站在了现代社会的门槛上。内忧外患的痛苦经历促进了民族觉醒，一些有识之士开始探求外御强敌、内拯国势之路。他们受到阿拉伯东方思想的影响，特别是1906年波斯立宪革命和1908—1909年土耳其革命的宪政思想，提出对王权专制进行限制、建立协商和分权制度的理念主张。摩洛哥的政治改革是在素丹的主导和监督下进行的。特别值得一提的是，阿卜杜拉·阿齐兹素丹组成了一个“贵族委员会”来商议国家大事、帮助素丹决策。虽说这一改革并未使摩洛哥出现一个“现代代议制政府”，却昭示了旧马赫曾向现代政体转变的发展方向，摩洛哥的政治生活出现了新的转折点。

为了使变革具有合法性，摩洛哥改革者主张通过振兴伊斯兰教的方式进行政治革新。20世纪初，主张遵从正统伊斯兰教义的萨拉菲派（Salafiyah）在摩洛哥兴盛起来。他们发挥宗教的政治作用，反对腐败、反对迷信、反对某些极端的宗教行为和态度，引导人们走向道德觉醒，对包括素丹在内的执政者施加道德影响，主张在沙里亚法的原则基础上进行政治和社会改革，并呼吁民众团结在伊斯兰旗帜下抵抗外国殖民侵略。

公共领域也处在转型的过程中。到处可以看到带有欧洲风格和现代气息的物品：香烟、电话、电报、照相机、自行车、缝纫机、钢琴，甚至偶尔还能见到汽车。大众交流方式成为日常生活的组成部分。不同的政治派别和社会团体使用请愿书和公开信的形式，在公共场所宣读这些书信，以此赢得民众的支持。来自外部世界的消息在港口城市广泛传播，外国报纸也竞相在这里发行。被送到欧洲和奥斯曼帝国学习的年轻人回国后，拥有了新思想和现代知识。新军和改革后的官僚机构招募了来自社会各阶层的人员，扩大了其社会基础，促进了民族认同感的扩大。①

---

①〔美〕苏珊·吉尔森·米勒：《摩洛哥史》，刘云译，第99页。

经济发展和物质生活的改变在城市中得到最好的体现。虽然及至20世纪初摩洛哥仍然缺乏现代工业的发展，但资本主义经济在城市特别是沿海城市中已初见端倪。兵工厂、印刷厂、制糖厂、制药厂、棉织厂、面粉厂等工业企业已经建立。丹吉尔和卡萨布兰卡是摩洛哥著名的商品集散地，这里贸易繁荣，商业兴隆。位于摩洛哥北部沿海、邻近欧洲的丹吉尔很好地展示出一座摩洛哥小镇转变为西方式现代都市的许多特征。自19世纪中叶以来，丹吉尔作为商业中心得到迅速发展，因为拥有良好的码头和仓储，以及通往内陆的道路，它成为摩洛哥最繁忙的港口。由于它靠近欧洲，欧洲人蜂拥而至，城市中的欧洲人成倍增长，1872年大约有1000名欧洲人（当时该城的总人口是1.4万人），到1904年欧洲人口在当地增长了8倍，占到全城人口的20%。①欧洲各国的外交使团也纷纷驻扎于此。马赫曾便指定该城为与外国人进行交往的地方。

值得注意的是，在丹吉尔有很多犹太人。他们掌握充足的资本和专业知识，很多人从事贸易和商业活动，还有不少人为外交使团充当翻译。犹太精英和穆斯林人才共同成为城市发展的“引擎”，他们将资金投入到建筑、土地买卖等方面，转变了“沉睡的阿拉伯城镇”的形象，使之成为地中海南部繁忙的港口城市。

大量欧洲人的存在使丹吉尔呈现出浓郁的欧洲风情：宽敞的意大利风格的别墅、以欧洲模式管理的学校、医生受过西方培训的医院、公寓式住房、旅游饭店、电话系统。当地人与欧洲人在海边、餐馆、酒吧、咖啡厅、歌舞厅和城市剧院中共处交往。特别需要指出的是，阶级分化已经开始取代民族分化，曾一度分割成不同民族聚居区的城市变成了各色人种共居的国际大都市。社团生活因此突飞猛进地发展，本地人和外国人一起参加体育俱乐部、慈善机构、音乐团体、剧团，甚至妇女组织及其附属机构。虽然这些新的文化运动仅限于富裕的和受过良好教育的小部分精英，但其影响必然向

① 〔美〕苏珊·吉尔森·米勒：《摩洛哥史》，刘云译，第101页。

下层民众和更多的普通人扩散。

代表着现代文明的新闻报刊在摩洛哥各大城市涌现。1883年第一份法文报纸《摩洛哥的觉醒》(*Le Reveil du Maroc*)在丹吉尔发行。大约同时，西班牙文报纸《遥远的西方》(*al-Moghreb al-Aksa*)出版发行，主要面向丹吉尔的西班牙社区，群体包括因政治动荡而来的安达卢西亚难民。英文日报《摩洛哥泰晤士报》也在同期出版发行。卡萨布兰卡、得土安、拉巴特也都受到欧洲影响。在二十世纪的第一个十年里，大约有十多份外文报纸在这些城市发行出版，主要用来反映主办者在所谓“摩洛哥的问题”上的观点。

报纸的作用已变得举足轻重，报刊上经常刊登反映不同派别不同观点的文章。1904年，一份名为《萨阿德》(*Al-Sa'ada*)的阿拉伯语报纸在丹吉尔出版。1908—1909年，《萨阿德》站在法国立场上支持阿卜杜拉·阿齐兹，遭到亲哈菲兹的卡塔尼派的猛烈攻击。到1909年，至少又有3份阿拉伯语报纸发行，其中的《马格里布之声》(*Lisan al-Maghrib*)因在1908年刊登了一个摩洛哥知识分子匿名组织支持的自由宪法文本而名噪一时。该报编辑还印制了一系列给素丹阿卜杜拉·阿齐兹和阿卜杜勒·哈菲兹的“公开信”，使用了诸如“言论自由”等许多新颖概念，使读者获得了一个了解在阿拉伯世界其他地区广为传播的进步思想的渠道。①

西化之风从丹吉尔向外辐射到摩洛哥的其他地方。虽然熟悉并享受欧洲的物质文化还仅限于政府上层和少数精英，但西方思想则在更广泛的圈子中传播，并在整个社会中产生连锁反应。在史学领域，艾哈迈德·纳希利(Ahmad al-Nasiri)查阅了非穆斯林的文献和有价值的档案，写成堪称第一部摩洛哥民族史的不朽著作《摩洛哥历史探微》(*Kitab al-Istiqsa li-Akhbar duwal al-Maghrib al-Aqsa*)。去欧洲旅行的文人从巴黎、伦敦、马赛和斯特拉斯堡带回了海外趣事，他们撰写的游记以手抄本的形式在较小的圈子中传阅，

① 〔美〕苏珊·吉尔森·米勒:《摩洛哥史》，刘云译，第104—105页。

也有一些在非斯被印刷出来，在更广泛的读者群中流传。1865—1920年间，印刷的大多数书籍都与苏菲派和法理学等宗教题材有关。

20世纪的第一个十年见证了一场文化觉醒运动在摩洛哥的兴起，这一运动由倡导现代主义的先驱们领导。大量含有说教目的的著述不断问世，它们关注当时的热点问题，如“圣战”的可取性、与欧洲合作的危险，以及是否要消费茶、糖、蜡烛和烟草等外国制造的产品。穆罕默德·本·贾法尔·卡塔尼（Muhammad ibn. Jafar al-Kattani）于1908年在非斯出版的《给伊斯兰人民的忠告》是一部极受欢迎的劝勉性著作，书中呼吁摩洛哥人民团结起来清除已经渗透到社会中的有害外来影响。卡塔尼派利用印刷文字的力量，通过用简单和直接的语言写成的书籍和小册子等媒介塑造着公众舆论。[①]法律学者穆罕默德·马赫迪·瓦扎尼（Muhammad al-Mahdi al-Wazzani）在有关宗教实践的许多问题上与埃及的穆罕默德·阿卜杜观点一致，他将改良主义思想介绍到摩洛哥。其宏大的法律汇编《准则新编》（Myar al-Jadid）弥补了伊斯兰教法与社会现实之间的鸿沟。历史学家穆罕默德·斯齐利吉（Muhammad Skirij）撰写了七卷本的丹吉尔编年史，在风格和体例上以穆罕默德·本·贾法尔·卡塔尼的非斯史《呼吸的慰藉》（*Salwat al-Anfas*）为蓝本。[②]著名学者、宣传家以及后来保护国政府的教育大臣穆罕默德·哈志维（Muhammad al-Hajwi）撰写了50多种有关旅游、妇女教育、伊斯兰教法和历史等不同题材的著作。在爱资哈尔受过教育的宗教学者阿布·舒阿伊克·达卡利（Abu Shuayb al-Dakali）直言不讳地倡导改良主义思想。这些人都选择性地汲取了现代主义思想的许多重要方面，并善于运用宣传手段和群众诉求将现代社会的新思想传播到民众当中，推动摩洛哥从旧式的传统社会向现代社会转变。

---

① F. Abdulrazak, “The Kingdom of the Book: The History of Printing as an Agency of Change in Morocco between 1865 and 1912”, Ph. D. Diss., Boston University, 1990, p.234.

② Sahar Bazzaz, “Reading Reform Beyond the State: Salwat al-Anfas, Islamic Revival and Moroccan National History”, *The Journal of North African Studies*, Vol.13, No.1, 2008, pp.1-13.

第五章　沦为“保护国”的现代摩洛哥

1912年法国强迫摩洛哥素丹签订《非斯条约》，摩洛哥沦为法国的“保护国”。随后，法国又与西班牙签订的《马德里条约》将摩洛哥分割为法属摩洛哥和西属摩洛哥。法国在摩洛哥实行的所谓“保护”统治，是对摩洛哥残暴的殖民掠夺和强制性的同化，必然遭到摩洛哥广大民众的强烈反抗，但另一方面，法国的殖民统治在客观上也使摩洛哥走上了“现代化”发展道路。第一次世界大战促进了摩洛哥的民族觉醒，20世纪20年代，摩洛哥北部里夫山区的柏柏尔人掀起了声势浩大的反抗西班牙殖民统治的大起义，并建立了里夫共和国。虽然里夫共和国在西班牙和法国的联合镇压下最终遭到失败，但摩洛哥人民反对殖民者的抗争一直没有中断。它为摩洛哥的民族独立和解放积蓄着力量。

一、“保护国”与保护制度的确立

《非斯条约》与《马德里和约》

在列强对摩洛哥的长期争夺中，法国最终占据优势。1912年3月30日，法国强迫摩洛哥素丹阿卜杜勒·哈菲兹签订《法兰西摩洛哥保护制条约》，即《非斯条约》。条约规定：（一）双方同意在摩洛哥建立一种新制度，以便进行法国政府认为必要的行政、司法、经济、财政和军事改革。有关西班牙在摩洛哥的利益问题，由法、西两国政府协商解决;(二)素丹允许法国政府为了维持秩序和贸易安全的需要,对摩洛哥进行军事占领,并采取任何警察行动;(三)法国政府支持素丹及其继承人,并保护其人身和王位以及摩洛哥国家安宁免受威胁;(四)新制度需要采取的措施,由素丹或代表其权力的当局根据法国政府的建议颁布;(五)法国派驻摩洛哥的总督为法国的全权代表,负责监督本条约的执行。摩洛哥所有涉外事务,均须通过总督处理。总督有权代表法国政府对素丹的一切敕令表示赞同和颁布;(六)法国的外交和领事代表负责代表和保护摩洛哥在国外的臣民和利益。素丹未获法国政府同意之前不得签订任何国际性的条约;(七)双方在认为适当的时候,根据共同协议制订改组财政的原则;(八)今后未经法国政府许可,素丹不得直接或间接借贷任何国债或私债,不得以任何形式出让任何权益。[①]《非斯条约》使法国对摩洛哥的侵占合法化了,摩洛哥从此丧失了主权独立和领土完整,沦为法国的"保护国",而法国则实现了其在地中海南岸建立一个庞大的法属北非帝国的梦想。

《非斯条约》签订后,摩洛哥人民立即奋起反抗法国的保护制。1912年4月,首都非斯的军民发动起义,一些部落也纷纷响应。法国殖民当局调集大批军队,将起义镇压下去。

在《非斯条约》的基础上,1912年11月27日,法国与西班牙签署了《马德里条约》,划定了各自在摩洛哥的势力范围。条约规定:法国将摩洛哥的三部分土地——北部沿海靠近直布罗陀的地区、西南部的塔尔法亚(Tarfaya)地区和南部大西洋沿岸的西迪伊夫尼(Sidi Ifni)地区——"划归"西班牙,成为西属"保护地"。这就是所谓的"西属摩洛哥"。得土安成为西属摩洛哥的首府。西属摩洛哥由西班牙政府派驻的高级专员和摩洛哥的"素丹代理人"(称作哈里发)联合统治,但实际上大权掌握在西班牙高级专员手中。西班牙有权提出西属摩洛哥的"素丹代理人"人选,由素丹任命,但必

① 〔法〕亨利·康崩:《摩洛哥史》(下册),上海外国语学院法语系翻译组译,第614—616页。郭应德:《阿拉伯史纲》,第342页。

须受西班牙监督，“素丹代理人”在西属摩洛哥享有一定特权。条约还规定：西班牙辖区的摩洛哥臣民在国外受西班牙代表的保护；素丹签订的国际协议必须经西班牙政府同意后方能在西班牙辖区生效。该条约还承认了丹吉尔的特殊地位。

《非斯条约》与《马德里和约》的签订，标志着法国和西班牙彻底瓜分了摩洛哥，法国占领的面积为57.2万平方公里，西班牙为2.8万平方公里。从此，摩洛哥素丹形同虚设，摩洛哥的国家大事均需与法国、西班牙协商，得到它们的同意后素丹方能采取措施。实际上，摩洛哥的内政外交大权转入法国总督和西班牙高级专员手中，经济命脉也被宗主国的垄断公司控制。

法国确立了对摩洛哥的“保护”关系，引起了英国的不满。英国希望丹吉尔及其周边地区成为不受任何国家支配的国际区域。随着第一次世界大战的爆发，丹吉尔问题被一再搁置。战后，英国、法国和西班牙开始就丹吉尔问题进行谈判。1923年12月，英、法、西三国签订了《丹吉尔公约》，规定把摩洛哥北部的港口城市丹吉尔及其附近地区划为永久中立的非军事区，丹吉尔成为素丹名义统治之下的国际共管城市。[①]1928年《修正议定书》规定意大利也参加共管。从此，摩洛哥完全丧失了独立和主权，被分割成三个部分：法属摩洛哥、西属摩洛哥和丹吉尔国际共管区。

反对法国“保护”的起义

1912年4月28日，路易·于贝尔·贡扎尔夫·利奥泰将军被任命为第一任法国驻摩洛哥总督（1912—1925年在任），集军政大权于一身。《非斯条约》签署后，摩洛哥全国各地爆发了轰轰烈烈的反法起义。起义最先从非斯开始，驻扎在老城区的摩洛哥军队反抗法国军事教官，四处闹事，随意抢劫，并杀害欧洲人，非斯陷入暴乱之中。同年6月，利奥泰让素丹哈菲兹迁到拉巴特，并向法国政府

---

① No.45 from Mr. Gurney to Sir Austen Chamberlain (Tangier, March 7, 1927), *Further Correspondence Respecting Morocco, January to June 1927,FO413/73.*

提出军事占领摩洛哥的行动计划。他调集大军，对非斯进行毁灭性的炮轰，对起义军进行残酷镇压。非斯起义的结果造成数百人死亡，犹太社区被摧毁。在摩洛哥南部的塔菲拉勒特地区，当地部落在艾哈迈德·希巴（Ahmad al-Hiba）的领导下发起反抗法国殖民者的"圣战"，并声称在马拉喀什建立素丹朝廷。起义最终被夏尔·芒甘（Charles Mangin）中校率领的小股装备精良的法国军队击败，法国占领马拉喀什，并完成对摩洛哥平原地带的占领。1912年8月，法国殖民当局因素丹哈菲兹镇压人民反抗不力，迫使其退位，由其兄弟穆莱·优素福（Moulay Yousouf）接任素丹。穆莱·优素福个性保守，利奥泰认为他更加温顺，易于操控。[①]

利奥泰施行的保护制度

利奥泰1854年11月出生于法国东北部城市南锡的一个具有保皇主义倾向的天主教家庭，1873—1875年入法国圣西尔军校，毕业后到军队服役，参加了1894年入侵印度支那和1897年征服马达加斯加的殖民战争。1903—1906年，他任阿尔及利亚的安－萨夫拉要塞司令，1907年提升为将军。他积极对摩洛哥进行扩张、蚕食，并镇压摩洛哥军民的反抗暴动。1912年摩洛哥沦为法国保护国后，他被任命为第一任法国驻摩洛哥总督和殖民军司令，成为摩洛哥的实际统治者。1916—1917年，他任法国陆军部长，1921年晋升为元帅。利奥泰的经历使其在殖民管理方面具有非凡的见识和丰富的经验。他坚信殖民主义具有传播文明的优点，在担任摩洛哥总督期间做了大量工作，为法国在摩洛哥的保护制奠定了基础。利奥泰认为，摩洛哥与阿尔及利亚"殖民地"不同，它是受"保护"的主权国家，"保护国"的方式更有利于法国将西方文明带给素丹统治下的摩洛哥人民，待到摩洛哥"发达、文明了，过上自治生活，就会脱离法国

① William A. Hoisington, Jr., *Lyautey and the French Conquest of Morocco*, New York: ST. Martin's Press, 1995, p.45; Moshe Gershovich, *French Military Rule in Morocco: Colonialism and Its Consequences*, London: Frank Cass, 2000, p.65.

的羽翼。”[①]他以法国在突尼斯建立的一整套保护国制度为样板，在摩洛哥实行一种所谓的间接统治。

首先，重组摩洛哥中央政府——马赫曾，恢复素丹作为国家象征的地位，同时严格限制其权力。1912年8月，利奥泰强迫时任素丹阿卜杜勒·哈菲兹退位，以其性格更加柔顺、温和与虔敬的兄弟穆莱·优素福取而代之。素丹名义上是国家首脑，并具有作为国家第一伊玛目的宗教地位。素丹保留了象征性的权力：发布由他签字盖印的诏令，宫廷庆典和宫廷礼仪也都保持不变。但实际上，素丹的一切行动都必须与法国总督商量而定，法国总督才是最高统治者。经利奥泰重组的马赫曾政府是国家最高行政机关，设置四位大臣：大维齐尔，名义上总管全国行政事务；司法大臣，负责伊斯兰教司法和高级上诉法庭，以及管理伊斯兰教慈善基金（Habus），同时也是非斯的卡拉维因清真寺大学的伊斯兰教育总监；陆军大臣，即法国驻摩洛哥武装部队总司令；财政大臣。[②]马赫曾发布的命令或颁布的法令，都出自法国殖民当局的指示，由法国殖民当局起草。法国总督直接管理外交和军事，有权制订法律。摩洛哥的地方行政机构和各级官员基本维持原状，如保留城市的“帕夏”、乡镇的“卡伊德”和“谢赫”等官职，但对于这些官员的任命，则是先由素丹提出三名候选人，再由法国总督从中挑选一人，最后由素丹任命。而且，这些机构和官员必须在法国殖民当局的监管下履行职责，开展工作。事实上，摩洛哥差不多处在法国殖民当局的管制之下。法国总督既是法国的最高代表，也是素丹的大臣，负责摩洛哥政府的运转，国王的大臣和地方官员只不过是法国人的代言人。以间接统治和保护制为幌子来掩饰殖民者官僚政治的严格集权制和独裁，就是法国在摩洛哥殖民制度的特点。[③]

---

① Susan Gilson Miller, *A History of Modern Morocco*, New York: Cambridge University Press, 2013, p.90.

② 〔法〕亨利·康崩：《摩洛哥史》（下册），上海外国语学院法语系翻译组译，第401页。

③ John P. Halstead, *Rebirth of a Nation: The Origins and Rise of Moroccan Nationalism, 1912-1944*.

其次，为了便于推行法国在摩洛哥的统治政策，利奥泰在首都拉巴特建立了另一套新的政府机构，政府官员基本上都由法国人担任。这样，摩洛哥出现了两套政府机构并行的“双头龙”现象：素丹领导下的马赫曾政府职能极其有限，主要关注宗教和文化事务；而法国总督领导下的保护国政府则是一个全方位多层次的法国技术官僚机构，它全面负责现代国家的运转，实际上管控着摩洛哥的国家事务。[①]总督利奥泰是保护国事实上的最高权威，其下设有秘书长，由其密友亨利·盖拉德（Henri Gaillard）担任，负责两个政府之间的沟通联络。1912年，保护国政府仅设有财政部和公共工程部两个部门；后来扩展成八个部门，包括农业、商业、教育、卫生、通讯和本土事务部。最后一个部门负责掌握摩洛哥的民情，监视民众的日常生活，职能包括任职审查，征收税款，以及制定教育政策等。政府中的最高机构是土著政策委员会（Native Policy Council），负责辅助总督，监督保护国的统治。保护国政府各部门及其下属机构处理着日常行政事务，有关政治、经济和司法等事务的重大决策也都是在这里作出的。随着法国殖民政府的高效运转，马赫曾政府的职能减弱，权力所剩无几。[②]

利用摩洛哥精英显贵进行间接统治，是利奥泰建立的保护制度的核心要素。利奥泰声称所有社会都有统治阶层，“没有他们什么事情都做不了……将这个统治阶层纳入我们的机构系统……国家将会安定，比起军事征服，付出代价更小，而把握性更大。”[③]因此，保护国政府招募了一大批优秀的摩洛哥年轻人，其中有社会规划人员、教育工作者、建筑师和军人。保护国政府保证尊重他们秉持的传统价值观，如对统治集团的拥戴，对等级制的固守，对显贵和出身的尊重，对家族的忠诚，以及虔诚的宗教信仰。这些精英人物任职于保护国政府的各种机构，为利奥泰建设新摩洛哥的理想目标服务。

---

① Susan Gilson Miller, *A History of Modern Morocco*, p.91.

② 〔美〕苏珊·吉尔森·米勒：《摩洛哥史》，刘云译，第112—113页。

③ William A. Hoisington, *Lyautey and the French Conquest of Morocco*, p.71.

间接统治在法国殖民政府对摩洛哥广大农村和山区的控制中得到很好的体现。利奥泰到任之初的首要任务，是通过军事征服和政治诱惑相结合的手段控制摩洛哥全境。对于城市地区，法国在占领后通过重新规划和建设以及建立市政管理机构实现了完全控制。而对于马赫曾政府都鞭长莫及的柏柏尔部落聚居的广大农村和山区，保护国政府的征服过程则相对缓慢和艰难一些。利奥泰殖民政府充分认识到摩洛哥社会的特点，巧妙地利用地方部落与中央政府、农村与城市固有的分裂矛盾，通过军事镇压和政治诱惑两手结合，对广大部落地区进行征服。1913年，法国军队开进中阿特拉斯山区，遇到扎扬部落联盟的顽强抵抗，屡遭挫败。法军不得不集结重兵，采取狂轰滥炸、阻断道路、焚烧庄稼、经济封锁等战术，终于在1918年击败扎扬部落联盟，占领这一重要地区。而在摩洛哥南方，法国殖民政府则采取完全不同的策略。对盘踞在大阿特拉斯山区的三大部落——穆托呷部落、恭达法部落和格拉瓦部落，法国殖民政府没有动用武力与其直接对抗，而是采取笼络和说服政策，使部落首领们相信与法国合作比抵抗获益更多。法国殖民政府承认这些地方首领的地位和特权，他们则为法国殖民政府工作，负责管辖所在地区。如帕夏、卡伊德和谢赫负责为殖民政府征收税赋，他们可以为自己留下一定比例（卡伊德一般留6%、谢赫留4%）。①殖民政府还向他们提供资金、设备、军力和情报方面的支持。这种间接统治是有效的，使殖民政府不用付出多大代价就征服和控制了南部地区。法国殖民政府还通过为被征服地区修筑道路、提供医疗设施和农业援助，以及组建市场进行贸易等利民措施，特别是精心挑选并派遣本土事务部官员到当地与卡伊德等地方官员密切合作及管理地区事务，来控制摩洛哥的广大部落地区。利奥泰声称“不破坏任何传统，不改变任何习俗”，要求所有派往地方工作的土著事务部官员都必须掌握当地的语言、尊重当地宗教和风俗习惯，并鼓励更

① 苏联科学院非洲研究所编：《非洲史1800—1918年》（下册），顾以安，翁访民译，第407页。

有抱负者开展当地部落的民族志研究，与当地名流显贵保持紧密联系，并利用他们对中央和地方部门发挥制衡作用。法国殖民政府试图借助本土传统精英的地位和作用来控制摩洛哥社会，抑制和减缓社会变革的影响。

二、法属摩洛哥的早期样貌

殖民地经济的发展

利奥泰在对摩洛哥的保护统治中，实施一项涉及公共生活各个方面的改革计划。这一计划的目标是：理顺官僚机构，整合部落地区，改革法律制度；修建公路、铁路、水坝和电力网；重新设计和建设城市；改善公共卫生和健康；促进商业发展；逐步分批建立现代教育体系；保护著名的建筑遗产；控制土地利用，开发农业和矿产资源；为保证实施这些宏大改革筹措必要的资金。①

随着利奥泰殖民改革计划的进展，以及大量以法国人为主的欧洲移民的涌入，摩洛哥这个封建王国的经济面貌发生空前变化。为了向世界证明摩洛哥在法国的保护统治下可以得到迅速而巨大的发展，利奥泰积极鼓动公共和私人投资，掀起了大规模经济建设的浪潮。保护国政府规划的大规模基础设施建设项目包括港口、公路、铁路、水坝和电网等等。其中最著名的也是最早完成的是卡萨布兰卡的新港口，其码头延伸入海2公里，极大地提高了港口的吞吐量，到1925年，它已经超过西班牙统治区的丹吉尔，成为摩洛哥最大的港口。

引人瞩目的宏大项目还有连接乌季达至马拉喀什的铁路和公路系统的建设。其他连接主要城市之间的公路和铁路也陆续建成，使

---

① Alan Scham, *Lyautey in Morocco: Protectorate Administration, 1912-1925*, Berkeley, C. A.: University of California Press, 1970, pp. 55-75; William A. Hoisington, Jr., "Designing Morocco's Future: France and the Native Policy Council, 1921-25", *The Journal of North African Studies*, Vol.5, No.1, 2000, pp. 63-65.

法属区拥有一个四通八达的公路交通系统。1936年，初级和二级公路总长7178公里，标准轨距铁路总长1713公里。另外，阿特拉斯山水资源的水电开发具有重大意义，到1936年，已经建成了5个水电站，年发电量超过1200亿千瓦，实际上使法属摩洛哥摆脱了用煤发电的历史。大量工程项目的实施刺激了就业，新建的港口、城市新区、公路、铁路、水坝、电网等纷纷涌现，摩洛哥的面貌发生极大变化。为了展示法国在发展保护国经济方面取得的成就，1915年在卡萨布兰卡举办了第一届国际博览会，利奥泰发表开幕演说，素丹穆莱·优素福亲自出席。此后多年，又相继举办了多届国际博览会，吸引了多方关注。

不可否认，法国殖民政府实施的改革和发展计划，对摩洛哥的经济发展起到了重要作用，摩洛哥一度出现经济繁荣景象。但是，这种改革发展计划包含着把摩洛哥变成法国的原料产地和商品倾销市场的目的。法国殖民当局支持法国垄断资本，疯狂掠夺摩洛哥的财富。以巴黎和荷兰银行为首的法国金融财团，一方面通过向素丹贷款而获得巨大利益，另一方面通过对大量建设工程项目提供资金，并利用矿产租让权谋取高额利润。事实上，各种基础设施建设工程和其他经济开发项目基本上都落入法国公司手中，它们从中赚取丰厚利润。

与此同时，以法国人占大多数的，包括西班牙人、意大利人、科西嘉人和希腊人在内的欧洲移民纷至沓来，给摩洛哥带来西方的思想文化和现代技术。这些移民分布在各行各业，有建筑工人、农场工人、木工、水工、制鞋匠、小店主和店员、面包师、小商贩、裁缝和缝纫工等。也有为数较少的一部分移民从事非常重要的专业工作，其中包括政府官员、律师、医生、工程师、建筑设计师、建筑承包商、教师、记者、报刊编辑等，还有一些经常在法国和摩洛哥之间来回奔波的大地主或庄园主。这些移民在摩洛哥的经济建设中发挥了重要作用。资本主义因素的植入促进了摩洛哥经济的发展和财富的增长。

控制土地利用、开发农业资源是利奥泰改革发展计划的重要内容。在法国殖民征服期间特别是建立"保护国"后，一部分法国移民来到农村，通过从当地部落和农民手中购买土地建立起农场；另一部分则获得法国殖民政府分配或廉价出售的土地。到1913年，摩洛哥有10万公顷以上的公有或私有土地转归外国人所有，很多摩洛哥农民失去了赖以生存的土地。为了避免重复在阿尔及利亚犯下的错误——为数众多的欧洲移民大肆攫取阿尔及利亚的土地而导致当地农民变成失去土地的无产者，而这些人最终成为反抗法国殖民统治的重要力量——利奥泰反对向摩洛哥农村大规模移民。1914年，保护国政府颁布法令，宣告村社土地不得转让，但这仍未能阻止土地转让活动。1916年，法国殖民政府成立殖民事务委员会，负责实施"土地验证制度"。根据这项制度，只有在呈验相关证明文件后，土地占有者的土地所有权才能得到承认，否则，其占有的土地就被认为是"无主地"而被政府没收。法国殖民政府将这些所谓的"无主地"分配或廉价卖给了法国移民。到1918年第一次世界大战结束时，摩洛哥的欧洲移民大约有六万人，以法国人为主的欧洲移民占有的土地已达17万公顷。①

1919—1922年间，有四万欧洲移民涌入摩洛哥，大部分为法国人。利奥泰试图通过选择少数"优秀"移民到农村去建立庄园或农场，并利用先进的农业技术发展农业经济，为当地农民树立"榜样"，推广法国的文明形象。1917—1925年间，经法国殖民政府精心挑选出来的"官方"移民仅有692人。他们在位于非斯和梅克内斯附近的沙维亚和加尔卜（Gharb）沿海地区，以及位于马拉喀什周边的农村等地区建立庄园或农场，种植谷类作物。随着种植面积的扩大，大地产和大庄园越来越多，但其规模通常在1000英亩左右，在庄园中工作的移民数量也有限。1917—1930年间，这类大地产和大庄园占地62万英亩，在此居住和工作的移民约为1600人。法

---

① 苏联科学院非洲研究所编：《非洲史1800—1918年》（下册），顾以安，翁访民译，第408页。

国殖民政府认为，通过这种大庄园种植业的发展，可以恢复摩洛哥昔日作为“古罗马的粮仓”的历史作用，为法国的基本粮食供应提供保障。[1]

1926—1929年间，摩洛哥又出现了一次移民高潮，他们当中的许多人被安置到了农村，大规模的土地出让随之出现。马赫曾、部落甚至私人持有的土地大都转移到欧洲移民手里，许多贫困的农民受到金钱的诱惑也纷纷出卖自己的土地。法国殖民当局还依照“土地验证制度”，将大量摩洛哥人的土地判定为“无主地”，廉价卖给法国人。到1930年，已有2000名法国人在摩洛哥建立了大农场。据统计，1919—1932年，法国人占有了多达67.5万公顷的摩洛哥土地。法国移民将获得的土地大部分用于粮食生产，并对土地进行集约化和机械化的经营，意图把摩洛哥变成法国的粮仓。到1929年，粮食种植面积比1919年时增加了60%。然而，粮食种植在旱灾频发的摩洛哥是一种投入巨大且极具风险的事业，加之国际粮食市场的不确定性，特别是当宗主国粮食丰收，粮价低廉的时候，摩洛哥的粮食出口并获利就变得十分困难。

1930年夏，摩洛哥农业种植区遭遇严重的蝗虫灾害，庄稼大规模被毁，饥荒随之而来。保护国政府被迫放弃重建“古罗马的粮仓”的梦想，决定采用“法国的加利福尼亚”模式，即把种植谷物变成种植蔬菜和水果。为此，政府以高投入将劣质土地改造成可灌溉土地，推广以现代技术种植适合摩洛哥当地生长的柑橘类水果、各种蔬菜及甘蔗等经济作物。同时，设立农村专业合作社，负责农副产品的收购与销售。在摩洛哥的广大农村，出现了许多种植园，其中大多数属于法国大地主和种植园主所有，他们雇用了大批当地农民。

---

① Will D. Swearingen, *Morocco Mirages: Agrarian Dreams and Deceptions, 1912-1986*, Princeton, N. J.: Princeton University Press, 1987, p.20; Will D. Swearingen, “In Pursuit of the Granary Rome: France’s Wheat Policy in Morocco, 1915-1931”, *International Journal of Middle East Studies*, Vol. 17, No. 3, 1985, pp. 347-350; Susan Gilson Miller, *A History of Modern Morocco*, p.113.

种植园经济的出现是摩洛哥农业发展中一个具有重要意义的转折。[1]

除了农业领域，保护国政府对摩洛哥财富资源的开发还集中体现在对摩洛哥矿产资源的开发利用方面。摩洛哥的矿产资源非常丰富，锰、钴、铁和磷酸盐的蕴藏量都很大，还有锌、铅、钼、铜、锡、锑、金、银等其他矿藏，以及一定的石油蕴藏量。其中，摩洛哥丰富的磷矿资源是法国殖民者特别关注的目标。1920年，保护国政府专门成立了谢里夫磷酸盐公司（The Sharifian Office of Phosphates，OCP），负责开采胡里卜盖地区储量丰富的磷酸盐矿。利用先进技术和设备，以及直通卡萨布兰卡港口的铁路运输线，同时国际市场对磷酸盐的需求量大增，胡里卜盖矿区磷酸盐的出口量从1921年的3.3万吨激增至1930年的200万吨，谢里夫磷酸盐公司因此获得极大的利润，每年获利即达40亿—50亿法郎。但是，摩洛哥的矿工却收益甚微，他们的薪金报酬远远低于欧洲工人，实际上成为殖民企业的赚钱工具。法国殖民者还在摩洛哥境内对煤炭和石油资源进行了多年的勘探。1928年，保护国政府建立了矿业研究与参与局，其任务是指导和管理煤炭和石油的开采。到1938年，法国对摩洛哥矿产资源的开采几乎涉及所有矿种。

为了避免与宗主国形成竞争，法国殖民政府在摩洛哥的工业发展方面有所保留和限制，特别是对制造业的投入一直很低。为了满足当地居民的消费需求，只是建立了一些罐头厂、制糖厂、面粉厂和酿酒厂等，而且这些规模有限的工厂在两次世界大战之间获得的投资和技术支持也极为有限。特别值得一提的是，摩洛哥的罐头工业相较发达，其中水果罐头以及金枪鱼罐头闻名遐迩，出口量很大。另外，还有一些制作地毯、皮革制品和铜制品等手工艺品的工厂。总体而言，二战前，摩洛哥的工业发展缓慢，居民的许多生活必需品都要依靠进口，更不用说大型机器设备和生产工具等。

殖民地或保护国成为宗主国的商品倾销市场，这是殖民经济

---

① Will D. Swearingen, "In Pursuit of the Granary Rome: France's Wheat Policy in Morocco, 1915-1931", *International Journal of Middle East Studies*, Vol. 17, No. 3, 1985, p. 363.

的一大典型特征。摩洛哥多年的贸易状况说明了这一点。1938年，法属摩洛哥的进出口总额为21,249,155英镑，其中进口额为12,352,678英镑，出口额为8,896,477英镑；西属摩洛哥的进出口总额为2,505,024英镑，其中进口额为1,777,907英镑，出口额为727,117英镑；丹吉尔国际共管区的进出口总额为623,965英镑，其中进口额为557,022英镑，出口额为66,942英镑。当时的进口商品主要包括两类：一类是普通农牧民基本需求的物品，如棉织品、毛织品、纱线、茶壶、水桶、搪瓷制品、蜡烛、肥皂、绿茶、糖、食用油、罐装牛奶及其他罐头食品；另一类是欧洲人、农村和城市居民更多样需求的商品，如农业机械、拖拉机、柴油发动机、汽车、卡车、煤、汽油、石油、焦油、水泥和其他建筑材料、鞋类和成衣等等。而出口商品则相对较少，主要是各种各样的种子和谷物、水果、蔬菜、鸡蛋、杏仁、金枪鱼罐头、蜜蜡、植物纤维、树胶的磷酸盐等。尤其需要指出的是，所有涉及摩洛哥的协定都强调了各国同摩洛哥进行贸易不存在任何不平等的经济自由原则。而第一次世界大战后签订的《凡尔赛条约》也确认了这种“门户开放”政策，但到1939年第二次世界大战爆发时，法国凭借手中的保护权成功地控制着摩洛哥的对外贸易。

在1912—1939年的26年保护统治期间，法国殖民政府对摩洛哥经济的规划与发展，使摩洛哥的经济结构发生了急剧变化，依附性的殖民地经济结构逐步取代了传统的封建经济结构。

城市化的发展

法国保护统治时期，摩洛哥的城市化发展取得显著成效。这不仅体现在城市数量的大增，也体现在城市的现代化规划与建设之中，以及城市人口的剧增和城市人口的结构变化等方面。

法国在摩洛哥建立保护统治后，法国等欧洲移民大批涌入，需要有更多的城市容身，保护国政府在规划和发展摩洛哥的进程中，促进了摩洛哥的城市发展。首先，摩洛哥的城市数量增加了，由20

世纪初的卡萨布兰卡、丹吉尔、非斯、马拉喀什等几个主要城市发展到30年代末的十几个。法国殖民者在摩洛哥开发矿山时，由于矿工的居住需要和矿石粗加工，逐渐在矿区附近形成了一些小城市；为了便于把摩洛哥的农副产品和工业原料迅速运往欧洲，殖民者在摩洛哥沿海地区又修建了数个港口城市。

第一任总督利奥泰在建设现代化城市方面投入了大量精力和资源。利奥泰从法国招聘了许多精通现代城市规划的技术人员，投入巨资对摩洛哥的主要城市进行规划设计和建设，一方面为了改善当地居民的生存环境，另一方面则是为即将来到摩洛哥生活和工作的欧洲人提供良好的居所。著名建筑师和城市规划专家亨利·普罗斯特（Henri Prost）就被利奥泰聘请来到摩洛哥。1914—1923年，摩洛哥的主要城市（如拉巴特、非斯、卡萨布兰卡等）几乎都经他手进行了重新规划和重建。这些重建后的城市有一个显著特点：具有西方现代特色的新城区与保留当地传统风貌的老城区（麦地那）分立并存。新建的现代城区有先进的供水和排水设施，宽阔的街道，典雅的公寓楼，以及远离住宅区的工业区。城市建筑的风格兼具了现代和古典、西方和摩洛哥本土的特点。[①]在城市管理方面，每个大城市都设有一位由素丹任命的帕夏作为城市事务的负责人，由城市精英代表组成的市议会协助其工作。但后来帕夏的权力逐渐被削弱，城市的管理权逐步转移到直接听命于总督的法国官员“市政长官”手中，市政长官受制于体现法国移民权益的市政委员会。例如，1912年9月，非斯建立了咨询会议，管理市政事务，1914年咨询会议改为市政委员会。其他城市的市政委员会也随之建立起来。市政委员会的官员由保护国政府任命，由法国人和当地贵族与精英代表共同组成。

大量欧洲移民的到来，以及殖民者大面积地掠夺农村土地使许多农民被迫流入城市谋生，加上许多农村和山区的年轻人受到城市

① Gwendolyn Wright, *The Politics of Design in French Colonial Urbanism*, Chicago: University of Chicago Press, 1991, pp.85-160.

的现代化建筑、设施和生活方式的吸引，摩洛哥的城市人口急剧增长。城市人口结构也随之发生了重大变化，“城市中本国人与外国人、富人与穷人、老居民与农村来的新移民不和谐地混杂在一起。”[①]数量不少的欧洲移民大多居住在新城区；穆斯林居民则基本居住在老城区；大量涌入城市的农村人口多居住在棚户区，沦为新的城市贫民。大量新增人口的到来一方面推进了城市的建设和发展，更重要的是催生了工业无产者、民族资产者等新的社会力量的形成，城市的社会阶层发生重大变化。城市无产阶级和民族资产阶级的诞生和成长，对摩洛哥民族国家的形成具有非凡的意义，它们成了反对殖民主义的中坚和领导力量，使摩洛哥的民族解放斗争发生了根本性的变化。

现代教育体系的建立

为了使现代力量与传统力量达到适当的平衡，法国殖民政府在综合考虑社会阶层和民族因素的基础上，制定了新的教育政策，初步建立分层次的现代教育体系。欧洲人、犹太人、柏柏尔人和阿拉伯人等不同种族的学生分别划归到不同的教育体系中：穆斯林可到专门设立的小学就读，犹太人开办的学校只招收犹太学生，法国和欧洲学生则就学于殖民政府于1912年建立的专门学校。1916年之后，法国殖民政府建立了五所专门面向上层精英家庭男孩的“贵族学校”，而大多数穆斯林学生只能到职业学校学习。1914年和1916年，保护国政府在非斯和拉巴特分别建立了一所学院（或称高级学校），希望在这些类似于伊顿公学的寄宿学校里培养出受过“双重文化”熏陶的摩洛哥绅士，以期他们既秉持传统价值观，又精通现代官僚工作流程和技术，毕业后即可进入马赫曾政府工作。自1930年始，这些学院的学生才被授予高级学校毕业文凭，进而获得前往法国接受高等教育的机会。[②]自1920年之后，摩洛哥建立了数座招收

① Susan Gilson Miller, *A History of Modern Morocco*, 2013, p.116.

② Ibid., pp.99-100.

农村地区柏柏尔孩子的特殊学校，由受过专门培训并会讲柏柏尔语的法国教师前往教学。在这些学校当中，位于中阿特拉斯山区的艾兹鲁（Azrou）学校于1930年发展为一座学院。从这里毕业的柏柏尔青年有机会在政府机构中任职，优秀生还可能被选拔到达尔贝达军事学校，最终进入殖民军队担任军官。法国殖民政府建立的这种多层次教育体系无疑对摩洛哥社会阶层的分化和流动产生了重大的影响。接受教育成为底层人士进阶的有效途径，法国殖民政府也借此获得摩洛哥本土精英的效忠。

穆斯林学龄儿童中只有小部分能够上学，且大多在“古兰经”学校读书。大部分犹太儿童则就读于以色列世界联合会（Alliance Israélite Universelle，AIU）赞助的私立世俗小学。1912年以前，犹太女子学校不只是教授阅读和写作等基础课程，还对女孩子进行裁缝、洗涤、打字、速记以及其他职业技能的培训，从而为她们日后进入职场做好准备。[①]1913年，法国当局在塞拉为穆斯林女孩建立了类似的学校，女孩子们可以在这里学习各种手工艺品的制作，后来该校还开设了法语等课程。很快，其他城市也依此模式办学，截至1917年，有450多名来自工人阶级家庭的女孩进入法国人开办的工艺学校学习。1919—1924年间，摩洛哥一部分具有改良主义思想的知识分子担心法国殖民政府建立的教育体系可能对摩洛哥造成文化威胁，而传统的“古兰经”学校又不符合现代社会的需求，便创建了一些由私人资助的“自由学校”，主要招收富裕家庭的男孩，除阿拉伯语外，也开设了其他一些基础课程。[②]

保护国政府的一些官员对大众性的学校教育抱有疑虑，担心受过教育的无产阶级会成为对法国保护统治不满和敌视情绪的根源，并最终成为反对殖民主义的中坚力量。因此他们主张实行严格限制

---

① S. G. Miller, “Gender and the Poetics of Emancipation: The Alliance Israélite Universelle in Northern Morocco, 1890-1912”, in L. C. Brown and M. Gordon eds., *Franco-Arab Encounters*, Beirut: American University of Beirut Press, 1996, pp.229-258.

② 〔美〕苏珊·吉尔森·米勒：《摩洛哥史》，刘云译，第123—124页。

大众教育的政策。

1920年，利奥泰在拉巴特总督府附近的总图书馆内建立了摩洛哥高等研究院（Institut des hautes etudes marocains），目的是培训法国殖民官员熟悉摩洛哥社会，掌握一两门当地语言，了解摩洛哥的风土人情等。在利奥泰的大力支持下，摩洛哥高等研究院的学术工作开展得有声有色。法国一些研究马格里布问题的著名学者陆续加盟，使得摩洛哥高等研究院初具大学形态并闻名遐迩，吸引了许多人前来深造。不过，只有欧洲人才能够进入研究院学习，直到第二次世界大战爆发时，该研究院的毕业生中也没有一个人是穆斯林。摩洛哥高等研究院旨在满足法国殖民政府官员提高自身对摩洛哥社会和历史的认识的需要，基本上是一个政治控制工具，发挥着通过研究和教学来加强保护国政府对摩洛哥统治的作用。①

分而治之的“柏柏尔法令”

法国统治摩洛哥的一大特点，就是利用摩洛哥居民中40%为柏柏尔人的实际情况，实行分而治之的政策。“在殖民时期，摩洛哥的阿拉伯语和柏柏尔语人口之间有一项长期的分治政策。”②

实际上，从1912年摩洛哥沦为法国的保护国开始，法国人就试图将摩洛哥讲柏柏尔语的部落与信仰伊斯兰教、讲阿拉伯语的阿拉伯人隔绝开来。利奥泰称“柏柏尔政策”是为了保护当地那些向法国投降的讲柏柏尔语部落的特殊性，但实际上则是为了拉拢阿特拉斯山区的柏柏尔人，使之抗衡平原地区和城市中阿拉伯穆斯林的力量，以确保法国对摩洛哥的持久统治。保罗·马蒂（Paul Marty）

---

① Spencer D. Segalla, *The Moroccan Soul: French Education, Colonial Ethnology, and Muslim Resistance, 1912-1956*, Lincoln, N. E.: University of Nebraska Press, 2009, pp.119-123.

② Bernhard Venema and Ali Mguild, “Access to Land and Berber Ethnicity in the Middle Atlas, Morocco”, *Middle Eastern Studies*, Vol. 39, No. 4, 2003, p. 36.

是执行这一政策的关键人物。[①] 1914年9月11日，保护国政府发布"柏柏尔法令"，承认柏柏尔的乡镇议会为政权机构，并授予柏柏尔部落在法国殖民政府监督下继续按照自己的法律和习俗管理自己的权力范围。这就意味着承认柏柏尔人的自治权，承认柏柏尔人的习惯法是独立的法律体系。也就是说，把柏柏尔人从整个摩洛哥分离了出去，使之不能与阿拉伯穆斯林结成统一的反法联盟。

法国"柏柏尔政策"的目的是维护柏柏尔人的习惯法、习俗、自治和语言。法国人认为柏柏尔人原有的生活受到了谢里夫法官、沙里亚法、马赫曾政府和阿拉伯语渗透的威胁。法国人最终希望把柏柏尔人拉进法国法律、行政、语言和文化的轨道。他们的政策最终促成1930年5月16日颁布的臭名昭著的"柏柏尔法令"。此时，运用柏柏尔习惯法的法院已经存在。"柏柏尔法令"所起的作用是给予对70万柏柏尔人拥有管辖权的这84个法院一个更坚实的新法律依据。在摩洛哥民族主义者看来，这项法令最令人不能接受的重要内容是授权法国法院审判所有在柏柏尔部落领地犯下的严重罪行，这一权力以前是由位于拉巴特的谢里夫最高法院保有。[②]这一法令是摩洛哥素丹迫于法国驻摩洛哥当局的压力而勉强颁布的。年轻的摩洛哥人认为它是一项旨在使柏柏尔人去伊斯兰化、分裂摩洛哥民族、削弱素丹主权的举措。该法令在摩洛哥引发了一场前所未有的抗议运动，"激起了现代摩洛哥的民族主义"[③]。

民族主义政党与民族主义运动

1914年第一次世界大战的爆发，打断了利奥泰迅速占领摩洛哥全境的计划。大批法国殖民军被抽调回国应战，大量的财力和物力

---

① E. Burke, "The Image of the Moroccan State in French Ethnological Literature: A New Look at the Origins of Lyautey's Berber Policy", In Ernest Gellner and Charles Micaud eds., *Arabs and Berbers: From Tribe to Nation in North Africa*, London: Duckworth, 1973, pp.175-199.

② 关于"柏柏尔法令"的内容，参见John P. Halstead, *Rebirth of a Nation: The Origins and Rise of Moroccan Nationalism, 1912-1944*, pp.276-277.

③ Ernest Gellner, *Saints of the Atlas*, Chicago: University of Chicago Press, 1969, p.18.

也回流法国。战争期间，摩洛哥为法国提供了大约共计4.5万人的正规军和后勤辅助队伍，其中战死或失踪者约9000人，伤残者1.7万人。具有讽刺意味的是，在数以万计的摩洛哥士兵在战争前线与法国士兵并肩作战甚至英勇牺牲的同时，他们的兄弟同胞却在阿特拉斯山区、里夫山区等多地与法国殖民者进行着激烈战斗。另外，还有约3.8万的摩洛哥人到法国充当码头工人、工厂劳工和田间农民等。无论是摩洛哥士兵还是劳工都遭受到种族歧视、薪酬待遇低、生存环境恶劣的不公，特别是他们耳闻目睹了各种先进思想和新鲜事物后，这些亲身体验促进了他们民族意识的觉醒和政治觉悟的提高。[①]战争期间和战后，他们当中的一部分人加入或组建了具有民族主义或社会主义思想的政治组织，并在回国后发动了反对殖民统治的斗争，领导了争取民族独立的运动。

20世纪20年代，萨拉菲派呼吁复兴伊斯兰教，反对法国殖民统治，成为摩洛哥重要的宗教和社会改革派。1921年，萨拉菲派在非斯建立摩洛哥第一所现代伊斯兰学校，试图通过兴办教育促进摩洛哥的宗教文化复兴，抵御法国殖民文化的侵蚀。此后，伊斯兰学校快速增多，打破了法国文化专制的束缚。1925年，萨拉菲派成立两个秘密社团：一个在非斯，以穆罕默德·格兹、穆罕默德·阿拉勒·法西（Mohamed Allal al-Fassi）、穆赫塔尔·苏西和伊卜拉欣·克塔尼等人为主要领导人；另一个在拉巴特，以受法式教育的艾哈迈德·贝拉弗里杰（Ahmed Balafrej）、穆罕默德·哈桑·瓦扎尼（Mohamed Hassan al-Ouazzani）、奥马尔·阿卜杜·贾利勒（Omar Abd al-Jalil）和穆罕默德·里阿兹迪（Mohamed Lyazidi）等人领导。1930年，在反对柏柏尔法令的运动中，这两个社团合并，称为“民族集团”。该集团有一个由25人组成的领导核心，他们称自己的组织为扎维亚。1932年，民族集团更名为“民族行动集团”

① Driss Maghraoui, “The ‘Grande Guerre Sainte’: Moroccan Colonial Troops and Workers in the First World War”, *The Journal of North African Studies*, Vol.9, No.1, 2004, pp.7-16.

（National Action Bloc）。[①]

西迪·穆罕默德·本·优素福（Sidi Mohammed ibn Yusuf）在1927年11月18日父亲去世后继任摩洛哥素丹，称穆罕默德五世（Mohammed V）。民族行动集团积极与穆罕默德五世建立联系，竭力争取他的支持。同时，该组织还于1932年在巴黎创办《马格里布》杂志，通过宣传自己的观点，争取法国人民的支持。

1934年，摩洛哥首个资产阶级民族主义政党——"摩洛哥行动委员会"（Moroccan Action Committee）正式成立，成为摩洛哥民族解放运动的先锋。其宗旨是反对法国对摩洛哥的殖民统治，争取摩洛哥人与法国人的平等地位。该组织主要由受过法国教育的青年人和城市知识分子组成。它的成立标志着摩洛哥新兴的民族资产阶级走上了政治舞台。摩洛哥民族解放运动进入了新的历史阶段，有别于先前摩洛哥那种在封建宗法上层分子领导下、以农村为中心的农民运动，而是将斗争的中心转向了大城市。该组织团结受过教育的青年人，开展反对殖民主义的活动，得到群众的支持，具有广泛的影响。1934年11月，摩洛哥行动委员会向法国殖民当局提交"摩洛哥改革计划"，内容包括对摩洛哥政治、司法、社会、经济和财政等方面所存在的各种问题提出批评、要求和建议；提出普选和建立民族会议并审议会议的全部成员；由摩洛哥法庭掌管司法，并依据伊斯兰法律精神的法典审理案件；给工会以完全均等的权利；减轻和改革各种税收；一切有关公共生活的文件必须同时使用法文和阿拉伯文等具体方案。[②]法国殖民当局对这一改革方案断然拒绝。于是，摩洛哥行动委员会在全国各地开展反对法国殖民者的示威和抗议活动。

素丹穆罕默德五世于1934年公开敦促法国放弃1930年的"柏柏尔法令"，首次表露出其民族主义的情感。他对摩洛哥行动委员会

---

① 郭应德：《阿拉伯史纲》，第454—455页。

② 〔法〕马塞尔·佩鲁东：《马格里布通史——从古代到今天的摩洛哥、阿尔及利亚、突尼斯》，上海师范大学《马格里布通史》翻译组译，第498页；彭树智主编：《阿拉伯国家史》，第325页。

及其改革方案表示赞同和支持。此后，他不遗余力地从事独立运动，希望能够早日摆脱法国的“保护”。

1935年9—10月，摩洛哥再度爆发反法流血冲突事件，法国总督政府开始彻底镇压摩洛哥民族运动。1936年10月，摩洛哥行动委员会派代表去巴黎，要求法国政府实行民主，允许摩洛哥人享有与法国移民同样的权利，但遭到法国政府的无理拒绝。非斯、卡萨布兰卡、塞拉等城市的人民群众十分愤慨，举行了大规模的示威游行，抗议法国政府的蛮横无理。与此同时，由于现代工业的兴建，在摩洛哥城市和农村中出现了工人阶级。摩洛哥行动委员会意识到工人阶级将是民族解放运动的一支强大力量，决定在工人中吸收新的成员，并于1937年1月开始在地方建立秘密支部。1937年5月，摩洛哥行动委员会的成员增加到6500人。这些积极活动引起法国殖民当局的警觉。同年10月18日，摩洛哥行动委员会被宣布为非法组织而遭到取缔。但该组织的领导人之一穆罕默德·阿拉勒·法西又组建了“民族党”（National Party），继续进行斗争。①

针对摩洛哥人民此起彼伏的抗议斗争，法国殖民当局以各种残暴手段破坏和绞杀摩洛哥民族运动。1937年10月，民族党各地支部在梅克内斯、卡萨布兰卡、非斯、拉巴特、乌季达和马拉喀什等城市组织大规模的示威游行，摩洛哥人民的反法情绪高涨。法国总督夏尔·诺盖（Augustin Paul Charles Noguès，1936—1943年任职）下令严厉镇压示威群众，逮捕民族党领导人穆罕默德·阿拉勒·法西和穆罕默德·哈桑·瓦扎尼。法西被流放到加蓬，在那里度过了九年流亡生活。民族党的另一领导人艾哈迈德·贝拉弗里杰时在巴黎，逃过一劫，后到得土安和丹吉尔领导反法斗争。1938年，法国殖民当局颁布一项法令，禁止摩洛哥工人组织任何工会，并剥夺人民的集会自由。法国殖民当局又实行严格的新闻管制，封锁国内外

① Daniel Zisenwine, *The Emergence of Nationalist Politics in Morocco: the Rise of the Independewe Party and Struggle against Coloniacism after world war Ⅱ*, London and New York: I.B.Tauris Publishers, 2010, p. 16.

一切不利于殖民当局的消息，先后关闭和取缔了166种出版物。随着摩洛哥民族解放运动的发展，新闻封锁更加严密。1939年，法国殖民当局颁布戒严令，从此整个法属摩洛哥在之后的十几年中一直处在戒严状态下。居民随时可能被拘捕并受军事法庭审判，他们完全没有自由和民主权利。整个国家笼罩在一片白色恐怖之下。

三、西属摩洛哥的民族抗争

里夫起义

根据1912年法国与西班牙签订的《马德里条约》，西班牙以得土安为首府，建立了所谓的“西属摩洛哥”。西属摩洛哥由西班牙政府派驻的高级专员和摩洛哥的“素丹代理人”联合统治，但实际上大权掌握在高级专员手中。然而，西属摩洛哥的政治环境十分复杂，西班牙殖民当局在摩洛哥确立和巩固统治地位的过程历经艰难。

西班牙在摩洛哥北部的殖民统治从一开始就遭到了当地部落的强力抵抗。西部的杰巴拉部落和东部的里夫部落根本不承认西班牙的统治，与西班牙占领军展开了激烈的武装斗争。

位于摩洛哥北部的里夫山区，北临地中海，南抵韦尔加河谷，西起丹吉尔，东至穆卢耶河下游。这里居住着北非柏柏尔人中最强大的一支——里夫族，共有13个部落，约50万人（占摩洛哥总人口的10%）[①]。里夫人以游牧为生，素以酷爱独立、骁勇善战著称，具有反对异族入侵的光荣传统。根据1912年法国和西班牙签订的《马德里条约》，里夫山区划归西班牙管辖，但是里夫人始终不接受西班牙殖民当局的统治，里夫山区一直是反对西班牙殖民主义斗争的中心。

由于里夫山区地形崎岖、环境复杂，西班牙占领和征服的进程推进缓慢且艰难，不得不投入更多的兵力，1914年时驻军已超过12

① 人数说法不一。著名学者沃尔特·哈里斯认为是39.7万人。参见Walter B. Harris, *France, Spain and the Rif*, London: E. Arnold & Co., 1927.

万人。在第一次世界大战期间，这里的反殖民斗争深入发展。一战后，为了在最短时期内征服摩洛哥尚未“归顺”的地区，西班牙政府任命以严酷著称的达马索·贝兰格尔（Dámaso Berenguer）将军为驻摩洛哥高级专员。他于1918年制定了一个首先征服西部杰巴拉族部落、然后再东进征服里夫族部落的军事计划。1919年7月，西班牙军队在征服西部杰巴拉族后，开始准备进军里夫山区。为了制造征讨的借口，西班牙利用里夫族中的一些败类制造骚乱，并散布谣言，声称贝尼·乌里阿格勒（Beni Ouariaghel）部落首领阿卜杜·克里姆·哈塔比（Abd al-Krim al-Khatabi）是骚乱的罪魁祸首。

贝尼·乌里阿格勒部落是里夫族13个部落中势力最强大的一个部落。该部落酋长阿卜杜·克里姆·哈塔比所在的家族被称为伊斯兰教圣裔家族，历来领导抵御外来侵略的斗争，在里夫族中深孚众望。他早就觉察西班牙殖民当局的侵略阴谋，曾拒绝西班牙殖民者要他帮助在其管辖区建立保护制的主张。他对西班牙散布的谣言提出了强烈抗议，并立即召回在梅利利亚城任法官的长子和在西班牙上学的次子，以帮助他对付西班牙的侵略。他号召全体里夫人民准备进行一场反抗西班牙侵略者的武装斗争。

收买老酋长不成，西班牙殖民者便实施武力征服。1920年冬，西军总司令曼努埃尔·西尔维斯特（Manuel Silvestre）将军率领两万名殖民军从梅利利亚出发，进剿里夫山区。正在酝酿起义的乌里阿格勒人闻讯后，立即行动起来。他们在老酋长的领导下，组成民军，奔赴战略要地塔弗尔西特，准备迎击来犯之敌。就在交战前夕，老酋长不幸遭到西班牙奸细的暗害，中毒身亡。在这紧急关头，部落长老议事会推举老酋长的长子穆罕默德·本·阿卜杜·克里姆·哈塔比（Mohammed ibn Abd al-Krim al-Khatabi）担任首领。

阿卜杜·克里姆1882年生于里夫山区梅利利亚附近的阿杰迪尔（Ajdir）村，1905年进入非斯著名的卡拉维因大学攻读法律，学习伊斯兰教义，研究阿拉伯文化。毕业后他当过大学教员、报刊编辑。1915年，阿卜杜·克里姆应西班牙殖民当局的邀请，到梅利利亚城担任首席伊斯兰教法官。1916年，他曾因积极主张摩洛哥独立、强烈谴责殖民统治而被捕入狱。狱中生活促使他与殖民当局彻底决裂。1920年，他放弃伊斯兰教法官职务，与正在马德里矿业学校就读的胞弟应父亲之召回到家乡阿杰迪尔，协助父亲准备抗击迫在眉睫的西班牙入侵。目睹父亲之惨死，阿卜杜·克里姆满腔悲愤，他牢记父亲"绝不屈服于西班牙人"的临终遗言，毅然担负起领导反侵略战争的重任，决心为捍卫民族的尊严、自由和独立而战斗到底。

1921年年初，西尔维斯特将军率领三万西班牙军队向里夫山区发起全线进攻。阿卜杜·克里姆分析了敌强我弱的形势，采取了积极防御的战略战术。他一方面利用法西、英西和德西矛盾，开展积极的外交活动，从法、英、德三国购买大量武器弹药；另一方面，主动后撤，并精心部署歼敌战术：诱敌深入，把西军引入山区，进行有力的内线作战。西军依仗优势兵力，在占领战略重镇胡塞马后，径直向里夫山区纵深挺进，1921年6月1日，占领了重要军事据点达尔·阿巴拉。正当敌人大摆酒宴，欢庆"胜利"时，阿卜杜·克里姆亲率300名勇士在夜间突然出现在酩酊大醉的西班牙人面前，经过几个小时的激战，歼灭了400多名殖民军官兵，缴获大批枪支、大炮、弹药及军用物资。①

阿巴拉战斗的胜利使摩洛哥人民士气大振，原来那些犹豫不决的里夫部落都投身到阿卜杜·克里姆领导的反殖斗争的旗帜下，一些原先参加西班牙殖民军的摩洛哥雇佣兵也纷纷投奔里夫军队。里夫军队在几星期内迅速扩大到3000人。阿卜杜·克里姆抓住这一有利时机，于1921年7月18日攻克西军重要据点伊埃里本。不可一世的西军统帅西尔维斯特决定孤注一掷。他率领两万名西军主力长驱直入，径闯战略要地阿努瓦勒（Anoual），企图一举消灭里夫军队。他指挥军队以逸待劳，在7月21—26日发动了著名的阿努瓦勒战役。5000名里夫军队首先扫除阿努瓦勒这个西军大本营的外围据

① 〔法〕亨利·康崩：《摩洛哥史》（下册），上海外国语学院法语系翻译组译，第453页。

点，切断敌人的后援，并将西军团团围住，然后发起总攻。由于里夫军队占据有利地形，西军的炮兵、骑兵失去作用，几次突围均未成功。于是，西军便在城堡里悬起白旗，向里夫军队投降。但当阿卜杜·克里姆的60名受降人员走近城堡时，狡诈的敌人突然开枪。阿卜杜·克里姆为这种流氓行径所激怒，率领战士们奋勇杀入城堡，与敌人展开白刃战，歼灭敌军14700多人，而西尔维斯特将军自杀身亡。里夫军队缴获了大量现代化武器和装备。

这次战役在欧洲引起强烈反响，被欧洲报刊称为“阿努瓦勒惨剧”，被认为是“任何国家的殖民史上都未曾有过的一次大败仗”[①]。1921年8月5—6日，纳瓦罗将军率领西军残部退守西班牙军队的驻扎地阿鲁伊山（Monte Arruit）。在里夫军队的围困之下，守军粮秣俱尽，包括纳瓦罗将军在内的3000多名西军官兵被迫缴械投降。阿努瓦勒战役和阿鲁伊山战役使得西班牙殖民军丧失了有生力量，西班牙殖民者被迫放弃约5000平方公里的农村土地，只能停留在少数沿海城市，不敢再轻举妄动。[②]

里夫人民抗击西班牙侵略者的大起义以里夫军队的大获全胜暂告段落。阿卜杜·克里姆利用暂时休战的机会立即着手创建里夫共和国。

《民族誓约》与里夫共和国的建立

一系列反殖斗争的胜利，充分显示了阿卜杜·克里姆卓越的领导才能，里夫百姓纷纷投奔起义军，起义部队迅速增加到三万人左右。阿卜杜·克里姆也由乌里阿格勒部落的军事领袖上升为全里夫族的军政领袖。在同一时期凯末尔领导的土耳其民族解放运动的影响下，克里姆意识到要最终实现驱逐侵略者、争取民族独立的目标，里夫人民必须结束分裂状态，停止内部纷争，组成巩固的部落联盟，并在此基础上建立统一的国家机构，使里夫人民能够团结一致、共

---

① 〔法〕亨利·康崩：《摩洛哥史》（下册），上海外国语学院法语系翻译组译，第454页。

② David S. Woolman, *Rebels in the Rif: Abd El Krim and the Rif Rebellion*, Stanford, C. A.: Stanford University Press, 1968, pp.83-98.

同对敌。事实上，经过半年多的对敌战争，来自不同部落的群众已在共同的目标下团结起来了，成立统一政权组织的条件业已成熟。

1921年9月初，阿卜杜·克里姆在阿杰迪尔召开由里夫地区12个最大部落首领参加的会议。根据阿卜杜·克里姆的提议，会议决定迅速召开里夫国民会议，成立民族政府，并选出了参加国民会议的各部落代表。这次会议还通过了由阿卜杜·克里姆制定的《民族誓约》（又称《国家宪章》），其内容为：（一）不承认任何危害摩洛哥权利的条约，特别是1912年（法摩）条约或与1912年“保护制”条约有关的各项条约；（二）西班牙必须撤出1912年法西条约批准前尚未归属其管辖的全部里夫领土，只能保留休达、梅利利亚及其周围地带；（三）其他国家承认里夫国家完全独立；（四）宣布成立里夫共和国，建立立宪共和政府；（五）西班牙应赔偿12年来使里夫人民蒙受灾难的损失；（六）同所有大国建立平等友好关系，并缔结各类条约，其条件是这些国家不享有特权。[①]这份文件成为里夫共和国的立国大纲。其核心内容是废除殖民压迫，争取和维护里夫的完全独立。这个誓约无疑对统一思想、巩固内部团结起了积极作用。1921年9月19日，里夫国民会议隆重开幕，正式宣布成立独立的里夫民族国家——里夫部落联邦共和国，克里姆当选共和国总统兼国民会议议长（即埃米尔），组建了由总统、总统顾问、外交部长、财政部长和商业部长五人参加的共和国政府[②]，确定阿杰迪尔为首都。

阿卜杜·克里姆的改革

埃米尔阿卜杜·克里姆还兼任国防和内政部门的负责人。为了巩固国家独立，建设一个团结统一的现代强国，以阿卜杜·克里姆为首的里夫共和国的领导者们在政治、军事、司法和外交等方面进行了一系列改革。[③]

① 彭树智：《现代民族主义运动史》，西北大学出版社1987年版，第275页。

② 彭树智主编：《阿拉伯国家史》，第324页。

③ C. R. Pennell, *Morocco since 1830: A History*, pp.192-195.

政治上，他们主张把共和制同里夫社会的传统结构相结合。在国家政权尤其是中央政权组建方面，采用资本主义近代国家的某些形式，如《民族誓约》规定的建立立宪共和政府。里夫国民会议曾制定过一部包括40项条款的宪法，规定国民会议为国家最高权力机构，议长即称埃米尔，同时还是国家元首（最高行政首脑）——总统；设立政府首相，代表埃米尔处理一般性的具体事务；政府设有内政、外交、司法、财政、教育、贸易（财政）、作战（国防）等部门，各司其职；改革旧的部落酋长制，加强中央的行政统一。里夫共和国的地方机构仍然是部落，全国分为18个部落。部落首脑也沿用“卡伊德”的称号，集军政、财法大权于一身，但要服从中央内政部及该部部落事务委员会的领导和管辖。

军事上，里夫共和国统一军事编制，建立了一支由正规军和部落民兵组成的统一军队，取代分散的部落武装。按欧洲方式装备和训练的正规军只有6000—7000人，其包括步兵、骑兵、炮兵和军官团。部落民兵由部落各部族组成，成年男子一般都参加，有数万人之众，平时接受军训，战时配合正规军作战。里夫政府从欧洲招募军事教官，购买武器装备。里夫军事组织的体系既以部落习惯为基础，又立足于现代欧洲技术之上。另外，里夫共和国实行义务兵役制，凡16岁以上的中、青年都有服兵役的义务。里夫军队有自己的军旗、军歌和军纪，设置了军事情报机构，建有通讯网和情报站。①

司法上，废除建立在部落基础上的习惯法、传统法及传统法庭，取消部落酋长或议事会干预司法事务的惯例，由埃米尔任命伊斯兰法庭法官（卡迪），实行司法独立，卡迪依法审理刑事案件和民事纠纷。设立国家监狱和地方法庭，确立以《古兰经》和圣训为立法准则，实行统一的伊斯兰教法规，一切诉讼事宜均由法官审理，被告如对判决不满，可上诉至有司法部长参加的最高法庭。

财政上，在全国实行统一的税收制度。政府只开征两种税：一

① C. R. Pennell, *Morocco since 1830: A History*, p.193.

是除赤贫者和战争致残者以外，人人都要缴纳的人头税；二是税率为5%的个人所得税，用货币或实物缴纳都可以。总的看来，税率是相当低的，全部税款供军队开支。

外交上，积极开展独立的外交活动，实行和平友好的外交政策，主张同世界上所有国家和睦相处。里夫政府不承认欧洲列强在摩洛哥的一切特权，并向各国派遣使者或递送信函，表示里夫人民争取独立的强烈愿望，要求各国承认并尊重里夫共和国的独立主权，发展相互间平等互利的经济合作和贸易关系。

上述改革措施是进步的，有些还带有较为明显的资产阶级色彩。各项改革措施的实施，使里夫军队扩充到近七万人，大大增强了军事力量；削弱了封建部落酋长和议事会的权力，结束了里夫社会长期分散和无政府的状态；减轻了人民负担；与周围的国家建立了友好关系。这些改革措施得到阿尔及利亚、突尼斯、土耳其、伊拉克、埃及等国人民的支持。这不仅有利于巩固国家政权，而且使反帝力量得到增强。刚刚诞生的里夫共和国面貌焕然一新，古老的里夫民族精神振奋、众志成城，极大地增强了里夫人民保家卫国、抵御外侮的战斗力量。所有这一切对改变里夫地区落后的政治、经济制度都具有深远的历史意义。

然而改革很不彻底，如原有的部落氏族组织系统被保存了下来，部落公共会议“扎马哈”仍然拥有跟卡伊德平行的权力，中央的统一和各部落间的团结还不牢固等等。究其原因，主要是里夫领导人的阶级局限性，当地社会经济条件的限制，以及部落贵族反对改革，连年战事不断也影响了改革的推行。因此，阿卜杜·克里姆等里夫领导人没有达到把里夫共和国建成“现代的、民族的、欧洲式的国家”[①]这一目标。

里夫民族解放战争

1921年夏到1924年年底是里夫民族解放战争的第一阶段。此阶

---

① Georges Catroux, “France, Tunisia and Morocco”, *International Journal*, Vol. 9, No. 4, 1954.

段，里夫军队屡胜西班牙，几乎解放了自1912年以来为西班牙人所夺去的全部领土。

面临日趋强盛的里夫共和国，西班牙殖民者坐卧不宁，绞尽脑汁，要把新生的共和国扼杀在襁褓之中。1922年，西班牙当局拉拢杰巴拉族人，向该族首领拉伊苏里提供大量枪炮及经费，指使其从西面进攻里夫军队，以达到“用非洲人打非洲人”的目的。西班牙殖民者还集结了三万精锐部队向里夫地区中部征剿。但在士气高昂、作战英勇的里夫军民面前，西班牙军队屡屡败北。

武力镇压失败之后，西班牙当局又采用“和平谈判”的手法，委派西驻摩洛哥总督府秘书长迪戈·色维德拉与里夫共和国的外交部部长阿扎尔刚进行谈判。在谈判中，里夫一方坚持要西班牙当局承认里夫共和国的独立与主权，但西班牙一方傲慢地要求里夫人民接受西班牙的“保护”，谈判遂告破裂。

1924年春，西班牙出动大军，采取从东、西两面合击里夫军的老战术，迅速向里夫内地进攻。阿卜杜·克里姆镇定自若，沉着指挥，分兵把守战略要地，利用有利的地形，狙击西班牙入侵者。他还时常派出小队人马潜入敌后，骚扰敌军，使西军屡屡受挫。后来西军被迫改用“封锁围困”的新战术，将军队从里夫山区撤到沿海一带，设置严密的封锁线，企图断绝里夫军民的一切供应，置里夫军民于死地。另外，西班牙当局还进一步收买西部杰巴拉族首领拉伊苏里，继续向其供应大量资金和武器弹药，令其在后方牵制并骚扰里夫军队。西班牙殖民者在沿海设置的封锁线形同虚设，因为里夫山区的北部濒临地中海，居高临下，西军难有作为，里夫军队照样可以得到外界提供的给养。克里姆利用与英、法的联系取得后勤补给，英、法的军火商都通过各自的渠道给里夫军民运来大量急需的粮食和军火。1924年6月，里夫军队集中兵力，一举击溃杰巴拉族武装，活捉投靠西班牙的拉伊苏里，缴获了大量军火和钱财。杰巴拉族的部落和库马拉族的部落纷纷起义，转入里夫军队。与此同时，克里姆率军进行运动战、突袭战，灵活地打击西班牙侵略者。

就这样，里夫军民出色地粉碎了西班牙侵略者的军事围剿。1924年1—10月，里夫军歼敌25000人。西班牙殖民军的防线一缩再缩。只有沿海地带的梅利利亚等城市还为西军把守。里夫共和国在战争的磨炼中越来越强大，西班牙当局哀叹道："摩洛哥问题叫我们付出的代价实在太大了，我们在那里不是前进，而是节节后退。"[①]

1925年春至1926年夏是里夫民族解放战争的第二个阶段。在此期间，里夫起义者与法国、西班牙殖民军两面作战，主要敌人是法国殖民者。

由于进攻里夫共和国失败，西班牙政府陷入内外交困之中，不得不主动向里夫政府提出和平谈判的要求。它派代表团到里夫首都阿杰迪尔进行谈判。正当里夫军民把西班牙殖民军打得落花流水，即将赶走侵略者时，法国殖民政府对里夫共和国态度急剧改变。法国殖民者原想利用里夫共和国削弱西班牙在摩洛哥的势力，坐享渔翁之利，于是在暗中支持里夫共和国反对西班牙。然而里夫民族解放战争的节节胜利以及里夫共和国独立自主的外交政策使他们从迷梦中惊醒，他们担心势力日增的里夫军队会向法属区"扩张"，害怕里夫起义会在法属区引起"连锁反应"。事实上，里夫人民的胜利极大鼓舞了法属摩洛哥地区的人民，不少部落也举行起义，加入了里夫军。面对里夫共和国迅速发展的局势，法国政府特别担心将会引起摩洛哥民族解放战争的全面爆发。法国驻摩洛哥总督利奥泰惊呼道："在离非斯这样近的地方竟然建立了一个独立的伊斯兰国家，对于我们的制度来说，再没有比这更糟糕的了。"[②]另外，英、德、意等帝国主义国家也想趁西班牙失败之机抢夺这块肥肉。于是，法国殖民者改变了原来坐山观虎斗的政策，决定用武力尽快消灭里夫共和国，取代西班牙。

1924年5月27日，在利奥泰的授意下，德尚·布伦将军指挥一

---

① Moshe Gershovich, *French Military Rule in Morocco: Colonialism and its Consequences*, p.195.

② Ibid., p.199.

支法军渡过位于里夫共和国与法属区边界的韦尔加河。9月，法军侵占了里夫的“粮仓”韦尔加河谷，断绝了里夫山区的粮食供应，并在那里遍设军事据点，直接威胁着里夫起义军的山区基地。接着法军指使塔扎东部的部落首领迈德布赫率领600名武装人员向里夫共和国的马西尼萨部落进行军事挑衅。

为了集中力量对付西班牙侵略者，阿卜杜·克里姆对法国的挑衅行为一直采取克制忍让的态度。他和他的外交代表多次致函法国当局，派遣外交代表前往巴黎照会法国外交部，明确表示“我们只要求得到法国那样的权利：各国人民自主的权利”，希望通过和平谈判的方式解决事端，确定法属区与里夫共和国的固定边界。可是法国政府毫不理会，依然我行我素。

在忍无可忍的情况下，阿卜杜·克里姆终于决定进行抗法战争。1925年4月，阿卜杜·克里姆利用北部战场暂时稳定的局势，迅速调兵南下，在阿乌杜尔河和阿尼泽尔河之间的扎尔瓦勒人地区向法军发起猛烈的反击，经过一个多月的鏖战，里夫军队攻占法军43个据点，俘敌2000余人。5月，里夫军又粉碎了法国军队的突袭，收复了韦尔加河谷；接着向非斯、塔扎方向进军。沿途人民纷纷投入到反法战争中。这一年，共产国际发表呼吁书，号召世界人民团结起来，支援摩洛哥人民抗击法国侵略军。法国共产党和西班牙共产党也积极支持里夫人民反抗法国侵略军，在各自国家中掀起了轰轰烈烈的反战运动。一些法国士兵在战场上拒绝向里夫军民开枪，或携带武器到里夫军阵地上举行联欢活动。法国政府对此万分焦急，彭莱维茨总理亲自赶往前线督战，也无济于事。形势对里夫人民十分有利。7月初，锐不可当的里夫军队推进到法属区的北部和东部重镇韦赞和塔扎一带，逼近非斯，法属区的殖民统治摇摇欲坠。法国当局大为震惊，急忙撤换了任职多年的利奥泰，任命特奥多尔·斯梯格（Théodore Steeg）为新总督（1925—1928年在职）。

为共同对付里夫共和国，法西两国化敌为友，勾结在一起。1925年5月，法国政府派遣特使马尔维前往西班牙，同西班牙首相普里莫·里维拉（Primo de Rivera,1870—1930）将军密商在摩洛哥采取联合行动的方案。6月中旬，法国总理彭莱维茨前往西班牙会晤里维拉。6月17日，法西两国军事专家在马德里讨论共同对付里夫共和国的谋略。7月25日，法西经过一系列谈判之后签署《马德里条约》，商定双方共同对付摩洛哥人民，决不单独与里夫共和国媾和。7月底，法西两国采取联合军事行动。法国不断向摩洛哥增兵，并任命在一战中被吹捧为法国“救世主”的菲利普·贝当（Philippe Pétain）元帅为法驻摩洛哥军队总司令，从法国本土增派16万正规军前往摩洛哥，并配有飞机、坦克、大炮等现代化武器。此外，法国还从阿尔及利亚、塞内加尔等地调来外籍军团，准备向里夫军队大打出手。8月初，法军集结20万大军，由贝当指挥；西军10万人由里维拉亲自统率。两军采取一体化作战方案，在飞机、大炮的掩护下，对面积仅两万多平方公里、人口仅50余万的里夫共和国实行南北夹击。1925年8月15日，阿卜杜·克里姆发表《告北非穆斯林书》，指出“暴虐的法国向我们宣战，妄想侵占我们的国土，援救它那可耻的狐朋狗友”，表示“我们的国家是坚定的，力量不会削弱，决心不会动摇，我们将坚韧不拔地继续战斗，直至我们的领土完全获得解放”[①]，号召北非穆斯林们团结起来，互相支持，为摆脱殖民主义的奴役共同行动。

里夫人民的反殖战争进入十分艰难的阶段。法、西两国政府都把这次战争看作是有关国威盛衰的关键所在，为此，法国政府拨出1.83亿法郎的巨款军费，用最新式的武器装备了陆、海、空三军。两国政府还采用收买部落上层封建主、分裂反帝力量的恶毒政策，并用摩洛哥素丹的名义发布悬赏令，以50万法郎作为捕杀阿卜杜·克里姆兄弟两人的酬金。当时里夫军与法、西军队双方力量对比悬殊，形势对里夫人民非常不利。法国与西班牙结成军事同盟，于1925年9月出动40万余大军，围剿里夫共和国。9月初，法西两

① 〔摩洛哥〕阿卜杜·克里姆：《阿卜杜·克里姆告北非穆斯林书》，黄丽英译，《世界历史》1982年第5期。

国海军严密封锁里夫共和国的北部海岸，截断了里夫军队的海上接济。9月6日，10万西军在法国舰队的掩护下在胡塞马海岸登陆，32.5万法军则在非斯、塔扎一带由南向北发起全面进攻，只有七万人的里夫军队被迫在南北两线同时抗敌。10月1日，西军乘里夫军队主力南移之机，攻占里夫共和国的首都阿杰迪尔。法军进入瓦尔加盆地，利用部落间矛盾及里夫人的疲惫，收买了一些部落首领。因力量悬殊，寡不敌众，同时，殖民军实行“焦土”政策造成起义军人力物力资源枯竭，加之部分部落酋长被收买，以及不少群众相信法军散布的谣言脱离了起义军。为保存实力，阿卜杜·克里姆命令部队放弃平原地区转入山区，利用有利地形，灵活开展游击战，致使法军和西军时时被动挨打。

里夫军民的顽强斗争得到了全球甚至法国进步人士的深切同情和大力支持。1925年10月12日，法国90万工人举行大罢工，抗议法国政府的殖民政策。部分法国士兵甚至在战场上不愿向里夫人民开枪。印度和其他北非地区的穆斯林也纷纷举行群众集会，支持里夫人民的抗法斗争。苏联、美国、中国等国人民或举行集会，或发表文章，谴责殖民者暴行，呼吁停止侵略战争，声援里夫人民。法西两国人民还开展了声势浩大的反对殖民战争的抗议运动，坚决要求政府结束摩洛哥战争，承认里夫共和国的独立。

由于法、西殖民者未能立即扑灭里夫共和国，而国内外舆论又日益强烈，法西两国政府不得不接受阿卜杜·克里姆提出的谈判要求，于1926年4月26日在乌季达与里夫政府谈判。里夫代表提出，只要承认里夫共和国独立，里夫政府可以作出让步。但法、西政府提出了里夫人应承认摩洛哥素丹的最高权力，解除里夫军队武装，驱逐阿卜杜·克里姆，释放法西两国俘虏的四项条件，甚至向里夫代表发出最后通牒，限定在5月7日前接受法国的四项条件。这理所当然地遭到阿卜杜·克里姆的严词拒绝。

谈判刚一破裂，法西联军便立即发起了猛烈进攻。1926年5月7日，法西殖民军在飞机、坦克和大炮的配合下，对只有七万人的里夫军队进行南北夹攻。狂轰滥炸之下，侵略军所到之处变成一片废墟。法西军队每攻下一个城市或村庄，便进行烧杀劫掠，其暴行令人震惊。尽管里夫军队毫不畏惧、浴血奋战，但终因敌众我寡且武器装备落后而步步退却。又由于里夫一些部落首领在敌人的威胁利诱下叛变投敌，里夫军队逐渐失去了战争的主动权。5月23日，法军攻陷里夫军队司令部所在地塔尔吉斯特（Targuist），密集的轰炸使起义军伤亡惨重。5月26日，阿卜杜·克里姆为保护广大里夫军民的生命财产，被迫向法军投降。①

里夫共和国被法国和西班牙联合势力扼杀。但是，里夫地区的部分部落却继续坚持反抗法、西殖民者的武装斗争。1928年，法占区又爆发新的大规模武装起义，阿特拉斯山区的起义者一度把法国殖民者赶了出去。法国花了六七年的时间，费了九牛二虎之力，最后才把起义镇压下去，直到1934年武装斗争的最后根据地才被摧毁。虽然阿卜杜·克里姆领导的里夫反殖斗争在法、西殖民者的联合绞杀下失败，但里夫人民的光荣业绩却载入了摩洛哥和非洲人民反殖斗争的不朽史册中。

里夫共和国的失败及其原因

20世纪20年代的里夫起义是摩洛哥封建阶级和部落首领领导的旧式抵抗运动的尾声，同时也是资产阶级、民族知识分子领导的新型解放运动的开端，它具有从前者向后者过渡的性质。里夫解放运动属于摩洛哥“由封建的和宗法封建的上层分子所领导的农民运动”②，直到20世纪30年代初，摩洛哥的反抗运动才进入新的阶段。

里夫起义是在第一次世界大战和十月革命后世界革命形势高涨

① 阿卜杜·克里姆投降后被流放到印度洋上的留尼汪岛。1947年，他在转移去法国途中逃往埃及。1948年任马格里布阿拉伯人解放委员会领导人，继续领导摩洛哥的独立运动。1956年摩洛哥获得独立。1958年，摩洛哥政府授予他“民族英雄”称号，并邀请他回国定居，他称只要国土上还有法国和西班牙人，决不回国。1963年2月在开罗病逝。

② 苏联科学院非洲研究所编：《非洲史1918—1967年》（上册），上海新闻出版系统“五·七”干校翻译组译，第70页。

的背景下爆发的。它深受当时各国革命斗争的影响，这是它初步具有现代民族解放运动性质的原因之一。各国学者有一个比较一致的观点：里夫解放战争受土耳其的凯末尔资产阶级革命的影响最大。[①]阿卜杜·克里姆既学习凯末尔致力谋求民族的独立，也和凯末尔一样，“主张现实生活和社会制度的近代化”，并仿效他进行改革。阿卜杜·克里姆本人也十分景仰凯末尔，称他是团结人民，打败敌人，“因而恢复了国家的独立，使民族重新获得了神圣的自由”的土耳其英雄。[②]

里夫共和国对法西殖民联军进行的多年战争，是当时民族解放运动的重大事件。从军事学术角度看，正如伏龙芝所指出的，西摩战争表明，人数少装备差的军队在山地沙漠对正规军大兵团作战，采用机动灵活和坚决果敢的游击战战术，是行之有效的。里夫人民进行的战争，以其革命武装斗争的经验丰富了北非人民的解放运动。

里夫起义失败的原因是多方面的，其中社会矛盾尖锐，各部族分散孤立，起义带有局部性质，部落贵族的背叛以及殖民主义者在军事上占有优势是主要因素。

封建化的部落上层是里夫共和国居统治地位的社会力量之一，他们对部落群众仍然保持着相当大的控制权和影响。他们跟阿卜杜·克里姆等人不同，他们反对改革里夫的传统制度。一旦斗争遇到挫折，这些人就往往会动摇，甚至叛变。如1925年10月，里夫在战场上失利后，不少部落贵族叛乱。就在这一年冬季，他们还引诱胁迫12000户居民跟随自己背离里夫共和国，投降了法国殖民当局。

里夫解放战争虽然失败了，但是它给法国和西班牙殖民者的打击是十分沉重的。阿卜杜·克里姆的民族独立思想对唤醒北非各国人民的民族意识、促进他们的解放斗争起了重要作用，对后来的摩洛哥民族解放运动产生了深刻的影响。

---

① 参见苏联科学院《世界通史》（第八卷下册），三联书店1978年版，第646页；〔法〕亨利·康崩：《摩洛哥史》（下册），上海外国语学院法语系翻译组译，第457页。

② 〔摩洛哥〕阿卜杜·克里姆：《阿卜杜·克里姆告北非穆斯林书》，黄丽英译，《世界历史》1982年第5期。

第六章　摩洛哥民族独立国家的建立

第二次世界大战后，广大殖民地国家的民族解放运动高涨，涌现出许多新的民族独立国家。摩洛哥在以独立党为代表的民族主义政党和共产党的领导下，爆发反对法国“保护”的示威游行和罢工罢市运动。国王穆罕默德五世站在人民一边，因此被法国殖民当局废黜。在风起云涌的抗议斗争中，特别是武装斗争的强大压力下，法国被迫恢复穆罕默德五世的王位，并与摩洛哥展开谈判。1956年3月2日，法国与摩洛哥签订《独立宣言》，宣布结束法国的“保护”，摩洛哥获得独立。同年4月7日，西班牙也承认摩洛哥独立，放弃在摩洛哥的保护地。1957年8月14日，摩洛哥正式定国名为摩洛哥王国，素丹改称国王。摩洛哥王国终于以一个民族独立国家的新形象出现在世界政治舞台上。

一、第二次世界大战期间的民族主义运动

民族主义政党的兴起

第二次世界大战期间，摩洛哥人民积极投身于反法西斯的斗争；同时，反法西斯战争也促进了摩洛哥民族解放运动的成长和壮大。

二战期间，摩洛哥、阿尔及利亚和突尼斯的法属北非殖民地军队直接参加了反法西斯战争。1939年9月4日，摩洛哥素丹穆罕默德五世发表支持法国对德作战的声明，派出约12万摩洛哥人在法国

军队服役。1940年6月法国沦亡后，仍有4.7万名摩洛哥人志愿参加了由戴高乐领导的“自由法国”的非洲人部队。[①]1942年11月11日，摩洛哥人以行动配合美军在卡萨布兰卡登陆，成为盟军反攻的重要基地之一。摩洛哥士兵多次参加北非的一些重要战役，为盟军在北非战场的胜利做出了重大贡献。之后，摩洛哥士兵还同其他非洲士兵一道开赴欧洲战场，参加了解放法国和消灭希特勒德国的战斗，并为此做出了重大牺牲。

1943年1月14—24日，英国首相丘吉尔、美国总统罗斯福和法国总统戴高乐在卡萨布兰卡举行会议，讨论二战后期的作战安排等问题。1月22日，穆罕默德五世会见了丘吉尔和罗斯福，重申与盟国合作的政策。罗斯福则表示：“战后的形势和战前的形势会……完全不同，尤其是当他们与殖民问题相关时”，他对穆罕默德五世承诺：“从现在起十年内你的国家将获得独立”。[②]罗斯福与素丹的谈话成为关键转折点，摩洛哥素丹和人民从此开始公开地为实现国家的独立而斗争。

战时因交通阻隔，欧非两洲的贸易中断，摩洛哥的法国资本家和摩洛哥的民族资本家迅速建立了各种工业部门，它们在战后进一步发展起来。此外，法国和美国垄断资本还在摩洛哥建立了一些军工厂。随着现代工业的兴建，摩洛哥民族资产阶级和无产阶级的队伍都在飞速成长和壮大。另一方面，由于战争期间法国放松了对摩洛哥的殖民控制，摩洛哥民族解放运动得到了很好的发展机会和发展空间。

1940年和1941年，艾哈迈德·马克瓦尔、奥马尔·阿卜杜·贾利勒和穆罕默德·里阿兹迪先后回到摩洛哥，民族党恢复活动。1942年11月盟军在摩洛哥登陆后，法国政府允许民族党的书记艾哈迈德·贝拉弗里杰回国。1943年1月，贝拉弗里杰回到摩洛哥，重

① C. R. Pennel, *Morocco: From Empire to Independence*, p.156.

② Egya N. Sangmuah, “Sultan Mohammed Ben Youssef’s American Strategy and the Diplomacy of North African Liberation, 1943–1961,” *Journal of Contemporary History*, Vol.27, No.1, 1992, p.131.

组民族党，并于同年12月将民族党更名为“独立党”（Istiqlal Party，PI），贝拉弗里杰担任独立党的执行委员会主席。独立党的成员扩大到农民、工人、手工业者、商人、政府职员、大中学校教师和宗教界爱国人士，成为一个广泛的民族主义联盟。与此同时，1943年11月，法国共产党摩洛哥支部成为一个独立的政党——摩洛哥共产党（Parti Communiste du Maroc）。独立党和共产党明确提出：废除“保护制度”，争取国家独立、民族统一和民主宪法，建立一个纯粹的民族政府。独立党和共产党的相继诞生，为摩洛哥争取民族独立的运动奠定了组织和思想基础。

独立党的“独立宣言”

1944年1月11日，独立党发表“独立宣言”，明确呼吁“摩洛哥在国家完整的前提下，在穆罕默德·本·优素福陛下的庇护下实现独立”，建立民主立宪政府，保障社会中所有人的权利。宣言敦促在素丹的领导下与“利益相关的国家进行谈判……其目标是促使这些国家承认摩洛哥的独立”。[①]该宣言呼吁进行1934年“摩洛哥改革计划”中所提出的改革，并对该计划中的改革内容进行修改，添加要求独立的内容，明确提出“国王和人民通力合作，为解放祖国和实行改革而斗争”等要求。这标志着摩洛哥的民族解放运动提高到了一个新的水平。穆罕默德五世非常支持这些要求，立即成立了一个委员会着手研究，并指派专人与独立党联系。

1944年宣言标志着民族主义斗争迈出重要一步。法国殖民政府逮捕独立党的领导人贝拉弗里杰、里阿兹迪等18个人，并指控他们“通敌”。结果引起了摩洛哥人民的广泛抗议，这表明该宣言已达到唤醒群众的目的。此后，独立党的声望持续上升。独立党在塑造民族主义话语中起了领导作用，它努力扩大自己的社会基础，将工会运动纳入民族主义的轨道，并与素丹这种备受尊崇的人物结盟。

---

① 〔美〕苏珊·吉尔森·米勒：《摩洛哥史》，刘云译，第180页。

通过这些努力，独立党已经成功地成为了摩洛哥独立运动的主要领导力量。①

素丹在这个阶段所起的作用越来越关键。在民族主义者的心中，素丹是象征性的旗帜，独立运动能够以素丹为中心而组织起来。独立党的法希等人都确信，素丹在群众中的魅力对民族主义事业有巨大的利用价值。但素丹权威概念中的专制主义与独立党主张的民主及人民主权的理念之间存在着固有矛盾。

二、战后民族独立运动的发展

战后摩洛哥独立运动的有利条件

第二次世界大战后，国际形势发生巨大变化。受战争的影响，法国的政治势力和军事力量走向衰弱，法国等殖民主义国家的地位下降。随着1945年阿拉伯联盟（League of Arab States，LAS，“阿盟”）的成立和北非各国人民争取解放运动的蓬勃兴起，摩洛哥人民争取民族解放和国家独立的斗争进入一个新高潮。

战后时期摩洛哥民族解放运动具有以下有利条件：

首先，战时和战后摩洛哥工业的发展和市场范围的扩大，急剧加速了摩洛哥民族的形成和团结过程。个别部落和个别人民团体自发的零星起义，已变成全国人民争取自由和独立的群众性的、有组织的全民斗争。

其次，殖民主义的残暴统治造成摩洛哥人民的极度贫困，使他们陷于绝境。因此，独立与土地问题已被作为生死存亡的问题摆在面前。

再次，殖民主义妄想将非洲，首先是北非，变为新战争的基地，并将非洲人民变为炮灰的罪恶企图，使非洲人民认识到，殖民制度

① Daniel Zisenwine, *The Emergence of Nationalist Politics in Morocco: The Rise of the Independence Party and the Struggle against Colonialism after World War II*, p. 24.

的继续存在，对他们是巨大的危险。对他们来说，争取自由和独立的斗争，与争取和平的斗争不可分割。

最后，在第二次世界大战中获得的政治和军事经验，对摩洛哥人民也是一笔宝贵的财富。正如列宁在论及第一次世界大战时所指出的："英法武装了殖民地人民，帮助他们懂得了军事技术和改良的机器。他们就利用这种科学来反对帝国主义者老爷们。"[①]卷入第二次世界大战战略与军事经济范围的摩洛哥，战后成为极其强大的民族运动舞台，而那些在大战中出生入死的人们成了民族解放运动中的积极战士。

此外，战后整个国际局势的变化，对摩洛哥人民的斗争也非常有利。在法国，由于法国共产党坚持不懈的斗争，法国工人阶级和各阶层的人民都在大力支持北非人民。世界各国的正义人士，特别是与北非人民休戚相关的中近东各国的政府和人民，也一致对北非人民的斗争给予有力的支援。例如，1955年4月举行的亚非会议通过决议，特别宣布："支持阿尔及利亚、摩洛哥和突尼斯人民的自决和独立权利，并要求法国政府不迟延地促成这一问题的和平解决。"

法国殖民当局的"改革"计划

第二次世界大战后，摩洛哥人民反对法国殖民统治、争取民族独立的斗争进一步高涨。1945年7月，穆罕默德五世在巴黎会见夏尔·戴高乐将军。会见中，他对戴高乐说"我认为昔日的摩洛哥过渡到现代的、自由的摩洛哥的时刻已经来到了。"戴高乐答应重新考虑今后的法摩两国关系。

为维持在摩洛哥的殖民统治，镇压摩洛哥的民族解放运动，法国对摩洛哥人民采取欺骗与武力镇压相结合的策略。法国人想要维持现状或寻求进一步的同化。1944年，法属摩洛哥总督加布里埃尔·皮奥（Gabriel Puaux，1943—1946年在职）任命了四个调查

---

① 〔苏〕列宁：《论东方各民族底觉醒》，〔苏〕列宁、〔苏〕斯大林：《列宁斯大林论中国》，张仲宝、曹葆华校译，人民出版社1953年版，第66—67页。

委员会，建议对行政、经济、司法和教育部门进行改革，其中大部分改革内容是十年前摩洛哥民族主义者提出的要求，但并未表示谋求最终的独立。1946年3月，新任法属摩洛哥总督埃里克·拉博纳（Eirik Labonne）上任，他以不改变"保护"制度为前提，以改善摩洛哥人民的地位为名，提出一系列改革计划。改革计划包括发展学校教育，赋予商业机构职工组织工会的权利，实施改善农民地位的措施，并改革政府和司法制度等。但他的改革计划遭到法国顽固派和工商企业主的反对。

1947年5月，曾任法国远征军总司令、法军总参谋长的"强人"阿方斯·皮埃尔·朱安（Alphonse-Pierre Juin）就任法属摩洛哥总督。他宣称关于建立保护制度的《非斯条约》是不可动摇的，摩洛哥在任何时候都不会取得脱离法国的独立。与此同时，为了欺骗舆论，他也许诺"协助发展"摩洛哥走向进步。①6月，朱安提出"联合自主"方案，主要内容包括：组织法摩部长、大臣联席会议；将原来分设的法摩咨政会议合二而一；摩洛哥议员由选举产生。然而，不管是拉博纳的计划还是朱安的方案，都不过是为了维持法国殖民统治和保护制度的一种权宜之计。

穆罕默德五世演说与各党民族独立主张

在反抗法国的斗争中，素丹的行动举足轻重。1947年4月9日，素丹穆罕默德五世巡视丹吉尔，并发表要求独立的历史性演说，强调摩洛哥与阿拉伯世界的联系，要求摩洛哥独立。在演讲中，素丹盛赞摩洛哥走向"团结"的形势，并肯定他对国家的"阿拉伯伊斯兰"命运的信念，公开表明自己和总督府的巨大差别。通过这次演讲，素丹加入了反对保护国政府而争取摩洛哥独立的斗争之中。素丹深受人民爱戴，摩洛哥人民掀起一股"君主热"，穆罕默德五世成为被崇拜的国家象征。1947年5月，法国驻摩洛哥总督

① Georges Catroux, "France, Tunisia and Morocco", *International Journal*, Vol. 9, No. 4, 1954, pp. 282-294.

朱安将军针对穆罕默德五世的演说，宣称必须以1912年《非斯条约》来确定法国与摩洛哥未来的关系，强调是法国统一了摩洛哥，而且“摩洛哥预计需要相当的时间才能发展成为一个独立自主的国家”。[①]

另一方面，在亚非殖民地民族解放运动高潮的促进下，战后摩洛哥的民族解放斗争也有重大进展。1946年6月，摩洛哥共产党发表争取民族独立和国家统一的宣言，明确提出斗争的任务和目标——废除《非斯条约》和“保护国”制度，并号召一切反对帝国主义的团体建立民族解放运动统一战线。广大的爱国人士，包括农民、破产的手工业者、学生、职员、小资产阶级、知识分子，甚至商人和部分民族资产阶级，都纷纷投入如火如荼的民族解放运动。摩洛哥的民族解放斗争日益深入地发展到全国范围。工人阶级成为运动的中坚力量，大批流亡到城市的农民扩大了工人阶级的队伍。在法国统治区，1939年只有工人15万左右；1952年已增至40万人，连同他们的家属一起，至少在150万以上，近法属摩洛哥总人口的20%。尽管法国殖民当局禁止摩洛哥工人组织工会，但是摩洛哥工人却在隶属于法国总工会的摩洛哥工会统一领导下组织起来。工人阶级已成为促使其他社会阶层行动起来的动力，站在了民族斗争的最前列。

1946年，穆罕默德·哈桑·瓦扎尼创建“独立民主党”（Democratic Party of Independence，PDI），明确提出争取摩洛哥独立、建立纯粹的民族政府的纲领。1947年，他向法国殖民当局建议成立摩洛哥民族政府未成功，后转向支持王室。1946年，阿拉勒·法西返回摩洛哥，担任独立党的最高领导人。1947年，独立党的成员发展到1.5万人。独立党与素丹保持良好关系，争取到素丹的极大支持。

① 彭树智主编:《阿拉伯国家史》，第327页。

独立党和共产党领导的抗法斗争

法国殖民当局对摩洛哥素丹和各政党提出的取消“保护”制度、建立独立政府的要求采取软硬兼施的做法，激怒了摩洛哥社会各阶层人民。摩洛哥全国各地示威和罢工运动此起彼伏。

1947年9月，独立党向联合国提交一份备忘录，要求“立即结束法国的统治，摩洛哥应在穆罕默德·本·优素福素丹陛下的主持下建立一个民主立宪制的独立国家”。素丹穆罕默德五世也多次致函法国总统，要求修改使摩洛哥沦为“保护国”的《非斯条约》，代之以新的法国—摩洛哥协定，但遭到法国政府的断然拒绝。于是，拉巴特和卡萨布兰卡举行了支持素丹穆罕默德五世要求的示威游行。1948—1949年，为反对法国殖民当局推行的欺骗性“改革”，独立党和共产党在城乡进行广泛的宣传和演说，揭露和抨击法国的殖民罪行，摩洛哥全国范围内掀起了大规模的罢工和示威运动。面对日益强大的摩洛哥民族独立运动，法国殖民当局恐慌之余，不择手段地在摩洛哥实行更加疯狂的镇压。在北部西班牙占领区要求独立的摩洛哥民众同样遭到疯狂镇压，如1949年对3000余名爱国人士的大逮捕和1950年的大规模镇压。①

法国殖民当局的残酷镇压并不能阻止摩洛哥人民争取独立斗争的发展。摩洛哥民族主义政党的活动更加积极，这引起法国殖民当局的不安。法国总督朱安力图在各个政党之间制造分裂，他一面迫害独立党，一面向独立民主党示好，而对共产党则进行最残酷的镇压。1949年11月18日，法国总督朱安讲话中用“共同主权”一词说明法摩关系，遭到素丹的反对。素丹拒绝殖民当局所谓“联合自主”的方案，反对“共同主权”论，向总督明确表示他所要求的是“人民的自由和国家的独立”，只有结束保护制才能使摩洛哥和法国之间的关系有一个更坚实更神圣的基础，才能在摩洛哥建立一个受到人民信任并能满足人民合法要求的自由政府。

---

① 盛愉：《摩洛哥》，《世界知识》1952年总第46期。

1950年10月，穆罕默德五世亲自赴法谈判，向法国总统提出备忘录，再次要求改变“保护”制度。同年10月11日，穆罕默德五世向法国政府要求行政改革和组织工会的自由，要求取消新闻检查、修改1912年的《非斯条约》。法国政府拒绝了这些要求。当摩洛哥人民知道这个消息后，立即举行罢工和示威游行，表示抗议。1951年初，法国殖民当局对摩洛哥民族独立运动开始采取强硬手段，法国总督朱安用挑唆种族仇恨的卑鄙手段，煽动柏柏尔人反对阿拉伯人和摩洛哥素丹，并以最后通牒形式要求穆罕默德五世谴责独立党和共产党的行动，还调集军队到首都拉巴特，对王宫实施包围。在武力威胁之下，穆罕默德五世被迫于1951年2月25日签署谴责独立党和共产党的所谓“朱安议定书”。

接着，法国总督朱安下令对摩洛哥实行白色恐怖政策，逮捕和放逐了数万名要求独立的各政党的领袖和大批爱国人士。独立党和共产党被取缔，独立党总书记艾哈迈德·贝拉弗里杰以“进行颠覆活动”的罪名遭法国殖民当局逮捕，被流放到科西嘉岛两年；共产党总书记阿里·亚塔（Ali Yata）和政治局委员穆罕默德·费赫拉特（Mohamed Fehrat）在“不遵守关于出国的训令”的罪名下被捕和被判处两年徒刑。法国总督朱安还调集一万名殖民军前往屠杀民族运动最强大的非斯城和麦克尼斯城的居民。①

在1951年3月法国殖民当局大规模的镇压和屠杀后，摩洛哥共产党提出的建立民族统一阵线的主张愈加得到广泛的拥护。4月9日，独立党和其他三个民族主义政党成立摩洛哥民族阵线。在以后的斗争中，它将起重要作用。法国殖民当局采取高压政策，禁止一切集会，实行严格新闻检查，甚至以支持民族运动为由封闭教堂和学校，许多教师被驱逐出境。

在武力镇压的同时，法国殖民当局使用分裂与欺骗的阴谋，颁

① Ḥizb al-Istiqlāl (Morocco), *Morocco under the Protectorate: Forty Years of French Administration, An Analysis of the Facts and Figures*, New York: Istiqlal (Independence) Party of Morocco, Moroccan Office of Information and Documentation, 1953.

布法令，企图从行政、司法与文化三方面隔离阿拉伯族与柏柏尔族，并挑拨民族感情。法国殖民当局决定在1951年11月1日举行所谓的“摩洛哥咨议会”选举，共产党和摩洛哥民族阵线号召抵制和反对这次选举。摩洛哥人民响应号召，在11月1日选举之时，没有人去投票。法国殖民当局不得不出动警察挨户搜索让居民去投票，勒令商店关门并将店内所有人员押上警车运到投票站。其结果是，非斯城数千选民只有49人投票，沙莱2000余选民只有38人被迫投票，其中14张是空白票。乌尔姆斯的警察把乞丐抓去代替选民投票。阿特拉斯山区居民派代表团向殖民当局抗议伪选，并拒绝投票。[①]

殖民当局把代表们拘捕起来判处徒刑，但是立即激起全国各大城市居民愤怒的抗议大示威。在卡萨布兰卡，居民举行了7000人的大示威。法国殖民者对此进行疯狂的镇压，打死打伤100余人，并逮捕2000余人。这一消息传出后，拉巴特、肯尼特拉和坎伊纳等大城市纷纷起来支援卡萨布兰卡的斗争，这些城市也同样遭到法国殖民军警的血腥镇压。但是，各大城市的示威已弄得法国殖民军警疲于奔命，当他们从卡萨布兰卡抽调人去镇压别的城市时，卡萨布兰卡又掀起了反法暴动。1951年11月，摩洛哥人民举行反对法国总督的大示威，示威活动从卡萨布兰卡扩大到首都拉巴特及其他地方。

摩洛哥独立党和共产党为了向全世界揭露美、法帝国主义的罪行，在11月事件发生后，向联合国提交一个备忘录，揭露摩洛哥人民受压迫和剥削的严重情况，控诉帝国主义所干的滔天罪行。1951年11月7日，世界和平理事会通过告联合国与全世界各国人民书，声援北非、中近东人民的斗争，反对外国干涉，指出这些地区的人民有“不受公开的或隐蔽的军事占领，进行管理他们自己的事务的权利”。摩洛哥人民的民族解放斗争得到全世界爱好和平者的支援。

1951—1952年，卡萨布兰卡、拉巴特、萨菲等地的工人先后掀起了声势浩大的罢工运动，参加罢工的有五金工人、码头工人、糖

① 盛愉:《摩洛哥》,《世界知识》1952年总第46期。

厂工人、矿工以及军事基地的建筑工人等。在工人的罢工斗争中，商店店主与雇员、游牧部落以及铁罐区的居民都纷纷捐募物资支援罢工工人。罢工斗争巩固和扩大了摩洛哥各阶层人民的团结。

穆罕默德五世被废黜

1951年，法国殖民当局终于按捺不住对穆罕默德五世的不满，挑起部落叛乱向穆罕默德五世示威，后又借口给予保护，出动部队包围王宫，将穆罕默德五世变相软禁。1952年3月，穆罕默德五世又向法国总督递交一份备忘录，再次要求重新确定“足以保证摩洛哥主权和法国合作利益”的新的法摩关系，敦促结束保护国地位，并建议给予团体和个人的自由，特别是工会自由。1952年3月30日是法国强迫摩洛哥签订《非斯条约》的40周年，摩洛哥全国各地发起了大规模的示威运动。工人纷纷罢工，商店和咖啡馆都关门或者悬挂黑纱抗议法国的奴役。在这一天，丹吉尔有3000人不顾警察的镇压而举行示威，警察向群众开枪，杀害25人，并逮捕多人，但并没有能够驱散示威群众。示威群众抬着殉难同伴的尸体，继续游行，高呼要求民族独立的口号。

同时，在卡萨布兰卡及其他许多地方，工人们也举行罢工和示威，商人实行罢市，来抗议法国的奴役。1952年12月7日，法国统治区各大城市的工人举行了大规模的示威游行和罢工，抗议法国殖民当局杀害突尼斯工人联合会总书记费尔哈特·哈希德（Farhat Hached）的暴行，并支持突尼斯人民的斗争。殖民当局下令开枪镇压，造成数百人死亡。[①]独立党被宣布非法。摩共总书记阿里·亚塔被逮捕，被关到法国监狱。在被折磨了几个月后，因摩洛哥爱国者的共同斗争和法国人民的积极支持，阿里·亚塔于1953年6月获释。在西班牙统治区，1952年5月，维拉·圣·呼古城的青年和被征召去当兵的摩洛哥青年都一致采取共同行动要求独立。

---

① C. R. Pennell, *Morocco: From Empire to Independence*, p.160.

殖民当局在摩洛哥的残暴统治和摩洛哥人民的反抗斗争引起了全世界的极大关注，各国人民纷纷以行动表示同情和支援摩洛哥人民的斗争。1952年10月，联合国大会接受伊拉克以及中东其他许多国家的代表提出的要求，将摩洛哥问题和突尼斯问题列入议程。这为摩洛哥向全世界揭露法国殖民者的黑暗统治与残暴行为提供了一个讲坛。

1953年4月，法国政府抛出“改革”法令，企图建立一个新的摩洛哥政府，其中法国官员和殖民政府的当地官员各占一半，但遭到摩洛哥人民的坚决反对。法国殖民者妄图以进行所谓的“改革”来欺骗人民，分化民族解放运动，缓和人民的斗争。殖民当局“欺骗性”的改革和残酷镇压的暴行使素丹认识到依靠宗主国或其他大国是不可能取得独立的，从而更加坚定地站到人民群众一边，成为团结全国各种政治力量和争取独立解放运动的象征。穆罕默德五世拒绝法国提出的不再支持独立党的政治主张，并拒绝在法国炮制的“改革”法令上签字。同年8月20日，在法国殖民当局指使下，马拉喀什的亲法帕夏萨米·格拉维（Thami al-Glaoui）发动政变，出动坦克和装甲部队围攻同情民族独立运动的素丹穆罕默德五世。法国殖民当局借用武力废黜了穆罕默德五世，并将他及其家人流放到科西嘉岛，后又转到马达加斯加岛，另立其叔父穆罕默德·本·阿拉法（Muhammad ibn Arafa）为素丹。同年，法国囚禁了摩洛哥独立运动的一些领导人。这些举动引起了摩洛哥人民的强烈不满，进一步激起人民的抗议浪潮。

民族解放斗争的新高潮

摩洛哥在接下来的两年里处于戒严状态，但要求素丹复位、结束法国“保护”为主要目标的斗争遍及全国。在1953年8月之后的一年内，全国共发生了335起武装袭击事件，出现6起破坏铁路和390起纵火事件。1953年12月发生的卡萨布兰卡市场爆炸案，标志着武装暴动的开始。

1954年3月30日，在摩洛哥共产党的号召下，摩洛哥举行全国性的反对殖民制度的斗争日活动，全国各地纷纷举行群众大会和示威游行。殖民当局进行血腥镇压，当时被捕者达两万人之多。8月20日，在穆罕默德五世被废黜一周年纪念日，摩洛哥爆发其劳工运动史上声势最浩大的政治性罢工，卡萨布兰卡、非斯、拉巴特、利奥泰港、马拉喀什等城市纷纷开展罢工、罢市，持续了三天之久。法国殖民当局出动大批军警“搜查”，逮捕了3000人。11月18日，为了纪念穆罕默德五世即位日，摩洛哥全国各地又开始为期三天的罢工、罢市，抗议法国殖民当局对穆罕默德五世的流放。摩洛哥的民族解放运动体现了两个突出特点：一是反帝斗争带有全民族的性质；二是争取民族独立已成为民族解放运动的最终要求。[①]

摩洛哥争取民族独立的运动最终走上武装斗争的道路。1955年1月，摩洛哥解放军（Moroccan Army of Liberation）建立，并占领阿特拉斯山区的许多据点，展开反对法国殖民者的武装斗争。7月，卡萨布兰卡地区爆发起义，要求恢复穆罕默德五世的王位。8月20日，在穆罕默德五世被放逐两周年纪念日，摩洛哥爱国力量再度在各大城市举行反法大示威和总罢工，要求法国承认其独立和自决的权利。法国殖民当局出动大批武装部队，在摩洛哥各地进行疯狂镇压。当地居民伤亡者数以万计。摩洛哥人民在这种血腥暴行面前更坚决地进行团结斗争。他们的武装力量不断袭击法军的据点，破坏殖民军的通信设备。

法国殖民者这种灭绝人性的军事镇压立刻激起全世界人民，特别是亚非各国爱好和平的人民和政界领袖的极大愤怒。他们一致严正提出谴责和抗议，要求制止法国殖民者的血手。1955年4月24日，万隆会议的最后公报中，宣布支持阿尔及利亚、摩洛哥和突尼斯人民的自决和独立权利。8月，联合国亚非国家团要求秘书长哈马舍尔德举行一次联合国大会特别会议来讨论摩洛哥问题。

① 彭树智主编：《阿拉伯国家史》，第327页。

摩洛哥人民长期而坚决的反抗斗争以及阿尔及利亚情况的恶化，迫使法国殖民当局一面加强镇压，一面采取缓和措施。1955年8月中旬，法国内阁批准法国北非事务特别委员会所拟订的旨在维持法国在摩洛哥统治的新方案——要求阿拉法素丹成立一个“有代表性的政府”。22—29日，法国殖民当局和摩洛哥民族主义政党及各界代表在法国埃克斯莱班（Aix-les-Bains）举行会谈，达成了一项协议，主要内容是：王位暂缺（废黜素丹阿拉法）；设立“摄政委员会”，代替现素丹行使职权；组建一个有代表性的政府与法国进行“关于改革”的谈判；将前素丹穆罕默德五世送往法国。但是，该协议并未能满足摩洛哥人民实现国家独立的要求，因此，摩洛哥的反法武装斗争仍在继续。8月底，肯尼弗拉和中阿特拉斯的瓦迪、扎姆地区爆发声势浩大的人民起义。9月5日，一个名为“独立英雄”的民族主义组织广泛散发传单，号召人民于12日在全国举行总罢工，驱逐亲法的素丹阿拉法。9月6日，摩洛哥民族主义政党独立党的领袖阿拉勒·法西在开罗表示，必须让流放在马达加斯加的素丹优素福复位。[①]10月初，起义蔓延到中阿特拉斯的其他地区和阿摩边境地区，摩洛哥解放军向法殖民军发动大规模的进攻。而这时，阿尔及利亚民族解放军也在阿摩边境配合出击，使法国在军事上陷入困境。与此同时，摩洛哥各大城市的工人和各阶层人民继续举行示威游行，要求恢复穆罕默德五世的王位，实现摩洛哥的完全独立。

三、摩洛哥的独立

摩洛哥民族政府的成立

迫于形势压力，法国于1955年11月5日做出让步，释放穆罕默德五世，并恢复他的王位。第二天，摩洛哥与法国发表联合声明，

① Daniel Zisenwine, *The Emergence of Nationalist Politics in Morocco: the rise of the Independence Party and Struggle against Colonialism after World war Ⅱ*, p. 215.

宣称将由素丹组织政府，这个政府将就摩洛哥成为独立国家的问题与法国进行谈判。[①]11月16日，穆罕默德五世及其家人返回摩洛哥。

穆罕默德五世返回拉巴特后，摩洛哥各大城市举行政治大示威，提出“从帝国主义和封建主义下解放摩洛哥”“释放政治犯”和“不准叛徒再参加政府”等要求。1955年11月18日，素丹穆罕默德五世发表演说，提出组建摩洛哥民族政府，“新政府与法国谈判，结束保护国的政权”“在君主立宪基础上，举行自由选举来建立民主制度”。12月7日，由独立党、独立民主党等党派及其他独立派人士组成的首届民族政府成立，来自乌季达地区的柏柏尔人穆巴拉克·贝卡伊（Mubarek Bekkai）出任首相。新政府由21位大臣组成，曾经领导民族解放运动并为国家独立做出重大贡献的独立党获得九个大臣职位，穆罕默德·哈桑·瓦扎尼领导的独立民主党获得六个职位，以艾哈迈德·里达·古迪拉（Ahmed Reda Guedira）为首的独立派人士（主要是保皇党人和王储哈桑的朋友）获得六个职位。新政府提出一系列主张：通过与法国的谈判，废除《非斯条约》，实现国家的独立，收复西属摩洛哥和丹吉尔，实现国家的统一；废除特权，建立君主立宪政体，恢复公众自由。新政府还释放了大批政治犯。

《独立宣言》的签订

1956年2月15日，摩洛哥与法国就独立问题进行谈判；3月2日，法国政府与摩洛哥国王签署《独立宣言》，废除《非斯条约》，承认摩洛哥的独立和领土完整，确认“保护国”的条约“不再符合当代生活的要求，也不再能调整法摩关系”，摩洛哥必须“享有外交权和拥有一支军队”。[②]但是，在摩洛哥与法国的协议中还包括：在签署一项新的协议之前，两国仍然“相互依存”；在国防与外交事务中“相互合作”；以及在过渡期中，法国保留在摩洛哥驻军和保护其

① 苏联科学院非洲研究所编：《非洲史1918—1967》（上册），上海新闻出版系统“五·七”干校翻译组译，第88页。

② 彭树智主编：《阿拉伯国家史》，第327—328页。

基地等带有殖民主义性质的条文。[①]3月24日，双方开始第二阶段谈判，就建立摩洛哥军队、承认摩洛哥外交权和行政机构移交等问题达成协议。4月25日，摩洛哥与法国签署协议，摩洛哥组建一支1.2万—1.5万人的军队，由在法国陆军中服务的摩洛哥步兵组成。5月14日，摩洛哥皇家武装部队成立。5月28日，双方又签署协议：法国承认摩洛哥有外交权，双方保证不签署与承认另一方应享受的权利相违背的国际条约；摩洛哥承担在"保护国"时期法国政府以摩洛哥名义签署的条约的义务，但美国基地除外。法国将行政、司法、公安机关交给摩洛哥。从此，结束了法国殖民者对摩洛哥长达44年的"保护"统治。

1956年4月7日，西班牙政府也被迫承认摩洛哥独立，并同意摩洛哥国家领土完整的原则，放弃其在摩洛哥北部的"保护地"。但是，仍占据休达和梅利利亚等地，伊夫尼（1934年被并入"西属西非洲"殖民地）、塔尔法亚、西属撒哈拉及一些小岛仍在西班牙的控制之下。4月22日，摩洛哥成为联合国成员国之一。10月29日，国际会议一致同意废除丹吉尔的国际共管地位，丹吉尔归还给摩洛哥。1956年11月，摩洛哥"国民咨询会议"成立，并于11月12日召开了第一届会议。11月18日，摩洛哥正式宣布独立。摆脱了44年之久的殖民统治，摩洛哥从此揭开了新的历史篇章。

---

① 世界知识出版社编辑：《国际条约集（1956—1957）》，第255页。

第七章　穆罕默德五世时期的内政与外交

穆罕默德五世是摩洛哥独立后的第一任国王，也是阿拉维王朝的第20位君主。虽然他在位仅六年，却在摩洛哥享有“国父”的盛誉。独立后的摩洛哥面临构建现代民族国家的许多实际问题：确立和完善国家的政治体制，重建经济制度和发展民族经济，组建公民社会和新的政党与社会团体，为民众提供社会保障和福利体系，发展科教文卫事业，以及调整对外关系等等。穆罕默德五世以其非凡的智慧和胆略，致力于解决上述问题。他在位期间的治国方略和各项政策为摩洛哥民族国家的发展奠定了坚实基础。

一、君主立宪制的确立

君主立宪制的初步构建

摩洛哥获得独立后，穆罕默德五世即着手对法国“保护”时期建立的政治制度进行改革。1956年11月，在他主持下成立了由政党、工会和群众团体的代表所组成的“国民咨询议会”。咨询议会具有过渡性质，共有76名议员，全部由国王任命，主要职责是对国家预算以及国王所要了解的问题提出意见，并可通过议长向内阁大臣提出质询。1957年8月14日，摩洛哥将国名“谢里夫帝国”改为“摩洛哥王国”，素丹改称国王。此前，即1957年7月9日已确定穆莱·哈桑为王储。

摩洛哥实行君主制，国王是国家的最高统治者和武装部队的最高统帅，建立了向国王直接负责的内阁。1956年10月28日成立的摩洛哥第二届政府由独立党成员、其他党派成员和忠于国王的无党派人士等共同组成，逐步取代了法国殖民当局的官员。其中，独立党在新政府中占据了许多重要职位。1957年11月，穆罕默德五世颁布皇家宪章（Royal Charter），决定给予人民以集会、结社和言论自由的权利，但禁止共产党活动。他还开始着手起草摩洛哥宪法，取消司法中的宗教特权，实行司法与行政分离的制度；把部分国有土地分配给农民；颁布工会法，给予工人组织工会的权利。

为了控制政权和稳定政局，穆罕默德五世于1957年春镇压柏柏尔人起义，将摩洛哥解放军与王室部队合并，解散非正规军，1956—1960年先后组建摩洛哥陆军、空军和海军，形成约3.5万人的摩洛哥皇家武装部队。与此同时，他改革苏菲社团，确保自己控制国家最重要的部门，并提倡多党制，避免形成强大的政治反对派。通过上述措施，摩洛哥初步构建了摩洛哥君主立宪制的基本框架。

临时宪法与首次大选

1958年5月8日，穆罕默德五世国王颁布临时宪法，标志着摩洛哥开始向君主立宪制过渡。他宣布全国将举行市议会和地方议会的选举，并将由这些议会的议员选举“全国审议会”，以代替“国民咨询议会”，其权利是讨论并表决国家预算。同时，他还宣布将由普选产生国民议会。

1958年5月12日，摩洛哥新内阁组成，前任外交大臣、独立党总书记艾哈迈德·贝拉弗里杰任首相兼外交大臣。他在组成摩洛哥新内阁之后的第一次内阁会议上宣布：摩洛哥要“建立君主立宪政体”“解决边境问题和外国驻军问题”“以恢复阿尔及利亚独立为条件，建立阿拉伯北非国家联邦，扩大外交关系，特别是同阿拉伯和伊斯兰国家的外交关系。”[①]

1959年，独立党分裂成以穆罕默德·阿拉勒·法西和迈赫迪·本·巴尔卡（Mehdi Ben Barka）为领袖的两派，后者组建了具有左倾倾向的“人民力量全国联盟”（National Union of Popular Forces，UNFP）。1960 年，国王与各党派的关系趋于紧张，逮捕了独立党和人民力量全国联盟的多位领导人。1960年5月20日，穆罕默德五世国王解散由人民力量全国联盟总书记阿卜杜拉·易卜拉欣领导的政府。26日，重新组阁，由国王亲任首相，以便加强个人的政治影响力。他选择独立党、人民力量全国联盟、人民运动党和摩洛哥旅游总会的右翼分子担任新政府各部的大臣，王储穆莱·哈桑出任副首相兼国防大臣，建立了以王室为核心的政府。29日，摩洛哥举行独立后的首次大选，独立党获得45%的选票，人民力量全国联盟获得30%的选票。

独立党政府及其政治举措

自1956年摩洛哥独立后，以独立党为首的历届政府实行统一的国家政策，废除殖民时期阿拉伯人和柏柏尔人之间的差别政策，特别是允许柏柏尔人保留其习惯法的传统。独立党领袖阿拉勒·法西认为，习惯法是一种原始的半法律，由“初步的、不可能维护的不成文规则”组成。在他看来，这种法律几乎是一种破坏伊斯兰法律影响力的邪恶手段。1956年年底，废除1930年颁布的柏柏尔法令，部落委员会的司法权也随之废除。[②]

与此同时，部落首领被允许保留他们的权威地位，只有那些在1955年穆罕默德五世从马达加斯加流放回国后不支持他的部落首领才被免职。虽然他们已成为政府官员，但他们继续担任部落代表的

① 《艾哈迈德·贝拉弗里杰》,《世界知识》1958年第11期。

② Bernhard Venema and Ali Mguild, “Access to Land and Berber Ethnicity in the Middle Atlas, Morocco”, *Middle Eastern Studies*, Vol. 39, No. 4, 2003, p.42.

地位基本上没有改变。[①]然而，为了建立一个现代化的官僚机构，独立党政府逐步实施若干相应的政策：

首先，内政部开始用来自独立党的任命官员取代地方首领和部落酋长。[②]此外，政府颁布法令，在农村地区，司法不再由部落首领和部落理事会掌管，而是由独立党任命的初级法官来执掌，他们将使用正式法律而不是习惯法。[③]

第二，独立党政府决定部落土地的使用权不再归属家族委员会和传统监管人(naibs)，改由政府来确定。事实上，内政部，特别是农村事务部，宣布自己是农村人口利益的唯一代表，是在获取公共土地方面唯一的权威机构。

第三，法令规定，只要人们有自己的住房，他们有权在任何地方自由定居。地方政府官员的唯一责任就是确保新居民的登记。

政府接管土地使用权并任命地方当局的举措，遭到土著居民及其领导人的抵制。由于有了行动自由，新移民在柏柏尔人村庄中定居不再有任何障碍。当局不能再依靠自己的判断来决定谁可以定居，谁可以被接纳为家族成员。从1956年夏天起，摩洛哥内部的不满开始显现。中阿特拉斯山区的两位部落首领拉赫森·利奥塞（Lahcen Lyoussy）和马赫朱比·阿赫敦（Mahjoubi Aherdane）利用了这种日益增长的怨恨情绪。1956年8月，拉赫森·利奥塞召集数百名柏柏尔领导人及其追随者举行部落集会，表达他们对新政策的反对。由于担心这会导致柏柏尔和阿拉伯的分裂，国王亲自向部落领导人施压，要求他们停止这些集会。然而，第二年春天，拉赫森·利奥塞和一名军官召集柏柏尔部落，包括穆吉尔德部落，煽动武装叛乱。起义很快就被当时的王储哈桑二世领导的军队平息。

---

① Douglas E. Ashford, *Political Change in Morocco*, Princeton, N. J.: Princeton University Press, 1961, pp.137-144.

② 从1956年10月28日至1960年5月23日，独立党人一直担任内政部大臣之职。

③ Douglas E. Ashford, *Political Change in Morocco*, pp.115, 194; A. Coram,"The Berbers and the Coup", in Ernest Gellner and Charles Micaud eds., *Arabs and Berbers: From Tribe to Nation in North Africa*, p.271.

这并没有平息中阿特拉斯山农村居民的不满。1957年，同样是这些部落的领导人，决定参与国家政治以维持他们的地位。因此，拉赫森·利奥塞和马赫朱比·阿赫敦创立了人民运动党，他们将其作为推进政治目标的工具，呼吁赋予土著居民在其自身事务中拥有更大的权力：

首先，人民运动党要求官方承认柏柏尔语和柏柏尔文化，声称大部分农村人口是柏柏尔人的后裔，说柏柏尔语。因此，他们要求将柏柏尔语作为小学教学语言，并在大众传媒中给予柏柏尔文化更大的重视。

第二，人民运动党反对内务部的过度权力，主张把权力下放至地方官员。地方官员应从当地人中征聘，而不是由其他地方的政府雇员特别是独立党成员担任。

第三，尽管不是官方政策，但人民运动党建议其成员和议员将集体土地的使用权应继续由世系委员会和传统监管人决定。因此，在新的自由定居权下，新的定居移民在定居区至少居住50年后，才有权使用集体牧场。[①]

为获得农村精英阶层的支持，君主政体鼓励人民运动党（即当地人所说的“柏柏尔党”）的成立。在国王的计划中，这个柏柏尔政党将成为传统主义政党的骨干。该政党将同内政部合作，维护传统的社会和政治结构，防止社会变革。此外，这个传统主义政党将为君主制提供必要的“民主表象”，以促进西方经济援助的流入。[②]结果，拉赫森·利奥塞和马赫朱比·阿赫敦都被任命为部长。

尽管独立后，独立党政府试图建立一个现代的行政官僚机构，但柏柏尔部落的长老们，其中一些是“当地教父”，表现出相当大的抵抗，导致武装集会和人民运动党的建立。在农村动乱的背景下，君主站在这些部落领导人一边，许多当地柏柏尔人的首领被任命为

---

① Douglas E. Ashford, *Political Change in Morocco*, p.321.

② A. Ben Kaddour, “The Neo-Makhzan and the Berbers”, in Ernest Gellner and Charles Micaud eds., *Arabs and Berbers: From Tribe to Nation in North Africa*, p.263.

地区官员，为复兴传统部落制度和习惯法创造了空间。

与此同时，为防止土地所有权的丧失及其影响力的削弱，一些地方官员采取驱逐新来者的政策。例如艾茨丑欧里（Ait Ichou ou Ali）的地方官，在1956—1958年，赶走了许多撒哈拉移民和阿拉伯人。

二、经济发展举措

独立后的经济形势

在法国实施殖民统治的44年里，摩洛哥经济和社会已发生根本性转变：在城市，大批工人已取代工匠阶层；在农村，占全国人口70%的农民中的大多数失去了土地，受制于人数极少、力量强大且富裕的本土地主集团。摩洛哥独立后，前殖民体系中的许多元素被保留下来，特别是在农村，封建贵族仍然居于支配地位，很大程度上是因为君主需要保留农村精英的特权，这些精英是王室最可靠的统治基础。[①]此外，法国殖民者也给摩洛哥留下了一些现代化的基础设施，摩洛哥具有了一定的工业能力和农业机械化水平，经济呈现现代和传统并存的二元结构。现代农业和传统农业之间存在巨大差距。在传统农业中，“古老”的生产方式仍在继续，营养不良的牲畜拉着木犁耕种的场景仍时常可见。

独立后，“新殖民主义”对摩洛哥的控制仍然非常严重。法国人在摩洛哥依然占有100万公顷最肥沃的土地。同时摩洛哥在贸易上严重依赖法国市场。一些重要的生产部门如矿业、工业、私人银行和运输等仍掌握在外国资本手中。摩洛哥的矿石只能作为原料运往国外冶炼。除食品工业外，国内的许多工业企业都依赖外国的原料或半成品来加工或装配。

---

① Abdelali Doumou, “The State and Legitimation in Post-Colonial Morocco,” in Abdelali Doumou, ed., *The Moroccan State in Historical Perspective, 1850–1985*, Dakar, Senegal: CODESRIA, 1990, pp.65-66.

总之，因长期的殖民统治，摩洛哥的经济命脉基本掌握在外国人手中，其中投资近90%来自国外，主要是法国；而摩洛哥本国资本仅占10%。独立后，因国外资本撤资，外国资本家关闭工厂和裁减工人、拖延贷款和撤走技术人员，增加了摩洛哥的经济困难。1957年，摩洛哥财政赤字达366.2亿法郎，失业人数达20万。多数人被社会抛弃而陷于贫穷，生活没有任何保障。

经济发展战略的确立

独立后，摩洛哥的首要任务就是清除殖民地经济的影响，发展民族经济和改变落后面貌。为了在经济上摆脱外国垄断资本的控制，摩洛哥政府实行保护民族工业、限制外国资本的经济政策，制定了经济发展过渡时期的两年计划（1958—1959年）和五年计划（1960—1964年）。五年经济建设规划的总投资为7500亿法郎，主要建设项目有：在工业方面，建立一个年产25万吨钢的钢铁厂和一个化学联合企业，加强矿产资源的勘探；在农业方面，要在20年内使农业生产增加一倍，五年计划期间，粮食增产2.5%。为实现五年计划的目标，除国家投资之外，政府鼓励国内私人投资，同时也欢迎外国资本投资。

穆罕默德五世在位时期，摩洛哥政府的总体经济工作目标是：努力克服困难，振兴民族经济，以发展农业生产为重点，保证工业的发展和手工业的革新；使城乡劳动者都能就业；提高人民生活水平，改善教育、卫生和住房等生活条件。

此外，摩洛哥在独立后的初期就加入了国际货币基金组织和国际复兴开发银行，为摩洛哥的经济发展争取外部支持。

发展民族经济的措施

为了建立独立的民族经济，政府采取一系列发展民族经济的措施，如废除殖民者对土地的永久使用权和长期租用权；铁路、海关和重要矿山一律收归国有；逐步接管法国人经营的企业，建立国营和公私合营的企业，鼓励私人投资；制定保护民族经济的关税政策，对进出口贸易、银行和保险业实行“摩洛哥化”等，加快建立国民经济体系。但是，外资在摩洛哥经济中仍占重要地位，在与外资合营的许多公司企业中，外资约占50%的股份。[①]

1957年，摩洛哥政府制订了关税法以控制资金外流、限制消费品和奢侈品进口。1958年，颁布没收卖国贼财产的法令，涉及土地25万公顷；还宣布禁止出售部落土地法令和废除殖民者对土地拥有永久使用权和长期租用权的法令，从而阻止了殖民者继续霸占土地，并使大约10万公顷的土地回到摩洛哥人手里。但只有16000公顷的前殖民者土地在1956—1960年被重新分配给了农民，这实际上是土地改革的最低限度。摩洛哥没有进行类似1952年埃及革命后实行的那种大规模的土地改革，国王不动声色地一块一块地买下了法国殖民者离开时留下的土地，并据为己有，又将这些土地倒卖给其他大地主，或重新分配给他在政府或军队中的亲信。正如一位观察家指出：“摩洛哥政府所谓的土地改革是对收回欧洲殖民者拥有的土地的误称。”[②]同时，传统农业衰退，并经历了农业产量的减少，而农村人口却在不断增长。摩洛哥从1957年开始实行“耕作运动”，每年由国家资助耕种30万公顷土地，目的是给农民带来现代技术，包括机械化深耕技术和化学肥料的使用，以提高粮食产量。这个雄心勃勃的计划最后失败了，因为它明显增加了农民的债务负担。

独立后的摩洛哥逐渐接管法国人经营的铁路、水库和电站等企业，组织农业合作互助联合信贷所和中央借贷所。1959年，实行银行国有化，收回货币发行权，改组财政银行事务，成立摩洛哥全国发行银行、全国经济银行、外贸银行等，发行相当于100摩洛哥法郎的新货币——迪拉姆。为加强外贸管理，成立茶叶专卖局摩洛哥和磷酸盐公司，直接与许多国家签订贸易协定，摆脱外国垄断集团

① 彭树智主编：《阿拉伯国家史》，第328页。

② I. William. Zartman, ed., *The Political Economy of Morocco: Conference on the Political Econoncy of Contemporary Morcco: Papers*, New York: Praeger, 1987, pp. 159-172.

对贸易的控制。这些经济改革，为恢复、发展生产及国家控制管理经济创造了先决条件。

三、外交政策与对外关系

与西方国家的关系

独立后，摩洛哥政府在外交方面努力摆脱西方殖民主义者的干扰和破坏，根据摩洛哥临时宪法的规定，穆罕默德五世奉行不依赖和不结盟政策。

独立初期，摩洛哥政府通过各种外交途径要求外国军队撤出摩洛哥，收复仍被外国占领的摩洛哥领土，实现领土完整，拒绝参加任何军事集团。二战期间，随着在非洲开辟对法西斯第二战场，美军进入摩洛哥。1948年，美、法签订军事协定，允许美国保留在摩洛哥的多个军事基地。但是，美国在摩洛哥的驻军权利和军事基地，从来没有为摩洛哥所承认，1956年4月9—12日，军事基地的工人举行罢工，反对占领。10月8日，由于摩洛哥人民反美情绪高涨，美国被迫放弃领事裁判权但拒绝撤除美军基地。基于民族自决的决心和民族意识的觉醒，摩洛哥坚持要求美国停止在摩的军事存在。而另一方面，摩洛哥则积极发展与美国的政治和经济关系，争取美国的经济援助。1957年3月，美国副总统理查德·尼克松访问摩洛哥，4月，美国向摩洛哥提供2000万美元的援助。1957年5月，摩洛哥与美国开始就取消美国军事基地问题进行谈判，但由于双方分歧，谈判断断续续，直到1959年年底才达成协议。根据协议，美国将在4年期限里撤离其在摩洛哥的军事基地。[①]

摩洛哥独立初期，西班牙仍占领着休达、梅利利亚、伊夫尼和西撒哈等地。摩洛哥对西班牙的外交便围绕维护国家主权收复被占

① I. William Zartman, “The Moroccan-American Base Negotiations”, *Middle East Journal*, Vol.18, No.1, 1964.

领土和争取西班牙的经济援助展开。1956年4月，西班牙签署退出摩洛哥北部地区协议，但它却仍占据南方的塔尔法亚和西迪伊夫尼。1957年，穆罕默德五世发动夺回领土的“伊夫尼战争”，力图将塔尔法亚主权夺回。1958年，伊夫尼等领地宣布退出“西属西非洲”。为了收回这一西班牙占领的保护地，摩洛哥坚持与西班牙进行谈判斗争。但在穆罕默德五世执政期内，西班牙并未将该地区归还给摩洛哥。自1961年以来，摩洛哥不断对西班牙占领的梅利利亚、休达、胡塞马群岛和查法里纳斯群岛等提出领土要求。休达和梅利利亚等城市至今仍然控制在西班牙人手中，西班牙历届政府都坚持飞地属“西班牙”，其理由是历史上它们在没有归属摩洛哥之前就已经属于西班牙了。

按照1956年3月2日的法摩协定，法国只有在移交政权的过渡时期，军队才可暂时留驻在摩洛哥。但是在过渡时期结束后，大部分地区的法军仍未撤走，10万法国军队仍然留在摩洛哥国土上，很明显，法国想在未来摩洛哥的政治、经济和军事上继续发挥作用。虽然摩洛哥人民屡次以示威等行动来要求法国殖民军撤走，但法国军队仍然驻扎摩洛哥。1956年2—3月间举行的谈判表明双方对两国未来关系的意见有很大的分歧。法国提出摩洛哥作为“一个独立的国家以相互依存的永久纽带与法国联合在一起”，而摩洛哥坚持完全废除1912年条约并充分行使摩洛哥主权。1960年，在摩洛哥要求法国撤军和限制法国在摩的特权后，两国关系恶化，法国中断了对摩洛哥的援助。

虽然摩洛哥于1956年年初与法国签订外交协定，拥有了完整的外交权，但恢复司法主权的条约直到1957年6月才签署。法国人继续享受在摩洛哥的土地所有权和就业保障。摩洛哥成立了一个专门委员会对法国人的土地所有权进行审查,但该委员会直到1957年秋天被政府暂停时都没有达成任何协议。法国军队仍占领着他们在摩洛哥的基地。这种情况在穆罕默德五世执政时期仍未得到解决。

早在1945年二战结束后，苏、美、英、法签订协定，规定1940

年被西班牙佛朗哥军队强行并入西属摩洛哥的丹吉尔由国际共管。但在1952年11月，美、英、法、比、荷、葡、意、西八国成立“丹吉尔国际管理委员会”，主持丹吉尔的事务，而实际的统治者是法、西两国驻摩洛哥的总督。在摩洛哥的一再坚持和努力下，1960年，摩洛哥终于恢复对丹吉尔的主权。

随着冷战的加剧，穆罕默德五世在东西方阵营之间做出选择。虽然他自称有强烈的反共情绪，但摩洛哥拒绝接受旨在遏制共产主义在中东、北非扩散的艾森豪威尔主义，并决意在20世纪60年代初期关闭美国在摩洛哥的所有军事基地。他在外交事务上的独立自主和不结盟立场使摩洛哥置身于冷战期间美苏两大阵营的对抗之外。

与非洲和阿拉伯国家的关系

穆罕默德五世坚持摩洛哥的阿拉伯和伊斯兰属性。1958年10月1日，摩洛哥加入阿拉伯国家联盟，宣布遵守《阿拉伯联盟宪章》，与阿拉伯国家保持良好关系，与阿盟其他成员国共同推进巴勒斯坦事业，并在中东问题上保持中立立场。这一时期，穆罕默德五世在苏伊士运河问题上支持埃及，在叙利亚问题上反对美国和土耳其的阴谋，拒绝参加巴格达条约，在美、英侵略黎巴嫩和约旦问题上，也表示了反对态度。1960年1月，穆罕默德五世访问沙特阿拉伯，签订了摩沙友好条约。

摩洛哥曾支持阿尔及利亚人民的独立战争，允许其领土作为阿民族解放军的后方基地。独立后的摩洛哥和突尼斯都积极从军事、政治和经济上援助阿尔及利亚。1956年10月24日，摩、突两国政府共同声明要为马格里布兄弟国家的利益服务而找出共同的办法。1958年4月15—22日，摩洛哥参加了在阿克拉召开的非洲独立国家会议，通过支援阿尔及利亚民族解放斗争的决议。4月27—30日，摩突两国执政党和阿尔及利亚民族解放运动的领袖们在丹吉尔举行会议，支持阿尔及利亚的斗争，警告法国必须停止利用在两国的驻军攻击阿尔及利亚。摩洛哥人民还拒绝了法国封锁阿、摩边境的计划。9月19日，阿尔及利亚临时政府成立，摩洛哥立即予以承认。

1961年1月，摩洛哥倡议并参加在卡萨布兰卡举行的非洲国家首脑会议。会议通过《卡萨布兰卡非洲宪章》，宣布：促进非洲各地自由胜利和团结一致；支持民族解放斗争，消除各种形式的殖民主义；加强非洲国家在经济、社会和文化等方面的合作。会后，摩洛哥政府积极践行《非洲宪章》，支援非洲兄弟国家争取独立的斗争，开展与其他非洲国家的政治经济合作，并力促非洲团结与统一。

第八章 哈桑二世时期摩洛哥的全面发展

1961年2月26日，穆罕默德五世病逝。3月3日，其长子穆莱·哈桑（Moulay Hassan）正式继位，史称哈桑二世，亦即摩洛哥阿拉维王朝的第21位君主，由此开启了他对摩洛哥长达38年的统治。哈桑二世的执政大致可划分为前后两个阶段。第一个阶段从20世纪60年代初到80年代后期，在此阶段，为巩固王权，其统治以“铁拳”著称，哈桑二世对政治反对派和伊斯兰势力进行严密监控和打压，以确立王国新的政治秩序。在经济方面，针对摩洛哥经受的严重经济危机，摩洛哥政府进行了相应的经济调整和改革。第二阶段为20世纪90年代，在这个阶段，伴随全球化态势的强劲发展，哈桑二世顺应潮流，在摩洛哥进一步实施可控的社会变革和适度开放民主，国家面貌发生空前变化。基辛格曾赞誉：“在阿拉伯国家，没有一个领导人像哈桑那样聪敏并具有驾驭一切的能力。”[①]

一、政治动荡和君主立宪制的巩固

穆莱·哈桑二世其人

1929年7月9日，穆莱·哈桑出生于拉巴特，自幼接受严格的

① 李荣:《摩洛哥国王哈桑二世》,《现代国际关系》1992年第3期。

宫廷教育。七岁时，他每天学习七个小时的阿拉伯语和三小时的法语，后又掌握英语和西班牙语。13岁，哈桑在一所中学的落成典礼上，即席发表第一次公开演讲时说："除面包外，教育是人民的第一需要。"这句话后来成为摩洛哥家喻户晓的名言。

1951年，哈桑毕业于拉巴特高等学院法律系，后进入法国波尔多大学深造；1952年，获法学博士学位。1953年8月，哈桑因协助父亲参加和领导废除法国"保护"制度、争取摩洛哥独立的斗争，随父被法国先后流放到科西嘉岛和马达加斯加岛，两年多后才获释回国。流放期间，哈桑担任父亲的秘书，参加了历次同法国殖民当局的谈判，为摩洛哥的民族解放运动做出重大贡献。1956年摩洛哥独立后，哈桑受父命组建皇家武装部队。1957年7月9日，28岁的哈桑被立为王储。此后，他经常代父处理国事，出席国际会议。1960年，他担任内阁副首相兼国防大臣之职。

较之性格内敛的穆罕默德五世，哈桑二世显得更加强硬和更具政治适应能力。为巩固王权，哈桑二世执政后集各种大权于一身，他不仅是国王，还是政府首相，并兼任内政大臣、国防大臣和农业大臣。而且，他有权任命政府、警察和军队中重要职位的人选，[①]是摩洛哥国家命运的真正主宰者。

1962年宪法的颁布

为了在法律上确立国王的权威，强化君主对国家权力的高度控制，也为了在摩洛哥逐步建立适应现代社会的新体制，并满足独立党渴望宪政改革的要求，即位第二年，哈桑二世便废止了穆罕默德五世制定的临时宪法，并着手起草新宪法。新宪法于1962年11月18日公布，在12月举行的全民公投中以85%的赞成票获得通过。

宪法规定，摩洛哥是一个阿拉伯穆斯林王国，伊斯兰教为国教，

---

① Michael J. Willis, *Politics and Power in the Maghreb: Algeria, Tunisia and Morocco from Independence to the Arab Spring*, London: Hurst & Company, 2012, p.54.

国家保障所有人从事宗教活动的自由，阿拉伯语为摩洛哥正式官方语言。宪法规定国王是世袭的，是“信士的长官”和“国家的最高代表”，是皇家武装部队的最高统帅；国王有权任命首相和内阁大臣并主持内阁会议，还有权宣布实行紧急状态和解散议会等。这样，宪法就赋予了国王“政治和宗教方面的双重地位，加强了他作为国家元首而拥有的近乎没有限制的行政权力”[①]。同时，宪法还规定，摩洛哥实行两院制议会（众议院和参议院），同时实行“民主的与社会的”多党制，众议院144席，以普选方式产生，政府由在选举中获胜的政党负责组建。但宪法条款明确规定政府首相和大臣对王室而不对议会负责，这实际上令任何政党垄断政治机构进而挑战君主支配地位的想法化为泡影。[②]

在宪法允许范围内，摩洛哥各种政党组织在20世纪60年代变得相当活跃。多党制成为摩洛哥独立后政治生活的一个重要特征。在各党派的激烈角逐中，哈桑二世利用宪法赋予他的大权，凌驾于各党之上，维持着阿拉维家族的统治。

20世纪60年代的政治动荡

在1962年宪法颁布后的几个月里，左翼政党“人民力量全国联盟”的几位高层成员在刊物上公开质疑国王的权威而遭逮捕和监禁，导致它与王室的关系日益紧张。该党领导人迈赫迪·本·巴尔卡深受邻国阿尔及利亚以及突尼斯选择阿拉伯社会主义道路的影响，强烈呼吁摩洛哥人民与摩洛哥封建政府做斗争。本·巴尔卡的激进思想和在民众中广受欢迎，这令哈桑二世十分惊恐。

为了抗衡以独立党和人民力量全国联盟为代表的反对派政党，1963年1月，摩洛哥王室在人民运动党的基础上，组建了一个亲王室的政党联盟——“保卫宪法体制阵线”（The Front for the Defense

---

① 〔美〕苏珊·吉尔森·米勒：《摩洛哥史》，刘云译，第203页。

② Michael J. Willis, *Politics and Power in the Maghreb: Algeria, Tunisia and Morocco from Independence to the Arab Spring*, p.69.

of Constitutional Institutions，FDIC）。1963年5月，摩洛哥举行全国大选。7月，人民力量全国联盟在新一届议会选举中获得大量选票后，政府逮捕了约5000名人民力量全国联盟的成员，哈桑二世与左派势力的对抗迅速升温。在随后的两次议会选举中，保卫宪法体制阵线在国王的支持下，均获得多数席位。哈桑二世任命保卫宪法体制阵线的艾哈迈德·巴赫尼尼（Ahmed Bahnini）为首相，组建新政府。与此同时，多名反对党的主要领导人因被指控参与反对国王的阴谋而被判处死刑。其中人民力量全国联盟领导人迈赫迪·本·巴尔卡在1964年8月被哈桑二世赦免，但流亡在外的他于1965年10月29日在巴黎街头遭绑架，从此销声匿迹。

本·巴尔卡在青年学生中很有影响力。1962—1965年，摩洛哥全国学生联合会（the Moroccan National Students' Union, UNEM）多次举行罢课，强烈要求限制国王的权力，实行民主化。政府试图用强制手段迫使学生就范，逮捕多名学生运动的领导人。1964年—1965年初，由于经济衰退，失业人数剧增，摩洛哥国内局势不稳。1965年3月，学生们又在卡萨布兰卡举行示威游行，许多失业者和平民百姓也加入其中，示威游行最终演变为一场城市暴乱。摩洛哥工人联盟将学生和工人联合起来，对政府构成巨大威胁。哈桑二世公开谴责这场大规模示威，并派军队予以镇压，造成数百人死亡。反政府的抗议活动还蔓延到拉巴特、塞塔特（Settat）、库里巴（Khouribga）、梅克内斯和盖尼特拉等城市。

骚乱过后，为了应对反对派对王权的挑战，哈桑二世宣布全国进入紧急状态，中止“1962年宪法”，解散议会，独掌立法大权，并亲任政府首相，禁止一切政党活动。1967—1969年，哈桑二世多次改组内阁，原先同国王关系密切、势力最大的独立党因主张政治改革而被逐出内阁。在实行紧急状态的五年里，哈桑二世通过颁布敕令行使统治权，议会和政党处于被搁置状态。

1970年7月，哈桑二世宣布结束紧急状态，并立即颁布新宪法。新宪法赋予国王几乎无限的权力。独立党和人民力量全国联盟抵制新宪法，并联合组成“库特拉”（*al-Kutla al-Watanniya*，即全国集团The National Bloc）。1970年10月，摩洛哥举行第二届议会选举，开始推行一院制。第二届议会共由240名议员组成，其中，90名直接普选产生；90名由市镇参议员选民团选举产生；60名由社会行业协会选举产生。“库特拉”对议会选举再次进行抵制，但这为王室在议会中安置自己人提供了方便。1970年8月，新政府成立，穆罕默德·卡里姆·拉姆拉尼（Mohammed Karim Lamrani）任首相和财政大臣。

两次未遂政变

哈桑二世执政后，与军队关系密切，并采取各种措施确保军队的忠诚。摩洛哥皇家武装部队的构成包括：大量被留用的前法国和西班牙殖民军队中服役的军官，他们受王室的庇护而竭力效忠；还有一部分出身农村柏柏尔显贵家庭的军官，他们成为王室抗衡城市中独立党、左翼政党及其他权势集团的有力砝码。哈桑二世还努力将皇家武装部队中的高级军官整合进王室资助的关系网，提拔他们，给予他们特殊的地位，以及将原来属于欧洲人的土地和财产作为礼物赠与他们。[①]

20世纪60年代，以独立党和人民力量全国联盟为代表的政党对君主统治构成威胁，这使哈桑二世深知掌控军队的重要性。他对军队的特别优待和倚重使军队的政治影响力日渐增强。1964年，有两名将军居然在原本应该是文职的政府中担任了大臣之职。[②]1965年3月皇家武装部队在镇压卡萨布兰卡骚乱时发挥的关键作用使哈桑二世更加器重军队。1968年，皇家卫队（Royal Military Household）接管了皇家武装部队与皇宫之间联系的监管权，有效避免了政府对军事事务的干预。军队规模在此时持续扩大，军事预算随之增长，

---

① John Waterbury, “The Coup Manqué”, in Ernest Gellner and Charles Micaud eds., *Arabs and Berbers: From Tribe to Nation in North Africa*, p.398; .John P. Entelis, *Culture and Counter culture in Moroccan Politics*, London: Westview Press, 1989, p.94.

② Michael J. Willis, *Politics and Power in the Maghreb: Algeria, Tunisia and Morocco from Independence to the Arab Spring*, p.85.

到1970年，皇家武装部队竟耗费了摩洛哥国家预算的1/5。[①]

然而，20世纪60年代中期以来摩洛哥出现的经济困难和社会动荡，引发摩洛哥社会的强烈不满，并波及军队，于是一些高级军官策动了两起针对哈桑二世的政变。

1971年7月10日是哈桑二世42岁的生日，他在拉巴特市郊的斯基拉特（Skhirat）王宫举行盛大招待宴会，各国使节、摩洛哥王室成员及高级官员数百人应邀前来参加宴会。下午1时许，皇家卫队指挥官穆罕默德·迈德布赫（Mohamed Medbouh）将军联合阿赫穆穆（Ahermoumou）士官学校校长穆哈迈德·阿巴布（M'hamed Ababou）上校，悍然发动军事政变，率千余名士兵突然冲进王宫，对数百名国内外宾客不分青红皂白地杀戮，数十人当场毙命，其中包括摩洛哥旅游大臣、最高法院院长、首相办公厅主任等政府要员以及比利时大使。摩洛哥议长、体育大臣和阿卜杜拉亲王等身负重伤，各外交使团中也有多人负伤。下午4时，政变官兵占领斯基拉特宫，迈德布赫将躲藏在桌子底下的哈桑二世及其宠臣拖出。在郑重宣布废黜哈桑二世后，就地枪杀国王的亲信和宠臣。当国王的法国医生被拉出来时，他惊恐万分地扑倒在迈德布赫的脚下，乞求饶命。一名杀红眼的上尉举枪向医生猛扫，不料却将迈德布赫一并打死，政变军队顿时群龙无首。借此时机，哈桑二世向政变士兵大声咏诵《古兰经》，呼吁士兵停止滥杀无辜。政变士兵被国王的行动所慑服，纷纷跪地，高呼“国王万岁”。当晚11时，政府军夺回被阿巴布领兵占领的国家广播电台。一场野蛮的政变就这样戏剧性地被粉碎了。[②]

关于这次政变的动机和目的存在争议，但有一点是清楚的，即迈德布赫意欲革除摩洛哥上层普遍流行的腐败风气。有人宣称，迈德布赫并不打算杀死国王，只是想让他退位或是充当一个有名无实

① Jamil M. Abun-Nasr, *A History of the Maghrib in the Islamic Period*, p.418.

② 关于此次政变的详情，参见Stephen O. Hughes, *Morocco under King Hassan*, Reading: Ithaca Press, 2001, pp.159-166; John Waterbury, “The Coup Manqué”, pp.398-409.

的军政权领导人。[①]

哈桑二世在平息军事政变后任命内政大臣穆罕默德·乌夫基尔（Mohamed Oufkir）将军为国防大臣，负责重组军队。乌夫基尔将军曾在镇压反对派中发挥重要作用，成为国王亲信。

但是，一年之后，政变再次发生。1972年8月16日，哈桑二世结束对法国的访问，乘专机途经巴塞罗那返回摩洛哥时，在得土安上空突然遭到从盖尼特拉空军基地起飞的四架F-5战斗机的袭击。国王座机受到重创，迫降在拉巴特—塞拉机场。紧接着，四架战斗机又对机场贵宾室进行轮番攻击。哈桑二世事先躲进候机室对面的一片小树林，因此幸免于难。在哈桑二世乘车离开机场后，又有三架F-5战斗机空袭了王宫。但幸运的是，哈桑二世巧妙周旋，躲过这一劫。国防大臣穆罕默德·乌夫基尔将军和盖尼特拉空军基地司令穆罕默德·阿迈克兰（Mohamed Amekrane）被认定为此次事件的主要策划者。当晚，乌夫基尔被召进王宫，据哈桑二世在后来的回忆录中所说，乌夫基尔"自杀了"[②]。乌夫基尔的亲属也因此受到牵连，被带到一个偏远的沙漠村落中监禁起来。那些参与政变的飞行员有11人被判死刑，35人被判处3—20年的监禁。

关于乌夫基尔发动这次政变的动机，有人说是由于他对斯基拉特宫政变后君主政权依然存在的腐败极为不满；也有人认为是他感到哈桑二世想借1972年5月发生在阿加迪尔的直升机"事故"来除掉他，因此他策划了这一政变以"通过消灭他的主人来阻止自己的垮台"[③]。

巩固王权的调整措施

两次未遂政变，高层普遍的腐败以及社会动荡，动摇了摩洛哥君主制的根基，暴露了王权合法性的脆弱性。逃脱劫难的哈桑

① John Waterbury, "The Coup Manqué", pp. 402-409.

② Hassan II, *The Challenge: The Memoirs of King Hassan II of Morocco*, translated by Anthony Rhodes, p.154.

③ Stephen O. Hughes, *Morocco under King Hassan*, p.182.

二世对此进行深刻反省，随后采取一系列应对措施，以巩固王权统治。

第一，进一步加强对军队的控制，避免军队干预政治。哈桑二世对皇家武装部队进行彻底改造，清除与政变有关的军官并严厉惩罚所有涉事人员。他将军事大权牢牢掌握在自己手中，亲自担任国防大臣，兼总参谋长，亲自决定军事大计和高级军官的任免晋升。他还责成王储西迪·穆罕默德负责协调皇家武装部队总参谋部事务。国防部被降格为负责后勤与采购的国防管理局。同时解散各军区，规定全国所有军事力量没有国王的命令都不能被调遣。他还通过向高级军官赠与土地和特权来笼络他们不要成为现存制度的批评者。另一方面，他又采取一系列使军队远离国内政治的策略，如派遣军队参加联合国在扎伊尔的维和行动；命令军队开赴叙利亚的戈兰高地参加1973年十月战争；以及提出“收复西撒”的口号，将军队派往摩洛哥南部沙漠地带，参加西撒战争并驻守占领区。此外，哈桑二世对皇家武装部队进行重组，实现军队结构多元化。军队不同单位之间相互隔离并竞争，实行军队指挥官定期轮岗制以避免形成强有力的地方小王国。弹药库被置于受内政部控制的文职省督管辖之下，由辅助部队保卫。①

第二，通过政治上的开放宽容之举来赢得各政党的支持，扩大和巩固君主制的支持基础。1972年，摩洛哥通过新宪法，赋予议会更多的权力，规定2/3议员由直接选举产生。1974年，哈桑二世恢复与反对派的对话，主动与反对派政党和解。政府还颁布大赦令，释放政治犯，开放党禁，恢复议会，允许各党派竞选参政。他认为，各阶层的意见通过政党公开表达出来比隐藏着好，多党制犹如“出气孔”，可以让人们发泄不满，以此缓和党派与王室的矛盾，同时有助于政府了解和掌握民意，防患于未然。更重要的是，国王可以利

① I. William Zartman, “King Hassan’s New Morocco”, in I. Willam Zartman, ed, *The Political Economy of Morocco*, p.23.

用政党抵御来自军队和伊斯兰运动的潜在威胁。[①]这样，许多政党被合法化。其中被取缔的摩洛哥共产党余部更名为进步与社会主义党（Party of Progress and Socialism，PPS）。1975年3月，哈桑二世发动要求收复西撒哈拉的“绿色进军”，激发了全国的民族主义热情，“库特拉”和其他党派也都积极响应。这些政党重新进入摩洛哥的政治体制，参加议会选举，进入议会和地方与中央政府机构任职。断断续续的议会选举催生出大批政党，营造出一种拥护王室的“多数派”假象。国王希望这些新政党能够团结已有的体制支持者，或者吸引新的社会阶层和团体进入政治体制。由于参与竞选的新政党数量持续增长，各政党的力量呈分散态势，这种状况却受到哈桑国二世重臣内政大臣德里斯·巴斯里（Driss Basri）的鼓励和支持，以力图确保没有任何一个政党的力量能够强大到挑战王权。因此，在催生各个新政党的过程中，德里斯·巴斯里成为家喻户晓的“摩洛哥政党第一助产士”。1977年1月，摩洛哥新一届政府由全国自由人士联盟、独立党和人民运动三个主要政党以及无党派人士组成。10月，选举产生了第三届议会，共有九个政党参加本届议会，议会由267名议员组成，2/3由直接普选产生，1/3由间接选举产生。1984年9月，全国有12个政党参加摩洛哥第四届议会选举，亲国王的宪政联盟成为议会中最大的政党。第四届议会由306名议员组成，204名由直接普选产生，60名由市镇参议员选民团选出，42名由不同社会职业人士选民团选出，任期为六年。一个君主立宪、一院制议会的国家体制就此得以维护。与此同时，哈桑二世对少数激进反对派坚决镇压，不允许他们公开活动，迫使他们转入地下或逃亡国外。

第三，哈桑二世加强与保守的伊斯兰机构和团体的联系，试图使它们成为能与世俗化的军事上层及政党相抗衡的力量。这一战略促使哈桑二世最终走上了一条在政府内外加强宗教人士地位的新道

① Remy Leveau, “The Moroccan Monarchy: A Political System in Quest of a New Equilibrium”, in Joseph Kostiner, ed, *Middle East Monarchies: The Challenge of Modernity*, Bonleler, Colo: Lynne Rienner Publishers, 2000, p.124.

路。[①]与此同时，他努力寻求全民共识，利用西撒哈拉问题动员民众、凝聚民心，恢复自己的名誉。1975年进驻西撒哈拉的“绿色进军”在一定程度上使他获得了摩洛哥民众和左右翼政党的支持。[②]此外，他还借助修宪和全民公投通过宪法的做法，满足民众参政的要求，以树立自己的民主形象。1980年、1984年摩洛哥又对宪法进行了两次修改。

通过上述举措，哈桑二世实现了稳定摩洛哥政局和巩固王权的目的。

因应伊斯兰势力威胁

摩洛哥的伊斯兰主义作为一种政治力量始于20世纪60年代后期，并在大学校园里兴起。1969年，卡萨布兰卡的几个小团体联合组建“摩洛哥伊斯兰青年”（Moroccan Islamic Youth）组织，骨干力量是教师和学生，主要领导人是阿卜杜·卡里姆·穆蒂（Abd al-Karim Mouti）。哈桑二世认为可以利用宗教组织来抗衡各种左翼政党和组织，于1972年准予摩洛哥伊斯兰青年合法化。[③]1972—1975年，伊斯兰青年组织（al-Shabiba al-Islamiyya）在摩洛哥全国学生联合会被政府镇压后的大学里占据主导地位。1975年，人民力量社会主义联盟的高级领导人奥马尔·本杰隆（Omar Benjelloun）遭暗杀，官方指责伊斯兰青年组织的成员参与了谋杀，该组织被取缔。

20世纪80年代，伊斯兰复兴运动在北非地区掀起高潮，摩洛哥产生新的伊斯兰组织。由于摩洛哥自独立后就实行多党制的政治多元化，加之国王本身是先知的后裔，具有“信士们的长官”的身份，故而摩洛哥不像其他中东、北非国家那样出现极端的伊斯兰思潮和

① Remy Leveau, “The Moroccan Monarchy: A Political System in Quest of a New Equilibrium”, p.124.

② Michael J. Willis, “Political Parties in the Maghrib: The Illusion of Significance?”, *The Journal of North African Studies*, Vol.7, No.2, 2002, pp.3-4.

③ Henry Munson, *Religion and Power in Morocco*, New Haven and London: Yale University Press, 1993, p.160.

运动。同时，摩洛哥政府还有一个比较完备的安全防范架构来控制伊斯兰运动的发展，对伊斯兰组织采取监控、渗透、拘禁和镇压等手段，有效阻止了伊斯兰运动的蔓延和发展。①

被取缔的伊斯兰青年组织在20世纪80年代初重新开始活动。1981年，穆蒂创办《圣战者》杂志，开始公开反对哈桑二世政权。伊斯兰青年组织发生分化，阿卜杜拉·本·基兰领导的分离派摒弃了穆蒂的激进主义，退出伊斯兰青年组织，成立了“伊斯兰社团组织”。本·基兰声明伊斯兰社团组织致力于以和平与合法的手段进行伊斯兰宣教事业，要求政府承认社团组织的合法存在，并准予其组建新的政党。摩洛哥政府一直拒绝给予其合法地位，直至20世纪90年代初，更名为“改革与复兴”（Reform and Renewal）后才得到政府的认可。但政府对它划定了一条绿线，即其成员只能加入一个行将解体的政党——“人民民主宪政运动”（the Mouvement Populaire Démocratique et Costitutionel，MPDC）。该党的领导人是同王室关系密切的老牌政客阿卜杜勒克里姆·哈提卜（Abdelkrim Khatib），他明确要求改革与复兴的成员在加入人民民主宪政运动之前，必须声明放弃暴力，接受宪法，承认君主的权威和合法性。1996年，改革与复兴的成员正式加入人民民主宪政运动。②而改革与复兴作为一个宗教团体继续存在，并于1998年更名为“统一与改革”（Unity and Reform）组织。③

20世纪80年代，摩洛哥最重要的伊斯兰组织是阿卜迪萨拉姆·亚辛（Abdesalam Yassine）领导的“正义与慈善会”（al-Adl wa al-Ihsane，AWI）。亚辛曾经是马拉喀什的一名高中教师，1965年加入布茨基希亚苏菲教团（the Boutchichiyya sufi order），成为一名具有影响力的苏菲神秘主义者。1971年，亚辛脱离教团，开始

---

① Michael J. Willis, *Politics and Power in the Maghreb: Algeria, Tunisia and Morocco from Independence to the Arab Spring*, pp.177-179.

② Michael J. Willis, “Between Alternance and the Makhzen: At-Tawhid wa Al-Islah’s Entry into Moroccan Politics”, *The Journal of North African Studies*, Vol.4, No.3, 1999, pp.46-49.

③ Ibid., pp.50-59.

著书立说，以阐明如何用伊斯兰教来解决摩洛哥的问题。1973年，亚辛呈交给哈桑二世一封114页的长信，信中罗列国王的错误、质疑国王权力的合法性，要求在摩洛哥实行公正统治、公平分配财富。亚辛的行为导致自己在精神病院被关3年。[①]1984年，亚辛被捕；1986年出狱后，又遭到软禁；但这并没有妨碍他宣传和从事宗教活动。1987年，亚辛建立正义与慈善会。这是一个非暴力的伊斯兰反对派组织，在宗教上类似苏菲派的扎维亚，提倡精神教育和谢赫的指导。[②]通过他的女儿也是其助手——纳迪亚·亚辛（Nadia Yassine）的宣传，亚辛的思想在公众中产生极大影响，其追随者也越来越多。

哈桑二世对亚辛在群众中的巨大感召力感到震惊。1990年，他宣布亚辛的组织非法，逮捕了该组织领导机构“指导委员会”的数名成员。但是，这未能阻止伊斯兰运动的发展，反而激起了伊斯兰主义组织的宗教狂热。哈桑二世不希望诉诸暴力，便采用拉拢某些组织和个人，比如承认其组织合法，允许其组建政党和参加议会选举，甚至提供数目不菲的金钱，唯一的条件就是这些组织或个人要公开和明确地承认君主（制）的权威和合法性。也就是说，只要伊斯兰政党或组织不对君主（制）的合法性质疑，就会被纳入到正式的政治进程之中。[③]正义与慈善会的领导层拒绝妥协，因为他们认为正义与慈善会受欢迎的主要原因与它坚持反对和批评君主的立场有关。这样，正义与慈善会便作为反对派伊斯兰组织，被排斥在摩洛哥政治体制之外。但是，它的势力在20世纪90年代大增，致力于组织建设和思想宣传，最终成为一个人数众多、结构完备和广受支持

---

① Malika Zeghal, *Islamism in Morocco: Religion, Authoritarianism, and Electoral Politics*, Princeton, N. J.: Markus Wiener, 2008, pp.79–142. Henry Munson, *Religion and Power in Morocco*, pp.163-171.

② Mohammed Mashah, “The Ongoing Marginalization of Morocco’s Largest Islamist Opposition Group”, https://carnegie-mec.org/2015/06/03/ongoing-marginalization-of-morocco-s-largest-islamist-opposition-group/i9er.

③〔美〕苏珊·吉尔森·米勒：《摩洛哥史》，刘云译，第236页。

的团体，分支遍布全国各地。它遵从亚辛的苏菲主义原则主张，始终坚持非暴力社会运动，对王权施压。

与此同时，在已有的伊斯兰组织的基础上涌现出许多政党，它们表示愿意遵守哈桑二世制定的规则。其中最重要的是公正与发展党，该党的前身是人民民主宪政运动，1998年更名。公正与发展党由来自全国各地的伊斯兰主义者组成，领导人是阿卜杜拉·本·基兰。他表示："承认'信士的长官'这一概念、放弃暴力、承认马立基宗教学校（Maliki religious school）、承认摩洛哥领土完整的合法性"。[①]哈桑二世与公正与发展党之间的关系创造了摩洛哥政治中前所未有的一种局面：国王并未禁止伊斯兰主义者参与政治生活，而是允许他们有某些行动的自由。这种做法逐步将伊斯兰主义者引入制度化的政治空间中。哈桑二世希望把公正与发展党作为应对国内日益上升的伊斯兰情绪的一个"安全阀"和削弱王室反对派力量的一种手段。公正与发展党清楚意识到，它的地位是由于政府的宽容而勉强获得的，如若踩了"红线"，就会失去已获得的地位。因此，公正与发展党在忠于其伊斯兰议题与避免惹怒当局之间小心谨慎地行事。它避免批评摩洛哥现有的政治制度和君主的地位，而聚焦于不显眼的、政治性低的社会和"道德"问题，如腐败、教育和妇女地位等问题。公正与发展党领导人还认识到，党的力量发展过快会引起政府及摩洛哥盟友——欧盟和美国的不安。因此，它在摩洛哥的政治舞台上尽量表现得克制和低调，如在议会选举中自愿限制候选人数量。1997年大选时，公正与发展党仅在43%的选区提名候选人。尽管这样，它还是获得了相当多的选票支持。

20世纪90年代的政治改革

哈桑二世执政初期直到20世纪80年代末，对政治反对派采取严厉打压手段，逮捕和流放大批持不同政见者。经后来调查证实，

---

① 〔美〕苏珊·吉尔森·米勒：《摩洛哥史》，刘云译，第237页。

这一时期发生了许多侵犯人权的事件，故被称为“沉重岁月”（the Leaden Years）。1984年，摩洛哥保卫人权协会（the Defense of Human Rights in Morocco，ASDHOM）在巴黎成立，协会揭露哈桑二世政权侵犯人权的诸多事实，引起法国政界的关注，法国高层开始向哈桑二世施压。1988年，在法学教授奥马尔·阿齐曼（Omar Azziman）和进步与社会主义党的重要人物马赫迪·曼吉拉（Mahdi el-Mandjra）的领导下，一批知识分子创建摩洛哥人权组织（the Moroccan Organization of Human Rights，MHRO）。不久，另一群自由主义者建立摩洛哥人权协会（Moroccan Association of Human Rights，AMDH）。1990年，吉尔·佩罗（Gilles Perrault）揭露王室腐败的著作《我们的朋友国王》（*Notre ami le roi*）在巴黎出版，引起摩洛哥王室的恐慌和摩法关系的紧张。这本书通过各种渠道流入摩洛哥，书中充满了未经证实的指控和一些骇人听闻的事实，它撕开了遮盖政府的面纱。①

20世纪90年代初，由于苏东剧变和全球性伊斯兰复兴的冲击，加之持续的国内经济危机，摩洛哥国内政局出现巨大波动，民众通过互联网等渠道获得更多的国内外信息，要求扩大民主与自由的呼声日益高涨。哈桑二世审时度势，屈从于国内民众的要求和国际社会的压力，决定实行政治改革，采取更加现代的、开放的和包容的方法，在保留摩洛哥传统“特性”的前提下，重塑摩洛哥形象。②

为应对由国内外指控哈桑政府侵犯人权而所引起的骚乱，摩洛哥政府于1990年建立了人权协商委员会（the Consultative Council for Human Rights，CCHR），将其作为执行大赦与和解新政策的官方机构。

---

① Susan E. Waltz., “Interpreting Political Reform in Morocco”, in Rahma Bourquia and Susan Gilson Miller eds., *In the Shadow of the Sultan: Culture, Power, and Politics in Morocco*, Cambridge, M·A.: Harvard University Press, 1999, p. 292.

② E. G. H. Joffé, “Morocco’s Reform Process: Wider Implications”, *Mediterranean Politics*, Vol.14, No.2, 2009, pp.151-164; Abdeslam Maghraoui, “Monarchy and Political Reform in Morocco”, *Journal of Democracy*, Vol.12, No.1, 2001, pp.73-86.

1990年5月4日，摩洛哥议会中的四个反对党联名提出弹劾政府案，指责政府践踏民意，独断专行，要求内阁集体辞职，成立民主政府。由于执政党在议会中占多数，弹劾政府案最终以200票反对、80票赞成遭到否决。

1991年年初，反对派利用海湾战争在摩洛哥民众中造成的不满情绪，组织总罢工和大游行。为缓和形势，在联合国通过西撒哈拉问题的690号决议后，摩洛哥政府借机号召全国团结一致，准备公民投票；同时采取一系列有利于解决矛盾的具体措施，如释放政治犯、修改宪法、拆除秘密监狱、满足反对派的部分要求和大力解决青年就业等。1991年9月，摩洛哥政府释放了大批被关押在拘留所、监狱和沙漠牢狱中的犯人，他们当中的许多人自1971年政变后一直被关押在与世隔绝的沙漠深处，其中包括乌夫基尔的妻子和子女。被释放出来的人们开始记述自己的故事，他们那些令人难以置信的遭遇在摩洛哥公众中引起一片叹息，摩洛哥国内由此掀起了一个以他们故事为题材的创作高潮，形成了一种独特的"监狱文学"现象。在政治层面上，其影响更是意义深远。民众的人权意识觉醒，要求民主、自由的呼声高涨。反对党也借此向国王和政府施压，呼吁进行政治民主化改革。

1991年12月14日，摩洛哥独立党和人民力量社会主义联盟以国内经济和人权问题为由向政府发难，在非斯、丹吉尔和肯尼特拉等城市发动大罢工。他们要求政府尊重工人权利，提高工资和改善工作条件，还要求实行民主制度。面对这些突发事件，哈桑二世果断地让政府与反对派谈判，同时亲自发表电视讲话，向人民做出许诺，如最低工资增加15%，每年解决10万人就业，解决每个退休职工住房问题等，政府为此专门拨款10多亿迪拉姆。此举迅速平息了群众对政府的不满情绪。

1992年，借助修宪全民公决和筹备立法选举之机，反对派独立党和人民力量社会主义联盟不断吸纳左派小党，扩大"库特拉"集团，抨击政府。哈桑二世被迫听取反对派的意见，采取了一些开放民主的措施，以稳定政局。同年8月，哈桑二世宣布解散政府，组成以无党派人士拉姆拉尼为首相的过渡内阁，以表示政府在修宪和立法选举中保持中立。

1992年9月4日，摩洛哥就新宪法草案举行全民公决，以99.9%的赞成票通过第四部新宪法。新宪法部分满足了反对派的民主要求，扩大议会权力，强调议会对政府的监督和强化法制建设。据此，哈桑二世将一些职权交给政府和议会。同时，新宪法序言明确表示："摩洛哥王国重申对普遍承认的人权的重视"，使人权概念进入摩洛哥官方话语之中。

1992年10月16日，摩洛哥举行全国性地方选举。333个地方议会中有4个反对党代表进入，其中，进步与社会主义党获得184席（相当于1983年所获的17席的19倍）。尽管国王及其亲信对该党思想持强烈否定态度，但在阿拉伯世界内，摩洛哥仍然是共产党可以合法开展活动的少数国家之一。此外，摩洛哥还允许几十种反对派报纸出版，电台和电视台也可播放批评当局的言论。

1993年6月25日，摩洛哥举行第五届议会选举。本届议员增加到333人，其中，222名直接普选产生，111名间接选举产生，任期到1997年8月。最终，由忠于国王的宪政联盟（54席）、人民运动（51席）、全国自由人士联盟（41席）、全国民主党（24席）等政党组成的"全国谅解"联盟以及由独立党（52席）、人民力量社会主义联盟（56席）、进步与社会主义党（12席）等反对派组成的"库特拉"，二者获得的议席均未获得半数。本届议会选举被赞许为自独立以来最自由的议会选举。[①]反对派"库特拉"各政党获得的议席显著增加，但它们不满于1/3间接选举议席基本都给了王室的同盟者。它们要求国王解除长期监控各政党和操纵选举的内政大臣德里斯之职，这个也未被理会，故而拒绝参加联合政府。

---

① Henry Munson, Jr., "The Elections of 1993 and Democratization in Morocco", in Rahma Bourquia and Susan Gilson Miller eds., *In the Shadow of the Sultan: Culture, Power, and Politics in Morocco*, pp. 259-281.

1993年11月11日，哈桑二世决定成立由拉姆拉尼为首相、由无党派人士组成的专家内阁。新政府基本维持前政府的原班人马。同时，他重申将继续与反对派保持对话，推进摩洛哥民主改革。1994年2月，非斯爆发左翼与伊斯兰主义组织间的骚乱。5月，拉姆拉尼被免职，由外交与合作国务大臣阿卜杜·拉蒂夫·菲拉利（Abd al-Latif Filali）接任首相。人民力量社会主义联盟第一书记阿卜杜勒·拉赫曼·优素福（Abder Rahman El-Youssouf）遭流放。面对国内此起彼伏的罢工、罢课和骚乱，政府表示继续实行政治民主化步骤。10月，哈桑二世宣布，为加快民主进程，将由反对派组阁，实行"轮流执政"，并允诺下届议会的议员全部通过直接选举产生。但他与反对派在内阁人选问题上未能达成一致意见。1995年1月，摩洛哥组成由阿卜杜·拉蒂夫·菲拉利领导的新一届专家政府。①

1995年，内政大臣巴斯里借塔比特事件（Tabit Affairs）②，发起全面的"清理"运动（"Sanitisation" campaign），目的是根除腐败、走私和毒品贸易。但这场以反腐败为目的的运动并不如人意。在打击毒品贩子、黑社会和逃税者的过程中，数百名无辜者被抓进监狱，后来被赦免的无辜者也没有得到任何赔偿。"清理"运动还造成了一批企业破产，许多人因此失业。1996年6月，巴斯里与代表摩洛哥主要企业的摩洛哥企业总联盟（the Confédération Générale des Entereprises du Maroc，CGEM）达成和解，"清理"运动宣告结束。摩洛哥企业总联盟代表新一代企业力量和日益成长起来的中产阶级，它不同于那些王室关系网中的传统企业。王室认为它对现存制度是

---

① Remy Leveau, "The Moroccan Monarchy: A Political System in Quest of a New Equilibrium", p.121.

② 1993年，卡萨布兰卡警察局局长穆斯塔法·塔比特（Mustapha Tabit）强奸数百名被拘留妇女的罪行暴露被捕。塔比特被公开审判并于1993年8月9日被处死，参与掩盖其罪行的其他16人分别被判处两年到终身的监禁。摩洛哥政府以公审塔比特为起点，开始整肃警察队伍，意在以此向摩洛哥公众表明政府坚持民主与法制的决心，即使是长期被认为是不可侵犯的警察现在也不能不受法律约束。

一种潜在威胁，因此试图将其置于王室控制之下。[1]实际上，“清理”运动是王室为铲除潜在的反对派，或是可能成为不同政见者的社会力量而采取的行动。

1996 年9月13日，摩洛哥就修宪举行公民投票，通过第五部新宪法。新宪法规定，摩洛哥实行君主立宪制，是伊斯兰国家；国王为国家元首、宗教领袖和武装部队最高统帅，王位世袭。国王任命首相，并根据首相提名任命内阁大臣，国王有权主动或根据政府辞呈解散政府。国王拥有宣布实行紧急状态和解散议会的权力。宪法规定，男女公民享有同等政治权利，年满21岁有选举权，年满25岁有被选举权。新宪法还规定，摩洛哥议会由众议院和参议院两院组成。众议院共325名议员，全部通过直接选举产生，任期5年；参议院共243名议员，通过间接选举（即由地方议会和行业协会选举）产生，任期9年；每3年改选1/3。议会为国家最高立法机构，但宪法规定国王为王国最高领导，议会在国王的指导下工作。

然而，摩洛哥政治体制的主要问题不是通过宪制改革就能解决的，其牵涉国王与政党之间的权力分享。[2]哈桑二世提出政党轮流执政的方案。政府还与以企业总联盟、劳工总联盟、民主劳工联盟为首的工会组织通过对话达成协议，政府许诺给职工增加10%的工资，提高家庭补贴，从而暂时缓和了反对派与王室之间的矛盾，维护了社会稳定。

1997年11月，摩洛哥举行议会两院的选举。由反对派“库特拉”和全国自由人士联盟、人民运动等组成的中间派集团分别成为众议院和参议院第一大政治团体，并组建了摩洛哥第六届议会。众议院的席位分配如下：人民力量社会主义联盟57席、宪政联盟50席、全国自由人士联盟46席、人民运动40席、民主社会运动32席、

① Guilain Denoeux, “Understanding Morocco’s ‘Sanitisation’ Campaign (December 1995 to May 1996)”, *The Journal of North African Studies*, Vol.3, No.2, 1998.

② Remy Leveau, “The Moroccan Monarchy: A Political System in Quest of a New Equilibrium”, pp.122-123.

独立党32席、全国人民运动19席、全国民主党10席，其他七个政党共39席。1998年1月当选议长为阿卜杜勒·瓦赫德·拉迪。参议院的席位分配如下：全国自由人士联盟42席、民主社会运动33席、宪政联盟28席、人民运动27席、独立党21席、全国民主党21席、人民力量社会主义联盟16席、全国人民运动15席、行动党13席、民主力量阵线12席，其他三个政党共15席。1998年1月当选议长为穆罕默德·杰拉勒·赛义德。

1998年2月，哈桑二世任命在大选中获胜的"库特拉"中的人民力量社会主义联盟第一书记阿卜杜勒·拉赫曼·优素福为首相，于3月14日组成新一届政府，共有41位内阁成员，七个政党入阁。这是摩洛哥自独立以来的第26届政府，由反对党领袖出面组阁并任首相在摩洛哥历史上尚属首次。这表明摩洛哥在政治民主化的道路上迈出了关键性一步。"摩洛哥的政治问题远远没有消除，但是扩大议会权力，容忍不同政见者的端倪已然显现。"[①]

但是，由于人民力量社会主义联盟没有在议会选举中获得绝大多数，所以必须与其他政党联合组成政府，"库特拉"未能完全控制政府的大部分部门，在40名大臣中只有13名来自优素福领导的政党。忠于王室的政党如全国自由人士联盟、人民运动等的入阁，对优素福首相形成掣肘。特别是，内政、司法、外交事务和宗教事务这四个主要部门的大臣都是根据国王的意见任命的，而担任内政大臣的德里斯·巴斯里则是哈桑二世多年来的亲信，也是"沉重岁月"的主要策划者。尽管如此，74岁高龄的阿卜杜勒·拉赫曼·优素福还是以其坚韧和智慧担负起领导摩洛哥首届"轮流执政"政府的重任，努力在维持王室渴望的稳定的前提下推进政治转型。新内阁执政后，在民主、法制、经济建设等方面均取得了一定成绩，受到国内外的充分肯定，外界誉之为"摩洛哥的春天"。

---

① Susan E. Waltz., "Interpreting Political Reform in Morocco", in Rahma Bourquia and Susan Gilson Miller eds., *In the Shadow of the Sultan: Culture, Power, and Politics in Morocco*, pp. 280-281.

二、经济调整与全面发展

经济“摩洛哥化”

哈桑二世执政后，主张发展民族经济，并实行经济开放，建立国家、私人、外资共存的混合经济体制。摩洛哥政府努力落实1960—1964年经济发展计划，坚持优先发展农业，制定了一系列发展农业的政策，设立了全国农业委员会，着手推行土地兼并，大力兴修水利，发展私营农场和庄园经济。1963年，摩洛哥政府宣布要在几年内接管一部分欧洲人经营的庄园，规定外国人占有的土地不得买卖等等。另外，政府还成立了工业投资办公室，投资发展采矿、化工和钢铁工业。但是，第一个五年计划拟定的许多指标并未达到，摩洛哥的经济呈萎靡不振之态，主要表现为：生产效率低下，工业部门的发展滞缓，失业率上升，物价上涨，货币储备和投资弱小，贸易逆差严重等等。1965—1967年，政府又制订和实施新的三年计划，将国家投资主要用于发展农业和旅游业，培养民族干部和技术人员，改建和兴修道路、海港，并借助私人资本和合营资本发展工业。20世纪60年代中后期，摩洛哥一度出现经济繁荣迹象，如摩洛哥于1966年在九个地区成立了农业开发办公室；于1968年开始实施大规模的水坝建设项目，使可灌溉土地的面积大幅增加，提高了农作物的产量，推动了农产品的出口；全球磷酸盐价格出现回升和上涨，促进了摩洛哥磷酸盐的生产和出口创汇；旅游业作为经济增长的主要行业得到重点发展，带来了外汇收入的增加；进口替代工业的发展弥补了重工业薄弱的问题。1968年之后，摩洛哥经济取得了5.6%的年增长率。

20世纪70年代，摩洛哥继续推行国有化步骤，并进一步发展民族经济。1970年，宣布对进出口贸易、银行、保险业实行“摩洛哥化”。1973年3月，颁布《摩洛哥化法》，对外资企业实行“摩洛哥化”，规定所有在摩洛哥的企业应让摩洛哥本国资本占股份构成的51%以上；将外国人拥有的土地国有化；将摩洛哥的领海由12海里扩大到70海里。摩洛哥化措施涉及1500家外国公司和40万公顷的土地，摩洛哥资本全面接管了包括矿产、铁路、农业、银行等行业在内的外国企业，以及外国所占有的摩洛哥土地。

事实上，摩洛哥化后的企业和土地，一部分直接由哈桑二世或王室控制，另一部分则由与王室关系密切的经济精英所掌握。1980年，摩洛哥王室接管了于1919年成立的由法国和荷兰合营的北非证券集团（Omnium Nord-Africain，ONA）。在王室控制下，20世纪80年代初，北非证券集团经历了大规模扩张与并购，成为摩洛哥最大的私人企业集团，旗下共有85家控股公司，涉及矿业、汽车组装、食品加工和金融等行业。1966年成立的国家投资集团（Société Nationale d'Investissement，SNI）则通过王室收购外资持有的股份，继而再转手出售给公众，以此实现了摩洛哥化。

在经济摩洛哥化过程中，政府还采取各种措施力促经济发展，开办银行，发行本国货币，大力兴修水利，强调发展农业，鼓励私人资本向生产和旅游部门投资。摩洛哥政府始终把农业发展放在首位，主要采取税收减免和国家对农业项目给予资金支持的措施来促进农业的发展。政府大力扶持大麦、小麦、玉米、水稻、燕麦等农作物的种植。由于修建灌溉设施、改进耕作技术、培育推广良种、增加化肥量，粮食产量由独立初的300万吨增加到1978年的580万吨左右。此外，还扩大了葡萄、橄榄、柑橘、椰枣、无花果、柠檬等水果的种植面积，水果产量大大增加，出口量也随之增长，成为出口创汇的重要来源。其他经济作物如草棉、亚麻、甘蔗、甜菜、向日葵等也得到推广。

由于农作物和其他经济作物的产量增加，还有畜牧业的发展，摩洛哥的食品加工业得到发展。政府兴建了几个糖厂，糖的自给率已达75%；数个炼乳厂和油脂厂的建立也使奶制品和食油分别能满足国民需要的67%和54%。

摩洛哥渔业资源极丰富，政府也重视发展渔业。1965—1975年，年平均捕沙丁鱼20万吨，除本国消费外，4/5被运往萨菲和阿加迪尔两个渔港，在那里被加工成罐头和冻鱼出口。随着渔产加工业不断发展，沙丁鱼罐头的品种也不断增加。20世纪70年代末，沙丁鱼罐头的年均出口量为5万吨左右，远销100多个国家和地区，是仅次于磷酸盐、柑橘的摩洛哥第三大出口品。

摩洛哥大力开发储量丰富的磷酸盐。截止20世纪70年代末，已开发四个矿区：（一）撒哈拉的布克拉亚矿区，储量14亿吨，五氧化二磷含量达31%—85%，年产量560万吨。（二）优素菲耶东南的本格里矿区，年产量190万吨。（三）胡里卜加以西约35公里的西迪哈贾伊露天矿区，年产量600万吨。（四）摩洛哥南部的梅斯卡拉矿区，储量估计为80亿—100亿吨，年产量约1000万吨。1973—1974年，国际磷酸盐价格成倍上涨，由14美元/吨增至68美元/吨，摩洛哥因此获得巨大经济收益。这进一步促进了其他部门的发展，并为四万多人提供了固定工作。除了磷矿石的开采和出口，自1965年建立的以磷酸盐为基础的化学工业也得到很大发展，到20世纪70年代末已能满足国内化肥和化工产品的需求。磷酸和硫酸也大量运销国外，从而使政府有大量资金用于基础设施建设，提供粮食补贴等。

通过1973—1977年五年发展计划的实施，摩洛哥民族经济得到迅速发展，1971—1980年的国内生产总值年均增长率达5.2%。GDP从1978年的130亿美元上升到1980年的210亿美元，1981年摩洛哥人均国民生产总值已达860美元，是哈桑二世上台执政之初的5倍多。

十年经济调整

自1978年开始，摩洛哥连续两年遭遇30年未遇的严重旱灾，农业歉收，粮食严重减产，不得不增加粮食进口。而国际磷酸盐价格自1976年快速滑落，致使国家收入锐减。同时，摩洛哥工农业发展不均衡，国家过多干预经济，推行不切实际的经济发展计划，西撒战争以及对西撒哈拉占领所带来的军费和政府开支激增等因素，再加上1979年第二次石油危机的爆发，摩洛哥外债增加、货币贬值、通货膨胀。这都加剧了摩洛哥的经济困难，引起社会动荡。

1978年和1979年摩洛哥接连爆发罢工和劳工暴乱，参加者包括银行、纺织、采矿、码头、铁路和学校等各行业民众。政府试图安抚抗议者无果后，被迫使用武力驱散示威者，造成不少人伤亡。1978—1980年的三年计划提出调整和紧缩政策，消减政府补贴，降低工资，提高税收，导致各地爆发骚乱。1981年6月，摩洛哥工人的全国性组织"工人民主联盟"（Democratic Confederation of Workers，CDT）和人民力量社会主义联盟联合在卡萨布兰卡组织总罢工，产业工人、公务员、学生、店员、失业者，以及其他社会阶层和中产阶级的底层人士等纷纷加入到罢工行动中，罢工很快演变成暴乱。抗议者焚烧汽车，洗劫商店，警察无法控制局面，哈桑二世不得不出动军队平乱，结果造成上百人死亡①。

1981年，摩洛哥开始执行新的五年计划，提出国内生产总值年平均增长率6.5%的目标。但因世界经济危机、国际磷酸盐价格大幅下跌、国内连年干旱导致的进口扩大、通货膨胀加剧和失业队伍扩大，以及持续多年的西撒战争每年耗资高达10亿美元，摩洛哥的经济出现严重困难。1982年，国内生产总值增长率下降为1.3%。为扭转经济困难和国内形势动荡不定的局面，摩洛哥在世界银行和国际货币基金组织的建议和帮助下，从1983年开始实施为期十年的经济调整计划。②

这次经济调整以经济自由化和对外开放为基本原则，主要措施包括：

（一）改革不合理的经济法规，调整税收制度，降低关税，实行对外开放和贸易自由化。

---

① 摩洛哥官方公布的数据是死亡66人，但非官方数据显示，死亡600—1000人。参见C. R. Pennell, *Morocco since 1830: A History*, pp.354-355.

② Guilain P. Denoeux and Abdeslam Maghraoui, "The Political Economy of Structural Adjustment in Morocco," in Azzedine Layachi, ed., *Economic Crisis and Political Change in North Africa*, Westport, C. T. : Praeger, 1998, p. 98.

从1983年开始，国家出台新政策，放开政府对价格的控制，允许农产品价格上升。同时，政府解除对工业品和服务行业价格的长期控制。及至20世纪80年代末，只有基本生活保障品，主要是食品和健康用品的价格仍受到国家调控。1982年，摩洛哥通过新的投资法，允许外资在摩洛哥新建企业中拥有100%的股份。自此，开始实行自由贸易，为外国投资创造了有利条件。1990年仅法国、意大利、西班牙在摩洛哥的投资就比1989年增加了7.94亿迪拉姆。1991年，美国私人企业在摩的中型企业投资超过1.05亿美元。摩洛哥于1985年制定了放宽关税条例；1986年完全取消了对进口商品的禁令；1987年加入关贸总协定。到20世纪80年代末，90%以上的摩洛哥进口品取消数量限制。至1991年，关税已由原来的100%降至45%。由于进口限制的取消和关税的下降，摩洛哥的贸易进口额大大提升。与此同时，摩洛哥政府积极推动出口，为出口创汇大开绿灯。1984年，政府废止所有的出口税和特许证，取消国家对商品出口的垄断权，相关政府部门还联合组建了一个“摩洛哥出口促进中心”，帮助私营企业和公司办理出口业务。至1990年，出口额增至42.5亿美元。

国营经济份额过大和缺乏活力，以及国家对经济的不适当干预是加剧经济困难的重要原因。1988—1992五年计划宣布对一些国有企业实行私有化。1989年，哈桑二世创建私有化部，议会通过第39—89号令，授权112个企业实行私有化，涉及银行、金融、农业、工业和矿业等部门。1992年10月，私有化计划正式开始。1993年，国家从私有化中获得2.5亿美元的收入。私人经济成分日益壮大，手工业和实用工艺已占整个工业生产的57%，私人企业家在国民经济中的投资已增至40%。

摩洛哥能源缺乏，每年要进口500万吨石油，耗资近7亿美元。为了减少外汇支出，哈桑二世在1988—1992五年计划中，强调把实现能源多样化和开发新能源、再生能源放在首位。1991年5月，摩政府制定《石油勘探新法》，将原来至少15年的勘采合同期限缩短为8年，以鼓励外资和私人企业投资，解决能源问题。

（二）优先发展农业，特别是扩大发展粮食生产，争取在20世纪末实现粮、油、奶制品自给。

20世纪70年代末，哈桑二世提出“恢复农业，发展经济”的方针。在1981—1985年的经济恢复计划中，确定农业投资额为总投资额的22.5%。1984年，政府又专门制定了为期五年的农业调整计划，宣布截至2000年，不向农民征收农业税和免除农业机械进口税，同时提高粮食、蔬菜等主要农产品的收购价，增加对农业的投资和贷款。在1988—1992年的五年计划中，摩政府再次强调发展农业的重要性，并对一些农产品价格实行补贴。1991年，摩洛哥农业大获丰收，粮食产量达850万吨，创历史最高水平，比1990年增产20%。政府还宣布延期归还农业贷款和对拖拉机、种子给予价格补贴的措施。此外，为了推进农业发展，政府还增加灌溉设施，并在农村开展互助合作运动。依据哈桑二世的指示，摩洛哥每年都要修建一个水坝，到2000年将灌溉面积增加到100万公顷，实现粮食全部自给。①

（三）重视旅游业的发展，吸引更多外来游客，增加旅游创汇收入。

1983年6月，哈桑二世颁布《鼓励旅游投资法》。随后又制定了若干有助于促进外国人和侨民在摩洛哥投资兴办旅游业的法令，如允许外资拥有全部股份，并可将利润汇回本国，在一定条件下可享受长达十年免征所得税的优惠。政府对旅游业经营者免征进口资本货物税，还可提供低息贷款，放宽外汇管制和进口限制，简化外汇审批手续，允许侨民开设大金额外汇账户，为游客汇兑外币提供方便等等。为了适应旅游业的发展需要，政府开办了一批培训旅游服务人员的学校。1989年，摩政府又新建484家宾馆。经过几年努力，摩洛哥旅游业有了很大发展。旅游收入由1982年的约21亿迪拉姆增加到1987年的79亿迪拉姆，短短5年时间增长3倍多，成为国家创

① 李荣：《摩洛哥国王哈桑二世》，《现代国际关系》1992年第3期。

汇收入的主要来源。1990年，摩洛哥旅游业创汇12.5亿美元，1991年摩洛哥接待游客达324万人次。同时，摩政府规划在1992年扩建一批三星级宾馆，争取到2000年接待2000万游客，创造两万个就业机会。

（四）鼓励私人投资，收缩基建规模，调整产业结构，实行财政压缩和货币贬值，吸引外资。

于1982年通过的新投资法修订了1973年以来对外资企业的“摩洛哥化”政策，允许外资在新建企业中拥有百分之百的股份。外资在摩洛哥的国民经济中占有相当重要的地位。据粗略估计，其约为摩洛哥总投资的41%—45%，主要集中在以磷酸盐为主的采矿业、交通运输、地质勘探和商业等部门中。[①] 1983年摩洛哥政府决定，可将非战略性产业部门转归私人经营。至1989年，已有五个行业近百家国营企业被拍卖或被租赁。[②]

1984年1月，由于实施经济调整政策，摩洛哥国内基本商品价格上涨，又引发人民不满，爆发“大饼起义”。摩洛哥政府指责摩洛哥共产党人和左翼分子蓄意挑起动乱，同时指控伊斯兰原教旨主义者企图借动乱之机推翻君主制政权，便出动军队干预，打死110多人，逮捕约2000人，并以企图谋反罪拘禁或处死了反对党的一些领导人。直到哈桑二世宣布控制物价上涨之后，动乱才基本平息。

1985年，摩洛哥开始启动由进口替代型贸易向出口型贸易的转变，磷酸盐化工产品、加工食品和纺织品的出口增长很快。1989年，工业总产值达57.6亿美元，占国民生产总值的26.1%。1990年，制成品出口占全部出口总额的53.2%。[③]经济调整政策的实施为摩洛哥的经济发展注入活力。摩洛哥经济状况逐年渐好，在1987年基本实现财政平衡。1988年，摩洛哥的国家资产私有化立法工作被列入议会的首要议题。1989年，摩洛哥正式推出《私有化法案》（Act of

---

① 郭隆隆:《摩洛哥国王哈桑二世》,《阿拉伯世界》1984年第4期。
② 赵国忠主编:《简明西亚北非（中东）百科全书》, 第258页。
③ 彭树智主编:《阿拉伯国家史》, 第328页。

Privatisation）。为适应新形势的要求，摩洛哥政府及时调整，适当放缓经济增长速度，以保持经济的平稳发展。

经过十余年的经济调整，国内生产总值平均增长率从1980—1985年的2.9%增加到1986—1990年的4.3%。尽管旱灾和海湾战争对摩洛哥旅游业形成打击，但1991年国内生产总值增长率仍达5%。财政赤字从1983年占国内生产总值的12.95%降至1992年的1.7%，通货膨胀率在1992—1993年已控制在6%以内，外汇储备从1988年的5.47亿美元增加到1993年的35.79亿美元。外债也大幅减少，1990年外债为234.78亿美元，到1993年重新恢复了正常的还债本息。①

显然，十年经济调整缓解了摩洛哥的财政危机，增强了经济发展的活力，活跃了商品市场，基本恢复了社会安定的局面。但不可否认，经济调整存在局限性，也带来一些负面效应。比如，它并没有解决经济结构多样化的问题，摩洛哥的经济部门主要集中在农业、旅游业和以磷酸盐为主的矿业这些易受外界因素影响的产业，以及纺织、皮革业等劳动密集型而附加值低的工业。特别是，政府在经济调整过程中，对民生问题有所忽视，造成很高的失业率、大范围的贫困以及腐败现象的衍生，使社会稳定受到威胁。②

经济自由化与私有化

1993年，十年经济调整政策完成，取得一定成效，经济形势明显好转。1993—2005年，摩洛哥政府着力推进国有企业私有化进程。1993年，第一家国有企业“糖产品公司”（Socié té des Dé rivé s du Sucre）实行私有化改革。此后私有化逐步扩展到基建、电信、农产品、银行和旅游等领域。私有化进程开启了摩洛哥大私人资本进入摩洛哥核心经济领域的大门，共有114家公司参与私有化，其中最为成功的私有化案例是摩洛哥外贸银行和国家投资集团。1995年，

---

① 赵国忠主编:《简明西亚北非（中东）百科全书》，第763页。

② 相艳:《摩洛哥王国的经济调整与政治改革研究》，西北大学博士学位论文，2007年。

摩洛哥外贸银行被来自贵族家庭的摩洛哥商业大亨奥斯曼·本杰伦（Othman Benjelloun）收购。之后，摩洛哥外贸银行被整合进了本杰伦的商业集团，成为其商业帝国的重要组成部分。同样，摩洛哥王室通过其控股的北非证券集团收购了国家投资集团的51%股份。1996年，该集团的营业额达到4.32亿美元，成为仅次于北非证券集团的第二大集团，同时它还控制着工业、金融、保险等行业的投资。通过私有化，国王重新获得了对原来由政府或国家控制的企业的控制权。

1994年，摩洛哥加入世界贸易组织，1995年11月，摩洛哥与欧盟签署自由贸易协定，表明摩洛哥已经融入到经济全球化的大潮之中。20世纪90年代中后期，摩洛哥在稳定宏观经济和经济自由化方面取得进展。由于严格执行预算政策和货币政策，通货膨胀率总体呈下降趋势。1993—1998年间，国家财政赤字平均保持在3.7%，通货膨胀率控制在6%以下，外汇储备逐年增加。 1996年，国内生产总值为365亿美元，国内生产总值增长率为12%，人均国民生产总值为1350美元。

采矿业是摩洛哥经济的重要组成部分。国家鼓励重点工业实行私有化改造，鼓励外商投资。采矿业引起外国私人企业的投资兴趣。磷酸盐工业是摩洛哥矿业的主体，磷矿山一直由国营的摩洛哥磷酸盐公司垄断经营，并未列入私有化计划，但其它矿产的开发已向外商开放。摩洛哥政府除了制定新的采矿法，还制定了矿业发展战略。政府仅发挥宏观调控作用，鼓励私营企业参与矿产资源的勘探与开发。摩洛哥与欧盟签订自由贸易和合作协议，而新的矿业发展战略即该协议的组成部分。1997年，许多原来由国家控制的采矿权已经卖给了私人。为了吸引外国投资者，摩洛哥政府制定了国内外投资者享有同等待遇的原则。

私有化政策的实施结果体现在摩洛哥王室通过私有化行动将更多的经济精英纳入了其政治经济网络。许多企业被少数与王室有着传统联系的家族所控制，而不少著名的商人或企业家本身也在政府任职，由此，形成了一种“商人—官僚体系”。王室与这些政治经济精英的关系非常密切，他们之间互利互惠，对国家经济的干预和影响力不容小觑。[①]

总体上看，哈桑二世执政期间在经济上采取调整和改革政策，摩洛哥的经济发展取得显著成效，经济落后的面貌大为改观。但不可否认的是，摩洛哥经济发展仍受到多种因素的掣肘，特别是农业仍处于“靠天吃饭”的状态。1995年，因遭受旱灾，农业歉收，国内生产总值负增长；而1996年风调雨顺，农业丰收，国内生产总值大幅增长。还有占比较高的旅游业和磷酸盐矿业易受外部环境及国际市场和影响而发展不稳定，从而造成整体经济的大幅波动。经济结构多元化是确保经济持续健康发展的关键，这是摩洛哥政府必须设法解决的首要问题。

三、文化事业的发展与社会转型

新闻传媒业的发展

摩洛哥独立之后，政府实行“新闻自由”政策，报纸和期刊的创办、发行不受限制。除了官方报纸《新闻报》和半官方报纸《撒哈拉晨报》（*Le Matin du Sahara*），许多政党、团体、协会等组织纷纷创办自己的报刊，如独立党机关报《舆论报》（*Le Opinion*，法文日报）、进步与社会主义党机关报《宣言报》、全国自由人士联盟机关报《马格里布报》、宪政联盟机关报《民族使命报》等，这些报纸分别代表不同政治派别，表达各自的观点。但是，由于摩洛哥的文盲率较高，报纸读者数量很少。随着政府开展扫盲运动，民众识字率提高，特别是政府实行“开放”政策，各种报纸和期刊的发行量大增。20世纪90年代，摩洛哥的新闻自由达到一定高度，大量涵盖

① Steven Heydemann, ed., *Networks of Privilege in the Middle East: the Politics of Economic Reform Revisited*, New York and Basingstoke: Palgrave Macmillan, 2004, p. 250.

政治、经济、文化和社会问题的周刊急剧增长。这些报刊披露了许多公众关注的政治和社会问题，它们对公众的影响十分显著，尤其是反对派利用新闻媒体对王室和政府进行抨击，对王权统治构成威胁。因此，政府也经常进行新闻检查，一些报刊被停办，编辑被审查和流放。1997年，阿里·阿马尔（Ali Amar）和阿布巴克尔·贾玛伊（Abubakr Jamai）创办经济期刊《杂志》（*Le Journal*），两年后它变成了面向受过教育的摩洛哥人的新闻杂志。它揭露腐败，质疑当局，挖掘历史遗留问题，“为无数饭桌对话和学术反思提供了资料”。①

摩洛哥政府在独立后接管和创建了通讯社、广播电台和电视台等传媒单位。哈桑二世时期，摩洛哥政府允许开办私营媒体，促进了摩洛哥传媒业的发展。于1959年成立的马格里布阿拉伯通讯社在1977年成为国家通讯社，与法新社、美联社、塔斯社、新华社和各阿拉伯国家通讯社之间都有供稿联系，先后在12个国家开设了分社。建于法国保护国时期的摩洛哥广播电台于1959年被收归国有后，发展迅速，在全国设立了9个分台，采用阿拉伯语、法语、英语、西班牙语和柏柏尔语三种方言进行广播。1962年建立的摩洛哥电视台，自1972年开始播放彩色电视节目，并建立了64个转播站，使全国84%以上的人都可以收看到电视节目。1980年7月，摩洛哥成立了私营的地中海国际广播电台；1989年，还建立了私人电视台即摩洛哥电视二台。电视台制作和购买的节目逐年增加，平均每天的播放时长达12小时，为民众提供了丰富的资讯，充实了人们的日常生活。

文学艺术的繁荣

摩洛哥文学也在哈桑二世时期获得长足发展，特别是小说领域。德里斯·什赖比（Driss Chraibi）是摩洛哥小说的开拓者，其小说《曾经的单纯》因打破法国殖民模式并创建了新的“民族”文学而备

① Susan Gilson Miller, *A History of Modern Morocco*, p.197.

受推崇。阿卜杜勒卡里姆·加拉卜（Abdelkarim Ghallab）是阿拉伯语小说的先驱，他1966年发表的《被淹没的历史》，讲述了摩洛哥在独立前反抗法国殖民统治的故事。20世纪60—70年代，摩洛哥涌现出一批小说家，他们不仅仅创作反映个人的经历和情感的作品，还创作具有民族情怀和国家意识的现实主义作品。20世纪90年代，摩洛哥文学呈现繁荣景象，每年都有几十种小说和非小说类的书籍出版。这些作品的题材多种多样，包括传记、历史小说、侦探小说、女权主义作品，以及揭露社会黑暗与丑恶现象的纪实作品。特别值得关注的是20世纪90年代出现的一波监狱文学风潮，这些作品以证词和虚构故事的形式释放了“沉重岁月”受害者被压抑的记忆。这一风潮的出现是摩洛哥文学史上一个具有里程碑意义的事件，它将摩洛哥文学置于全球性的思想自由和人权的对话之中。①

摩洛哥电影制作的历史可以追溯至前殖民时代，在法国保护时期，摩洛哥的电影业得到发展。1944年成立的摩洛哥电影制片中心在摩洛哥独立后被保留下来，成为记录新国家成长的新一代电影人的摇篮。与此同时，外国电影人也被摩洛哥的城乡景观和异国情调所吸引，络绎不绝地来到摩洛哥取景拍片，这其中包括著名美国导演约翰·休斯顿、罗伯特·怀斯、弗朗西斯·福特·科波拉和马丁·斯科塞斯等。他们在20世纪60—70年代制作了许多优秀的长片电影。但这一时期，摩洛哥本国生产的故事片非常少。直到20世纪80年代，从西方国家引进的西部片和动作片仍充斥摩洛哥各大影院。一些期刊和政党报纸开始发表影评，鼓励摩洛哥导演走自己的路。之后，摩洛哥政府设立了“支持基金”，资助摩洛哥导演制作长片电影。塔齐（M. A. Tazi）执导的《大旅行》（*The Big Trip*）于1981年上映，它是一部以贫困和社会病态为主题的长片电影。1993年，塔齐执导的《为我的妻子寻找丈夫》（*Looking for a Husband for My Wife*）在摩洛哥各大影院上映。该片是一部讲述一名非斯商

① 〔美〕苏珊·吉尔森·米勒：《摩洛哥史》，刘云译，第247—248页。

人将自己的婚姻生活搞得一团糟的喜剧片，影片打破了观影人数记录，取得不俗的票房佳绩。以当代摩洛哥生活的复杂现实性为主题的电影一直占据着主导地位，如移民群体的生活问题、代际之间的矛盾冲突、宗教与世俗的对抗等成为许多电影导演热衷的题材。摩洛哥政府通过审查制度对一些反对性和颠覆性的话题加以限制；另一方面，摩洛哥电影制片中心在选择给予资金支持的电影时也进行取舍。[①]

人口增长与城市化发展

独立以来，由于生活和卫生条件不断改善，摩洛哥人口增长率不断提高。据统计，摩洛哥的人口总数从独立之初的1085.32万增加到1970年的1600.47万，1990年增加到2480.74万人。摩洛哥的人口增长速度居世界前列，1960—1970年均增长率为3.16%—2.22%，1970—1980年增长率为2.11%—2.46%，大大超过同时期世界人口的平均增长率1%和1.8%，成为世界人口增长最快的地区之一。

摩洛哥城市人口也相应得到迅速增长。1955年，摩洛哥城市人口为2,913,419人，占全国总人口的27.7%；1980年增长到8,250,172人，占总人口的41.3%；1995年，城市人口增长到13,995,788人，占总人口的51.8%。伴随着经济发展，特别是工业发展，不断壮大的工人队伍是城市人口的主要来源之一。随着国家机构的不断完善和扩大，政府机关、文教卫生和其它服务行业的职工人数迅速增加。另外，大批青壮年农民不断流入城市谋生，大大增加了城市居民的人数。特别是一些大城市的人口增长速度更快，如卡萨布兰卡，1954年的人口为82万；到1980年人口已增加到260万；26年间增长了3倍多。

---

① Kevin Dwyer, "Moroccan Cinema and the Promotion of Culture", *The Journal of North African Studies*, Vol.12, No.3, 2007, pp.277-286.

摩洛哥人口（1955—1995年）[①]

时间	总人口数	年增长率	年增长数	平均年龄	城市人口占比%	城市人口数
1995	26,994,250	1.70 %	437,358	21.1	51.8 %	13,995,788
1990	24,807,462	1.97 %	461,670	19.8	48.5 %	12,039,279
1985	22,499,110	2.39 %	501,820	18.7	44.9 %	10,091,997
1980	19,990,012	2.35 %	438,770	17.8	41.3 %	8,250,172
1975	17,796,164	2.14 %	358,287	16.8	37.7 %	6,714,483
1970	16,004,731	2.38 %	354,914	16.2	34.5 %	5,516,314
1965	14,230,163	2.91 %	380,326	16.3	31.9 %	4,533,672
1960	12,328,532	3.26 %	365,173	18.1	29.4 %	3,619,334
1955	10,502,666	3.17 %	303,335	19.2	27.7 %	2,913,419

人口增长率不断提高，城市不断膨胀，由此也产生了一系列社会问题。主要表现在：（一）城市居民住房极度紧张，城市的棚户区不断扩大。随着城市人口快速增长，住房日趋紧张，旧的贫民窟在扩大，同时又出现了新的“罐头区”。其中卡萨布兰卡、丹吉尔等大城市的住房问题尤其突出，成为市政当局最头痛的问题。高楼大厦不断兴起，“罐头区”贫民窟迅速扩大，两者之间形成鲜明反差。（二）失业问题严重。摩洛哥人口中年轻人所占比重较大，就业问题对政府来说是个很大的压力。独立以后，摩洛哥的失业人数经常保持在占经济独立人口的20%—30%之间。就业不足常常使负担几代人生活的压力落在一个人身上。失业人口增加，时常也会造成罢工和骚乱等一系列社会问题。

妇女地位与权利的提升

摩洛哥妇女长期被封闭于家庭之中，处于对男性的依附和顺从地位，很少涉足公共领域。哈桑二世执政后，摩洛哥妇女的权利和

① Morocco Population, https://www.worldometers.info/world-population/morocco-population/.，引用时间：2020年5月28日。

社会地位明显提高。越来越多的摩洛哥妇女外出工作，其活动范围从家庭领域拓展到公共生活领域。各种妇女组织应运而生，为争取妇女权利和男女平等而努力。1963年，摩洛哥妇女获得选举权，一些妇女加入各种政党中，并积极参与议会选举，为本党争取妇女选票。1965年后，哈桑二世对左翼政党的严厉镇压，抑制了妇女运动的发展。然而，年轻妇女继续通过全国学生联合会之类的学生组织而保持活跃状态。阿伊莎·贝拉尔比（Aicha Belarbi）正是在这些组织中第一次接受了政治训练，而后成为摩洛哥女权主义运动领导人，并于2000年成为摩洛哥驻欧盟委员会大使。[①]

1975年开放党禁后，摩洛哥妇女在恢复后的左翼政党内变得更加活跃。她们利用政党和公共平台提出，妇女的从属地位不是阶级问题而是性别问题，呼吁男女平等。她们还从宗教的角度，在伊智提哈德的基础上倡导变革，即在伊斯兰法的框架内进行改革。曾经隶属于进步与社会主义党的摩洛哥妇女民主联合会（Democratic Association of Moroccan Women，ADFM）成为独立的妇女组织，提出了自己不同于政党政治的行动目标。妇女组织的相继成立有效地扩大了讨论妇女问题的舞台，但对妇女问题的讨论经常引起保守和顽固势力的抵制和攻击。[②]

“冷战”后，随着世界范围内女权主义运动的发展，摩洛哥妇女的社会地位发生巨大变化：接受教育的机会增加，就业岗位扩大，结婚年龄推迟，生育率下降，核心家庭越来越多，与男性控制的家族完全不同的“个人”身份概念出现。这些因素使妇女在社会生活和宗教观念各层面的地位得到提高。1993年，哈桑二世颁布了一项王室法令，规定对1957年通过的“个人身份法”（Personal Status Code）进行适度修改。如“个人身份法”遵从伊斯兰传统，规定妇女不能自主结婚，而必须由“监督人”代表她们作出决定。修正案

① 〔美〕苏珊·吉尔森·米勒：《摩洛哥史》，刘云译，第239—240页。

② James Sater, “The Dynamies of state and civil society in Morocco”, *The Journal of North Africam Studies*, Vol.7, No.3, 2002, pp.101-118.

对“监督人”提出了一些限制，并要求丈夫在与第二个妻子结婚之前通知他的第一个妻子。然而，丈夫仍保留单方面与妻子离婚的权利。如果离婚的妇女再婚，她的前夫将获得子女的监护权。①为了争取权利和提高社会地位，越来越多的妇女加入到各种妇女团体中。截至1995年，在摩洛哥社会事务部登记的妇女协会达22个，它们活跃在各大城市之中。

尽管在哈桑二世时期，摩洛哥妇女的权利和地位得到很大改善，但国家对妇女权利的态度仍然是矛盾的。摩洛哥的法律制度虽然在总体而言是世俗化的，但直到1999年，女性仍然受建立在宗教精神基础上的旧家庭法——《穆达瓦纳》(*Mudawana*)的制约。各妇女组织纷纷要求修改这一保守的法律。1999年3月，摩洛哥政府颁布“妇女参与发展国家计划”，提出在政治、经济、教育和卫生等各个领域进行改革，并建议对1993年的“个人身份法”进行一些修改。该计划在社会各界引起广泛争议。在执政末期，哈桑二世的态度发生转变。他表示，妇女团体提出的问题是公平的，她们的要求是贴切的，她们是反伊斯兰“危险”的“堡垒”。②

柏柏尔文化运动

哈桑二世执政伊始至1970年，为了制衡反对党和激进的伊斯兰主义者，采取拉拢和利用柏柏尔人的策略。成立于1957年的代表柏柏尔人利益的“人民运动”党，因而成为摩洛哥王室的坚定支持者。1967年，柏柏尔文化精英建立第一个柏柏尔文化协会——摩洛哥文化交流协会(Moroccan Association for Cultural Exchange)。该协会以赞助音乐团体的方式将柏柏尔文化搬上舞台，吸引了大批观众，其他柏柏尔人的团体也纷纷效仿，开展对柏柏尔文化的宣传活动。柏柏尔文化复兴开始萌芽。但是，20世纪70年代初，由柏柏尔高

---

① Katie Zoglin, “Morocco’s Family Code: Improving Equality for Women,” *Human Rights Quarterly*, Vol.31, No.4, 2009, pp. 964-984.

② 〔美〕苏珊·吉尔森·米勒：《摩洛哥史》，刘云译，第241页。

层军官策动的针对哈桑二世国王的两场政变均告失败，大批在军队和政府中任职的柏柏尔人遭清洗，致使王室与柏柏尔人的关系陷入低谷。

1975年，开放党禁和恢复议会后，摩洛哥的政治环境渐显宽松。1978年，摩洛哥皇家学院院长穆罕默德·沙菲克（Mohamed Chafik）向政府提交报告，指出柏柏尔语言是摩洛哥的重要遗产，全体摩洛哥国民都有学习这种语言的必要。[①]人民运动召开“迈向新社会会议”，呼吁给予柏柏尔语言以民族语言的地位，并设立专门机构来保护柏柏尔文化。[②]1979年，议会投票同意成立国家柏柏尔研究院。1980年8月，阿加迪尔夏季大学协会举办了“大众文化”年度学术研讨会，旨在促进对柏柏尔语言、文学、艺术等领域的系统化研究。[③]这次会议标志着摩洛哥柏柏尔文化运动的正式开启。1981年，在穆罕默德·沙菲克倡导下，发行了《阿马齐格》（Amazigh）法语双月刊。该杂志作为摩洛哥柏柏尔文化运动的代表性刊物，将柏柏尔语言文化相关问题引入大众视野，并广泛宣传复兴柏柏尔文化的主张。1989年，艾哈迈德·布库斯（Ahmad Boukous）在拉巴特人文学院举办了柏柏尔语言学的讲座，听众们蜂拥而至，表现出对柏柏尔语言文化研究的极大热情。

1991年8月，摩洛哥文化交流协会等6个柏柏尔文化团体联名起草了《阿加迪尔语言和文化权利宪章》（Agadir Charter for Linguistic and Cultural Rights）。该宪章指出柏柏尔语言、文学和艺术是摩洛哥文化特性最古老、最悠久的组成部分，却面临“全面边缘化”。宪章呼吁确定柏柏尔人的塔马塞特语（Tamazight）为官

---

① Bruce Maddy-Weitzman, *The Berber Identity Movement and the Challenge to North African States*, pp.96-97.

② Senem Aslan, *Nation-Building in Turkey and Morocco: Governing Kurdish and Berber Dissent*, New York: Cambridge University, 2015, p. 110.

③ Bruce Maddy-Weitzman, *The Berber Identity Movement and the Challenge to North African States*, p.98.

方语言，并要求在中小学开设柏柏尔语言课程。[①]阿加迪尔宪章激励了摩洛哥柏柏尔人，各种协会组织纷纷建立，以《阿马齐格世界报》（Le Monde Amazage）为代表的几种柏柏尔语期刊陆续创办和发行。摩洛哥柏柏尔运动的影响从国内扩大到国外，如摩洛哥新阿马齐格文化艺术协会（简称塔米努特，Tamaynut）将《世界人权宣言》翻译成柏柏尔语，促成了柏柏尔问题的国际化。1993年，联合国邀请塔米努特参加在维也纳召开的国际人权会议，塔米努特提出柏柏尔人符合联合国对"土著少数民族"的定义，应该受到国际法保护。柏柏尔人的各协会和团体开始联合在"柏柏尔文化运动"（the Amazigh Cultural Movement）的旗帜下，并于1994年组建了"全国协调委员会"（National Committee for Coordination）。摩洛哥柏柏尔文化运动进入了一个新的发展阶段。

1994年5月，名为"自由"的柏柏尔文化协会的七名成员在摩洛哥东南部的盖勒敏（Guelmim）小镇打出支持柏柏尔人的语言权利的标语，组织游行示威活动，被警察逮捕。拘押期间，他们遭到的粗暴对待以及对他们的审判和定罪激起了民众的强烈抗议。哈桑二世感受到公众舆论的倾向，开始在柏柏尔语言文化问题上转变立场。6月14日，首相阿卜杜拉蒂夫·费拉里（Abdelatif Filali）宣布国家电视台和电台将开始使用柏柏尔语播放新闻等节目。8月20日，哈桑二世在"王位日"的演讲中提及了《阿加迪尔宪章》，称柏柏尔语"是我们真实历史的组成部分"，表示愿意将柏柏尔语言纳入中小学教育体系，并提出了国家框架内的文化和语言多元化的概念。[②]1995年，哈桑二世签署敕令，要求在公立学校开设柏柏尔语课程。这标志着加强柏柏尔文化权利的计划已经被列入王室议事日程。1997年8月，第一届世界柏柏尔人大会在加那利群岛举行，许

① Susan Gilson Miller, *A History of Modern Morocco*, p.195.

② Bruce Maddy-Weitzman, "Contested Identities: Berbers, 'Berberism' and the State in North Africa", *The Journal of North African Studies*, Vol.6, No.3, 2001, pp.31-32; Paul Silverstein and David Crawford, "Amazigh Activism and the Moroccan State", *Middle East Report*, Vol.233, No.34, 2004, pp.44-45.

多摩洛哥人前往参加。这次大会推动了柏柏尔运动的国际化发展。哈桑二世和摩洛哥政府也一直试图与柏柏尔运动和解。不可否认，这里面有利用柏柏尔人来抗衡激进伊斯兰主义者和反对党的考量，但是，柏柏尔人的语言文化权利得到了部分承认也是不争的事实。在接下来的几年中，柏柏尔文化运动为实现使塔马塞特语成为官方语言的目标继续努力抗争。

四、灵活务实的多元化外交

外交政策的调整

哈桑二世即位后，在恪守父王“维护民族独立，捍卫国家主权”外交原则的基础上，对摩洛哥的外交政策实施重大调整，采取了亲西方的政策。在努力与欧美国家建立友好关系的同时，推行广泛的多元外交。在他执政期内，摩洛哥已和世界上共计90多个国家和地区建立了外交关系，并坚持在平等基础上与它们进行合作。与此同时，哈桑二世秉持与第三世界国家团结在一起的立场，坚决支持第三世界国家的反帝、反殖、反霸斗争和反种族歧视斗争。与穆罕默德五世统治时期在世界舞台上鲜有表现相比，哈桑二世积极参与地区和国际事务，在国际政治舞台上表现活跃，并努力树立王室的形象，提升摩洛哥的国家地位。

在维护民族独立、捍卫国家主权的外交原则下，哈桑二世上任伊始便积极展开外交活动，通过谈判先后收回了法国、美国和西班牙在摩洛哥的军事基地。1961年7月27日，哈桑二世宣布，从1962年1月1日起，丹吉尔将成为自由港。1964年，最后一个大型综合美国空军基地归还给摩洛哥。1969年，经过摩洛哥政府的长期斗争，在联合国和非洲各国的政治压力下，西班牙最终将伊夫尼交还给摩洛哥。这样，除了休达、梅利利亚和地中海沿岸几个小岛仍然被西班牙占领着，摩洛哥基本实现了领土完整。

哈桑二世在处理对外关系时，既有明确的外交政策原则和立场，也有灵活务实的方法和行动。凭借着丰富的阅历和机敏、果敢的处事能力，哈桑二世开展的全方位外交取得不俗的成效。

与西方的友好关系

哈桑二世即位后，由于国内脆弱的经济基础、不稳定的政治和社会局势，以及摩洛哥所处的国际环境和外部压力，摩洛哥急需获得美国和欧洲国家的援助和支持，因此，他采取了亲西方的外交政策。

一、积极发展与美国的友好关系。自第二次世界大战末期至摩洛哥独立后的穆罕默德五世统治时期，摩洛哥一直与美国保持良好关系。哈桑二世执政后，为了减少对法国的依赖，争取美国对其经济发展的援助和外交行为的支持，他进一步增进摩洛哥与美国之间紧密和友好的关系。[①]在冷战背景下，摩洛哥具有战略意义的地理位置也使美国非常重视与摩洛哥的特殊关系。摩洛哥成为美国对非洲援助的主要国家之一，1949—1979年获美国援助款为9.78亿美元。1980—1984年，美援摩6.112亿美元。两国除设立经济合作委员会外，于1982年还成立了摩美基金会，由基辛格任董事长，以推动两国在科技和文化领域的交流。1982年，摩、美签订文化教育协定，摩每年向美国派送留学生和进修生200—300人。1984年，美国在丹吉尔扩建了在20世纪60年代末建立的通信卫星系统，修建了美国本土以外最大的“美国之音”转播站。该设施负责美国向苏联、南欧、黑非洲和中东地区的宣传广播，根据两国协议，摩洛哥享有发射台的部分使用权。

加强与美国的军事合作、争取美国为摩洛哥提供安全保障是摩洛哥加强与美国关系的目的之一。摩洛哥的军事装备主要靠美国提供，美国每年向摩洛哥提供数千万美元的军事援助。1978年4月，摩美签订建立摩洛哥空防体系的协定。1980年，美国向摩洛哥出售

---

① I. William Zartman, *Morocco: Problem of New Power*, New York: Atherton Press, 1964, pp.23-60.

价值1.82亿美元的军事装备。1982年，美、摩成立联合军事委员会，两国多次举行联合军事演习。根据1983年签订的协定，摩洛哥原则上同意向美国快速干预部队提供过境便利，允许美军在紧急情况下使用摩洛哥的军事基地。1985年1月，两国曾在摩南部大西洋沿岸举行联合军事演习。1987年2月，摩洛哥与美国签署协定，规定美国航天飞机在紧急情况下可以使用摩洛哥的穆罕默德五世机场和本古里基地。1989年，摩洛哥同意美国在穆罕默迪耶港建立战略储备油库，为美国海军第六舰队提供燃料补给。

摩洛哥与美国之间还通过高层官员互访，加强彼此间的信任与合作关系。1984年美国农业部长、国防部副部长、美国第六舰队司令相继访摩，哈桑二世亲自接见，并于同年派首相访美，同里根、布什、温伯格等重要领导人会晤，双方签署了有关农业、军事和新闻等一系列协定。哈桑二世在执政期间共访美10多次。1990年哈桑二世第六次访问美国，摩美两国关系获得进一步发展。1991年9月，哈桑二世赴美表示支持布什的中东和谈方案。1995年3月，哈桑二世同克林顿总统会谈，双方签署了《美在摩投资保护协议》《摩美贸易与投资框架协议》《摩美贸易与投资委员会框架协议》。1996年12月，摩王储西迪·穆罕默德访美，主持摩美贸易与投资委员会纽约办事处的揭幕典礼。

在涉及各自利益的外交问题上摩美两国一贯相互支持。在西撒问题上，美国在西撒战争中不断向摩洛哥提供武器，并支持摩洛哥解决西撒问题的立场和方案。作为回报，摩洛哥在中东问题上也对美国进行支持。1986年7月，哈桑二世邀请以色列前总理西蒙·佩雷斯访摩，以斡旋阿以矛盾，美国赞之为“大胆的创举”。海湾战争期间，哈桑二世派遣1200名士兵赴沙特，加入以美国为首的多国部队。苏联解体、两极格局瓦解后，美国希望摩洛哥在美构筑的中东新秩序中进一步发挥积极作用。冷战结束后，美国与摩洛哥之间的战略合作一度显得无足轻重，但摩洛哥仍然被许多美国议员视为动荡地区中的稳定“堡垒”。

二、重视与法国协调关系。哈桑二世执政时期，随着国际形势的重大发展变化和摩法两国各自利益的调整，摩洛哥与法国的关系也发生了一些变化，主要经历了三个发展阶段①：

（一）20世纪60—70年代，摩法保持特殊关系。1961年9月，法国从摩洛哥撤出军队，两国关系开始改善，法国恢复对摩洛哥的经济援助。1962—1964年，法国向摩洛哥提供了2.1亿美元的经济援助，此后，法国对摩洛哥提供的经济援助逐年增加。1965年10月，摩洛哥人民力量全国联盟领导人马赫迪·本·巴尔卡在法国被暗杀。次年2月2日，法国总统戴高乐指责摩洛哥内务部部长应对该事件负责，并停止了对摩援助。摩法两国因此而中断了外交关系。1969年12月，两国复交。20世纪70年代，摩法关系步入正常化，双方在政治、军事和经济等领域的交流与合作进一步加强。在政治方面，两国高层互访频繁，加强了政治互信，推动了两国关系的加速发展。1970年6月，摩法两国签订睦邻友好和合作条约。1974年8月，法国外长访问摩洛哥，与哈桑二世就国际问题、西撒哈拉问题及经济、文化等方面的双边问题进行会谈。1975年，新当选的法国总统瓦勒里·季斯卡·德斯坦访问摩洛哥，称摩洛哥国王是他的伙伴，他同情摩洛哥在西撒哈拉问题上的立场。1979年4月，法国外长访问摩洛哥，双方讨论了阿尔及利亚与摩洛哥在西撒哈拉问题上的分歧、双边文化与经济关系。哈桑二世则在1961—1979年间先后11次访问法国，就国际和地区问题以及双边关系与法国政府进行了广泛交流与沟通。1976年1月，摩洛哥首相访问法国，争取法国对西撒哈拉问题采取中立立场。摩法两国通过高层的频繁互访，最终在影响两国关系的重大问题上消除分歧，摩法两国关系取得新的进展。在经济方面，摩洛哥积极争取法国的援助与合作。1974年2月，法国向摩洛哥提供两亿法郎援助；1975年1月，两国又签订《财政协定议定书》，法国给摩洛哥七亿法郎的贷款；1977年2月，法国和摩洛

① 肖克:《摩洛哥与法国关系的发展变化》,《亚非纵横》2012年第6期。

哥签署一项关于1977年财政援助的新协定，法国向摩洛哥提供约12亿法郎的担保贷款；1979年11月29日，摩法签订一项财政协议书。大量而持续不断的法国援助对摩洛哥解决财政困难、实现发展计划提供了极大的帮助。在20世纪70年代，两国合作的领域遍及农业、公共工程、邮电、运输和文教等部门。

（二）20世纪80年代，摩法关系逐渐密切。摩洛哥在20世纪80年代初出现财政危机，经济发展迟缓。摩洛哥政府与法国签署多项经贸协议，得到了法国的经济援助。1982年4月，双方达成三项协议：法国向摩洛哥提供5.1亿法郎的财政援助、法国向摩洛哥提供60亿法郎的中长期贷款以援助摩洛哥发展磷酸盐生产、摩洛哥延期偿还法国20亿法郎军事贷款等。1983年1月，两国签订1982年摩洛哥法国财政合作的三个议定书，法国向摩洛哥提供总额为18亿法郎的贷款。但是，法国的这些援助和贷款并未解决摩洛哥的经济问题。在国际货币基金组织和世界银行的介入下，从1983年开始，摩洛哥实行长达10年（1983—1991年）的经济调整。在经济调整期间，法国加大了对摩洛哥的经贸往来。1988年，法国向摩洛哥提供8.18亿法郎的贷款。1989年，两国签署总额为4.68亿法郎的财政议定书。双方经贸关系大发展的结果是，法国占摩洛哥对外贸易第一位（进口占20.1%，出口占23.0%），占摩洛哥对外贸易总额的1/4。法国在摩洛哥的私人投资为30亿美元。同一时期，通过包括法国总统和摩洛哥国王在内的两国高层互访，加强了双方的政治互信，巩固了两国关系。

（三）20世纪90年代，摩法关系从紧张到缓和。冷战结束后，世界格局发生重大变化。在这种新形势下，摩洛哥开始执行一条新的现实主义外交政策，即多样化的外交政策和外交关系。其外交政策更加强调与西方、特别是与欧洲的关系，法国是这一政策中的重点。但是，摩法关系并非始终顺利，期间也出现过曲折。

20世纪90年代，密特朗总统执政时，法国提出“民主与经援挂钩”的政策，还借人权问题干涉摩洛哥内政，法国在西撒哈拉问题上与摩洛哥发生分歧，两国关系出现曲折。1990年6月，在第16届法非首脑会议上，哈桑二世批评法国总统密特朗这种把援助与民主挂钩的做法。哈桑二世认为法国和西欧应该重新考虑南北合作，帮助非洲国家顺利发展民主进程，而不能把刀架在他们的脖子上，更不能让他们一下子由一党制变成多党制。1990年11月1日，法国《解放报》刊登了《哈桑二世对巴黎发火》一文。之后，法国总统密特朗的夫人以法国自由基金主席的身份赴西撒哈拉难民营访问，并出版涉及摩洛哥人权问题的《我的朋友国王》一书。摩洛哥因此取消原准备在法国举办的“摩洛哥年”活动。1991年，摩洛哥反击法国借口人权问题干涉内政。这些事件导致摩洛哥和法国龃龉不断。哈桑二世为扭转摩法关系，主动释放善意，于1992年释放了1973年逮捕的三名法国籍间谍嫌疑犯（当时指控为法国、以色列从事间谍活动）。法国总统密特朗为此专门电谢哈桑二世。1992年伊始，两国又签订了两项金融合作议定书，法国将向摩提供5.25亿法郎的经济援助项目。

1992年，法国把摩法关系由援助关系转为伙伴关系，并向摩洛哥提供经济援助，两国关系缓和，在政治、经济、文化等各方面联系密切。1995年5月，雅克·希拉克（Jacques Chirac）当选法国总统后，改变了密特朗的“民主与经援挂钩”政策，更加强调非洲的稳定。法国希望利用摩洛哥在北非和阿拉伯国家中的地位与作用，保持与法国隔海相望的马格里布的安全和稳定，从而保障法国自身安全。1995年7月，希拉克总统首次正式出访，即选择摩洛哥作为他第一次访问西欧以外的国家。这次出访显示了法国对这个扼地中海战略要地的北非国家的“特别关注”，也显示出法国希望通过访问“给摩法关系注入新的活力，加强两国在各个领域的伙伴关系，使之达到最高水平”。法国重申，摩洛哥是法国实施地中海“平衡、和平和发展政策”中的重要伙伴。希拉克高度赞扬哈桑二世所倡导的宽容、和平和向世界开放的“温和的伊斯兰教义”。希拉克还建议法摩两国在适当时机签署旨在“缓和紧张局势，创建共同未来”的“地中海稳定条约”。

摩洛哥视法国为其在西欧的“最可信赖的盟友”。摩洛哥希望法国运用其在欧盟的影响，使摩洛哥迅速摆脱与欧盟关系的困境。1992年11月，法国总理皮埃尔·贝雷戈瓦访问摩洛哥。法国许诺支持摩洛哥在欧洲共同体的利益。1995年7月，希拉克总统访问摩洛哥时，向哈桑二世国王保证，法国“愿做摩在欧盟的代言人”，支持摩与欧盟进行的谈判，并将推动双方在当年11月巴塞罗那欧洲—地中海经济合作会议前达成联系协定和渔业协定。这为摩洛哥与欧盟的关系开启了一扇窗。正是由于法国的大力支持，摩法国关系的不断发展推动了摩洛哥与欧盟的关系。1996年2月，欧盟与摩洛哥在布鲁塞尔正式签署“欧洲—地中海联系国协定”和新的“海洋渔业协定”。

政治关系的密切也带动了经济关系的发展。1995年7月，希拉克总统访问摩洛哥，双方签署了一系列财政议定书，法国向摩洛哥提供21.51亿法郎无息、低息、长期贷款协议。1996年4月，摩洛哥和法国达成了一项有关把摩洛哥欠法国的六亿法郎（约合1.2亿美元）的债务转换成在摩洛哥投资的协议。1997年1月，摩洛哥和法国签署了法国向摩洛哥提供5.2亿法郎财政援款议定书，同时签署了法国帮助摩洛哥兴建核能研究中心合同，以帮助摩洛哥发展核能。同年3月，两国签署多项政治、经济、社会领域的合作协议，如：法国在摩洛哥投资18亿法郎建电厂，法国向摩洛哥提供两亿法郎贷款，摩洛哥购买法国舰艇、战斗机等。10月24日，法国和摩洛哥签署一项债务转化协议。法国同意将摩洛哥14亿法郎的债务转为投资。摩法双方还签署了一项框架性协议，根据该协议，法国将在工业、旅游、房地产等项目上向摩洛哥提供援助。12月，法国总理利昂内尔·诺斯潘出访摩洛哥，两国签署了法国在摩洛哥投资18亿法郎，向摩提供两亿法郎贷款等协议。1998年10月，摩洛哥和法国签署几项合作协议，法国政府宣布增加7.65亿美元的一揽子援助。此外，摩洛哥在法国的侨民多达60万，他们每年向国内汇回90亿法郎。法国在摩洛哥的侨民有2.7万人，他们是帮助摩洛哥发展经济的高级专家。

三、改善与西班牙的关系。为了解决摩洛哥与西班牙之间存在的领土问题，哈桑二世执政后采取温和与务实的政策，努力修复与西班牙的关系。1963年，哈桑二世在马德里附近的巴拉哈斯国际机场（Barrajas Airport）会见西班牙总统弗朗西斯科·佛朗哥（Francisco Franco），希望两国建立睦邻友好关系。西班牙在摩洛哥的飞地是两国之间存在的重大问题。梅利利亚、休达、胡塞马群岛和查法里纳斯群岛等小岛，是西班牙在非洲最后的殖民遗产。它们的面积总和不到35平方公里。自1961年以来，摩洛哥不断对此提出领土主张，而历届西班牙政府都坚持飞地属于西班牙。但是，哈桑二世的睦邻友好政策还是取得了一定成效。1969年，西班牙将原西属摩洛哥的伊夫尼归还给摩洛哥，两国关系开始走向正常化。

然而，受摩洛哥飞地和西撒哈拉问题的影响，摩洛哥与西班牙的关系时冷时热。1985年6月19日凌晨，梅利利亚的一批情绪激昂的西班牙极端主义分子在国家足球队获胜后，开赴穆斯林领导人穆罕默德·杜杜的住宅前叫骂，高呼“西班牙万岁”“摩尔人滚出去”，并朝屋内扔砖头石块。顷刻间，全副武装的穆斯林像潮水一般，迅速围着其领导人排成一道人墙，其中一位年岁稍大的人呼喊：“真主伟大”，并向对方发起反攻。双方冲突爆发后，惊恐万状的警察和飞地总督赶到现场，费力把互相殴打的人群隔开。当天，城里仍动荡不安。一批手持刀枪棍棒的穆斯林和天主教徒走上街头寻衅闹事，相互打斗此起彼伏。直到当晚，从西班牙紧急空运来的治安警察才暂时维护了治安。梅利利亚的西班牙族居民和里夫穆斯林居民之间的骚乱是种族关系长期尖锐化的结果。摩洛哥政府对梅利利亚事件采取克制态度，目的是不致损害它同西班牙之间已有所改善的关系，以及破坏谋求同欧盟建立密切关系的努力。在西撒问题上，西班牙在1976年2月撤离西撒之后，接受西撒哈拉的分治局面，但支持波利萨里奥阵线（Polisario Front）和西撒哈拉的民族自决，造成两国关系紧张。

事实上，西班牙也希望同摩洛哥保持睦邻关系。这样，马德里政府就可以全力以赴地解决飞地上的冲突。在西班牙历史上，中央政府第一次对少数民族，特别是穆斯林提出一项建设性政策，并任命穆罕默德·杜杜为外交部部长助理，以便实现这项政策。西班牙已经支出90亿比塞塔来消除穆斯林在经济和社会文化上的落后状态。此外，西班牙中央政府还打算大量投资，促成飞地成为一个工商业发展中心。

1989年，哈桑二世访问西班牙。1991年7月，西班牙国王卡洛斯一世访问摩洛哥，双方签署了《西摩友好睦邻合作条约》。1992年，西班牙向摩洛哥提供了1.68亿美元的援助。1996年2月，西班牙首相冈萨雷斯访摩，双方签署了1996—2000年西向摩提供12亿美元贷款、赠款的协定。同年5月，西新首相阿斯纳尔访摩。1997年5月和6月，摩洛哥王储西迪·穆罕默德和摩首相菲拉利先后访问西班牙。西班牙成为摩洛哥的第二大贸易伙伴，摩从西的进口占进口总额的8.5%，向西的出口占出口总额的9%。摩洛哥与西班牙在军事、渔业、卫生等多方面展开合作。两国还多次举行了空军、海军联合演习，西班牙还向摩洛哥提供军事装备。

四、加强与欧盟的合作。作为距离欧洲大陆最近且与欧洲联系颇多的地中海沿岸国家，摩洛哥十分重视发展与欧盟的关系。20世纪70年代，摩洛哥与欧盟签署了一系列贸易优惠和经济援助的合作协议。摩洛哥盛产柑橘和时鲜蔬菜，其中大约60%出口到欧盟国家，绝大部分的渔业产品也销往西欧。在向欧洲的出口中，摩洛哥的竞争对手主要是西班牙和葡萄牙。1986年，西葡两国加入欧盟，由于欧盟成员国之间免除关税，这无疑给摩洛哥的农、渔产品出口到欧洲造成了极大的压力。摩洛哥于1986年、1987年两次申请加入欧盟，均被拒绝。冷战结束后，欧盟重新调整其对地中海邻国的政策，将合作关系从经济领域拓展到政治与安全领域。1995年11月，欧盟11国与地中海12国在巴塞罗那召开第一次欧盟—地中海外长会议，通过了《巴塞罗那进程宣言》。宣言确立了未来双方关系发展的一般原则和总体目标，提出了建立政治与安全、经济与金融、社会与文化三个领域的合作伙伴关系的构想，开启了欧盟与地中海国家合作伙伴关系的“巴塞罗那进程”。1995年，摩洛哥同欧盟签订了自由贸易协定。从 1995 年起，摩洛哥获得了欧盟持续不断的经济援助，欧盟对摩洛哥的发展援助项目涉及基础教育、农业发展、卫生、体育等多个领域。

欧盟与摩洛哥的关系常常受到摩洛哥国内政治的影响，而迫于欧盟的压力，摩洛哥不得不进行政治改革。如20世纪90年代揭露出来的关于摩洛哥侵犯人权的事实严重损害了摩洛哥在欧盟国家的形象。1992年，欧盟议会表决暂停对摩洛哥的一揽子经济援助。随后，摩洛哥政府释放政治犯和修改宪法，与欧盟施加的压力不无关系。欧盟与法国对摩洛哥的腐败、毒品贸易的谴责也对1995—1996年摩洛哥“清理”运动的开展起了推动作用。

与非洲国家的关系

摩洛哥为非洲大陆的重要一员，因此哈桑二世主张非洲的团结与统一，积极支持非洲各国的民族解放运动。他曾在1977年和1978年两次下令出兵扎伊尔，协助蒙博托抗击入侵者，受到非洲国家的赞扬。1989年，摩洛哥调解扎伊尔与比利时的争端，使两国签署了和解协议。1990年，摩洛哥积极调解利比亚与乍得的冲突，但未获成功。

在西撒哈拉问题上，摩洛哥与阿尔及利亚所支持的西撒人阵爆发了武装冲突，持续数年的战争影响了地区的稳定，破坏了摩洛哥与阿尔及利亚等非洲国家的关系，阻碍了非洲的团结和马格里布地区一体化的进程。摩洛哥先后与承认西撒国的阿尔及利亚、毛里塔尼亚、安哥拉、多哥、佛得角、尼日利亚等国断交。1984年11月，西撒哈拉国以正式成员国的身份出席了第20届非洲统一组织首脑会议，摩洛哥宣布退出非统组织。

摩洛哥与邻国阿尔及利亚在历史上存在领土纠纷。法国在殖民统治时期，曾将两国边界地区的一部分摩洛哥领土划归阿尔及利亚。摩洛哥独立后多次向领导阿尔及利亚民族解放运动的民族解放阵线（Front de Libératien Nationale，FLN）提出归还领土的要求。1960年，阿尔及利亚临时政府答应在阿尔及利亚获得独立后解决两国的边界问题。但是，阿尔及利亚于1962年获得独立后，对于摩洛哥提出的归还领土要求，以艾哈迈德·本·贝拉（Ahmed Ben Bella）为总统的阿尔及利亚新政府先是迟迟不表态，后来干脆拒绝讨论任何边界问题。对于阿尔及利亚的此种态度，摩洛哥政府决定采取单方面行动。1963年9月，摩洛哥军队进入阿尔及利亚西部的廷杜夫（Tindouf）地区，两国之间的边界冲突演变为大规模的战争。在这场激烈的“沙漠之战”（War of the Sands）中，双方均有数百人伤亡，分别占领了对方的部分领土。在一些非洲国家和非统组织的斡旋下，摩阿双方于1963年11月开始停火谈判，并退出所占领土，次年2月签订停火协议。此后几年双方处于互不信任和相互敌视的状态。

1967年1月，阿尔及利亚总统布迈丁对摩洛哥进行首次访问，双方关系开始解冻。为化解矛盾，两国之间进行了多轮谈判，最终于1969年1月在摩洛哥南部的伊夫兰签署了《睦邻友好合作条约》（Treaty of Fraternity, Good Neighbourliness and Cooperation）。伊夫兰条约的签订为和平解决两国之间的边界争端铺平了道路。1970年5月，双方签署协议，决定成立一个联合委员会，负责划定两国之间的边界线。1972年6月，摩阿签订了两国边界走向协议，规定廷杜夫归属阿尔及利亚，两国共同开发这一地区的铁矿等。阿尔及利亚政府欣然批准，而摩洛哥议会则未批准，直至1989年马格里布联盟成立前夕才批准了该协议。两国之间的边界问题基本得到解决。

20世纪90年代初，阿尔及利亚激进伊斯兰的叛乱愈演愈烈，在1994年8月蔓延到阿摩边界。在摩的外国旅行者遭枪击，摩宣布关闭摩阿边界，阿也采取相应措施，两国关系紧张。1999年4月阿卜杜勒·阿齐兹·布特弗利卡（Abdel Aziz Bouteflika）当选阿尔及利亚总统，长期不睦的摩阿两国关系开始解冻。5月，摩洛哥内政国务大臣德里斯·巴斯里出席在阿尔及尔举行的地中海西岸国家内政部长会议，实现了自1994年以来两国间的首次高级别访问。两国元首也决定尽快举行会晤，以解决两国间存在的实际问题，可惜因哈桑二世猝然去世而未能实现。哈桑二世去世后，阿总统亲赴拉巴特出席葬礼，表示阿决心与摩合作，尽快实现两国关系正常化，共同致力地区合作。

摩洛哥与利比亚长期不和。1971年，摩洛哥指责利支持摩的未遂政变，两国各自召回大使。1980年4月，利比亚承认西撒国，摩与利断交。1981年6月，两国复交。1983年6月，卡扎非访摩，两国元首决定加强双方的合作。1984年8月，摩洛哥和利比亚签订《阿拉伯—非洲联盟条约》，两国结成联盟，标志着两国关系进入一个新时期。但是由于两国在政体、意识形态和外交政策上的差异，特别是在西撒问题上的分歧。1986年8月，哈桑二世单方面废除摩利联盟条约。1989年2月，卡扎非赴拉巴特参加马格里布首脑会议。同年8月底，哈桑二世赴利比亚参加利国庆节，两国元首同意改善关系。由于利支持西撒人民自决，摩利关系一直笼罩着阴影。1991年3月，阿拉伯马格里布联盟第三届首脑会议在利召开，哈桑二世要求推迟召开未果而拒绝出席。1991年11月"洛克比事件"之后，摩于1992年参加阿盟调解利与美、英、法的纠纷，摩洛哥对安理会制裁利的748、883号决议投弃权票，希望以协商方式解决纠纷。摩洛哥与利比亚也有着密切的经贸关系，摩对利贸易占对马格里布国家出口额的1/2，进口额的2/3。

哈桑二世曾称毛里塔尼亚为摩洛哥的一部分。在毛独立时，摩提出归并毛的要求，被毛里塔尼亚拒绝。1975年11月，摩、毛签订分割西撒哈拉协定，随即爆发西撒人阵武装与摩、毛军队的战争。毛里塔尼亚军队在战场上失利，西撒人阵进入毛境内。摩、毛签订军事同盟条约，摩军进驻毛境内。1979年8月，毛里塔尼亚宣布放弃对西撒的领土要求，并要求摩从毛撤军。1981年3月，毛里塔尼亚指责摩支持毛未遂政变，宣布与摩断交。1984年12月，毛武装部队总参谋长塔亚发动政变上台后，积极改善与摩的关系。1985年4月两国复交。1985—1986年，塔亚总统多次访问摩洛哥，两国在多个领域展开合作。但是，两国在西撒问题上的分歧始终影响着两国关系。1994年，毛总理布巴卡尔两次访摩，两国关系有所改善。

马格里布联盟的建立与发展

1964年10月，为加强地区国家间的经济联系与合作，摩洛哥与阿尔及利亚、突尼斯、利比亚等4国共同成立“马格里布常设协商委员会”。由于1965年6月阿尔及利亚发生政变，新上台的胡阿里·布迈丁（Houari Boumedienne）认为各国自身的经济发展比地区经济统一更重要，马格里布地区一体化的协议并没有取得实质进展。

20世纪80年代末，冷战即将结束，在趋于缓和的国际环境和经济全球化的态势下，许多地区的国家纷纷走上区域一体化的发展道路，世界各地涌现出多个区域合作组织。马格里布各国由于自身经济薄弱，为应对全球化的挑战，同样需要走联合发展之路，组建区域联盟便成为必然选择。另一方面，自20世纪80年代中期后，马格里布诸国的紧张关系也得到改善：1987年12月，突尼斯与利比亚复交；1988年5月，摩洛哥与阿尔及利亚恢复中断12年之久的外交关系。马格里布地区形势走向缓和，这就为马格里布国家之间的友好合作提供了良好的条件。1988年6月，摩洛哥、阿尔及利亚、突尼斯、利比亚和毛里塔尼亚的五国首脑在阿尔及利亚的泽拉尔达（Zeralda）会晤，共商建立“大马格里布一体化”的蓝图。

1989年2月，摩洛哥、阿尔及利亚、突尼斯、利比亚和毛里塔尼亚的五国首脑在马拉喀什再次会晤，签订了《阿拉伯马格里布联盟条约》（The Treaty of the Arab Maghreb Union），宣布成立阿拉伯马格里布联盟（the Arab Maghreb Union，AMU）。联盟的宗旨是在尊重各成员国的政治、经济和社会制度的前提下，充分协调各成员国在政治、经济、社会和外交等方面的立场和政策，优先考虑实行经济一体化，进而在政治、外交和国防等领域开展合作，最终实现阿拉伯统一。

马盟成立之后，由于各成员国在内外政策的取向上差异较大，摩洛哥和阿尔及利亚又因西撒哈拉领土的归属问题积怨较深，所以实现一体化的进程显得相当曲折和困难。事实上，1990—1994年马盟共举行了六次首脑会议。1995年，因洛克比危机和西撒哈拉问题的干扰，首脑会议未能如期举行。此后，也未再举行首脑会议，马盟活动基本陷入停顿。

马格里布区域一体化停滞不前的原因主要是：国家间政治利益的冲突；地区的不安定，如西撒哈拉问题久拖不决、宗教极端势力活跃、恐怖活动频发等；各国内政外交取向的差异；经济发展水平低下限制了经济互补性等等。①

与阿拉伯国家的兄弟关系

哈桑二世执政时期，正值阿拉伯世界掀起反犹浪潮，但他对境内犹太人主要采取自愿去留的政策。犹太人和阿拉伯人在摩洛哥始终和睦相处，他们在各方面都享有平等权利，不受任何歧视。犹太人在摩洛哥政府、军队、最高法院和议会都有自己的代表，他们在工业、商贸业中占主导地位。摩洛哥的经验表明，阿拉伯人和犹太人在中东共处是可能的。1999年，以色列总理埃胡达・巴拉克（Ehud Barak）出席哈桑二世的葬礼，表明以色列对摩洛哥的尊重以及认同其宗教宽容政策。

然而，摩洛哥毕竟属于阿拉伯世界，哈桑二世是伊斯兰国家会议组织耶路撒冷委员会主席，因此，他恪守支持阿拉伯国家和巴勒斯坦人民反对以色列侵略扩张的原则立场。当阿拉伯的共同利益要求摩洛哥挺身而出时，哈桑二世从不回避。1973年10月第四次中东战争中，哈桑二世派出了3000名摩洛哥士兵奔赴西奈半岛和戈兰高地，同埃及、叙利亚并肩作战，抵抗以色列的侵略。1982年，摩洛

---

① 赵慧杰：《浅析马格里布地区一体化进程》，《西亚非洲》2008年第10期。

哥派军参加驻黎巴嫩多国维和部队，为调停黎巴嫩冲突做出了重要贡献。1992年，哈桑又重申，以色列必须归还用武力占领的阿拉伯领土，因此受到阿拉伯国家的赞扬。

哈桑二世执政后，积极发展与海湾国家的关系，一方面可以持续拉近与美国的关系；另一方面，海湾尤其是沙特，石油资源丰富，财力雄厚，可以为摩洛哥提供大量的能源和经济支持。多数海湾国家向摩洛哥提供经济援助，摩洛哥40%的石油来自沙特赠与。自20世纪70年代中期开始，沙特为摩洛哥购买军备物资提供经济援助。当时沙特、埃及、摩洛哥、伊朗和法国等五国为了遏制激进分子、打击国际恐怖势力，成立了“五国情报委员会”。1980—1985年间，沙特向摩洛哥提供了30亿美元的经济援助和7亿美元的优惠贷款。1985年，沙特免费为摩洛哥提供总计3.75亿美元的200万吨石油，后来摩洛哥从沙特进口石油都享受一定比例的折扣（折扣最高时可达到五折）。这些援助在很大程度上缓解了摩洛哥的外汇问题。但20世纪90年代中期的油价下跌使沙特缩减了对摩洛哥的援助。摩洛哥还同其他海湾国家保持密切联系。1985年，阿联酋总统访问摩洛哥。1986年，阿总统再次访摩，双方达成协议，同意摩洛哥向阿联酋派遣军事人员以增强阿联酋国防力量。1990年海湾危机爆发后，摩洛哥强烈谴责伊拉克侵占科威特，并派军队进驻沙特，参加美国领导的解放科威特的国际联合行动。1991年6月、12月，沙特王储兼副首相阿卜杜拉、第二副首相兼国际大臣苏尔坦先后访摩，宣布取消摩所欠的28亿美元的债款。1992年10月，哈桑二世访问沙特、阿联酋、约旦、叙利亚和埃及，就阿以和谈、阿拉伯国家间关系等问题交换意见，并寻求海湾国家增加向摩洛哥提供的援助。

摩洛哥在阿以问题上的温和立场，以及哈桑二世对王室特权的坚持，影响到一些阿拉伯共和制国家与摩洛哥的关系。如1986年7月21日，哈桑二世邀请以色列总理佩雷斯访摩，次日叙利亚宣布与摩断交。哈桑二世捐弃前嫌，主动改善与一些阿拉伯国家的关系。1989年年初，摩洛哥与叙利亚恢复外交关系。摩洛哥与埃及的关系也较亲密，摩洛哥在埃及回归阿盟、调解黎巴嫩各方冲突中均做了大量促进工作。1992年，哈桑二世出访埃及，就巴以问题、阿拉伯国家间的关系等议题交换意见。1997年，先后有约旦国王侯赛因、巴解主席阿拉法特、埃及总统穆巴拉克、黎巴嫩总理哈里里等阿拉伯国家或政府首脑访问摩洛哥。

中东和平进程的倡导者

摩洛哥在巴以问题上一直试图寻找如何妥善处理与西方关系和如何支持巴勒斯坦事业间的平衡。一方面，作为一个阿拉伯国家，摩洛哥在主张自己的阿拉伯—伊斯兰认同时，巴勒斯坦问题是一个核心问题，摩洛哥不得不表态，且必须持支持巴勒斯坦人的立场。另一方面，摩洛哥不得不考虑与以色列及其盟友美国的关系。因此，在处理巴以问题时，摩洛哥常常陷入外交困境。

哈桑二世坚守支持阿拉伯国家、巴勒斯坦人民反对以色列侵略和扩张的原则立场，同时又积极寻求新的解决途径，力促阿以对话，实现中东问题的政治解决。他很早就意识到和平解决阿以冲突的必然性，并在阿拉伯世界的一片喊打声中破天荒地同以色列领导人举行了秘密会晤。1976年10月9日，在摩洛哥和以色列情报机构的秘密安排下，以色列总理拉宾经化妆，取道巴黎亲自前往摩洛哥拜访哈桑二世，请求哈桑二世说服埃及总统萨达特同他举行秘密会晤，以便彻底解决埃以冲突。但由于当时拉宾领导的工党内部分裂使得他难以完成同埃及的和解，萨达特拒绝了拉宾的请求。不久，新上任的利库德集团领袖贝京声称他会比拉宾和佩雷斯“走得更远”。哈桑二世见时机已到，立即积极响应。1977年9月4日，他派专机到巴黎将以色列新任外长摩西·达扬将军秘密接到拉巴特，同他策划实现埃以永久和平的可行办法。从此，哈桑二世的夏宫成了埃及和以色列秘密使者的固定会见场所。有时哈桑二世甚至亲自出面调解。两个半月之后，萨达特访问以色列震惊了世界。可以说，“戴维营协议”是在哈桑二世的夏宫里酝酿而成的，哈桑二世为此做出了贡献。

1980年，哈桑二世首次提出以色列和巴勒斯坦解放组织相互承认并举行直接谈判的大胆设想。1982年9月，哈桑二世在摩洛哥古城非斯主持召开第12届阿拉伯国家首脑会议，会议通过了解决中东问题的“八点方案”，即有名的“非斯方案”，首次承认以色列的生存权，为合理解决中东问题提供了一个比较现实的基础。1986年7月21日，哈桑二世邀请以色列总理佩雷斯访摩，就“非斯方案”和中东和平问题举行会谈。哈桑二世积极为阿以对话牵线搭桥。尽管哈桑二世开创性的和平努力在相当长时间里没有得到阿拉伯国家的广泛支持，许多阿拉伯国家还因他单独同佩雷斯会晤而同摩洛哥断交，但他从未放弃和平努力。哈桑二世这种为阿拉伯根本利益而大胆寻求和平的主张已成了阿拉伯世界大多数领导人的共识，他的温和与公道也博得大多数阿拉伯国家的信任，伊斯兰国家推举他担任神圣而光荣的“耶路撒冷委员会”主席。1991年8月，美国国务卿詹姆斯·贝克（James Baker）访摩，邀请哈桑二世出席中东和会，并请他“劝说”巴勒斯坦人参加谈判，哈桑二世欣然接受。同年9月，哈桑二世访美时，向布什总统明确表示，“我们随时准备为中东问题的和平解决做出贡献”。1993年9月13日，在美国总统主持下，亚西尔·阿拉法特和伊扎克·拉宾在华盛顿白宫南草坪举行了历史性的会晤。为促成这次会晤，哈桑二世起了不容忽视的作用，是他说服巴勒斯坦人参加中东和平进程，并在关键时刻向巴解组织领导人提供了飞往华盛顿的飞机。马德里中东和谈开始后，哈桑二世表示阿以争端“不可能在旦夕之间得到解决”，要准备为此作坚持不懈的努力。

第九章　穆罕默德六世时期的变革与挑战

哈桑二世于1999年7月23日因心脏病突发猝然去世。时年36岁的西迪·穆罕默德继承王位，成为摩洛哥阿拉维王朝的第22位君主，史称穆罕默德六世。穆罕默德六世继位后，在承袭父辈治国方略的基础上，励精图治，实行新政，促进政治民主化、实施经济变革和推动社会进步，摩洛哥社会面貌呈现新的气象。但摩洛哥仍面临诸如政治发展缓慢、经济徘徊不前、宗教极端势力上升、社会分配不公、失业率居高不下等一系列危机与挑战。摩洛哥的现代化发展和高度文明社会的实现，是一项复杂而艰巨的系统工程，尚需摩洛哥政府和民众恒久不懈的努力与奋斗。

一、新国王及其面临的危机

穆罕默德六世的成长

穆罕默德六世（Mohammed VI），全名穆罕默德·本·哈桑·本·穆罕默德（Mohammed Ben Al-Hassan Ben Mohammed），简称西迪·穆罕默德（Sidi Mohammed），是摩洛哥已故国王哈桑二世的长子。1963年8月21日，西迪·穆罕默德出生于摩洛哥首都拉巴特，从孩提时代起，他就在父王的安排下接受政治、宗教等方面的严格教育。1979年，他被立为王储；1985年，毕业于拉巴特穆罕默德五世大学法律、经济与社会科学学院，获法学学士学位；1987年和1988年又获得两个荣誉证书，即政治学高级研究证书和公共法高等教育证书。1988年11月，西迪·穆罕默德在父王安排下赴比利时首都布鲁塞尔，与欧洲共同体委员会主席雅克·德洛尔（Jacques Delors）一起接受了为期八个月的培训。接着，他又赴联合国总部接受国际关系方面的短期培训。作为王储，西迪·穆罕默德担负起国王赋予的各种使命，参加了许多地区及国际会议。1993年10月，他在法国尼斯大学获法学博士头衔。所有这些教育的目的是把他培养成一名合格的君主。1994年7月，他晋升少将军衔；1994—1999年，任皇家武装部队高级司令和摩洛哥文化委员会主席。[①]

在父王威权下成长起来的王储性格谦和而谨慎，但他并不是一个平庸、没有思想的人。相反，他勤奋好学，对各种新知识、新技术都有浓厚的兴趣并进行深入研究。他悟性强，办事认真，而且善于聆听他人的意见。

穆罕默德六世与父王哈桑二世的性格和行为特点截然不同。哈桑二世统治摩洛哥将近40年，治国理政经验丰富，但作风比较独断。穆罕默德六世由于年轻且经历单纯，在治国理政和对外交往方面自然无法与父亲相比。但是，在父王的长期栽培下，他的治国理念日趋成熟，治国方略独具特色。同时，他年富力强，思想开明，作风务实，重视国家的经济建设和社会发展，关心人民疾苦，崇尚民主、法制与科学。特别是他性情温和，平易近人，生活简朴，乐善好施，因而赢得摩洛哥国民的拥戴。

机遇与挑战

穆罕默德六世在父王突然辞世的情况下仓促即位，摆在他面前的是机遇和挑战并存。从机遇方面来说，经过哈桑二世近40年的苦

① 参见摩洛哥政府网站，http://www.maroc.ma/en/content/biography-hm-king-mohammed-vi.，引用时间：2020年6月3日。

心经营，摩洛哥政局稳定。1998年3月14日，反对党领袖——人民力量社会主义联盟第一书记阿卜杜勒·拉赫曼·优素福出任首相，组成新一届政府。新内阁执政一年多来取得不俗业绩，受到国内外一致肯定。这种良好的内外环境为新国王的登基营造了有利的政治氛围。同时，各派政治力量也向新国王宣誓效忠。国际社会赞赏摩洛哥在国际事务中发挥的作用，一些西方大国甚至允诺向摩洛哥提供财政援助，以示对新国王即位的支持。

与此同时，穆罕默德六世也面临巨大挑战，主要表现在三个方面：

一、经济形势存在隐忧。摩洛哥依然沿袭传统的生产方式，国家收入的主要来源仍为季节性的旅游业、手工业、传统农业及出售磷酸盐，这种落后的经济构成无法满足最低的社会需求。摩国内的失业率达20%，文盲率更高达55%，居北非各国之首。外债负担沉重，每年要花费摩外汇总额的47%。据有关资料统计，1998年底摩洛哥内外债务总额为270亿美元，占其国民生产总值的75%。摩国内存在大量亟待解决的社会问题，10%的人口生活在贫困线以下，贫富差距严重。这些问题阻碍着摩洛哥社会的健康发展。

二、西撒哈拉公决前途未卜。哈桑二世时期，将西撒问题作为加强国王统治的一张王牌。1975年11月，哈桑二世发动35万人“绿色进军”西撒，迫使西班牙殖民当局同意与摩洛哥、毛里塔尼亚谈判。1976年，西班牙撤离西撒，摩洛哥和毛里塔尼亚随即派军队进驻西撒。1979年，毛里塔亚尼撤出西撒，摩洛哥派兵接管了毛遗弃的地区，并不遗余力地对西撒进行控制。哈桑二世生前曾决定将在2000年7月31日举行对西撒归属问题的全民公决，公决结果将对王室乃至政局产生重大影响。因为一旦公决失败，届时驻扎在西撒的20万摩官兵将返摩，这会为一些不满王室统治的军官发动政变创造条件；倘若公决以胜利告终，新国王也无法高枕无忧，因为解甲的将军们会投身于国内的政治角逐。因此，从某种意义上说，从西撒撤回的军队是埋在国王身边的定时炸弹。

三、宗教极端势力蠢蠢欲动。摩洛哥的宗教极端势力由于国内不断增长的民怨而呈上升趋势。哈桑二世生前对此一直采取软硬兼施的手段，并利用宗教运动中的温和派牵制极端派。但一些极端组织在高等院校、乡村和贫民区仍有相当的影响，其成员主要是社会底层人员、失业者及反王室统治人员，这些人将会利用摩洛哥新老国王更迭这一历史转折期扩大其势力，并向王室的统治发难。

穆罕默德六世在登基后的首次全国电视讲话中就表示，要在摩洛哥建立一个"更加公正、公平和现代化"的社会，他将继承先父的遗志，保持内外政策不变，继续为建设繁荣富强的摩洛哥而努力奋斗。对内将与优素福政府加强合作，维护国家的稳定，共同推进政治民主化进程，依法治国，坚持君主立宪制、多党制和各党派轮流执政，大力发展民族经济，推行经济自由等政策，努力解决国内的贫穷和腐败问题，创造就业机会，改善人权状况。为此，他在政治、经济和社会领域开启了渐进式改革。

执政初期的政治改革

穆罕默德六世执政后，着力整顿吏治，推行开明政治，促进社会平等，欢迎媒体就贪污腐败、司法不公和违反人权等问题展开讨论。上任伊始，他便宣布成立人权委员会，全面调查20世纪60—70年代任意羁押和滥用暴力的案件，为父王哈桑二世统治时期受到迫害的政治犯平反昭雪，并向家属发放抚恤金，允许反对派回国。上任第一年，穆罕默德六世就特赦了4.6万名在押犯人。及至2003年，所有政治犯都被释放。与此同时，流亡在外的持不同政见者及其家人获准返回摩洛哥。其中，摩洛哥著名的马克思主义活动家亚伯拉罕·塞尔法蒂（Abraham Serfaty）于1999年9月从法国回到摩洛哥；摩洛哥最大的伊斯兰反对派组织正义与慈善会创始人谢赫阿卜迪萨拉姆·亚辛于2000年5月被解除软禁。

2004年1月7日，穆罕默德六世成立"公平与和解委员会"（Equity and Reconciliation Commission），任命人权活动家德里斯·本泽克里（Driss Benzekri）为领导人，负责调查哈桑二世在“沉重岁月”侵犯人权的问题，并发表相关年度报告，为受害者提供赔偿，以期与“受害者”实现和解。该委员会在近两年的时间里，对数以千计的受害者证词进行记录和录像，建立相应的档案。2005年12月，公平与和解委员会提交了最后报告，就哈桑二世时期侵犯人权情况举行了听证会。[①] 2006年1月6日，穆罕默德六世接见了受害者的家属，承认政府对他们的痛苦经历负有责任，给予他们特赦和赔偿。有近一万名受害者获得了总计超过两亿美元的赔偿。但是，关于施害者的身份自始至终都未曝光，哈桑二世的名字也从未被提及，更没有对施害者予以处罚。“沉重岁月”的这一页得以翻篇，但人权问题却留在了摩洛哥的政治议程中。摩洛哥人权运动继续发展，国家人权委员会（National Human Rights Council，CNDH）负责这一领域的事务。政府在人权问题上所持的立场和采取的行动缓和了许多反对派和民众的愤懑情绪。

另一方面，穆罕默德六世责令亲信接管秘密警察机构及西撒哈拉事务，并于1999年11月罢免了其父的宠臣，即长期镇压摩洛哥政治反对派、限制公民自由、破坏民主的内政大臣德里斯·巴斯里的职务。此外，招民众非议的皇家安全局长、摩洛哥新闻社社长、国家电视台台长和一批大区、地方领导人也被陆续更换。同时，为扭转政府机构臃肿、办事效率低下的状况，穆罕默德六世全面改组内阁，阁员精简近1/4，撤并职能重叠机构，新设具有宏观指导作用的全国经社理事会等机构，迅速提高了政府运作效率。他还在摩洛哥历史上首次设立宫廷发言人一职，以加强国王与民众的沟通。上述举措增强了摩洛哥国内的民主氛围。

穆罕默德六世执政初期的改革营造了一种进步的开放意识，优

---

① Neil MacFarquhar, “In Morocco, a Rights Movement, at the King’s Pace”, *New York Times*, 2005-10-01; Pascale Harter, “Facing up to Morocco’s Hidden Fear”, *BBC News*, 2005-04-19; “Morocco/Western Sahara: Amnesty International welcomes public hearings into past violations”, *Amnesty International*, 2010-02-18.

素福领导的首届“轮流执政”政府，向公开和民主方向迈出了可喜的步伐。但从实质上看，穆罕默德六世的变革仍是一种改良。国王依旧独揽大权：任命包括首相在内的所有大臣，有权解散议会并在议会缺失时进行立法，有权宣布全国进入紧急状态，有权通过全民公决修改宪法。而定期选举似乎只是为君主制披上一件民主化的外衣。2002年9月27日，摩洛哥举行1996年修宪后的第二次众议院选举，组建第七届议会。参加本次议会选举的共有26个政党，在全国91个选区竞选325个众议院席位中的295个席位（众议院特地为妇女留出30个席位，由各政党在全国范围内单独竞选）。选举结果是，首相优素福领导的人民力量社会主义联盟获得45席，保住了议会第一大党的地位；独立党获得43席；全国自由人士联盟和公正与发展党各获38席，并列第三。本次议会选举共有22个政党进入议会，比上届增加了7个。同年10月9日，穆罕默德六世任命无党派人士德里斯·杰图（Driss Jettou）为首相。杰图是一位忠于王室的商人，他将大臣职位分配给了前政府的旧部，将势力日益增长的伊斯兰政党公正与发展党排除在政府之外。优素福政府的下台似乎预示着摩洛哥刚刚启动的政治民主化转型被搁浅。

2005年10月，穆罕默德六世敦促议会通过《政党法》，进一步整合各党派力量，加强国王的控制力。2007年9月，摩洛哥举行第八届议会选举，这次选举仅有37%的有资格选民参加了投票。结果独立党赢得众议院325个席位中的52个，成为第一大党；公正与发展党获得46席，成为众议院第二大党。穆罕默德六世任命独立党领导人阿巴斯·法西（Abbas El Fassi）为首相，建立了由多个小型和无甚影响力的政党组成的联合政府。值得注意的是，国王的亲密顾问福阿德·阿里·希玛带领一个独立人士团体参加了此次大选，并于2008年组建真实性与现代党。

尽管穆罕默德六世努力通过议会选举展示其民主化以树立王室政府的威信，但过低的投票率显露出民众对政党政治的失望。摩洛哥的多党制更多地被王室用作一种工具，借以展示其践行民主政治的形象、加强其统治的合法性。王室与主要政党之间实际上形成了一种“庇护关系”（Clientelism），王室通过议会和多党联合政府中的高薪与职位诱使许多政党来保持和扩大与王室之间的“主顾关系网”（patron-client networks），将更多精力用于获得实际的利益。一些反对派政党则由于受到压制也无法提出可以赢得大众支持的政治纲领，它们的政治纲领主要是对现政权的批评，而不是解决国家现存问题的一系列政策主张。因此，在“谁应该执掌国家权力”的问题上，摩洛哥政党被划分成了保皇党和反对党。①

政党脱离社会的现象，导致民众对政党和选举的冷淡和疏远，投票率持续走低也证明了这一点。如2007年的议会选举，只有37%的有资格选民参加投票，除去1/5的废票或无效票，实际投票率仅为30%。②各政党在电视上没完没了的演讲和辩论表演，政党纲领华而不实、缺乏明确的政策或目标，对王室的愚忠，以及可能存在的私下交易和收买选票，都令选民深感痛恨。民众认为困扰国家的社会与经济问题难以通过选举或司法找到解决方案。特别是年轻人愈发愤世嫉俗，失业大学生纷纷通过示威游行进行抗议，这成为2008年摩洛哥首都拉巴特街头常见的景象。

打压宗教极端势力

穆罕默德六世上台后推行伊斯兰教育改革，摩洛哥政府于1999年颁布关于伊斯兰教育的宪章；2002年发布白皮书，加强对学校伊斯兰课程的“现代化”改革；2003年发生卡萨布兰卡恐怖袭击后，穆罕默德六世再次指示进一步深化对伊斯兰宗教教育的改革，以适

① Michael J. Willis, “Political Parties in the Maghrib: The Illusion of Significance?”, *The Journal of North African Studies*, Vol.7, No.2, 2002; Michael J. Willis, “Political Parties in the Maghrib: Ideology and Identification, A Suggested Typology”, *The Journal of North African Studies*, Vol.7, No.3, 2002.

② Lise Storm, “Testing Morocco: the Parliamentary Elections of September 2007”, *The Journal of North African Studies*, Vo1.13, No.1, 2008.

应全球反恐形势的需要“塑造模范的穆斯林公民”。[①]穆罕默德六世采取的改革举措触犯了宗教极端势力，因此受到国内保守的伊斯兰主义者的广泛批评。伊斯兰激进力量对摩洛哥君主制构成极大威胁。谢赫阿卜迪萨拉姆·亚辛领导的正义与慈善会是摩洛哥最大的伊斯兰组织，自成立以来一直被王室视为政权稳定的威胁源而受到严密监视和打压。

为表达善意、缓和矛盾，穆罕默德六世于2000年5月解除对谢赫阿卜迪萨拉姆·亚辛的软禁。但是，亚辛仍拒绝承认摩洛哥君主的合法性，坚持正义与慈善会在政治机制之外的活动。2011年，当“阿拉伯之春”的影响波及摩洛哥之时，正义与慈善会积极参与“2·20运动”，甚至向组织游行的负责人提出采取激进行动的策略，如扩大游行规模等。2012年年底亚辛去世后，正义与慈善会进行内部改革，但始终未能改变其在摩洛哥政治舞台被日益“边缘化”的地位。[②]

对于公正与发展党，穆罕默德六世则采取“拉拢”或“收买”策略，允许其参加议会选举，避免其走向极端化。公正与发展党亦认识到谨慎温和行事是自身在政治上生存的关键。因而，它与王室之间似乎达成了一种合作默契。这既保证了社会安定，同时也维护了国王的包容性外表，显示了摩洛哥议会选举的公平性。在2002年9月举行的议会选举中，公正与发展党成为议会第三大党，2007年又成为议会中仅次于独立党的第二大党。在穆罕默德六世的容允下，公正与发展党进入摩洛哥政治体制，有利于削弱激进的反对派组织。但是，随着公众对政党及其组成的政府机构的信任普遍下降，它所能发挥的作用大打折扣。

2001年“9·11”恐怖袭击事件后，摩洛哥国内的宗教极端势

---

① Ann Marie Wainscott, “Defending Islamic Education: War on Terror Discourse and Religious Education in Twenty-First-Century Morocco”, *The Journal of North African Studies*, Vol.20, No.4, 2015, pp.635-653.

② Mohammed Mashah, “The Ongoing Marginalization of Morocco’s Largest Islamist Opposition Group”, https://carnegie-mec.org/2015/06/03/ongoing-marginalization-of-morocco-s-largest-islamist-opposition-group/i9er., June 3, 2015，引用时间：2020年6月5日。

力表现活跃。2001年，摩洛哥安全部队发现国内遍布与基地组织有关的萨拉菲圣战组织（Salafiyya Jihadiyya）的成员，随后进行秘密搜捕，数以千计的宣教士及其追随者被捕。同时，政府加强对伊斯兰运动的控制。2003年5月16日，萨拉菲圣战组织的成员在卡萨布兰卡接连发动五起自杀式爆炸，造成45人死亡，100多人受伤。虽然恐袭的目标是西方人和犹太人定居点，但也使摩洛哥民众深受其害。5月26日，摩洛哥举行游行示威，反对恐怖袭击。5月29日晚，穆罕默德六世向全国发表电视讲话，再次强烈谴责在卡萨布兰卡发生的恐怖爆炸事件，并表示摩洛哥将继续推进政治民主化和现代化进程。他在讲话中还指出，卡萨布兰卡发生的恐怖爆炸事件同摩洛哥人民一向坚持的容忍、宽厚原则格格不入，摩洛哥将继续同国际恐怖势力和宗教极端势力进行毫不留情和毫不妥协的斗争，恐怖爆炸事件将会更加坚定摩洛哥人民维护国家安全、主权和稳定的决心。他认为，在国家危难的时候，摩洛哥人民表现得更加坚决、更加具有凝聚力，并相信摩洛哥人民一定能够勇敢地负起责任，恪尽职守，共同确保国家的安全、社会的稳定和人民生活的安宁。①

2003年5月，摩洛哥政府颁布“反恐法”，发起全民反恐动员，打响了一场严厉镇压伊斯兰激进分子的战役，领导者是国家安全机构负责人哈米杜·拉尼格里（Hamidou Laanigri）将军。公正与发展党虽然与恐袭事件没有直接关系，但因长期的反西方、反以色列的立场和宣传而受到指责。在政府的严厉限制下，公正与发展党被迫减少了参加2003年地方政府选举的候选人，并解除了在党内具有较大影响力的某些激进人物的职务。2004年3月11日，西班牙发生马德里火车站爆炸案，造成191人被杀，1800人受伤。据说这次恐怖袭击从策划到实施过程都有摩洛哥人参与，摩洛哥民众对此感到震惊和愤怒。摩政府进一步加大对伊斯兰激进分子的打击力度，同时参与到美国领导的“反恐战争”中。2007年3月和4月，卡萨布

① “摩洛哥国王再次谴责卡萨布兰卡恐怖爆炸事件”，http://news.china.com/zh_cn/focus/casablanca/11011564/20030530/11479030.html.，引用时间：2020年6月5日。

兰卡又发生自杀式爆炸事件，虽无人死亡，但多人受伤。[①]为了应对伊斯兰极端主义和恐怖主义的威胁，摩洛哥政府采取了一套综合战略：一方面严密监视和控制宗教极端组织的信息与活动，加大打击恐怖分子的力度，逮捕和判决了一大批嫌疑犯，并积极参加国际反恐合作；另一方面通过宗教改革、升级改造清真寺、取缔秘密祈祷场所、大赦等手段瓦解宗教极端势力，同时借助宗教教育传播相对温和的伊斯兰教，并将青年的教育和就业问题作为优先考虑事项，制订和落实伊斯兰相关课程和青年就业计划，避免他们受到伊斯兰极端势力的蛊惑和煽动。[②]

顺应柏柏尔人的诉求

世纪之交，柏柏尔人争取文化认同和族裔权利的运动进入新的发展阶段。穆罕默德六世把柏柏尔问题作为纠正过去王室政府失误行动的重要议题。他承认对柏柏尔传统文化的压制，可以广泛地解释为对人权的侵犯。他还多次与他的中学老师、摩洛哥最著名的柏柏尔学者穆罕默德·沙菲克探讨解决柏柏尔问题的办法。2000年3月，以穆罕默德·沙菲克教授为首的229名知识分子签名的《柏柏尔宣言》（Berber Manisfesto）发布，宣言强调柏柏尔人在摩洛哥历史中的作用，呼吁将塔马塞特语作为除阿拉伯语之外的另一种官方语言，强调推进对柏柏尔语言教学与研究的立法和国家投资。[③]同年5月，宣言签名者通过选举成立了一个委员会，柏柏尔运动大张旗鼓地发展起来。穆罕默德六世对此作出回应。2001年7月，他宣布采纳《柏柏尔宣言》的部分要求，在学校开设柏柏尔语言课程，允许并促进视听媒体节目以柏柏尔方言播出，确认柏柏尔文化为摩洛哥国家认同的重要组成部分，并答应组建一个柏柏尔文化研究机

① 〔美〕菲利普·C.内勒：《北非史》，韩志斌等译，第276—277页。

② United States Department of State, “Country Reports on Terrorism 2010”, August 2011. https://2009-2017.state.gov/j/ct/rls/crt/2010/170257.htm.，引用时间：2020年6月6日。

③ 关于《柏柏尔宣言》的具体内容，参见：https://www.amazighworld.org/human_right/morocco/manifesto2000.php., March 1, 2000，引用时间：2020年6月9日。

构。2001年10月，穆罕默德六世宣布组建“阿马齐格文化皇家研究院”（Institut Royal de la Culture Amazighe，IRCAM），任命穆罕默德·沙菲克为第一任院长。该机构旨在保护、研究、弘扬并宣传柏柏尔文化。为了彰显其柏柏尔血统，穆罕默德六世在研究院成立庆典上穿戴了传统的柏柏尔头饰，并且许诺每年将给研究院投入一亿美元的研究经费。[①]穆罕默德六世对柏柏尔运动采取惯用的拉拢策略，以避免其进一步发展为反对派，更深层的考虑则是将其作为抗衡日益增长的反对派和伊斯兰势力影响的工具。2003年，艾哈迈德·布库斯接替沙菲克担任阿马齐格文化皇家研究院院长，他推动了采用柏柏尔字母即提非纳（Tifinagh）文字[②]的改革。2003年2月，穆罕默德六世宣布确立提非纳文字为柏柏尔语言的官方书写系统，从2003年9月开始正式进入摩洛哥中小学课堂。[③]

2005年，许多阿马齐格文化皇家研究院的成员宣布退出研究院，以抗议政府对柏柏尔语言文化融入摩洛哥教育与媒体进程设置障碍。同年，柏柏尔文化运动的一些激进分子提出建立一个新的政党“摩洛哥阿马齐格民主党”（the Parti Democrate Amazigh Marocaine，PDAM）。2006年，几十个柏柏尔协会组成的联盟向联合国提交了一份关于摩洛哥形势的报告，抗议官方否认阿马齐格现实、在宪法上歧视和排斥柏柏尔语，以及实施压迫性的阿拉伯化政策。同时，谴责阿马齐格文化皇家研究院是“麦赫赞压制阿马齐格运动的工具”。[④]摩洛哥柏柏尔运动从最初的城市知识分子扩大到社会各阶层，特别是大量年轻人的加入，为运动的发展增添了活力。柏柏尔运动从城市扩展到柏柏尔人聚居的农村。运动的目标也不再仅局限于语言文化权利和身份认同，并提出了政治民主和社会公平

---

① Bruce Maddy-Weitzman, *The Berber Identity Movement and the Challenge to North African States*, pp.164-165.

② 提非纳（Tifinagh），古代柏柏尔语言使用的文字，现在操柏柏尔语的图阿雷格人还在使用。

③ Bruce Maddy-Weitzman, *The Berber Identity Movement and the Challenge to North African States*, p.171.

④ 〔美〕苏珊·吉尔森·米勒：《摩洛哥史》，刘云译，第280页。

正义等要求。

在“阿拉伯之春”席卷北非的冲击下，“阿马齐格运动”也加入到摩洛哥“2·20运动”之中，“给予柏柏尔语以与阿拉伯语平等的官方语言地位”成为“2·20运动”声明的七大核心要求之一。2011年7月，摩洛哥通过宪法修订案，正式承认柏柏尔语是摩洛哥的官方民族语言，享有与阿拉伯语平等的法律地位。这标志着摩洛哥柏柏尔运动取得了标志性的成果。

二、阿拉伯变局与民主化改革

“阿拉伯之春”与“2·20运动”

2010年12月17日，以贩卖果蔬为生的突尼斯大学生穆罕默德·布瓦吉吉（Mohamed Bouazizi）在街头与城市管理人员发生冲突，因受到不公正对待，他在绝望中引火自焚。这一事件旋即在阿拉伯世界引发大规模的抗议活动，致使突尼斯总统本·阿里、埃及总统穆巴拉克、利比亚领导人卡扎菲、也门总统萨利赫接二连三地倒台。这场席卷中东北非地区的阿拉伯剧变被称为“阿拉伯之春”，它以民众自发的抗议浪潮为主要表现形式，以改善民生和发展民主为主要政治诉求。其来势之猛，能量之大，波及范围之广，为人们始料未及。①

地处北非的摩洛哥同样受到这场剧变的影响。2011年2月初，摩洛哥反对派人士赛义德·本·杰布里（Said Ben Jeebli）在“脸书”网站（Facebook），呼吁摩洛哥民众参加和平游行示威，抗议王室专权、政府腐败，要求民主改革和改善民生。2月20日，在摩洛哥首都拉巴特、卡萨布兰卡、丹吉尔、马拉喀什等城市，成千上万的示威者走上街头，或静坐示威或游行抗议，要求废除1996年的宪

① 薛庆国：《阿拉伯剧变的文化审视》，马晓霖主编：《阿拉伯剧变——西亚、北非大动荡深层观察》，新华出版社2012年版，第431页。

法，制定新宪法并限制国王的政治权力，建立君主议会制政体，让国王像西班牙和英国政体那样成为国家的象征性符号；要求摩洛哥现政府下台，并成立临时政府；解散附属于王室的真实性与现代党；释放所有的政治犯，包括记者和伊斯兰主义者；惩治腐败；提出增加就业、增长工资和解决扶贫等社会诉求。[①]这场被称为“2·20运动”的抗议活动自2月20日开始持续到3月上旬，蔓延至摩洛哥的主要城市。但相较于其他国家而言，规模并不大，且基本上是和平游行，政府未采取大规模的武力镇压。“2·20运动”主要是由民间社会组织特别是摩洛哥人权协会组织和领导的，只有少数几个影响力并不大的左翼政党参加了抗议活动。在示威游行中，很明显有伊斯兰组织参与，主要是正义与慈善会。虽然该组织不合法，而且与摩洛哥政府一直有矛盾，但是该组织在摩洛哥社会服务中发挥了明显作用，也得到不少民众的支持。

迫于形势压力，穆罕默德六世迅速作出回应，于2011年3月9日发表电视讲话，承诺全面修改宪法、根据人民的意志组建多数党领导的政府、依法治国、惩治腐败、尊重人权以及保障司法独立等。修宪委员会迅即组建起来，着手草拟新宪法。6月17日，穆罕默德六世公布修宪委员会提交的新宪法草案，内容涉及：将国王的许多权力转交给首相和议会；未来将实行普选，首相由胜选的政党领袖担任；首相指派政府官员，且有权解散议会等。[②]穆罕默德六世同时宣布新宪法草案将于7月1日交付全民公投。

“2·20运动”在敦促摩洛哥当局进行政治和社会制度改革上发挥了积极的推动作用。其最显著的影响是催生了摩洛哥2011年新宪法。新宪法草案赢得了摩洛哥独立党、公正与发展党、真实性和现代党、进步与社会主义党等议会大党以及一些工会和社会团体的支

① “The Protest in Morocco”, http://www.aljazeera.net/NR/exeres/4073AF72-3188-450C-BD8B-6662EBBC17D4.htm, 2011-02-21，引用时间：2018年12月9日。

② “摩洛哥国王提出政改方案 权力下放给总理与国会”，http://news.sina.com.cn/o/2011-06-18/084922663276.shtml.，2011年6月18日，引用时间：2018年12月9日。

持，并称穆罕默德六世的修宪决定是“摩洛哥历史的转折点”，“摩洛哥将进入民主建设的新阶段”。

“2·20运动”在摩洛哥宪法公投后，因为没有关键性的领导人、缺乏核心的组织机构，再加上其内部伊斯兰主义者与左派人士之间的矛盾，不久便偃旗息鼓了。

2011年新宪法

2011年7月1日，摩洛哥就新宪法草案举行全民公投，近800万摩洛哥选民在全国近4000个投票站和摩洛哥驻外使领馆的540个投票站投票。新宪法以98.5%的赞成票获得通过。①

新宪法明确指出：“摩洛哥是一个立宪、民主、议会和社会的君主制国家。王国的宪法是建立在权力的分离、平衡和协作，以及公民权和参与性民主，善政原则和问责制之间相关的基础之上。”②新宪法部分满足了反对派的诉求，使国王放弃了一些重要权力，而首相和议会的权力却有所扩大。③根据新宪法草案，首相将由在议会选举中得票最多的政党产生，首相作为“政府首脑”拥有解散议会，提名和罢免大臣、政府行政和公共部门负责人等多项重要权力。而1996年宪法中上述权力均为国王所有，且首相也由国王任命。新宪法还将议会的权限扩大，加强两院中众议院的主导地位，议会将取代国王行使大赦权力。新宪法草案还强调司法独立，以及在政治经济、社会文化等各层面的人权保证等。此外，新宪法还将柏柏尔语与阿拉伯语并列为官方语言。但在新宪法中，摩洛哥国王仍为国家元首、武装部队最高统帅和宗教领袖，并担任大臣委员会主席和新成立的国家安全委员会主席，掌握着重大决策的最终决

① “Morocco Referendum Result”, Moroccan News Agency, 3 July, 2011. 转引自李杉《浅析北非剧变与摩洛哥政治改革》,《西亚非洲》2013年第2期。

② 参见摩洛哥政府网站，http://www.maroc.ma/en/content/monarchy.，2011年6月18日，引用时间：2018年12月9日。

③ Moha Ennaji ed., *Multiculturalism and Democracy in North Africa: Aftermath of the Arab Spring*, London and New York: Routledge, 2014, p.182.

定权。[①]

新宪法的诞生的确给摩洛哥国内带来了新面貌。新宪法规定了摩洛哥公共生活的道德性，形成了众多对话机制，设立了相关机构，如全国青年委员会、全国安全委员会、全国家庭委员会等，有利于摩洛哥社会各界的沟通与交流。[②]新宪法从表面上看，确实迎合了反对派的诉求，似乎展现出一个自由、民主、多元和善治的君主立宪制度。但实质上，国王依然拥有绝对权力，垄断国家政治、军事、宗教、立法、行政、司法等领域的最高权力。从摩洛哥分裂的政党政治和被操纵的选举制度（如选区划分、候选资格及比例代表制等）来看，任何一个政党都不可能获得超过30%以上的议席，实现一党独大，挑战王室。摩洛哥新宪法里充满烟幕弹和模棱两可的规定，从而使政府首脑和议会任何看似获得的新权力最终都有可能被国王剥夺。[③]

因此，摩洛哥的宪政改革尽管被官方媒体称作“历史性的”改革，被以沙特为首的海湾合作委员会称作“明智与勇气”的改革，被法国总统萨科齐称作“伟大突破”，使摩洛哥社会向前迈进了一大步，但是，其象征意义远大于实际意义。

联合政府及其施政

2011年11月25日，摩洛哥提前举行第九届议会选举。本届众议院议席比上届增加了70席，共有31个政党的7102名候选人角逐众议院的395个席位。据摩洛哥内政部统计，1347.5万注册选民在92个选区参加投票，投票率为45.4%，大大超过了2007年的投票

① 林峰：“摩洛哥新宪法草案举行全民公投”，http://news.sina.com.cn/w/2011-07-02/060422743859.shtml.，2011年7月2日，引用时间：2018年12月9日。

② 曹怡婷：“摩洛哥选择自上而下的改革”，http://news.hexun.com/2012-03-14/ 139319120.html.，2011年3月14日，引用时间：2018年12月9日。

③ Ahmed Benchemsi, “Morocco: Outfoxing the Opposition”, *Journal of Democracy*, Vol. 23, No.1, 2012, pp.57-69.

率。[①]摩洛哥王室和政府没有对选举进行明显的干预，选举的透明度和公正性大大提高。选举结果是，温和的伊斯兰政党公正与发展党获得107席，成为众议院第一大党；“库特拉”的独立党获得60席，位居第二；“争取民主联盟”的全国自由人士联盟和真实性与现代党分别获得52席和47席，位居第三和第四；“库特拉”的人民力量社会主义联盟获38席；“争取民主联盟”的人民运动和宪政联盟分别获得32席和23席；而“库特拉”的另一党派进步与社会主义党以18席居第八位。[②]

根据2011年新宪法，获多数席位的政党将单独或联合组成新一届政府，并产生首相人选。由于没有获得议会绝对多数席位，公正与发展党将与议会其他政党联合组阁。2011年11月29日，穆罕默德六世正式任命公正与发展党总书记阿卜杜拉·本·基兰为首相，并责成其与各党派磋商组成新一届政府。阿卜杜拉·本·基兰由此成为摩洛哥历史上首位以伊斯兰政党领袖身份出任的首相。

公正与发展党面对议会第二大党独立党及全国自由人士联盟等传统政党的挑战，其获胜有以下原因：一是穆罕默德六世执政10多年来，在坚持君主立宪制的同时，推行多党参政和经济自由化等政策，促进了社会经济发展。但摩洛哥贫富差距过大，腐败现象严重，失业率居高不下，导致摩洛哥民众对历届政府心怀不满，渴望社会变革。而从未执政的公正与发展党则迎合了这种需求。从1997年仅获九个议会席位，到2002年和2007年两次选举一举成为议会大党。公正与发展党提出的改善民生等社会主张得到了越来越多摩洛哥民众的认同，其政治地位也因此而不断提升。二是公正与发展党在选举中提出了未来五年内将经济增长率提高到7%；将人文发展指数世界排名从目前的114位提升至90位；将贫困人口减少50%；提高工人最低工资和养老金。公正与发展党还强调打击腐

① 摩洛哥内政部网站，http://www.elections2011.gov.ma/fr/index.html, 2011-11-26.，引用时间：2018年12月21日。

② 同上。

败，实现良政，并重申鼓励传播温和的伊斯兰教义，捍卫“一个民主的伊斯兰王国”。这些竞选口号颇得民意，争取到了更多选民的支持。①

2012年1月，摩洛哥新政府成立。公正与发展党拥有国务、外交、司法等十个重要大臣职位，与其联合执政的独立党拥有六个大臣职位，人民运动和进步与社会主义党各有四个大臣职位。虽然新宪法确定国王将放弃部分重要权力，首相的权力相应扩大，但新宪法仍明确规定国王为国家元首、军队和宗教领袖，仍将掌握最终决策权，因此，摩洛哥新一届政府的执政理念只能在遵循新宪法和国王权力的框架内展开。阿卜杜拉·本·基兰在就职典礼后说：“新政府的政策应与人民和国王的意愿以及多数政党的愿望相一致。”②

阿卜杜拉·本·基兰政府在上台后首先要兑现该党在竞选中所作的承诺，包括将经济增长率提升至7%，解决失业等社会痼疾，改善民生，发展教育和惩治腐败。公正与发展党曾提出将加大对就业和教育的投资，不断降低中小企业税收以扩大其经营规模，创造更多就业机会；分别提高和减免对富人和低收入人群的税收；提高最低工资额度和退休金等；调整经济结构，特别是改革农业和渔业的经营管理。此外，该党主张不断推动司法独立，从真正意义上遏制腐败。

新政府要实现上述目标将面临各种挑战，不仅要与联合执政的世俗政党取得一致，还要应对议会内主要反对党的掣肘，设法得到国王的认可和支持。此外，新政府也将面临由伊斯兰激进组织正义与慈善会和左翼激进小党等组成的“2月20日青年运动”所带来的种种挑战。该组织拒不承认新宪法，坚决抵制宪法公投和立法选举，一

---

① 林峰、刘万利、何奕萍：“正义与发展党缘何赢得摩洛哥立法选举”，http://finance.qq.com/a/20111128/004109.htm.，2011年11月28日，引用时间：2018年12月21日。

② A. Hamblin, “Morocco: The Struggle for Political Legitimacy” *in I.Wiuiam Lartman ed, Arab Spring: Negotiating in the Shadow of the Intifadat*, Athens, Georgia and London: University of Georgia Press, 2015, p. 184.

再要求国王彻底放权，实行“英国模式”的君主立宪制。[①]

新政府在推行政府政策过程中，受到国王的压力，国王通过亲王室的技术官僚“监督”政府决定，阻止了新政府的众多改革举措。如2012年5月，为了兑现公正与发展党对解决摩洛哥腐败问题的承诺，政府公布了一份从城际交通许可证审批中受益的人员名单，名单中的许多人享受着“王室恩惠”。但此举只是喧嚣一时便不了了之，名单上的所有人员都没有受到起诉。国王至高无上的权力阻碍了政党执掌政府的施政，特别是在政策制定方面。[②]事实上，摩洛哥所有被视为自由化和民主的改革行动都是国王发起的，而且只有国王能够把握改革的尺度和范围，并拥有改革基本制度和推行自由化措施的权威性，在树立自身开明形象的同时，确保国家政权的稳定性。而由政党执掌的政府不过是个执行者。

2016年议会选举

2016年10月7日，摩洛哥举行第十届议会选举。这次选举共有来自30多个政党的候选人参与了众议院395个议席的竞选。最终，有十个政党在议会中获得了席位（见下表）。执政党公正与发展党共获得125席（其中在地方选区中获98席，在青年专属议席与女性专属议席中获27席），再次成为议会第一大党。执政党的最大竞争对手真实性与现代党获得102个议席。从选民的数据来看，相较于前几次（2004、2007、2011）的低投票率，2016年的选民注册人数达到1600万，实际投票率约为43%。[③]

---

① 林峰：“摩洛哥新政府执政面临考验”，http://finance.qq.com/a/20120104/004594.htm.，2012年1月4日，引用时间：2019年1月3日。

② Mohamed Daadaoui, “Rituals of Power and Political Parties in Morocco: Limited Elections as Positional Strategies,” *Middle Eastern Studies*, Vol.46, No.2, 2010, pp.195-219.

③ “摩洛哥执政党再次赢得众议院选举”，http://world.people.com.cn/n1/2016/1008/c1002-28760929.html.，2016年10月8日，引用时间：2019年4月3日。

2016年摩洛哥议会选举结果

政党	议席	增减 +/–
公正与发展党 Party of Justice and Development	125	18
真实性与现代党 Party of Authenticity and Modernity	102	55
独立党 Istiqlal Party	46	–14
全国自由人士联盟 National Rally of Independents	37	–15
人民运动 Popular Movement	27	–5
人民力量社会主义联盟 Socialist union of Popular Forces	20	–19
宪政联盟 Constitutional union	19	–4
进步与社会主义党 Party of Progress and Socialism	12	–6
民主与社会运动 Democratic and Social Movement	3	1
民主左翼联盟 Federation of the Democratic Left	2	New
绿色左翼党 Party of Green Left	1	0
联合与民主党 Party of Union and Democracy	1	0
合计	395	0

值得注意的是，这是2011年以来，摩洛哥唯一合法的伊斯兰政党公正与发展党第二次赢得议会选举。这在摩洛哥历史上是首次出现，甚至放眼整个中东地区，也很少见。

围绕新政府组阁的博弈

2016年议会选举后，穆罕默德六世任命前首相、公正与发展党总书记本·基兰为新一届政府首相，负责组建联合政府，但因党派分歧，新内阁迟滞近半年未成立。2017年3月，国王免除本·基兰的首相职位，任命该党全国委员会主席、前外交大臣萨阿德丁·奥斯曼尼为新首相进行组阁。4月，摩洛哥新内阁由六个党派联合组成，共有39名成员。

新政府的艰难组建反映了各派政治力量的博弈。组成新政府的政党包括奥斯曼尼领导的公正与发展党，亲王室的全国自由人士联盟和人民运动，传统左翼的人民力量社会主义联盟和进步与社会主义党。从形式上看，形成了亲王室政党、传统左翼政党和伊斯兰政党“三足鼎立”的局面，但事实上，由于利益不平衡和意识形态分歧，政府内部常出现意见不合、互相掣肘的情形，致使政府效率低下。2017年10月，穆罕默德六世罢免了三名政府部长，12月又罢免了300多名地方官员，其中有不少来自议会政党的地方政治精英。① 一方面是议会政党越来越不受国王和民众的信任，呈现衰落与分裂之势；另一方面则是新型左翼政党的整合与崛起，摩洛哥的政治舞台上演着纷繁复杂的剧情。但是，摩洛哥的议会制和多党制终究都在国王的控制之下。2019年10月，摩洛哥内阁重组，成立了摩洛哥独立以来的第33届政府，共有24名成员，奥斯曼尼继续担任首相。

总体看来，穆罕默德六世执政以来，摩洛哥政局稳定，王权地位稳固。但由于政治、经济和社会发展中存在各种问题，游行、罢工等事件仍有发生，质疑王权制度和政府治理效率的声音也不时响起。对于摩洛哥国王来说，如何维持王权、民主化与国家稳定三者之间的平衡，始终是国家治理中的难题。

三、改革开放与经济振兴

经济发展新战略

穆罕默德六世执政后，面临的最大难题是如何振兴脆弱的摩洛哥经济。摩洛哥工业基础薄弱，国营企业效益低下，偷税漏税现象严重，亟待改革，但困难很大。摩洛哥实施的自由化和私有化方案收效不佳，私营部门没有实现扩张和增长，预期的经济增长未能兑现。1998年，摩洛哥政府计划对111个企业实行私有化，到年底仅

① 张玉友:《当前摩洛哥国内政党形势：分裂与崛起》,《当代世界》2018年第4期。

完成54个，不足一半。议会被迫于1999年1月4日通过议案，将上述计划推迟一年执行。

摩洛哥的财政状况也不容乐观。1998年行政开支高达预算的54.2%；内外债总额多达270亿美元，占国民生产总值的75%；发展投资仅占预算的15.2%。在此情况下，任何过于激进的改革都可能导致经济崩溃。①

针对摩洛哥经济发展中面临的这些难题，穆罕默德六世对哈桑二世时期实行的国家资本主义模式进行了修正，主要体现在：一方面扶持原有的大型企业，另一方面大力发展新型经济部门，其目的是培育更多的行业龙头企业。因此，在穆罕默德六世执政初期，摩洛哥开始推动国家冠军企业的发展。2004年，摩洛哥的大众媒体出现了国家冠军企业的概念。尽管摩洛哥官方从未公开提出发展国家冠军企业的战略，但穆罕默德六世继位后，通过经济政策的调整与转变，事实上支持和发展了众多摩洛哥国家冠军企业。穆罕默德六世的目的是通过扶持大型私有企业来促进经济增长和提高人民生活水平。作为国家经济政策调整的产物，摩洛哥国家冠军企业对促进摩洛哥经济发展的作用体现在以下四个方面：促进就业、提升国民生产总值、贡献税收、丰富投资结构。②

穆罕默德六世放弃了国家主导的经济增长，致力于出口主导与生产多样化相结合的策略。由于出口经济表现不佳，摩洛哥政府于2005年11月启动应急计划（Emergence Program），宣布了一项新的经济发展战略。新发展战略将重点放在工业部门，它的主要目标是建立新的工业区和加强培训以提高效率，以便吸引新的投资机会；引导新兴行业开发更高精尖和更具竞争力的产品；将关键的制造业出口重新定位于有扩张潜力的部门和市场。同时实施蓝色旅游计划（促进旅游业发展的“阿祖尔计划”，Azur Plan）和旨在为农业部门

① 朱悦：《摩洛哥新国王其人其路》，《当代世界》1999年第9期。

② Steven Heydemann, ed., *Networks of Privilege in the Middle East: the Politics of Economic Reform Revisited*, p. 260.

创造150万个就业岗位的绿色摩洛哥计划（Plan Maroc Vert）。计划将通过108亿欧元的投资，到2020年使国内生产总值增加大约76.5亿欧元左右。[①]阿祖尔计划和绿色摩洛哥计划将促进摩洛哥具有明显自然优势部门的发展。

政府为推进经济发展新战略采取了一系列措施：如将技术官僚放在关键的经济岗位，增加公共项目投资，扩大对外开放，改善外商投资环境，鼓励私人投资，加快通信等领域私有化，减轻企业的纳税负担，压缩政府开支，增加农业投入，减轻旱灾损失等，这些措施为摩洛哥经济发展注入了强心针，取得良好效果。尽管1999—2000年摩洛哥遭受严重旱灾，造成农业一定程度的减产，但摩洛哥的财政状况总体尚好，税收增加，外汇储备维持在60亿美元左右，通货膨胀率在3%以下。[②]摩洛哥国民收入逐渐脱离依赖农业生产的现状；摩洛哥的加工业，特别是依托世界最大磷肥储量的肥料加工业得到发展；纺织业也从危机中复苏；旅游业得到提振。2004年，摩洛哥与约旦、埃及、突尼斯签订“阿加迪尔协定”，宣布建立四国自由贸易区。同年，摩洛哥还与美国和土耳其分别签署了双边自由贸易协议。2006年，摩美自贸协定正式生效；2008年，摩洛哥获得欧盟给予的有限地位；2010年，摩洛哥与欧盟建立自贸区。摩洛哥的对外贸易因此得到极大促进。摩洛哥商品对法国、美国、巴西、海湾国家和中国的出口十分强劲。对外贸易对国民经济的支撑作用彰显。2010年，摩洛哥的经济增长率为4.2%，外资在电信、银行、保险、酒店、港口设施等项目中的投资为摩洛哥经济增添了动力。

穆罕默德六世执政的前十年，通过经济调整政策和新经济发展战略的实施，促使摩洛哥宏观经济实现好转，经济增长趋于稳定，公共债务显著减少，通货膨胀率也大大降低。摩洛哥的绝对贫困人口和失业率大幅下降，贫困率从2001年的15.3%降至2007年的9%，

① Economy of Morocco, http://en.wikipedia.org/wiki/Economy_ of Morocco# Science_ and Technology., July 2009，引用时间：2020年1月5日。

② 余伟：《新的国王，新的摩洛哥》，《当代世界》2001年第1期。

同期失业率从13.4%降至9%。

丹吉尔自由贸易区

由政府建立的摩洛哥最大的经济特区是1999年成立并于2001年投入运营的丹吉尔自由贸易区（Tangier Free Trade Zones，TFTZ）。2001—2005年，自贸区的经济表现获得很高的评价，成功地吸引了外国的直接投资，并创造了就业机会。自贸区主要依靠外资发展（在近130家公司中外资占80%），就业人数从不到6000人增加到近18000人；出口额翻了一番多，从不到9000万美元增加到2亿美元。丹吉尔自贸区有来自法国、德国、意大利、日本、葡萄牙、西班牙和美国的多元化外国公司，它们从事100多个出口综合业务——纺织和皮革、电子零部件（大众/菲利普斯）、机械零部件（空客零部件）、渔业、化工产品（辅助设备）、塑料制品和离岸服务（呼叫中心、信息技术、国际业务）。吸引到自贸区的公司使丹吉尔发展成摩洛哥除卡萨布兰卡和拉巴特之外的一个工业支柱。丹吉尔自贸区的成功主要是因为政府在解决税收、关税、海关和基础设施方面的优惠政策，以及为投资者提供的各种奖励。这与其他国家的经济特区相比具有竞争力。摩洛哥采取了一种依托自贸区来实现经济自由化的战略。吸引外国直接投资来获取资金和技术，最终使具有国际竞争力的摩洛哥本国公司崛起，进而伴随经济自由化而发展壮大。

摩洛哥有许多自由贸易区，这些自由贸易区是摩洛哥与其主要贸易伙伴欧洲和美国之间签署的自由贸易双边协定的产物，也是摩洛哥与许多其他阿拉伯和非洲国家签订的自由贸易协定的产物。自由贸易区是被隔离的免税区，为贸易、转运和再出口业务提供仓储、储存和配送设施。自贸区设有以吸引出口导向型投资为主要目的的出口加工区，这里有一系列加工出口产品的企业，主要生产轻工产品，摩洛哥政府希望通过这些出口工业区来提高摩洛哥的工业生产能力。

2002年，摩洛哥政府投资35亿欧元建设丹吉尔地中海港（the

Tangier-Med Port，TMP）。自由港比自由贸易区拥有更多功能，可在港内进行轻工制造和其他加工活动。自由港具有最先进的技术和设施，并与自贸区和其他工业区协同工作。新港口能够容纳350万个集装箱，码头长810米，面积40万平方米，吃水深度18米，港口设备齐全，可处理新一代集装箱船。丹吉尔地中海港已超过英国费利克斯托港的港口容量。该港满负荷运行时，每年还能承载700万名乘客、70万辆卡车、200万辆汽车和1000万吨石油产品。2008年，丹吉尔地中海港务局（the Tangier-Med Port Authority，TMPA）的营业额达到2140万美元，这是它全面商业开发的第一年。港区内建设三个免税区，包括占地600公顷的工业区、200公顷的商业免税区和90公顷的物流免税区。自由港位于直布罗陀海峡附近，是通往四大洲航线的交汇点，每年有九万艘船只在前往大西洋或地中海的途中经过。该港建成后仅几周，就开始吸引大量外国投资。摩洛哥王国与雷诺—日产集团签署了一项初步协议，将建立一个年产40万辆汽车的工厂。工厂生产的90%的车辆将利用丹吉尔地中海港的基础设施出口到世界各地。世界领先的班轮运输公司丹麦马士基航运公司，也将增加在港口的业务活动，首席执行官埃文德·科尔丁表示愿意为摩洛哥的产品出口提供必要的帮助，使其产品销往世界各地。这必将有助于摩洛哥未来出口导向的发展。

摩洛哥政府在2012年前完成了丹吉尔地中海港口的二期建设，三个集装箱码头大大提高了港口的年吞吐量。在发展港口贸易的同时，港区还扩建了自贸区、工业园区和物流中心，并以一系列优惠政策吸引外资，为该地区提供了大量就业机会。截至2018年，丹吉尔地中海港已吸纳企业近900家，2018年营业额达到800亿迪拉姆。[①] 2019年，丹吉尔地中海港又将港口容量增加两倍，并扩大了工业区的面积。丹吉尔地中海港已成为非洲第一大港口。

① 中国商务部："Tanger Med临港园区2018年迎来66个新项目"，http://www.mofcom.gov.cn/article/i/jyjl/k/201905/20190502860574.shtml，2019年5月7日，引用时间：2020年1月20日。

鉴于丹吉尔自贸区的初步成功和丹吉尔地中海港口的潜在能力，摩洛哥迫切希望加强和复制这种出口加工区，并为每个地区分配特定的产业：丹吉尔港将专注于汽车和电子零件，卡萨布兰卡则侧重离岸外包服务，努瓦切尔（Nouaceur）专注于航空零件，阿加迪尔和阿尤恩（Laayoune）致力于农业产品和海洋食品，非斯着重于农业产品。

卡萨布兰卡金融城

穆罕默德六世在 2010 年宣布建立最具雄心的项目——卡萨布兰卡金融城（Casablanca Finance City，CFC）。建设卡萨布兰卡金融城的主要目的是，提升摩洛哥在地区和国际金融领域的地位；发挥摩洛哥的优势，鼓励和吸引国际机构与投资者进入北非和中、西非国家市场。为使卡萨布兰卡金融城成为非洲法语区国家金融业的标杆、使摩洛哥成为北非重要的金融枢纽，卡萨布兰卡金融城管理机构制定了一系列优惠政策，旨在吸引世界一流的企业和机构入驻。卡萨布兰卡金融城优越的商业及投资环境正吸引了许多来自全球的人才与投资者，各式各样的跨国公司和机构将在此安营扎寨。如今，以伦敦金融城和迪拜国际金融中心等为蓝本的卡萨布兰卡金融城正逐渐证明自身特色与价值。卡萨布兰卡金融城主要是仿效迪拜阿布扎比国际金融中心的模式，实施以政府部门主导、私营机构参与的公司化管理模式，并以政府立法形式保障运作。

卡萨布兰卡金融城主要面向金融与非金融机构、跨国公司全球（区域）总部、律师事务所和会计事务所等中介服务机构开放。金融城管理机构依据自身特点，灵活制定和落实招商引资制度和优惠政策：一是在营商便利方面，建立绿色通道，简化办理流程。二是在税收优惠方面，对金融机构和专业服务机构免除从获得卡萨布兰卡金融城资质第一年起连续五年的公司税，之后缴纳公司税的税率为8.75%。对于跨国公司地区或全球总部的公司税，从获得卡萨布兰卡金融城资质的第一年起，根据税法中关于最低纳税额的标准按照

10%征收。免除公司注册和增资的印花税。三是人员和资本的自由流动。快捷办理签证和工作许可，外国投资者的资本和利润可自由汇出，子公司和母公司的费用转移无限制。[①]

卡萨布兰卡金融城自创建后已经引起越来越多投资者的兴趣。2012 年，波士顿咨询集团、总部设在阿布扎比的 Invest AD 资产管理公司取得了在卡萨布兰卡金融城开展业务的经营许可证。2014年，美国国际集团（AIG）也将摩洛哥作为其在非洲大陆扩张的基地，该保险公司在卡萨布兰卡金融城已经设立了区域总部。2017 年 9 月，全球保险业巨头劳埃德保险公司任命萨拉赫·卡迪里（Salah El Kadiri）为劳埃德卡萨布兰卡的兼职总代表，这将有利于促进当地企业、经纪人和保险公司获得劳埃德市场的专业资质和专门知识。此外，诸如高伟绅律师事务所（Clifford Chance）、法国诺瓦利亚（Novallia）软件公司等，也都申请加入卡萨布兰卡金融城，并建立办事处。截至2020年年底，已有210多家全球知名企业在卡萨布兰卡金融城注册并开展业务。其中46%为服务企业，34%为跨国公司，10%为金融机构，10%为控股公司。2020年金融城营业收入达83亿迪拉姆。[②]卡萨布兰卡金融城已成为排名第一的金融城。

加速工业发展的战略计划

为促进摩洛哥的工业发展，2009年摩洛哥政府出台《国家工业振兴计划》（National Plan for Industrial Emergence），2014年又出台《2014—2020年工业加速计划》（National Industrial Acceleration Plan），确立了摩洛哥的工业发展战略。

为提升本国生产水平，摩洛哥政府主要致力于打造功能完善的

---

① 中国商务部："卡萨布兰卡金融城提供优惠吸引国外金融机构和企业总部入驻"，http://ma.mofcom.gov.cn/article/ddfg/whzhch/201508/20150801068288.shtml，2015年8月1日，引用时间：2020年1月11日。

② 中国商务部："卡萨金融城（CFC）税收优惠政策进一步收紧"，http://ma.mofcom.gov.cn/article/ddfg/whzhch/201508/20150801068288.shtml，2015年8月1日，引用时间：2020年1月11日。

工业园区，力图在有限的地理范围内改善工业制造业发展所需的硬件条件。在工业发展战略的指引下，在投资总额约200亿迪拉姆工业投资发展基金的支持下，从2009年开始，摩洛哥建立了一批综合工业园区：丹吉尔自贸区、乌季达科技城（2009）、大西洋自贸区（2010）、中部工业园（2011）、丹吉尔汽车城（2011）等。与之前建设的工业园区相比，新建的综合工业园区基础设施水平有大幅提升，配备有水、电、污水处理、电信等必要的基础设施，还建有厂房、仓库、办公楼等，供投资者租用。

摩洛哥将劳动力和技术人员的培训作为提升生产水平的重要手段。为配合《2014—2020年工业加速计划》的落实，摩洛哥培训和就业促进局制订了《2015—2020 年发展计划》，计划在五年内新建120所培训机构，将全国职业培训能力提升至 65 万人。[①]为提高职业培训的针对性，政府还在各大综合工业园区内设立了职业培训中心，由其根据园区产业发展的需要，对劳动力进行专业化培训。

摩洛哥在制定工业发展战略时，也高度重视国内营商环境的建设。2009 年《国家工业振兴计划》启动之后，摩政府主要从以下几个方面改善国内营商环境：（一）通过要求公司公布年报，允许小股东获取公司非涉密资料，要求公司公布所有权、股权结构信息等措施保护投资者权益；（二）建立电子支付平台，提高企业缴纳营业税、增值税、雇员社会保障费等税费支出的便利程度；（三）通过取消有限责任公司最低资本金，降低公司注册费，取消向劳动局提交注册说明书，设立公司注册网络平台等手段，提升开办企业的便利程度；（四）通过改进税收部门办事效率，建立跨区域税收部门联系网络，缩减办事流程等手段提升资产转让的便利程度；（五）通过削减商品出口申报文件数量、缩短商品进口入关时间来提升货物进出

① 中国商务部："摩洛哥职业培训和就业促进局 2016年预算将达34.08亿迪拉姆"，http://www.mofcom.gov.cn/article/i/jyjl/k/201601/20160101230111.shtml. 2016年1月8日，引用时间：2020年1月12日。

口贸易的便利程度。[①]此外，作为基础设施建设的软件部分，为提高政府服务效率和服务水平，摩在综合工业园区均设有“单一窗口”服务，以便高效地为企业办理项目投资所需的各类手续。例如，在丹吉尔出口免税区，相关手续办理时间可以压缩至24小时以内。[②]

为解决信息不对称导致本土供应能力不足的问题，并降低企业获得供应商的信息成本，摩洛哥高度重视企业信息网络的建设。为整合国内企业资源、降低资源的区块化，在产业“生态系统”下，摩建立了辐射范围广泛的信息网络，不但收录了一般企业信息，甚至将与产业发展相关的微型企业、家庭作坊式企业信息收录其中。此外，为促进信息共享，摩还建立了技术人才资源数据库和跨部门合同数据库。

为解决因企业无力扩张产能而导致本土供应能力不足的问题，摩高度重视为企业产能扩张提供资金支持的工作。在工业发展战略下，摩政府在2009年设立了专门用于支持企业扩张产能的哈桑二世基金，该基金主要用于支持企业为扩张产能建设厂区、购买设备。根据哈桑二世基金的资助条款，对在汽车、航空、电子、纳米技术、微电子、生物科技等领域的投资项目，企业在与摩政府签署协约后，企业可获取总额不超过总投资额15%或3000万迪拉姆以下的资金补贴，其内容包括：用于项目建设用地和厂房建筑，资助额为建设用地和厂房建设所需资金的30%（以每平米2000迪拉姆为最高限价）；用于购买新设备，资助额为购买新设备款的 15%（不包括进口关税等税收费用）。此外，摩也与国内银行签署协议，由其为符合规定的企业扩张产能提供融资支持。[③]

---

① World Bank, “Doing Business 2010-2018”, http://www.doingbusiness.org /en/reports/global-reports/doing-business-2019.，引用时间：2020年1月12日。

② 中国商务部：《对外投资合作国别（地区）指南：摩洛哥（2017 年版）》，第48—57页，http://fec.mofcom.gov.cn/article/gbdqzn/upload/moluoge.pdf.，引用时间：2020年1月12日。

③ WTO, Trade Policy Review Report by the Secretariat: Kingdom of Morocco, WT /TPR/S /329/Rev.1, 15 June, 2016, p.37. https://docs.wto.org/dol2fe/Pages/SS/directdoc.aspx?filename=q:/WT/TPR/S329R1.pdf&Open=True.，引用时间：2020年1月12日。

经济发展面临的挑战

尽管政府在使经济多样化方面做出了努力，但摩洛哥的经济仍未摆脱窘境。由于经济高度依赖农业部门，而农业又是靠天吃饭，加之恶劣的天气条件，摩洛哥的实际国内生产总值增长率从2006年的7.9%下滑到2007年的3%。干旱的危险永远存在，平均而言，摩洛哥每三年发生一次干旱，农业生产的波动性是制约农业经济增长的主要因素。而农业生产的波动，势必影响摩洛哥的经济发展，造成经济增长起伏不定。

摩洛哥推出了加速工业发展的战略计划，通过近十年的实施取得了很大成效，但工业发展仍面临许多障碍。一方面，由于摩洛哥的文盲率较高，教育水平较低，由此产生了劳动力一般技能和专业技能不足的问题，合格人力资源的缺乏成为限制工业及其他相关产业发展的极大障碍。另一方面，国营企业效率低下，亟待改革，而私营企业又因受制于政府税收、市场和投资，以及法规等因素，未能迅速发展壮大，国企和私企的创新生产能力不足，严重抑制了工业化的发展。

摩洛哥的经济增长对外依赖性较大。自2008年全球金融危机爆发后，摩洛哥经济增长率下降，外资减少，贸易赤字持续扩大，皮革、纺织、服装和汽车制造业成为“重灾区”，旅游业亦遭受重创，占国民生产总值9.6%的侨民收入大幅减少。因此，如何使摩洛哥避免在经济全球化中受到冲击，也是摩政府必须关注的重要问题。

此外，摩洛哥是非产油国，燃料的97%需要进口，世界油价居高不下使摩能源支出急剧增加。尽管摩2000年外债有所减少，但仍达170亿美元，此后一直上涨。2020年，摩洛哥公共债务为876.59亿美元，比2019年增加了99.65亿美元，摩人均债务为2375美元。[①]由此可见，财政状况不容乐观。

---

① “The National Debt Increased in Morocco”, https://countryeconomy.com/national-debt/morocco.，引用时间：2022年7月16日。

自独立以来的发展经验证明，摩洛哥经济发展的成功取决于经济的多样化。对于像摩洛哥这样以农产品和磷酸盐出口为主的经济体，发展制造业和出口高附加值产品是可持续发展的必由之路。为此，摩洛哥政府除了继续支持农业、旅游业等传统部门的发展，还必须通过政策引导以加大国内外对工业、服务业等有发展前景的部门的投资，力促摩洛哥的经济结构多元化和合理化。这样，才能确保摩洛哥经济持续健康的发展。

四、科教文卫事业与社会发展

扫除文盲与教育改革

摩洛哥教育比较落后，文盲人数比例很大。2003年的数据显示，15岁以上的文盲占全国人口的49.3%，妇女的文盲率则高达60.6%。居住在城镇的人口多数会读、写，但男女存在差异，大部分男性具有识字能力，约有一半的女性不识字。文盲比例高成为阻碍摩洛哥社会发展的严重障碍。

穆罕默德六世执政后，于2003年10月13日发表“告全国同胞书”，敦促政府制定一项长期而具体的扫盲战略，呼吁国民积极参加扫盲运动。摩洛哥负责教育和扫盲的国务秘书阿尼斯·比鲁在纪念穆罕默德六世“告全国同胞书”发表一周年的记者招待会上说，摩洛哥政府决定把每年的10月13日作为全国扫盲日，并根据穆罕默德六世的指示制定了全国扫盲规划。按照规划，摩洛哥将在此后的10年中，力争每年使100万文盲脱盲和6万失学儿童进入学校接受正规教育，以便在2010年使摩洛哥的文盲率下降到20%，使适龄儿童的入学率达到100%，并在2015年消除文盲。[①]经过摩洛哥政府和全社会的共同努力，彻底扫除文盲的目标才有可能成为现实。2015年

① “摩洛哥欲在2015年消除文盲”，https://news.sina.com.cn/w/2004-10-15/19203943118s.shtml，2004年10月16日，引用时间：2020年2月9日。

全国文盲率已降至25.4%。

与此同时，摩洛哥政府强调“教育普及化，教材统一化，教师摩洛哥化和教学阿拉伯化”。摩洛哥共有高校64所，中学1168所，小学4350所。小学入学率为100%。中学入学率逐年提高，2005年男女入学率分别为54%和46%，2010年为67.5%和58.8%，2019年为84%和75%。2005年大学男女入学率分别为13%和10.5%，2010年为15.2%和13.7%，2019年为34.2%和33.3%。[①]小学在校学生约410万，教师13.28万；中学在校学生180万，教师8.68万名；大学在校学生28.6万，教师9773名，研究生约800名。此外，摩洛哥国内还有1.2万多名外国留学生，9000多名外派留学生，职业培训13万多人，干部培训1万多人。国立中、小学教师已全部实现摩洛哥化，中小学教师月薪约500美元。大学教师97%为摩洛哥人，月薪约800美元。摩洛哥共有24所大学，其中包括著名高等学府穆罕默德五世大学、哈桑二世大学、穆罕默德一世大学、卡地·阿亚德大学、卡拉维因宗教大学和穆罕默德·本·阿卜杜拉大学等。

摩洛哥虽已独立50余年，但仍受法国文化的明显影响，从小学三年级开始，法语课程与阿拉伯语课程并重。学制也效仿法国，小学5年，初中4年，高中的大学预备班为3年。5~7岁的儿童，必须先上幼稚园或古兰经学校，背诵古兰经和学习伊斯兰教历史。7~14岁一律实施免费义务教育。

2000年颁布和实施的全国教育宪章规定，将柏柏尔语和法语纳入教育体制。该宪章还指出，外语教学，尤其是法语、英语和西班牙语教学对国家的发展实属必要。国家的民主化和现代化进程要建立在语言和文化的多样性之上。

摩洛哥从2004年1月1日起正式启动“国家网络教育战略”，最终目标是逐步把网络文化引入全国的教育机构。为实现此战略目标，摩洛哥国民教育部和摩洛哥电信公司签署了合作协议。根据协

① 参见联合国数据库，http://data.un.org/en/iso/ma.html.，引用时间：2020年2月11日。

议，摩洛哥电信公司将负责为全国大中小学的上网提供技术服务，并对学生上网实施20%的价格优惠。而国民教育部则负责对全国的教师进行相关培训，以提高他们的上网教学能力。①

高新人才培养和人文事业的发展

穆罕默德六世认为，推进年轻人适应劳动力市场，并提升年轻人劳动技能，尤其是培养新兴产业中的高技能劳动力，是一项重要工作，以便适应摩洛哥新型产业，诸如汽车业、客户服务中心、航空等方面的需要。为此，摩洛哥议会决定在航空及机场物流领域成立一个专业研究中心。这个耗资7220万迪拉姆、占地1.5万平方米的研究中心，将肩负促进摩洛哥航空业及工业繁荣的重要责任，同时也肩负为摩洛哥提供航空领域内高层次技术人力资源的重担。在完成场地及硬件设施的建设后，该中心将为2000余名学员提供符合国际标准的一系列专业培训。

摩洛哥注重向高新技术领域的拓展。早在1980年4月，摩洛哥已设立皇家科学院，由30名摩洛哥常任院士和30名外籍联系院士组成。穆罕默德六世执政后，兼任皇家科学院的首脑，并委派常务秘书主持日常工作。2001年，摩洛哥成功发射第一颗科学卫星。2005年，摩加入欧盟“伽利略”卫星导航计划，成为第一个加入该计划的非洲阿拉伯国家，也是继中国、印度、以色列、乌克兰后第五个加入该计划的非欧盟国家。

2005年5月，摩洛哥启动“国家人文发展计划”（National Initiative for Human Development），该计划将在10年内投资20亿美元用于扶贫，并采取加薪减税、提高最低工资标准、强制实施企业医疗保险、坚持基本食品补贴政策等关系民生的措施，以维护社会的安定。2005 年至2018年，“国家人文发展计划”前两个阶段目标相继完成。2018年9月，摩洛哥内政部宣布启动第三阶段（2019—2023年）

① “摩洛哥：2004年起正式启动国家网络教育战略”，https://www.chinaonlineedu.com/info/news_special_id_2662.html，2004年1月9日，引用时间：2020年2月12日。

的项目。该阶段的计划旨在努力构建和谐社会，实现可持续发展，主要内容包括：加强城市贫困社区和农村贫困地区的基础设施建设；确保居民收入的稳定性，努力增加就业机会；帮助弱势群体和边缘群体融入社会，逐步改善他们的生活条件等。

妇女地位的提高

为了提高妇女地位，穆罕默德六世多次发表讲话，呼吁给予妇女平等权利。1999年8月，他在演讲中对在“进步与繁荣”的国家中妇女被降为二等公民的合理性提出质疑。2000年3月，穆罕默德六世任命女法学家朱莉卡·纳斯利为国务顾问，这是改变摩洛哥妇女地位的一个重要标志。

2001年3月，女权主义平等协会（Feminist Associations Spring For Equality）向国王递交关于改革诉求的备忘录。穆罕默德六世接待了活动发起人，随后成立了一个由法学教授、乌勒玛、女权主义者等各阶层人士组成的皇家委员会，研究并起草新的家庭法《穆达瓦纳》。9月，新的《穆达瓦纳》提交议会讨论并获得通过。12月，穆罕默德六世宣布实行新的《穆达瓦纳》，赋予摩洛哥妇女更多的权利。

通过新家庭法的颁布与实施，穆罕默德六世在加强国王权力的同时，树立了“开明”的形象。大多数人认为新家庭法具有“革命性”，是摩洛哥自由化进程中具有“里程碑”意义的一步。这主要体现在婚姻及夫妻关系方面，新家庭法将女性的结婚年龄从15岁提高到18岁，并使妇女摆脱了监护人的控制，拥有了婚姻自主权。新家庭法还严格限制一夫多妻制，在保留一名男子与第二个妻子结婚权力的同时，增加了保护第一任妻子的条款。特别重要的是，新家庭法明确提出夫妻在法律上是平等的，并把家庭置于双方“共同负责”之下，丈夫不能未经妻子答应或法庭审判而随意休妻。新法准许双方协议离婚，允许妇女即便在没有理由的情况下也可以提出离婚，并有权首先启动离婚诉讼程序。新家庭法还保护离婚或被休妇女的权利，允许她们在离婚时拥有财产和孩子，同时规定“夫妻离婚后，女方还保留有对子女的监护权，即使她再婚和改变住处”[①]。

新家庭法确立了妇女在法律上的合法权益，受到妇女活动家和广大女性的欢迎。但是，并没有严格执行新法，原因是多方面的：新法本身存在着矛盾和缺失的条款；法官不熟悉其中的条款或者有意抵制某些条款，阻碍了新法的执行；广大农村妇女不了解新法条例的内容；保守的伊斯兰团体反对新法条例等等。[②]因此，妇女的从属地位并未从根本上改变。

妇女团体将妇女权利问题与更大的人权问题联系在一起，启动关于摩洛哥社会“被遗忘的灵魂”的讨论，包括受虐待和被遗弃儿童、被虐待的妻子、吸毒者、未成年女佣、妓女、未婚妈妈等，即长期以来受到漠视的被剥削、被边缘化和被抛弃的人群。这些讨论使上述人群成为摩洛哥政治生活中民众关注的一个焦点。可以说，妇女运动不仅促进了女性事业,也促进了摩洛哥社会与政治生活的进步。

在2002年9月举行的议会选举中，有30个席位专门分配给女性。选举结果共有35名女性进入议会。新家庭法和议席定额分配制的实行，保障了妇女在政党和议会选举中的政治参与，越来越多的妇女参政议政，女性议员的比例从2005年的10.8%上升至2019年的20.5%。[③]国家还创建了妇女权利发展委员会（Cellule de l'inte' gration de la femme audeveloppement，CIFD）。

摩洛哥妇女企业家协会在2005年3月发表的一项统计报告显示，随着妇女政治和社会地位的不断提高，摩洛哥越来越多的妇女开始进入企业界，不断开拓妇女自主创业的新天地。这项报告提供的数字显示，摩洛哥37%的服务企业、31%的商业企业和22%的工业企业由妇女创办并独自打理。虽然这些企业平均创办的时间还不到五年，但不少女企业家已经在各自的经营领域创造了不俗的业绩，有

---

① “摩洛哥王国：将还妇女人权”，http://www.women.org.cn/allnews/1003/54.html.，引用时间：2020年3月5日。

② Susan Gilson Miller, *A History of Modern Morocco*, pp.227-228.

③ 联合国数据库，http://data.un.org/en/iso/ma.html.，引用时间：2020年3月5日。

的甚至已经成为某个行业的领军人物。①

2011年7月，摩洛哥通过新宪法，其中第19条明确规定在政治、经济、社会、文化或环境方面，女性与男性应享有同等权利。在新宪法其他条款中,促进并保障性别平等也成为政府承诺努力的目标。

然而，由于摩洛哥社会仍具有浓重的性别色彩，宗教制度对妇女严厉限制，以及妇女文盲率较高，摩洛哥妇女参与公共生活的人数并不多。能够参政的女性主要是受教育程度较高的妇女精英，但她们同样难以置身政府决策。可以预见，如果摩洛哥大多数妇女不能切实和普遍地参与到公共生活中，她们的经济、社会、政治和文化权利便无从实现。

摩洛哥的海外侨民

摩洛哥临近欧洲，这就为摩洛哥人提供了对外交往的便利条件。据摩洛哥外汇管理局统计，摩洛哥旅居海外的人口约500万人，约占全国人口的13%，其中80%以上的人居住在欧洲，主要是法国、西班牙、意大利、德国等国。海外侨民是摩洛哥重要和可靠的资本来源，为摩洛哥的经济发展做出了贡献。海外侨民寄回国内的资金总额从2004年的374亿迪拉姆增加到2017年的659亿迪拉姆，接近6%的国内生产总值。②

摩洛哥的海外侨民对本国的贡献主要是汇款，其中一部分存入摩洛哥银行，其余部分留给了他们在国内的家人和亲戚。居住在世界各地的摩洛哥人的直接汇款有力支持了贫困家庭的脱贫。但这仅代表国际收支中包含的一部分转移支付，也是摩洛哥的贫困率从23.2%降低到19%的一个原因。换言之，通过移民以投资和各种形式的转移支付所提供的财政支持，120万摩洛哥人摆脱贫困。然而，

① 《中国妇女报》2005年4月1日。

② “摩洛哥汇款：海外摩洛哥居民”，https://www.ceicdata.com/zh-hans/morocco/remittances-moroccan-residents-abroad，引用时间：2022年7月18日。

这种贡献并没有转化为向重要行业的巨大投资。就外国直接投资而言，摩洛哥侨民的贡献微乎其微，其流入也没有分配到重要部门。摩洛哥政府正努力纠正这一缺陷，并将摩洛哥侨民投资引向更具发展性和生产性的部门。据摩洛哥外交部促进交流与合作投资管理司称，摩洛哥被国际货币基金组织视为“从其侨民社区获得最强资金转移的大国”。尽管如此，摩洛哥侨民的投资仅为全部外国直接投资的1.5%，且基本投资在不动产上。摩洛哥政府希望“帮助海外摩洛哥居民改变行为并投资于生产部门”[①]。

2009年，欧盟委员会和联合国采取了一项温和但重要的举措，以促进外国直接投资，特别是来自摩洛哥海外移民的资金流入，这个名为“移民促进发展”的计划旨在促进移民返回本国并成为积极公民。这项计划的全球预算为1000万欧元。摩洛哥当局意识到摩洛哥侨民投资和技能的重要性，努力争取和合理利用继磷酸盐矿开采之后的第二大收入来源，即海外侨民的汇款。同时，摩洛哥政府加强了对海外侨民的重视和引导，2013年出台了一项针对摩洛哥侨民的新战略，维护侨民的民族特性，支持他们融入居住国，并动员他们为摩洛哥与其居住国的双边关系服务。[②]

五、对外交往战略的再定位

谋求与西方的战略伙伴关系

穆罕默德六世在继位后的首次全国电视讲话中表示，他将继承先父未竟的事业，保持内外政策不变，注重对外关系的均衡和全方位发展。

出于国内外形势的需要，摩洛哥继续保护并增进与美、欧国

---

① http://www.co-development.org/index.php?sv=31&aid=698.，引用时间：2018年12月21日。

② “Morocco Mulls New Strategy For Moroccan Migrants”，https://www.maroc.ma/en/news/morocco-mulls-new-strategy-moroccan-migrants, August 8, 2013，引用时间：2022年7月17日。

家的密切关系。穆罕默德六世首先加强与美国的关系。2000年6月，穆罕默德六世访美，希望与美国建立战略伙伴关系。2001年"9·11"事件爆发后，摩洛哥是中东和北非地区第一个谴责恐怖袭击制造者并宣布与美国人民一同打击恐怖主义的国家。2001年10月，美国发动阿富汗战争，摩洛哥虽然没有派兵参加，但却声明支持美国的反恐战争。[①]战争结束后，摩洛哥政府立即加入了阿富汗维和与重建项目，并以农业、食品和水资源方面的合作形式提供帮助。

为适应美国的反恐需求，穆罕默德六世拓展与美国情报机构合作的范围，改革摩洛哥安全机构，充当美国在中东和北非反恐的排头兵。从2002年开始，摩洛哥情报人员直接参与美国针对"基地"组织的情报工作。为彰显摩洛哥对美国全球反恐联盟的支持，穆罕默德六世采取了诸多措施：（一）邀请美国官员访摩。2002—2006年间，多位美国高官频繁访问摩洛哥，其中包括前国务卿科林·鲍威尔（Colin Powell）、负责近东事务的助理国务卿威廉·伯恩斯（William Burns）以及中央情报局局长乔治·特内特（George Tenet）。（二）出台相关反恐法规，对接美国的反恐政策。2002 年7月，摩洛哥批准《制止向恐怖主义提供资助的国际公约》（International Convention for the Suppression of the Financing of Terrorism）。2003 年5月摩洛哥制定"全面反恐法"；2015年又对其进行修订，增加了涉及招募和训练境外恐怖分子的条款。（三）建立伊斯兰培训学校，配合美国的"去极端化"项目，为美国、欧洲和非洲等国培训具有温和伊斯兰思想的伊玛目。[②]

为了回馈穆罕默德六世在反恐中所做的贡献，2004年7月，美国总统小布什宣布给予摩洛哥以"非北约主要盟国"（a major non-NATO ally）的地位。同年12月，为推进"大中东民主计划"，美国

---

① John James Damis, "U.S. Arab Relations: The Moroccan Dimension", Washington, D.C.: National Council on U.S.-Arab Relations, 1986.

② 张玉友、王泽壮：《王权安全与联盟外交：摩洛哥结盟政策的国内根源探析》，《世界经济与政治论坛》2019年第2期。

政府决定举办一次非正式的论坛——“未来论坛”（Forum for the Future），并将摩洛哥首都拉巴特选作论坛举办地，意图将摩洛哥树为阿拉伯世界的“模范国家”，尤其是在民主转型方面为其他阿拉伯国家树立榜样。此次论坛以非正式、灵活、开放的对话形式展开，一方是来自21个西亚和北非地区的伊斯兰国家，包括主要的阿拉伯国家、土耳其、巴基斯坦和阿富汗；另一方是以美国为代表的八国集团成员。此外，阿盟、海合会、阿拉伯马格里布联盟以及欧盟的代表也出席了论坛。虽然这次论坛讨论的主题是经济问题，如侨汇、旅游、投资等，但真实目的则是为推广西方的民主价值观。

2007年，美国总统小布什宣布，摩洛哥允许美国在坦坦建设美军基地，作为监视与打击非洲恐怖主义活动的美国军事力量非洲司令部的一个临时区域。“伊斯兰国”崛起后，穆罕默德六世于2015年成立“中央司法调查局”（The Moroccan Central Bureau of Judicial Investigation，BCJI），调查和追踪潜伏在境内的极端分子。美国反恐局发布的《2016年恐怖主义国别报告》称，“摩洛哥是唯一向美国领导的打击‘伊斯兰国’联盟在叙利亚和伊拉克行动提供军事援助的非洲国家。”[①]

上述摩美双方的互动，为两国战略伙伴关系的建立奠定了基础。2012年9月，摩美两国代表在华盛顿举行首届战略对话。2014年4月，美国国务卿克里访摩，并同摩外交与合作大臣梅祖阿尔共同主持第二轮摩美战略对话。8月，摩政府首脑本·基兰赴美出席美非峰会。2015年4月，梅祖阿尔与克里在华盛顿共同主持第三轮摩美战略对话。2016年2月，梅祖阿尔访美，会见克里。12月，穆罕默德六世与美当选总统特朗普举行电话会谈。

摩洛哥与美国的结盟，促进了双边贸易便利化，2004年6月，摩美签署自由贸易协定，相互减免大部分关税，美国还承诺增加对摩洛哥的直接投资。之后，美摩贸易稳步增长。2006年1月1日，

① “Country Reports on Terrorism 2016”, United States Department of State Publication, July 2017.https://www.state.gov/wp-content/uploads 2019/04/crt_2016.pdf.，引用时间：2019年5月2日。

摩—美自由贸易协定正式生效。2005年至2019年，摩洛哥对美国出口商品总值从4.46亿美元增加到15.82亿美元，美国对摩洛哥的出口额从4.81亿美元增加到34.96亿美元。[①] 摩洛哥致力于成为航运、物流、金融、装配和销售中心。截至2020年，有超过150家美国公司在摩洛哥运营，大多在可再生能源、基础设施、航空和环境技术等领域。

从摩洛哥的角度来看，与美国签订自贸协议，首先能够改变摩洛哥长期以来依赖农业生产的局面。因为摩洛哥有近一半的劳动力在农业领域，影响其工业化发展，而美国可以提升摩洛哥工业发展速度、优化产业结构。其次，在经济上可以减少对欧盟的过度依赖，增加与欧盟的谈判筹码。再次，在政治上获得国际支持，并使国际社会认可穆罕默德六世的国家治理能力。

摩洛哥还获得了美国的经济和军事援助。摩洛哥参与美国全球反恐联盟后，获得的经济援助不断增加。2004年11月，美国千年挑战公司（Millennium Challenge Corporation，MCC）宣布摩洛哥入选"美国千年挑战基金"2005年度受援国。2007年8月31日，千年挑战公司与摩洛哥政府签订援助协定，向摩洛哥提供6.975亿美元的援助（为期5年，2008—2013年）。[②] 2001—2021年，美国国际开发署（United State Agenly for International Development，USAID）向摩洛哥提供了总计4.6289亿美元的援助。[③]除向摩洛哥政府提供援助外，隶属美国的"中东伙伴关系计划"（MEPI）还向摩洛哥非政府组织提供援助，主要用于摩洛哥青年的教育和职业培训、预防年轻人极端化倾向，并努力扩大公民对国家治理的参与等。除经济援助外，美国还对摩洛哥提供广泛的军事援助，双方保持着良好的

---

① "U.S. Relations With Morocco", https://www.state.gov/u-s-relations-with-morocco/., 引用时间：2020年6月9日。

② "Millennium Challenge Compact with the Kingdom of Morocco", https://assets.mcc.gov/content/uploads/2017/05/cn-090407-morocco-compactsigning.pdf, 引用时间：2022年7月18日。

③ "U. S. Foreign Assistance By Country", https://forgignassistance.gov/cd/morocco/2022/disbursements/1, 引用时间：2022年7月18日。

军事合作关系。摩洛哥是美国在全球的第三大军备购买国，美摩定期进行涉及多科目的军事演习。2008年，美摩签订军售合同，美国向摩洛哥出售24架F-16战斗机、52架其他飞机，还包括T-6教练机、AGM-D空对地导弹、AM120-C7导弹防御系统等。[①] 2020年，摩洛哥从美国采购军备数额为85亿美元，比2019年增加一倍多。采购军备包括爱国者防空系统、F-16战斗机、新型阿帕奇攻击直升机等。[②]美国通过一系列方案与摩洛哥合作，提高两国在地区安全问题上的合作能力，包括反恐和打击非法贩运。

美国也是摩洛哥在国际社会的重要支持者，这主要体现在对西撒哈拉问题的立场上。在西撒哈拉主权归属争端中，美国长期采取支持摩洛哥的立场。自2007年摩洛哥向联合国安理会提交“西撒哈拉自治计划”以来，历届美国政府一直支持该计划。只是在奥巴马总统第二个任期时，因美国政府提出西撒哈拉人权问题导致摩美两国关系一度紧张。2020年12月10日，美国总统特朗普公开声明“承认摩洛哥对西撒哈拉主权。”[③]继任总统拜登至今并未否认特朗普政府的声明立场。

穆罕默德六世执政后，主张摩洛哥与法国保持更加密切的关系，建立全面的合作伙伴关系，力图将两国业已存在的友好关系扩大到各个领域。

摩洛哥和法国的政治关系一直比较稳定，两国首脑和高层领导人频繁互访，政府间建有定期会晤机制。2000年3月，穆罕默德六世继位后第一个出访的国家便是法国。2001年12月，法国总统希拉克对摩洛哥访问，推动了双边伙伴关系的全面发展。2003年7月，

---

① 美国国防部网站，http://www.dsca.mil/major-arms-sales/morocco-f-16cd-block-5052-aircraft-support-equipment-weapons.，引用时间：2018年12月5日。

② “摩洛哥2020年自美国采购军务数额约增长一倍”，http://m.news.cctv.com/2021/01/22/ARTIZXxirBuzB7c1E8eRRSA0210122.shtml，2021年1月22日，引用时间：2022年7月18日。

③ “Morocco-US Relations: The Myth Of Biden-Trump Discontinuity on Foreign Policy”，https://www.moroccoworldnews.com/2021/12/346170/morocco-us-relations-the-myth-of-biden-trump-discontinuity-on-foreign-policy, Dec.23, 2021, 引用时间：2022年7月18日。

法国总理拉法兰访问摩洛哥，两国举行第五次高级混合委员会会议并签署多项协议，摩法两国合作取得一系列成果：（一）确定了未来双边合作的新框架，为双方在经济、社会、文化、环境保护等更广泛领域内的深化合作奠定了基础，两国的战略伙伴关系提升到一个新高度。（二）摩法两国确定了双边合作的重点，即以摩洛哥政府两大工作重点（实现经济现代化和满足人民需求、提高人民生活水平）为基础。为此，法国承诺增加对摩洛哥的财政援助，用于摩洛哥经济建设和社会发展领域的项目。法国还将在双边和欧盟、国际组织领域内支持摩洛哥的经济结构调整政策。（三）重申加强欧洲—地中海区域合作及欧盟与马格里布联盟合作的重要性。两国将建立"政治、战略和安全对话机制"，以协调两国在欧洲—地中海事务中的立场，并以两国紧密合作为基础来推动欧洲和非洲的合作。从此，法国利用其国力优势在政治、经济、文化和社会等各个领域与摩洛哥扩展更加紧密的合作，以保持与摩洛哥的传统盟友地位，巩固法国在摩洛哥的相关利益，应对美国等国家对摩洛哥的渗透和影响。摩洛哥通过与法国建立更加紧密的双边关系而获得资金、先进技术和管理经验，从而推动经济现代化、提高人民生活水平、保持社会稳定，应对经济全球化的挑战。摩洛哥和法国的双边战略合作伙伴关系不断加强。[①]

在经济合作方面，摩洛哥和法国于2002年11月签署了四项涉及教育、文化、卫生领域的协议，法国向摩洛哥提供1000万欧元的援助。2005年9月，法国总理德维尔潘访摩，双方签订了金额约1亿欧元的多项经济合作协议。2007年10月，法国总统萨科齐访问摩洛哥，两国签署了价值30亿欧元的一揽子合作协议，其中包括摩洛哥购买法国高速列车的经贸合作协议。2010年7月，法国与摩洛哥政府间第十届高级别会谈在法国巴黎举行。双方政府代表签署十余份合作协议，其中包括一份双方展开民用核能领域合作的协议。在双

① 肖克：《摩洛哥与法国关系的发展变化》，《亚非纵横》2012年第6期。

边贸易方面，法国一直是摩洛哥第一大贸易伙伴，两国贸易额约占摩外贸总额的1/4。法国也是摩洛哥最大的投资国，法国在摩洛哥的私人投资超过摩洛哥外国投资总额的30%。法国还是摩洛哥最大的债权国。2006年，摩洛哥的外国直接投资和私人贷款总计293亿迪拉姆，其中56%来自法国和西班牙。

摩洛哥同西班牙的关系在20世纪90年代经历了一个起伏发展的过程。穆罕默德六世继位后坚持对西班牙的睦邻友好政策。为了消除隔阂和发展两国关系，穆罕默德六世国王于2000年9月访问了西班牙。然而，2001年4月，欧盟与摩洛哥之间关于续签渔业协定的谈判破裂。由于在摩洛哥大西洋海域捕鱼的欧洲船队90%都是西班牙渔船，而西班牙的经济对渔业的依赖很大，因此导致西班牙对摩洛哥极为不满。在接下来的几个月里，西班牙针对摩洛哥非法移民大量流入西班牙的问题指责摩洛哥政府控制不力，摩洛哥则对西班牙在西撒哈拉问题上对摩洛哥的不友好行为大加抱怨，结果导致两国关系骤然恶化，几近爆发武装冲突。①

摩洛哥和西班牙两国间存在的领土纠纷，也是引发两国关系紧张的主要因素。2002年7月，两国因摩洛哥北部地中海沿岸的佩雷希尔岛（Perejil Island）②的主权归属问题爆发武装冲突。当时一小队摩洛哥士兵登上该岛，并升起摩洛哥国旗，西班牙政府派军队予以驱逐。虽然在国际调解下冲突得以解决，但这一对抗恶化了两国关系。2007年11月，因西班牙国王访问休达和梅利利亚，摩洛哥短期召回驻西班牙大使以示抗议。摩洛哥决心收回长期被西班牙占领的地中海沿岸领土，在可预见的未来，这仍然是影响西班牙与摩洛哥关系的症结。

在西班牙的摩洛哥非法移民问题，也是影响摩西关系的严重障

---

① Richard Gillespie, *Spain and the Mediterranean: Developng a European Policy Towards the South*, Basingstoke: Macmillan, 2000, p.50.

② 西班牙称为佩雷希尔岛（Perejil Island），摩洛哥称作雷拉岛（Leila Island）。该岛是一个面积仅13.5公顷的荒岛，但因地处扼守地中海和大西洋要道的直布罗陀海峡这样重要的战略地位，西班牙与摩洛哥一直对该岛的主权归属争执不休。

碍。2000—2004年，西班牙平均每年将24107名摩洛哥人驱逐出境，西班牙批评摩洛哥边界懒散的监督人员。[①]2004年5月，马德里发生重大爆炸案，西班牙政府拘捕了许多伊斯兰激进势力中的嫌疑犯。由于摩洛哥人的活动及其在西班牙社区多达约70万的人口，摩洛哥人成为怀疑目标，遭到大规模驱逐。2007年5月，有14名摩洛哥人遭逮捕，罪名是为宗教极端分子及其支持者招募志愿者。[②]摩西两国关系再度紧张。

出于地缘利益的考虑，摩、西政府为缓和两国关系都做出了一些努力。2013年7月，西班牙国王卡洛斯一世对摩洛哥进行正式访问。2014年2月，摩洛哥外交与合作大臣梅祖阿尔、工贸大臣阿拉米、外交与合作大臣级代表布艾达在马德里共同出席了与西班牙企业家见面活动；同月，西班牙国防部总参谋长桑切斯访摩；6月，西班牙外长马尔加罗访摩；7月，西班牙国王费利佩六世夫妇访摩；11月，西班牙国防部长厄拉特访摩。2015年6月，摩洛哥政府首脑本·基兰和西班牙首相拉霍伊在马德里共同主持第11届摩—西高层会议。2016年3月，摩洛哥内政大臣哈萨德和国家安全总局兼国土监察局局长访西。12月，西班牙内政大臣胡安·宰伊德访摩。频繁的高层互访和多领域的合作将两国关系推进到“战略伙伴关系”。

摩洛哥与欧盟的关系是摩洛哥对外交往的有机组成部分，因而得到穆罕默德六世的高度重视。2000年3月1日，摩洛哥与欧盟于1996年签署的联系国协议正式生效。同年，穆罕默德六世接连访问法国、意大利和西班牙等国，与这些国家的领导人共商摩洛哥与欧盟在新世纪的战略合作关系。穆罕默德六世的努力取得切实成果：法国将七亿法郎的摩洛哥外债转为对摩投资，并于2000年9月向摩洛哥提供一亿美元援助；意大利免除了摩洛哥约一亿美元的债务并将其转为援助贷款；西班牙同摩洛哥签署了约十亿美元的财政合作协定。欧盟继

① 〔美〕菲利普·C.内勒：《北非史》，韩志斌等译，第282页。

② Victoria Burnett, “Spain Arrests 16 North Africans Accused of Recruiting Militants”, *New York Times*, 29 May, 2007.

2000年1月决定向摩洛哥提供5000万欧元的赠款后，又于9月决定向摩洛哥提供8000万欧元的援助。[①]这不仅减轻了摩洛哥的外债负担，也为摩洛哥的国内建设和经济发展提供了必要的资金支持。

2004年5月，欧盟委员会发布《欧洲邻国政策战略文件》，开始实施“欧洲邻国政策”（European Neighbourhood Policy，ENP），作为对“欧盟—地中海伙伴关系”计划（Euro—Mediterraneam Partnership，EMP）的补充。ENP旨在促使欧盟各成员国一致行动，协调欧盟对相邻地区的各项政策，通过加强安全、政治、经济和移民等领域的合作来发展彼此间的特惠关系。与EMP的多边合作方式不同，ENP更多的是采取双边合作的模式。2004年，摩洛哥与欧盟签订的自由贸易协定正式生效。作为ENP政策的具体实施，2005年7月，欧盟与摩洛哥签署“欧盟—摩洛哥行动计划”（EU—Morocco Action Plan, EMAP）。该计划确定的“优先行动”包括投资、减贫、教育与培训、移民、贸易自由化、民主化、立法改革、遵守国际人权标准、保障劳工权益和打击恐怖主义等。[②]但是，该计划缺乏有关时间表、行动者、执行和评价机制的细节规定，因此具体实施起来比较困难而缓慢。[③]

2008年10月，摩洛哥获得“欧洲邻国政策”框架下与欧盟关系的“优先地位”（Advanced Status）。尽管“优先地位”并未比之前签订的“欧盟—摩洛哥行动计划”增添实质性的内容，但它表明了欧盟对摩洛哥在经济改革和政治民主化等方面取得进步的赞赏和承认。[④] 2010年，首届欧盟—摩洛哥峰会在西班牙举行。鉴于“阿拉伯之春”的发展形势，2011年3月，欧盟委员会提出“与地中海南部地区实现民主和共同繁荣的伙伴关系”（Partnership for

---

① 余伟：《新的国王，新的摩洛哥》，《当代世界》2001年第1期。

② “EU-Morocco Action Plan”，https://www.statewatch.org/media/documents/news/2015/feb/eu-morocco-action-plan.pdf.，引用时间：2020年2月8日。

③ Kristina Kausch, “The European Union and Political Reform in Morocco”, *Mediterranean Politics*, Vol. 14, No. 2, 2009, pp.170-171.

④ Ibid., p.174.

Democracy and Shared Prosperity with the Southern Mediterranean, PDSP），PDSP 基于三大支柱：深刻的民主转型和机构建设；加强与人民的伙伴关系，特别强调对公民社会的支持；包容性增长和经济发展。[①] 2011—2019年，摩洛哥获得来自欧盟的平均每年2亿欧元的援助。2013年，欧盟通过一项实施“优先地位”的新行动计划（2013—2017年），明确规定尊重民主原则、人权以及实施 2011年摩洛哥宪法的必要性。

在欧盟看来，摩洛哥具有维护地区稳定和充当伊斯兰世界榜样的作用。欧盟对摩洛哥的外交政策在推动摩洛哥的政治改革中发挥了不容小视的作用，而摩洛哥为获得欧盟的援助和支持也作出了积极回应并进行了相应改革。

改善与非洲国家的关系

穆罕默德六世继位后，在对非政策上的重要举措是提出了非洲战略。这一战略的主要内涵：（一）加强南南合作，促进非洲发展，深化非洲认同；（二）抓住非洲发展机遇，促进摩洛哥经济发展；（三）寻求撒哈拉以南非洲国家对摩洛哥在西撒哈拉问题上的支持，这也是摩洛哥非洲战略最重要的政治动机。

2004年7月，穆罕默德六世在一次讲话中称，与非洲国家的关系是摩洛哥外交政策的核心，摩洛哥将全面加强与非洲兄弟国家的关系，尤其是与欠发达国家的关系，竭力推进实现“非洲发展新伙伴计划”目标。2011年摩洛哥新宪法明确表示，摩洛哥将着力加强与非洲国家之间的合作，特别是萨赫勒地区和撒哈拉国家。摩洛哥在推进与撒哈拉以南非洲国家关系时，采取以双边外交为主，多边外交为辅的策略。经济合作、安全合作是摩洛哥发展与撒哈拉以南非洲国家友好关系的两大主题。

摩洛哥与撒哈拉以南非洲国家间的双边外交主要通过高层互访

---

① Serida L. Catalano and Paolo R. Graziano, “Europeanization as a Democratization Tool? The Case of Morocco”, *Mediterranean Politics*, Vol. 21, No. 3, 2016, pp.364-386.

及签署协议的方式开展，多边外交平台主要是西非经济共同体、西非经济货币联盟和中非货币与经济共同体等。摩洛哥不断增加与非洲国家之间的高层互访。进入21世纪后，穆罕默德六世几乎每年都出访撒哈拉以南非洲，主要对象国为与摩洛哥有友好传统的中西非国家。摩洛哥与受访国签订了大量双边协议。2003年，摩洛哥与撒哈拉以南非洲国家签订的双边合作协议数高达270项，涵盖了贸易发展、减贫减债、经济援助等多个领域。

摩洛哥与非洲的经济合作取得了令人瞩目的成果。2000年，非洲对摩洛哥的贸易顺差为720万迪拉姆，而2010年则为27亿迪拉姆的贸易逆差。此外，摩洛哥是非洲第二大投资国，仅次于南非。2013年，摩洛哥在非洲投资总额接近12亿迪拉姆，其中撒哈拉以南的非洲国家占比高达97.8%。①在安全合作领域，一方面，摩洛哥积极参与联合国维和行动。2012年，联合国通过向马里派遣国际维和部队的决议，摩洛哥即刻表示支持，并主动向马里提供援助；2013年，联合国安理会决定成立中非国际支援团，摩洛哥对此表示赞赏，并派兵参加行动。另一方面，摩洛哥积极开展调停外交，努力调解撒哈拉以南非洲国家间的矛盾与冲突。2002年，穆罕默德六世国王邀请塞拉利昂、几内亚、利比亚三国总统在拉巴特举行会谈，打破了三国因边界纷争拒绝谈判的僵局；2007年，穆罕默德六世在拉巴特峰会中积极调解马诺河流域冲突。②

穆罕默德六世执政后，摩洛哥同阿尔及利亚的关系有所改善。1999年7月，阿总统布特弗利卡亲赴摩洛哥参加哈桑二世国王的葬礼，并致电穆罕默德六世，表示要努力实现阿摩之间兄弟般的睦邻关系。穆罕默德六世也回应要改善两国关系。2000年5月，阿尔及利亚民族委员会（上院）议长访问摩洛哥，两国内政部长进行多次会晤。2005年3月，穆罕默德六世与阿尔及利亚总统布特弗利卡在

① 数据来源：摩洛哥外汇交易局网站，http://www.oc.gov.ma/portal/sites/default/files/actualites/Investissements%20Maroc%20Afrique.pdf.，引用时间：2018年12月20日。

② 李洪峰：《摩洛哥撒哈拉以南非洲政策评析》，《国际论坛》2014年第6期。

阿尔及尔召开的阿盟峰会上会面，恢复了中断14年之久的元首会晤。2007年12月，摩国王与阿总统布特弗利卡通电话，对阿首都发生恐怖袭击表示慰问。2009年4月，穆罕默德六世致电祝贺布特弗利卡总统连任。2012年1月，摩外交与合作大臣奥斯曼尼访阿。2013年2月，摩外交与合作部秘书长布里达访阿。

关于马格里布联盟建设，摩洛哥强调马盟建设不仅是摩必然的战略选择，同时也是摩与其他地区组织加强合作的基础。摩洛哥积极主张加强马盟组织建设，完善其机构设置。

早在1998年2月，在利比亚领导人卡扎菲的倡议下，利比亚、布基纳法索、马里、尼日尔、乍得和苏丹等6国成立了萨赫勒—撒哈拉国家共同体（Community of Sahel-Saharan States，CEN-SAD），旨在加强成员国间的政治和经济合作，维护地区安全，促进地区一体化建设。摩洛哥随后也加入该组织。2012年6月11日，萨撒共同体执行委员会在摩洛哥首都拉巴特举行特别会议，讨论重新调整发展战略，以应对新挑战等问题，呼吁各成员国共同努力，以实现本地区的持续发展和安全稳定。截至2019年4月，共同体有29个成员国，是非洲第二大地区性组织。

为解决西撒哈拉问题并为国内经济建设争取良好的国际环境，穆罕默德六世委派特使和摩洛哥高官遍访亚非拉国家。2000年4月，摩洛哥国王在欧非首脑会议上，宣布免除非洲最不发达国家全部债务和取消摩洛哥从上述国家进口产品的关税，备受非洲国家欢迎。另一方面，摩洛哥不断向非洲大陆选派金融、通信、能源、农业和食品安全方面的专家，帮助其他非洲国家发展经济。

2017年1月在埃塞俄比亚首都亚的斯亚贝巴召开的第28届非盟首脑会议上，穆罕默德六世宣布摩洛哥重返非洲联盟[①]（African

---

① 非洲联盟的前身是1963年成立的“非洲统一组织”（Organisation of African Unity，OAU）。2002年7月，非洲联盟正式成立，取代了先前的非统组织。作为非统组织成员国的摩洛哥一直坚持对西撒哈拉地区拥有主权，1984年因非洲统一组织接纳“西撒哈拉国”而宣布退出该组织。

Union，AU）。摩洛哥在时隔33年后重返非盟，是穆罕默德六世实施稳健而充满活力的外交政策的结果。他提出的战略性的举措推动了南南合作，有益于摩洛哥与其他非洲国家之间建立双赢的合作伙伴关系。作为非盟创始成员国之一，摩洛哥对非洲的发展有着举足轻重的作用。摩洛哥重返非盟将在很大程度上推动并加强区域合作，有利于非洲大陆的稳定与发展。

穆罕默德六世曾在他的一次讲话中指出：有些人说，摩洛哥想要统治非洲，我想告诉他们，摩洛哥想要的只是在非洲发挥领导作用。穆罕默德六世在46次出访中访问了25个非洲国家。自2000年起，摩洛哥与其他非洲国家签订了近千项合作协议，涉及不同的领域。摩洛哥为大量非洲学生提供奖学金，使他们有机会在摩洛哥的高等学府进行深造。摩洛哥致力于同其他非洲国家建立合作共赢的伙伴关系，实现整个非洲大陆持久而均衡的发展。非洲大陆是充满发展潜力的热土，摩洛哥多年来一直在南南合作中扮演领头羊的角色。

2006—2016年，摩洛哥在撒哈拉以南非洲的投资额占该地区外国直接投资总额的85%。2004—2014年，摩洛哥与其他非洲国家的贸易额年均增长13%，其中42%是与撒哈拉以南的非洲国家的贸易往来。

2013年3月，穆罕默德六世对塞内加尔、科特迪瓦和加蓬进行正式访问，强调摩洛哥致力于非洲团结一致以应对经济和安全挑战，特别是打击极端主义。9月，穆罕默德六世访问马里，与马里签署了一项协议，马里将在两年内派遣500名伊玛目前往摩洛哥，接受培训，学习如何利用摩洛哥温和和宽容的伊斯兰信仰来抗击极端主义的蔓延。2014年2—3月，穆罕默德六世再度访问马里，与马里总统易卜拉欣·布巴卡尔·凯塔共同主持签署了17项双边合作协议。这些协议旨在向马里提供援助，促进财政和人力发展，维持该国生活质量的提高。其内容广泛涉及：投资，税收管制，农业和农村发展，工业合作和贸易，采矿、石油和天然气，以及卫生倡议等。摩洛哥在马里和非洲其他地区的努力正在为“地区稳定和繁荣做出重要贡献”，同时它还“传递了一个明确的信息：摩洛哥是一个具有重大政治和经济影响力的非洲国家，是非洲大陆发展不可或缺的组成部分，并准备在未来发挥主导作用。”①

2016年10月，穆罕默德六世访问埃塞俄比亚，卢旺达和坦桑尼亚，这些国家都愿意和摩洛哥签订贸易协议。在尼日利亚，穆罕默德六世推介了大西洋——非洲输气管道项目，该项目将把非洲的天然气输送到欧洲市场，使整个西非地区受益。它还将建立一个有着丰富电力和能源资源的市场，促进相关国家工业的发展和经济繁荣。

穆罕默德六世执政以来，摩洛哥的快速发展使它成为非洲屈指可数的“经济发展典范”的国家。凭借自身的优势、持续的开放以及变革策略，摩洛哥将在非洲大陆发挥更大的作用。

强化与阿拉伯国家的团结

摩洛哥是阿拉伯联盟、阿拉伯马格里布联盟、伊斯兰会议组织（Organization of Islamic Conference，OIC）成员国。穆罕默德六世一直强调摩洛哥的阿拉伯伊斯兰属性，积极协调与埃及等中东大国的政治联系，注重加强阿拉伯世界的团结，尤其重视与海湾国家发展关系，并努力在中东和平进程和伊斯兰世界中发挥作用。穆罕默德六世还长期担任伊斯兰会议组织圣城（耶路撒冷）委员会主席。

以沙特为首的海湾君主制国家是摩洛哥外援和能源的重要来源，也是摩洛哥维护王权、增强政治合法性的主要依靠力量。因此，穆罕默德六世特别重视与海湾国家的关系。2002年5—6月，穆罕默德六世访问约旦、叙利亚、沙特和卡塔尔。同年11月，又访问科威特。2004年1月，穆罕默德六世访问阿联酋和沙特。随着阿联酋对摩洛哥投资的大幅增加，穆罕默德六世国王于2005年再次出访阿联酋，讨论两国经济合作的相关问题。国王频繁的国事访问，推进了摩洛哥与海湾国家之间的关系。沙特阿拉伯、科威特、巴林和卡塔

① https://www.prnewswire.com/news-releases/king-mohammed-vi-president-keita-meet-in-bamako-to-strengthen-morocco-mali-ties-promote-peace-progress-in-nw-africa-246632881.html.

尔等海湾国家成为摩洛哥的主要贸易伙伴。

但摩洛哥与沙特间也存在一些摩擦。2002年6月，摩洛哥认为三名沙特人策划了对位于直布罗陀海峡的美国第六舰队船只的自杀式袭击，并宣布逮捕这三个人，由此引发外交冲突。国际社会本来就质疑沙特与恐怖主义之间有联系，摩洛哥此举进而助长了这种声音，有损于沙特的国际形象。沙特对此十分不满。2004年4月，时任沙特王储的阿卜杜拉宴请穆罕默德六世的表亲穆勒·赫沙姆（Moulay Hicham）。穆勒·赫沙姆与沙特王室关系密切，加之他在摩洛哥公开提倡民主而遭到驱逐。摩洛哥政府认为此次宴请蕴含着不友好的政治因素。随后摩沙双边关系降温，并导致沙特召回驻摩大使，直到三个月后，沙特驻摩大使才重回摩洛哥。为回应沙特的做法，摩洛哥在伊斯兰会议组织（OIC）总秘书长的选举中支持土耳其的候选人，这是摩洛哥在这一组织中首次触犯沙特的利益。此外，鉴于“9·11”事件后国际形势造成的压力，摩洛哥独立媒体将摩沙两国间的分歧以及怨恨情绪归咎于哈桑二世去世后两国间的沟通不足。事实上，在2004—2007年，几乎不见摩洛哥与沙特之间的高官互访。直到2007年5月，阿卜杜拉王储对摩洛哥进行正式访问后，两国间的关系才回到正轨。

“阿拉伯之春”爆发后，摩洛哥发生“2·20运动”，沙特等海湾国家给予摩洛哥大量直接援助或投资性援助，帮助摩洛哥国王摆脱危机。此后，沙特等海湾国家与摩洛哥的关系得到全面加强。2011年1月，海合会与摩建立“优先伙伴关系”。3月，摩洛哥首相本·基兰同卡塔尔首相兼内政大臣阿勒萨尼在拉巴特共同主持召开第五届摩—卡高级混委会会议。同月，摩洛哥参议院议长比耶迪拉访问卡塔尔。5月，沙特国王阿卜杜拉对摩洛哥进行私人访问。11月，穆罕默德六世访问阿联酋。为夯实阿拉伯君主制国家之间的关系，2011年5月，沙特等国邀请摩洛哥和约旦加入海合会，穆罕默德六世因顾忌加入海合会可能会削弱摩洛哥外交自主性、损害摩洛哥意欲向国际社会呈现的“民主”形象而婉拒。

2012年年末，穆罕默德六世国王专程访问沙特、阿联酋、科威特与卡塔尔等海湾君主制国家，以巩固政治联盟和争取经济援助。2013年，海合会与摩洛哥达成5年50亿美元的投资计划，其中沙特分担最大投资额，达到12.5亿美元。对此，摩洛哥通过加入沙特领导的地区军事联盟给予回报。2014年9月，也门局势突变，胡塞武装一举拿下首都萨那，直接威胁到沙特支持的哈迪政府。沙特立即组建由十个伊斯兰国家组成的"反胡塞联盟"，摩洛哥是第一批响应并派兵参与"反胡塞联盟"行动的国家。2015年5月，摩洛哥皇家武装部队派出六架F-16战斗机参加在也门萨达省的空袭，作为沙特领导的阿拉伯联军的成员，摩洛哥表示"与沙特等海湾兄弟国家一起维护地区安全"[①]。同年12月，沙特又组建了由34个伊斯兰国家组成的"打击恐怖主义伊斯兰反恐联盟"，摩洛哥积极参与其中。就在沙特宣布组建"伊斯兰反恐联盟"的第二天，沙特国防部副大臣穆罕默德·本·阿卜杜拉·阿耶什（Muhammad Ben Abdallah Al-Ayesh）率领高级代表团访问摩洛哥，与摩洛哥皇家武装部队签订军事合作协议，内容包括国防工业、后勤支援、联合军演、军事培训和技术转让等。这一军事协议是在沙特领导的"伊斯兰反恐联盟"框架下签署的，2016 年3月8日协议正式生效，到期后将自动延续五年。2016年3月，摩洛哥首相本·基兰赴沙特出席代号"北方雷霆"军演闭幕式活动。摩沙一系列高级别军事合作彰显了摩洛哥对沙特的支持。[②]

自穆罕默德执政后，摩洛哥与沙特双边贸易进一步增强。2012年，摩沙贸易额高达39亿美元。2013年，在摩洛哥—沙特联合委员会双边合作框架下，沙特向摩洛哥承诺8400万美元的投资计划。2014年5月，摩洛哥和沙特合资公司"阿斯玛投资"（Asma Invest）

① "Why Morocco Intervened in Yemen?", http://africa-me.com/why-morocco-intervened-in-yemen/., May 29, 2015.，引用时间：2020年1月5日。

② 张玉友、王泽壮：《王权安全与联盟外交：摩洛哥结盟政策的国内根源探析》，《世界经济与政治论坛》2019年第2期。

计划向摩洛哥投资2.3亿美元。2017年9月，为支持摩洛哥北部胡塞马地区的开发，沙特又向摩追加投资5亿美元。此外，沙特是海合会中在摩洛哥旅游人数最多的国家，沙特国王萨勒曼每年暑期都会选择在摩洛哥海滨城市丹吉尔度假，如2017年其在丹吉尔的消费就占摩洛哥全年旅游收入的1.5%。

此外，沙特也支持西撒哈拉属于摩洛哥领土的这一立场。2016年4月，穆罕默德六世访问沙特，并出席摩洛哥—海合会首脑峰会，会议达成的“利雅得倡议”，强调海合会认同摩洛哥对西撒哈拉享有主权，并支持西撒哈拉问题的自治解决办法。2017年10月，在第四届摩沙联合委员会上，沙特代表重申对摩洛哥在西撒哈拉主权问题上的支持立场。

摩洛哥与约旦的关系在穆罕默德六世继位后得到加强，特别是在经济领域，摩洛哥与约旦具有诸多共同点：均与欧盟签订了合作协议；与美国签署了自由贸易协定；参与了2001年开始的阿加迪尔协定；两国经济均为出口导向型，且出口产品诸如矿石、纺织品和食品等。进入21世纪后，两国签署的大量长期协议、议定书以及谅解备忘录表明了双方促进经贸合作的强烈意愿。2012年2月，摩洛哥首相本·基兰访问了约旦。

摩洛哥与突尼斯的关系在穆罕默德六世时期也得到提升。2012年2月，摩洛哥拉希德亲王赴突尼斯出席新宪法颁布仪式；同月，突尼斯总理朱玛访摩；5月，穆罕默德六世访问突尼斯；9月，摩洛哥首相本·基兰出席突尼斯国际投资会议；11月，突尼斯总理朱玛访摩。2015年6月，摩政府首脑本·基兰访问突尼斯，与突总理绥德共同主持第18次摩—突大型混委会会议。2016年5月，突尼斯总理绥德访摩，会见摩政府首脑本·基兰。

2004年，摩洛哥与突尼斯、埃及和约旦签订四国自由贸易协定，2007年3月正式生效。该协定成员国将各自消除所有非关税壁垒，在十年内对各自工业产品制定优惠税率，调整各国外贸政策、农业政策、工业政策、税收政策、金融政策、服务业政策及海关政策等，在成员国之间建立起一个相对公平的竞争环境。

扮演促进巴以和解的角色

哈桑二世执政时期，摩洛哥在巴以问题上一直试图在支持巴勒斯坦事业与维持同美国的盟友关系之间寻找平衡。哈桑二世为中东和平进程做出了重大努力，促成了埃以和解及巴以和谈，但也因其亲美政策而受到一些阿拉伯国家的指责和冷落。穆罕默德六世执政后，对巴勒斯坦问题表示深切关注，多次申明摩洛哥人民对兄弟似的巴勒斯坦人民、巴勒斯坦民族权力机构和阿拉法特主席的毫无保留的支持，谴责以色列政府奉行的对抗和镇压政策，并呼吁巴以双方为尽快恢复和谈创造条件。

2000年7月，在时任美国总统克林顿的力促下，以色列总理巴拉克和巴勒斯坦领导人阿拉法特在当初埃以达成和解的戴维营举行正式和平会谈。由于阿拉法特不愿在耶路撒冷问题上做出妥协，和谈失败。同年9月，巴勒斯坦第二次起义爆发。身为伊斯兰会议组织耶路撒冷委员会主席的穆罕默德六世立即召开紧急会议，声援巴勒斯坦，支持巴勒斯坦民众捍卫合法民族权益。10月7—8日，在拉巴特和卡萨布兰卡先后爆发声援巴勒斯坦的大规模游行示威，示威者要求关闭设在拉巴特的以色列联络处和设在特拉维夫的摩洛哥联络处。10月底，阿拉伯联盟特别首脑会议在开罗召开，会议通过决议，建议所有阿拉伯国家中断与以色列的联系。摩洛哥支持该决议，立即关闭了在特拉维夫的联络处，以抗议以色列过度使用暴力来平息起义。此后，摩洛哥与以色列的关系降温，但仍保持与以色列的非正式联系，接待以色列官员的定期低调访问。之所以如此，其中一个重要原因是，摩洛哥力图保住以色列对摩洛哥的持续投资，而更深层的关键因素则是，要在摩洛哥对西撒哈拉的主权要求问题上获得以色列的华盛顿盟友美国的支持。[①]

---

① Michael J. Willis, *Politics and Power in the Maghreb: Algeria, Tunisia and Morocco from Independence to the Arab Spring*, p.318.

2001年3月，阿拉法特访问摩洛哥，穆罕默德六世会见了阿拉法特，并重申支持巴勒斯坦的立场。但是，更加务实的穆罕默德六世显然缺乏其父哈桑二世那样的兴趣和热情来调解巴以冲突。他缺席了当月在阿曼召开的阿拉伯国家首脑会议，而是派外交大臣作为代表出席。此次会议旨在商讨支持巴勒斯坦起义的阿拉伯共同立场，穆罕默德六世的缺席使得阿拉伯国家再次质疑他对巴勒斯坦事业的真正承诺。穆罕默德六世支持巴勒斯坦的立场毋庸置疑，只不过他放弃了哈桑二世承担的阿以和平倡议者的角色，而是将其让给了沙特。2002年3月，第14次阿盟首脑会议在贝鲁特举行，会议通过了以沙特王储阿卜杜拉提出的以中东和平新建议为基础的“阿拉伯和平倡议”（Arab Peace Initiative），并将其确定为与以色列谈判解决阿以争端的基本原则。摩洛哥积极支持阿拉伯和平倡议。2006年1月，哈马斯在巴勒斯坦大选中获胜。随后，巴勒斯坦爆发内部冲突，摩洛哥与巴勒斯坦之间的关系进入一个新的阶段。

摩洛哥与以色列在20世纪90年代中期建立了外交关系。2000年第二次巴勒斯坦起义爆发后，摩洛哥与以色列的关系陷入停滞。2006年2月，穆罕默德六世会见来摩访问的以工党领袖佩雷茨。同年7月，以色列空袭黎巴嫩南部地区，摩洛哥谴责以色列对平民使用武力，要求以色列承担因生命损失和基础设施破坏造成的后果。摩洛哥与以色列的关系再次紧张。摩以关系的起伏变化影响了摩洛哥对巴以和谈的态度。

2013年，穆罕默德六世主持召开耶路撒冷委员会的高规格会议，与巴以和平进程有关国家的领导人、高级外交官员，以及伊斯兰合作组织秘书长等参会。会议旨在重启巴以和平谈判，借助美国国务卿克里再次启动中东和平进程，推动巴以问题的解决。2014年6—7月，针对巴以形势，摩外交与合作部多次发表公报，谴责以色列在东耶路撒冷建立定居点，呼吁以立刻停止对加沙不可接受的、无理的攻击。2017年7月，穆罕默德六世以圣城委员会主席身份致信联合国秘书长古特雷斯，强烈谴责以色列的政策，要求以方停止单方面决定耶路撒冷命运的行动，呼吁国际社会予以关注。

2020年12月，在美国力促下，摩洛哥与以色列关系正常化。这有助于摩洛哥在巴以和谈中扮演调解人，但是由于巴以问题的复杂性和长期性，阿拉伯民族身份认同与摩洛哥—美国—以色列关系的矛盾冲突将是摩洛哥在很长一段时间内都要面临的难题。

总之，在穆罕默德六世的执政之下，摩洛哥的外交走向充分体现了历史、身份与利益的结合。近代以来，摩洛哥一直与法国、西班牙打交道，在新形势下，双方建立了符合新型国际关系准则的双边关系。近10年以来，摩洛哥逐渐将“非洲身份”体现到外交实践中，积极参与撒哈拉以南非洲国家的经济建设与政治治理，寻求符合时代发展的南南合作模式。同时，随着中国、俄罗斯、印度、巴西等新兴经济体的崛起，摩洛哥结合自身优势与利益需求，提出了多元化发展战略，在继续“向西看”的同时，也积极向“向东看”，在“丛林里寻发展”。

第十章　西撒哈拉问题的由来与发展

西撒哈拉（Western Sahara）历史上曾为西班牙的殖民地，即“西属撒哈拉”（Spanish Sahara）。1976年，西班牙从西撒哈拉撤离，声称对西撒拥有主权的摩洛哥和毛里塔尼亚出兵分占西撒，“西撒哈拉人民解放阵线”（简称“西萨人阵”）则宣布成立“阿拉伯撒哈拉民主共和国”（The Sahrawi Arab Democratic Republic），摩洛哥、毛里塔尼亚与西撒人阵之间爆发激烈的武装冲突。1979年，毛里塔尼亚宣布放弃对西撒的主权，退出西撒；摩洛哥与西撒人阵之间的战争则一直持续到1991年。为解决西撒的归属问题，联合国曾提出多种方案。但因双方互不妥协，西撒地位至今未定。目前，摩洛哥控制着西撒约四分之三的地区，西撒人阵统治着大约四分之一的地区。截至2019年，共有53个联合国成员国承认阿拉伯撒哈拉民主共和国。

西撒问题是摩洛哥当代史中的一个重大问题。西撒问题得不到解决，不仅严重阻碍摩洛哥的经济和社会发展，还对地区稳定与发展、区域一体化建设以及全球反恐形势构成不利影响。

一、西撒哈拉问题的由来

西撒哈拉的久远历史

西撒哈拉位于非洲西北部，北接摩洛哥，东北邻阿尔及利亚，东南和南部与毛里塔尼亚接壤，西濒大西洋。西撒面积约26.6万平方公里，境内绝大部分地区是沙漠，蕴藏有丰富的磷酸盐。西撒共有人口58.2万人（2019年），其中23.2万人居住在首府阿尤恩（El Aaiún）。①

西撒有着悠久的历史。关于西撒的史前历史，只能从境内一些孤立地点所发现的岩雕来推断。当时有一些游牧族群曾先后在这里生活过，一些比较肥沃的地方也可能居住过务农族群。公元前4世纪，就有商队一路北上，越过地中海与欧洲进行贸易活动，腓尼基人为寻找更直接的贸易路线，曾一度沿着非洲西海岸航行，却徒劳无功。据历史记载，公元前1世纪，就有一些游牧部落（克罗马侬人）来到西撒，以后又有一些黑人迁入。到了公元3世纪，柏柏尔人两大部族扎纳塔族和桑哈贾族被罗马人从撒哈拉中心地带逐出，柏柏尔人因此占领了西撒的北部和南部地区，在绿洲建立了居民点，从事农业生产。

公元8世纪，阿拉伯人征服西撒哈拉地区，开始传播伊斯兰教和阿拉伯文化。经过几个世纪的混居和文化上的认同，这里的柏柏尔人皈依了伊斯兰教，使用阿拉伯语，但在很大程度上仍保持了本民族的风俗习惯和社会组织结构。公元11世纪，西撒地区成为摩洛哥穆拉比特王朝疆土的一部分。公元13世纪，阿拉伯人马格尔部落的分支哈桑人（Hassaniyya）来到西撒，与当地柏柏尔人逐渐融合，形成极具特色的萨拉威人（Sahrawis）。此后数世纪，萨拉威人在西撒地区繁衍和生活，逐渐形成自己独特的民族特性、生活习惯和文化传统。公元16世纪，桑哈贾人游牧部落雷古巴特人（Reguibat或Rgaybat）在谢里夫西迪·艾哈迈德·雷古比（Sidi Ahmad al-Rgaybi）的率领下从摩洛哥南部移居西撒。雷古巴特人分裂为东西两派。萨拉威人内部经常发生冲突，并导致两败俱伤。萨阿德王朝和阿拉维王朝早期都曾向西撒地区扩张，西撒被认为是摩洛哥“化外之地”的组成部分，萨拉威人对摩洛哥宣誓效忠。②

---

① 参见联合国数据库，“Western Sahara”，http://data.un.org/en/iso/eh.html.，引用时间：2020年10月8日。

② 〔美〕菲利普·C.内勒：《北非史》，韩志斌等译，第284—285页。

西班牙的殖民占领

13世纪，西方殖民者开始入侵西撒哈拉地区。西班牙曾在13世纪与15世纪两次大举入侵西撒，但由于新大陆的发现，西班牙人将视线转向美洲。19世纪，拉丁美洲掀起独立运动，遭到失败的西班牙殖民者又将目光集中到西撒。但是，西撒哈拉的邻国摩洛哥当时也对西撒有领土要求，西班牙与摩洛哥因此发生冲突。西班牙人打败了摩洛哥人。1860年，两国签订《得土安条约》，摩洛哥允许西班牙扩大它在大西洋沿岸所占领的土地。1884年11月，西班牙的埃米里奥·博内利（Emilio Bonelli）上尉率领的“商业和政治考察团”到达西撒南部，将其命名为里奥德奥罗，并与沿海地区的部落签订协定，修建西斯内罗兹（Villa Cisneros，即现在的达赫拉）、安格拉特辛特拉（Angra da Cintra）和圭拉（La Guera）等城市。同年12月，西班牙内阁宣布，“将里奥德奥罗、安格拉特辛特拉及非洲西岸海滩领地置于西班牙保护之下”。1885年，西撒哈拉乌尔德林族人奋起反抗西班牙人的入侵，遭到血腥镇压。同年，欧洲列强瓜分非洲的《柏林条约》确认西撒哈拉归属西班牙。为了落实这一条约，1886年，西班牙领事若泽·洛佩斯进入萨基亚哈姆拉地区，诱骗和收买了一个摩尔人头领，宣布这一地区为“西班牙保护地”。西撒至此全部落入西班牙殖民者手中。1887年，西班牙政府将西撒划归加那利群岛总督管辖。

自西方殖民者入侵西撒哈拉地区起，西撒人民便开始奋起反抗，进行一次次反殖民主义的斗争。20世纪初，萨拉威人首领马拉布特谢赫·马埃宁（Shaykh Ma’al-’Aynayn）领导西撒人同摩洛哥素丹结成同盟，联合毛里塔尼亚抵抗西方侵略者。1934年，法国正式承认西班牙对西撒的占领。之后，西迪伊夫尼、塔尔法亚和阿尤恩地区，以及大西洋沿岸的黄金谷地才开始属于西班牙管辖。第二次世界大战后，西撒人民在阿尔及利亚、摩洛哥民族解放运动的鼓舞之下，发动大规模武装起义，虽以失败告终，却沉重打击了西班牙的殖民统治。20世纪50年代初，摩洛哥解放军与西撒哈拉人民并肩作战（许多萨拉威人加入摩洛哥解放军），对西班牙的殖民统治形成巨大威胁。1958年2月，西班牙与法国发起联合行动，即“乌拉滚行动”（Operation Ouragon），摩洛哥解放军被赶到摩洛哥南部，西撒武装力量受到重创。

联合国的非殖民化政策

20世纪50年代，在非洲国家纷纷独立的背景下，西班牙对西撒哈拉的占领也受到国际社会越来越多的关注和重视。自1955年以来，联合国就一再要求西班牙实行非殖民化政策。联合国大会于1960年所通过的《给予殖民地国家和人民独立宣言》要求各会员国迅速结束殖民主义，这从整体上推动了世界各殖民地的民族解放运动，也推动了西撒地区的民族解放运动。1965年，第29届联合国大会专门通过2027号决议，要求西班牙采取措施，结束对西撒的殖民统治。1966年12月20日，联合国大会又通过2229号决议，要求西班牙在西撒举行公民投票，让西撒哈拉人民决定自己的前途。为维持殖民统治，西班牙收买了西撒地区的一些部落头领，进行所谓的“公民投票”和召开“西撒哈拉人民代表大会”，企图假借“西撒人民要求”的幌子，继续维持其对西撒的占领。国际社会没有被西班牙制造的假象所蒙骗，联合国仍不断通过决议要求西班牙在西撒实行真正的公民自决。

1966年，非洲统一组织强烈呼吁给予西撒“自由和独立”。随着英国、法国纷纷被迫从各个殖民地撤出，西班牙越来越孤立。

西撒哈拉人民解放阵线

1973年5月10日，萨拉威人在瓦利·穆斯塔法·萨义德（El-Ouali Mustapha Sayyed）的领导下，成立“萨基亚哈姆拉和里奥德奥罗人民解放阵线”（Popular Front for the Liberation of Saguia el-Hamra and Rio de Oro），简称“西撒人阵”或“波利萨里奥阵线”。

该组织的宗旨是通过武装斗争实现西撒的独立。10天后，西撒人阵发动反抗西班牙殖民主义的游击战。西撒人阵领导的争取民族独立的斗争，对西班牙殖民统治施加了沉重压力。1974年7月，西班牙宣布将给予西撒内部自治的权利，准备撤出西撒，并宣布将于1975年上半年举行关于西撒自治的全民公决。[①]为此，西班牙还在西撒进行人口普查。1975年5月，联合国调查团来到西撒，认为西撒人阵"已经作为重要政治力量出现在国际政治视野中"[②]。8月，西班牙宣布将与联合国合作；9月，西班牙政府承认西撒人阵，协商释放逮捕的西撒人阵成员，并考虑权力移交问题，以换取从事捕鱼业和获取磷酸盐的特权。

就在西班牙决定退出而西撒即将独立之际，西撒的三个邻国——阿尔及利亚、摩洛哥和毛里塔尼亚都对西撒提出各自的要求和主张，并竭力对西撒局势施加影响。摩洛哥以19世纪曾接受西撒某些部落的"效忠"以及两国居民在宗教、法律、文化上有过联系为由，认为西撒应属其领土范围，并坚决反对在西撒举行全民公投。因为在摩洛哥看来，西撒回归摩洛哥是理所当然的，全民公投没有任何必要。毛里塔尼亚根据西撒居民与其国内的摩尔人在种族、文化等方面的"一致性"，在独立前就曾对西撒南部的里奥德奥罗提出过领土要求。摩洛哥和毛里塔尼亚的主张均遭到西撒人阵的反对，因为西撒人阵坚决要求完全的独立。阿尔及利亚与摩洛哥在边界上存有争议，十分担心摩洛哥一旦拥有西撒，必将在争议中占据优势。阿政府采取支持西撒人阵的态度，宣称它对西撒无领土要求，但与西撒有共同边界，是解决西撒问题的"有关"一方。[③]阿尔及利亚希望能够影响西撒局势，以确保自身的利益。

---

① 李广一：《列国志·毛里塔尼亚、西撒哈拉》，社会科学文献出版社2008年版，第153页。

② Anthony G. Pazzanita and Tony Hodges, *Historical Dictionary of Western Sahara*, 2nd ed., Metuchen, N. J.: Scarecrow Press, 1994, p.165.

③ Tony Hodges, *Western Sahara: The Roots of a Desert War*, Westport, C. T.: Lawrence Hill & Company, 1983, pp.193-195.

“绿色进军”与西班牙撤离

鉴于摩洛哥与西撒哈拉的历史联系，摩洛哥坚持对西撒的主权要求，并邀请国际法院考察西撒的历史地位。1974年10月，哈桑二世在主持阿拉伯国家联盟首脑会议期间，与毛里塔尼亚总统穆克塔尔·乌尔德·达达赫（Moktar Ould Daddah，）达成一致意见，期望将西撒一分为二，由两国分占。1974年12月召开的联合国大会，要求国际法院就西撒在成为西班牙殖民地前是否是一块“无主地”，进行调查并提交意见。1975年10月，国际法院提交的关于西撒的意见书认为：西撒部落与摩洛哥之间存在“效忠的合法关系”，与毛里塔尼亚“在土地上存在权力关系”，这构成了西撒人同摩洛哥和毛里塔尼亚之间的法律关系。但是，这些法律关系的性质不是领土主权关系，它们不能影响对西撒实行自决原则。[①]然而，摩洛哥认为“效忠”关系就是主权关系，因为按照伊斯兰法，这种效忠就“意味着对国家主权的忠诚和信赖”[②]。

1975年11月，哈桑二世发动引人注目的行动——“绿色进军”（Green March），借此向国际社会和西班牙政府施加压力。11月6日，大约35万非武装的摩洛哥平民响应哈桑二世的号召，在政府的组织和军队的保护下，从摩洛哥南部城市塔尔法亚出发，打着代表伊斯兰教的绿色旗帜（“绿色进军”由此得名），越过摩洛哥和西撒之间的分界线。西班牙军队为了避免流血冲突，没有对游行队伍开枪，西撒人阵则与进入西撒的摩洛哥军队发生小规模交火。“绿色进军”客观上加速了西班牙退出西撒的进程，也使摩洛哥在西撒问题中处于强势地位。

由于当时西班牙独裁者弗朗西斯科·佛朗哥重病在床，因此，西班牙无意在此时间卷入战争。1975年11月14日，西班牙与摩

---

① Erik Jensen, *Western Sahara: Anatomy of a Stalemate*, Boulder, C.O.: Lynne Rienner Publishers, 2005, p.27.

② Richard B. Parker, *North Africa: Regional Tensions and Strategic Concerns*, revised and updated edition, New York: Praeger, 1987, p.111.

洛哥、毛里塔尼亚三方签订《马德里协议》，就西班牙于1976年2月26日撤离西撒、西撒由摩洛哥和毛里塔尼亚分治达成一致意见。“绿色进军”引发的危机就此解除。1976年2月，西班牙被迫履行协议，将其军队陆续地从西撒地区全数撤出。通过这个协议，摩洛哥和毛里塔尼亚实际上将继西班牙之后控制西撒。作为交换，西班牙在西撒的经济和政治利益得到保证，西班牙在西撒关于渔业、磷酸盐的勘探和开采的特权被保留下来。

西撒战争

1976年2月26日，西班牙政府完成从西撒地区的撤离工作。摩洛哥、毛里塔尼亚随即签订分治西撒协定，摩洛哥占领北部17万平方公里，毛里塔尼亚占领南部9万平方公里。此举遭到阿尔及利亚政府和以西撒人阵为代表的西撒人民的强烈谴责。2月27日，西撒人阵在阿尔及利亚首都阿尔及尔宣布成立“萨拉威阿拉伯民主共和国”即“阿拉伯撒哈拉民主共和国”（The Sahrawi Arab Democratic Republic，SADR，简称西撒哈拉国），3月5日组成政府。西撒人阵声明，它打算开展武装斗争以实现西撒人民的自决权。阿尔及利亚也强烈反对《马德里协议》，主张西撒自决。西撒哈拉国成立后，阿政府率先承认，并对其提供资金和军事援助，为其提供训练营地和难民营。摩洛哥立即与阿尔及利亚断交。摩洛哥、毛里塔尼亚军队与西撒人阵之间从此不断发生武装冲突。①

及至1977年，毛里塔尼亚由于持久的干旱和经济困难，加之战争支出庞大，已近于崩溃，表现出无力再坚持下去的迹象。1978年10月，毛里塔尼亚发生军事政变，乌尔德·达达赫总统被推翻，新政府反对继续同西撒人阵进行战争。1979年8月5日，毛里塔尼亚政府与西撒人阵在阿尔及尔签订了一项秘密协定，协定规定：毛里塔尼亚退出战争，放弃对西撒的领土要求，并在七个月内将占领的领土交给西撒人阵。

---

① 肖克编著：《列国志·摩洛哥》，第157页。

摩洛哥得知毛里塔尼亚决定退出战争的消息后，先发制人，于1979年8月12日抢先占领了里奥德奥罗首府达赫拉，并派兵接管毛里塔尼亚军队撤出的西撒南部地区。摩洛哥政府宣布，《阿尔及尔协定》是"无效的"，里奥德奥罗地区成为摩洛哥的一个省。从此，战争在摩洛哥与西撒人阵之间进行。

从西撒哈拉问题爆发开始，西撒人阵的地位问题就是双方关注的一个焦点。西撒人阵的地位问题是指西撒哈拉国在非统组织中的成员国资格问题及西撒人阵是否被摩洛哥认为是冲突中独立一方的问题。在一段时间里，摩洛哥不断阻挠西撒哈拉国取得非统组织成员国资格，还认为西撒人阵是阿尔及利亚的"傀儡"，坚决不与其进行谈判，从而导致争端难以解决。但是到20世纪80年代，已有超过60多个国家及地区承认西撒人阵的地位。1984年11月，西撒哈拉国被正式接纳为非洲统一组织成员国，参加第20届非统组织首脑会议，摩洛哥为此愤然退出非统组织。1986年4—5月，在联合国秘书长德奎利亚尔的主持下，摩洛哥政府与西撒人阵代表在纽约举行两轮谈判，但均无结果。1987年，摩洛哥几乎控制了西撒的大部分领土。与此同时，摩洛哥逐渐在西撒建立起六道总长达2720公里的防御墙，并埋置地雷，因此被人称为"沙漠长城"（The Sand Wall）。摩洛哥还派军20万驻守，设立相应的管理机构。1988年8月15日，联合国秘书长德奎利亚尔向摩洛哥外交大臣和西撒人阵代表提出了和平解决西撒问题的建议，摩洛哥表示原则上同意，西撒人阵表示有条件地接受。同年12月，哈桑二世改变对西撒政策，同意于1989年1月与西撒展开正式谈判。

二、障碍重重的和谈进程

联合国调停实现停火

为解决西撒冲突，联合国和国际社会努力斡旋，促使摩洛哥与西撒人阵和解。在国际社会的压力下，摩洛哥政府与西撒人阵代表同意进行直接谈判。1989年1月，哈桑二世与西撒人阵高级代表团在马拉喀什举行会晤，启动自西撒问题爆发以来双方的首次直接对话。[①]6月，联合国秘书长德奎利亚尔访问摩洛哥、阿尔及利亚和西撒地区，并组成西撒和平计划实施技术小组。

1990年6月18日，德奎利亚尔就有关联合国解决西撒哈拉问题提交了一份详细计划，即《和平计划》，主要内容有：双方应停火并撤军，停火六个月后在西撒地区举行全民公投；任命一位秘书长私人代表，全权负责组织全民公投等事宜；同时呼吁成立“联合国西撒哈拉公民投票特派团”（UN’s Mission for the Referendum in the Western Sahara，MINURSO），下设民事、军事和治安三个小组；成立选民资格验证委员会，负责组织验证选民资格并最后确认有资格参加西撒全民公投的选民名单。[②]此外，该计划还规定，在选民资格验证工作开始24周后举行公民投票。若投票结果支持西撒独立，摩洛哥军队必须从西撒全部撤出；若投票结果支持西撒与摩洛哥合并，西撒人阵必须解散其军队。6月27日，联合国安理会通过该计划。

1991年4月29日，联合国安理会通过第690号决议，批准秘书长关于西撒哈拉公民投票的修正案，并决定成立联合国西撒哈拉公民投票特派团，负责监督双方停火状况，并组织让西撒人民决定该地区未来地位的全民公投。6月27日，摩洛哥与西撒人阵签署停火协定，同意自9月6日起全面停火，并依照联合国制定的时间表，在联合国的监督下，于1992年初在西撒地区举行公民自决投票。9月6日，摩与西撒人阵宣布正式停火，结束了长达16年的军事冲突。

---

① *The New York Times*, December 28, 1988.

② Yahia H. Zoubir and Anthony G. Pazzanita, “The Uinted Nation’s Failure in Resolving the Western Sahara Conflict”, *Middle East Journal*, Vol. 49, No. 4, 1995, pp. 614-628.

公投的选民资格之争

摩洛哥、西撒人阵双方虽已停火，但问题仍悬而未决。为谋求对自己有利的投票结果，双方都对参与投票的选民资格提出各自的看法。首先，双方都表示同意以1974年西班牙所做的人口普查数据为基础进行投票。同时，双方又分别列出一个新名单，表示其所列之人也应该参加投票。但彼此却都否认对方所列名单，由此产生一系列矛盾与争论。此外，摩洛哥利用其优势地位，采取各种行动试图单方面增加亲摩洛哥的选民人数。摩洛哥号召17万摩洛哥人在西撒安家，并在阿尤恩等城市搭起临时营地，给来此定居的居民提供食物、水和帐篷。前来的每个人都受到摩洛哥政府的欢迎和接待，并被拍照登记，都要填写投票权利的表格。①一时间，全民公投的选民资格标准，由于双方各执一词而难以确定。

1991年12月19日，德奎利亚尔在其离职前所作的最后一份报告中，对选民验证标准提出建议：除西班牙1974年所作人口普查数据中所列人员，以下三种人员也可视为有资格参选：（一）父亲为西撒哈拉人（仅限一代人），（二）1974年12月1日前在西撒地区连续居住六年以上者，（三）1974年12月1日前在西撒间断居住12年以上者。德奎利亚尔提出的后两点标准明显有利于摩洛哥，因此，这些建议遭到西撒人阵的强烈反对。

德奎利亚尔离职后，埃及前外交部部长布特罗斯·布特罗斯-加利（Boutros Boutros-Ghali）出任联合国秘书长，巴基斯坦前外交部部长雅库布·汗（Yacob Khan）出任其西撒问题私人代表。雅库布·汗上任后，与摩洛哥、西撒人阵进行了两轮谈判，以重塑双方解决问题的信心，但都无果而终。1993年3月2日，联合国安理会通过有关西撒哈拉问题的第809号决议，要求布特罗斯-加利与雅库布·汗加强冲突双方之间的交流与谈判，同时规定1993年5月之前使双方就全民公投事宜达成一致，并于1993年底举行全民公投。然

① Teresa K. Smith de Cherif: “Peace in Western Sahara?”, *Africa Today*, No.4, 1991, p.54.

而，至1993年5月，摩洛哥与西撒人阵双方并未就公投事宜达成一致，定于年底举行的全民公投也未能如期举行。

鉴于此种情况，布特罗斯-加利重新提出选民资格的五项标准：（一）1974年西班牙殖民政府时期参加过人口普查的人；（二）生活在西撒哈拉，但因某种原因未被登记在西班牙名册上的人；（三）前两种人的直系亲属或后代；（四）父亲在西撒哈拉出生的人；（五）在西撒哈连续居住六年或间断居住12年的人。虽然这项提议在根本上对摩洛哥有利，但它还是得到了摩洛哥与西撒人阵的初步认可。在西撒人阵看来，所有选民必须都属于西撒地区的某一部族，才可参加公投；在摩洛哥看来，未登记在1974年人口普查名册中的选民只要能够提供证明其属于西撒某一部族的证据即可参加公投。但是，要执行该标准还有一个问题：西撒地区很少有文件资料能证明一个人的出身，一个人的身份基本上是靠氏族关系来确定。要执行该标准，必须有人可以确认申请投票者的氏族关系。对此，布特罗斯-加利建议，由列于1974年名册中的萨拉维部落酋长来当场验证有争议人员的身份。在每个验证点将配有两名部落酋长，摩洛哥与西撒人阵各委派一名。两名部落酋长将同时对无文件证明其身份的候选选民的身份进行验证。这样，1994年7月，特派团开始接受投票申请，由验证委员会对申请者的资格进行验证。

1994年8月28日，验证委员会开始验证申请投票者的身份。申请者可就近在委员会所设的验证点接受验证。每个验证点配备特派团验证委员会委员一名，技术人员一名，部落酋长两名，翻译数名，摩洛哥、西撒人阵观察员各一名，非统组织主席的私人代表一名。

虽然验证工作已开始，但是验证工作仍存在一些问题。首先，相当一部分申请者无法提供明确的、文件性的资料证明其身份，尤其是摩洛哥提交的名单所列之人。其次，正是由于缺少文件性资料，申请者的身份必须由两名部落酋长来验证。但是，两名部落酋长政治立场不同，双方经常会否决对方候选人的资格。再次，在同一个城市，通常会在摩洛哥控制区与西撒人阵控制区分别设立验证点，但是如果其中一个验证点由于某种原因无法正常工作，另一个验证点也会停止工作，这就造成验证工作进度十分缓慢。[①]最后，有近三分之一的部落无法找到合适的部落酋长对其部落候选人的身份进行验证，尤其是西撒人阵控制区内许多难民营部落，致使相当一部分申请者的资格无法进行验证。

1995年底，资格验证工作陷入瘫痪状态，计划中的公民投票在短期内便无望正常举行。

休斯敦协议

1995年年底至1996年5月，西撒公民投票选民资格验证工作未有任何进展，西撒问题再一次陷入僵局。据布特罗斯-加利称，联合国在西撒地区的军事观察员减少了26%，警察人员从91人锐减至9人，非军事人员从410人减少至170人，各种办事处仅剩一个仍处于办公状态，[②]特派团的工作也处于停滞状态。美国及安理会特派团都曾建议摩洛哥与西撒人阵双方进行谈判，但都未取得双方的一致同意。

1997年，科菲·安南出任联合国秘书长。3月17日，安南委任美国前国务卿詹姆斯·贝克（James Baker）为其西撒问题私人代表。安南上任后，就西撒僵局提出三个问题：1991年《和平计划》能否以目前的形式继续执行；如果不能，是否可以对其进行修改，以得到摩洛哥与西撒人阵双方的共同认可；如果仍不可以，为了解决西撒问题，国际社会可以做些什么。根据安南的思路，贝克重新开始停滞已久的斡旋工作。

1997年4月，为打破西撒问题僵局，贝克分别会见摩洛哥、阿尔及利亚、毛里塔尼亚各国代表及西撒人阵负责人，重新评估各方对西撒问题的看法。结果是，各方都认可1991年的《和平计划》，

---

① Stephen Zunes and Jacob Mundy, *Western Sahara, War, Nationalism and Confict Irresolution*, Syracuse, N.Y: Syracuse University Press, 2010, p.201.

② Ibid., p.198.

并且同意以该计划为基础解决西撒问题。6月10—11日，贝克分别与摩洛哥、毛里塔尼亚、阿尔及利亚、西撒人阵举行会谈，商讨下一步的直接谈判事宜。1997年6月23日，第一轮直接谈判在里斯本举行。7月19—20日，第二轮谈判在伦敦举行。双方就贝克提出的有关选民资格的提议表示认同，并承诺不会影响特派团资格验证工作。8月29—30日，第三次谈判在里斯本举行，就有关撤军、释放战俘、遣返难民及公投等事宜进行了进一步讨论。9月14—16日，双方在位于休斯顿大学的贝克公共关系研究所进行最终对话，并签署《休斯顿协议》。双方一致同意在之后的10至11个月之内举行公民投票。

1997年11月，安南提出西撒哈拉公民投票时间表，定于1998年5月31日前完成选民资格验证工作，11月7日举行公民投票。然而，验证工作一开始便出现问题。1998年1月，约6500名投票候选人提交投票申请。这些申请人显然得到摩洛哥政府的支持。据特派团估算，其中大约95%的人不具备投票资格。同时，由于相当一部分申请人的身份无法确定，加上提交申请的人数激增，验证工作无法在预计的5月31日前完成。为了促使验证工作尽快完成，贝克提出了一项解决方案，但遭到摩洛哥的否决，第二轮选民资格验证工作陷入停滞。

安南一揽子方案

1998年11月和12月，联合国秘书长安南先后访问毛里塔尼亚、西撒哈拉、摩洛哥、阿尔及利亚及西撒哈拉人阵位于廷杜夫附近的难民营，向有关各方提出加快解决西撒问题的一揽子方案，重新开启第二轮验证工作：允许现有争议的三个部落共计6.5万人以个人身份按联合国制定的五项标准参加选民资格验证，启动未通过验证者的申诉程序；在西撒设立联合国难民署办事处，开始遣返难民工作，为流落国外的西撒难民回国参加公投作安排；12月1日起公布已验证的选民名单，全部选民验证工作于1999年4月结束，1999年12月举行西撒哈拉公民投票。安南的方案先后被有关各方接受，打破僵局一度有了希望。

1999年1月28日，摩洛哥政府同意联合国难民署在阿尤恩设办事处。同日，摩洛哥与联合国签署摩洛哥部队地位协定，并确定联合国驻西撒公投特派团的法律地位和活动范围。同年5月，联合国与有关各方达成协议，要求验证工作于1999年11月30日结束，申诉工作于2000年2月28日结束，2000年7月31日正式举行公民投票。

但是，西撒人阵与摩洛哥有关选民资格的分歧仍未消除。为了赢得公投的胜利，摩洛哥采取一系列措施，使有资格投票的选民中亲摩洛哥的势力不断壮大。至第二轮资格验证结束，亲摩洛哥的选民占全部有资格投票选民的56%以上，具有明显的优势。[①]西撒人阵则在难民登记等问题上行动迟缓，致使选民资格验证工作难以顺利进行。至2000年6月，验证工作仅完成了不到5%，显然无法在预定的日期内完成。

为了解决双方的分歧，2000年5月14日与6月28日，贝克在伦敦先后主持了两轮西撒问题当事各方的直接会谈，会谈未取得任何实质性进展。5月31日，安理会通过1301号决议，决定再次延长特派团任期,并首次提出在努力执行联合国《解决计划》的同时，寻求一切途径和方法解决西撒争端。9月28日，在贝克主持下，摩洛哥与西撒人阵代表在柏林会晤。摩洛哥提出在西撒主权属于摩洛哥的前提下讨论西撒问题的解决办法，西撒人阵则坚持执行联合国的《解决计划》，会议无果而终，拟定的全民公投再次被迫顺延。

《西撒哈拉地位框架协议》

2001年2月27日，安理会通过1342号决议，将特派团任期延长到2001年4月28日。2001年6月，贝克提出《西撒地位框架协定》草案，核心内容是：西撒全民公投将于五年内举行，以确定西撒的

① Stephen Zunes and Jacob Mundy, *Western Sahara, War, Nationalism and Conflict Irresolution*, p.214.

"最终地位"；公投前，西撒地区在摩洛哥的统治下享有高度的自治权，外交、国防及安全事务由摩洛哥负责，其余内部事务由"西撒哈拉自治政府"负责。该协议虽提到"公民投票决定西撒哈拉最终地位"，但与《休斯顿协议》中"公民投票决定西撒哈拉是独立或是与摩洛哥合并"的规定相距甚远。虽然第一届西撒自治政府官员构成为摩、人阵双方对等，但对参与投票的选民却规定为"在公投前的一年中定居于西撒哈拉的公民"，这显然有利于摩洛哥，因为摩洛哥可以利用优势在公投前一年中无限制地向西撒地区移民。因此，摩洛哥政府很乐意接受《西撒哈拉地位框架协议》，而西撒人阵则表示完全不接受该协议所谓的"自治"。6月29日，安理会通过1359号决议，强调《解决计划》继续有效，同时鼓励有关各方讨论框架协议草案及其他政治解决办法。此举遭到西撒人阵与阿尔及利亚的强烈反对。为此，8月27—29日，贝克邀请摩、阿、西撒人阵三方赴美磋商，但未能达成任何结果。11月26日，安理会通过1380号决议，决定延长西撒特派团至2002年2月28日，以争取时间促成有关各方达成妥协。

2002年2月，安南秘书长提出未来解决西撒问题的4种设想：（一）重启《解决计划》；（二）修改框架协议并交双方执行；（三）摩洛哥与西撒人阵分治西撒；（四）撤出联合国西撒特派团，承认联合国努力未果。第四种设想遭到了有关各方的否决，但前三种设想无一能得到各方的一致认同。

贝克"和平计划"

为打破僵局，2002年7月30日，安理会通过第1429号决议。决议规定，贝克应在六个月内寻找到一个与休斯顿协议、框架协议的折中办法，既能满足西撒人阵公投的要求，又能得到摩洛哥的认同。[①]

---

① Stephen Zunes and Jacob Mundy, *Western Sahara, War, Nationalism and Conflict Irresolution*, p.226.

2002年11月，贝克提出《和平计划》，该计划以《西撒哈拉地位框架协议》为基础，对其进行了一些修改。首先，计划提出，在五年内举行公民投票，以决定西撒地区是否独立。这是西撒人阵接受该计划的决定因素。其次，公投的选民包括特派团于1999年9月30日公布的名单与联合国难民署2000年11月30日公布的遣送回国人员名单所列之人，也包括自1999年1月30日起不间断居住在西撒地区的人。这相较于《西撒哈拉地位框架协议》所规定的“公投前一年居住于西撒哈拉地区的人”较为公平。同时，该计划也限制了选民的总数量，在西撒哈拉人与摩洛哥人之间达成一种平衡，给予西撒人阵通过公投实现独立的希望。最后，该计划还提到，在公投前选举出一个“西撒哈拉自治政府（Western Sahara Authority）”。贝克在《和平计划》中指出，从特派团及联合国难民署公布的两个名单中分列西撒哈拉人，再从这些人中选举，以组成第一届西撒哈拉自治政府，包括行政机构与立法机构各一个，之后再由这两者指定司法机构。在公民投票之前的四年中，由西撒自治政府全权负责西撒地区的政治、法律、社会福利、文化、环境、住房、城市发展、水电、道路及其它基础设施建设等相关事宜。该计划给予西撒政府独立的司法权，但是外交、国家安全及国防（包括武装力量，西撒自治政府司法需要除外）均由摩洛哥政府控制。同时，国旗、邮票、货币及通讯也由摩洛哥控制。此外，虽然西撒地区的摩洛哥人可以参与公民投票，但他们无法进入西撒自治政府，这样，西撒人阵便可掌控自治政府。

2003年1月14—17日，贝克访问摩洛哥、阿尔及利亚、毛里塔尼亚和廷杜夫难民营，并与各方商谈《和平计划》，希望就此充分听取各方意见。由于摩洛哥一贯坚持西撒地区属于摩洛哥，贝克所修订的《和平计划》一提出，摩洛哥便意识到，依据该计划摩洛哥在公投前的四年中根本无法完全掌控西撒地区形势。同时，由于该计划明确规定公投可以决定西撒地区是否独立，加上选民名单对摩洛哥没有绝对优势，遭到摩洛哥的强烈反对。为了使摩洛哥接受该计划，安南甚至提出："将公投的选项增至三项，增加'维持现状或分区自治'"，但仍未得到摩洛哥的认可。因为摩洛哥认为，这样会使选票更加分散，从而减少公投得出"与摩洛哥合并"结果的可能性。摩洛哥坚持西撒地区归摩洛哥的立场可见一斑。摩洛哥称贝克的新计划是"一种倒退"，并于2003年7月15日宣称，反对"任何危害摩洛哥主权"的决定。[①]至此，贝克的新计划搁浅。

安理会于2003年3月25日通过1469号决议，将联合国驻西撒特派团任期延至2003年5月31日。2003年7月31日，安理会通过1495号决议，表示支持贝克提出的《和平计划》，敦促摩洛哥接受该计划并恢复与西撒哈拉的谈判。但到2004年，摩洛哥仍不接受贝克的《和平计划》。而西撒人阵则表示，如果摩洛哥不接受《和平计划》，西撒人阵就拒绝同摩洛哥进行任何形式的谈判，西撒问题再一次陷入僵局。

"西撒哈拉自治计划"

随着西撒问题的拖延，西撒独立的希望越加渺茫。摩洛哥在西撒占有90%以上的地区，并对占领区进行大量的基础设施建设，很多摩洛哥人在此居住，而西撒本土的人民却只能在难民营过着苦难生活。随着西撒人阵内部一批坚强斗士的去世，新兴势力对西撒的独立不抱希望，因而转向和摩洛哥政府谈判，要求高度自治。

2004年6月1日，贝克递交辞呈。接替他的阿尔瓦罗·德索托（Alvaro De Soto）由于无法说服西撒问题双方作出让步重开谈判，在一年后也被迫提出辞职。之后由前荷兰外交官彼得·范瓦尔苏姆（Peter Van Walsum）出任安南的西撒问题私人代表。为使摩洛哥、西撒人阵双方重返谈判桌，范瓦尔苏姆说服摩洛哥及其支持者，作为冲突中占优势的一方，必须首先拿出一个有诚意的方案；另一方面，范瓦尔苏姆告知西撒人阵，西撒哈拉人民通过公投来决定是否

① 新华网，拉巴特，2003年7月15日电，转引自李广一《列国志·毛里塔尼亚、西撒哈拉》，第189页。

独立的权利是完全可以保证的。因为一旦摩洛哥提出一个可以保证西撒人民公投权的方案，西撒人阵便失去了拒绝面对面谈判的理由。但是，他忽略了一点，摩洛哥并无意给予西撒哈拉人民通过公投决定独立与否的机会，西撒人阵更不愿商谈所谓“自治”事宜。即使双方重新开始谈判，一旦谈判涉及全民公投，必然会遭到摩洛哥的抵制而使谈判破裂。

2007年4月，摩洛哥提出“西撒哈拉自治计划”，欲以此重启停滞多年的西撒和谈。但是，该计划只是体现了摩洛哥方面的意愿，明显超出西撒人阵的承受底线。“根据这一计划，西撒哈拉将在摩洛哥主权范围内实行高度自治，摩中央政府控制西撒哈拉外交与安全，西撒哈拉自治政府则在社会、经济、文化等方面享有充分权力。”[①]所以，西撒人阵坚决反对这一计划，并认为摩方此举完全背离其先前同意西撒自决的立场，声称摩洛哥当局在其控制的西撒地区侵犯人权，谴责摩洛哥官方的阿拉伯马格里布通讯社蓄意丑化阿拉伯撒哈拉民主共和国的国际形象。

然而，摩洛哥的这一计划却得到了美国、法国、西班牙甚至联合国的肯定。2007年4月30日，联合国通过1754号决议，对摩洛哥提出的计划表示肯定；但为了安抚西撒人阵，决议也重申，安理会支持达成一个“双方都能接受的政治解决方案，此方案必须保证西撒哈拉人民全民公投的权利。”[②]

无果的多轮会谈

在国际社会共同努力下，西撒问题和谈进程在停顿近十年后再次启动。有关各方在2007年7月和8月、2008年1月和3月的四轮和谈中未能取得明显进展。2009年4月30日，联合国安理会通过第

① “西撒哈拉问题和谈进程障碍重重”，http://news.xinhuanet.com/world/2007-12/06/ content_7211596.htm.，2007年12月6日，引用时间：2019年12月2日。

② Stephen Zunes and Jacob Mundy, *Western Sahara, War, Nationalism and Conflict Irresolution*, p.245.

1871号决议，将联合国的西撒全民投票特派团任期延长一年，并表示安理会欢迎摩洛哥和西撒人阵举行小型的非正式会谈，为第五轮谈判做准备。

2009年8月，在联合国斡旋下，摩洛哥与西撒人阵开始举行非正式会谈，为启动新一轮谈判进行磋商。2010年2月10—11日，西撒问题有关各方同意在美国纽约州韦斯特切斯特举行非正式谈判。联合国秘书长潘基文的西撒问题特使克里斯托弗·罗斯（Christopher Ross）主持此次谈判，西撒地区冲突各方——摩洛哥、西撒人阵、阿尔及利亚、毛里塔尼亚等各方代表出席谈判。同年11月，西撒哈拉问题第三次非正式会谈在纽约长岛举行，与会各方进行了“广泛、坦诚”的会谈，但并未取得实质进展。2010年12月—2012年3月，摩洛哥和西撒人阵又陆续举行了六轮非正式会谈，因双方屡屡拒绝将对方的提议作为未来谈判的唯一基础，会谈无果，和谈进程再陷僵局。

时至今日，西撒问题除实现停火之外，联合国计划中的西撒全民公投由于选民资格问题得不到解决而一直未能举行，西撒哈拉的地位也未能确定。相关各方的利益冲突，致使西撒哈拉问题历经近半个世纪仍然无法得到根本解决。

三、西撒哈拉问题的影响与解决前景

西撒问题悬置的复杂原因

西撒哈拉问题久拖不决，其主要原因有：马格里布地区复杂的形势；世界大国，主要是美国对摩洛哥的支持；联合国自身缺陷等。

一、摩洛哥在西撒问题上的强硬态度。摩洛哥是马格里布地区的大国之一，它对西撒的领土要求有一定的历史缘由。早在19世纪80年代，摩洛哥素丹穆莱·哈桑曾两次远征塞内加尔河畔，沿途曾接受西撒地区一些部落的“效忠”。同时，摩洛哥与西撒地区居民在宗教、法律、文化上有密切联系。因此摩洛哥一直对西撒地区有主权要求。在西撒问题爆发初期，摩洛哥坚决反对在西撒举行全民公投。1963年，哈桑二世提出建立一个包括摩洛哥、阿尔及利亚部分领土、西撒哈拉、毛里塔尼亚及西班牙占领的休达与梅利利亚在内的“大摩洛哥”。“大摩洛哥”思想在本质上是摩洛哥企图确立其在马格里布地区霸权的体现。正是在“大摩洛哥”思想的影响下，摩洛哥在西撒问题上态度强硬，坚决主张“收复”西撒哈拉。

在西撒和平进程中，摩洛哥在西撒问题上的主张大致经历了坚决收复并反对全民公投、同意举行公投、准予西撒地区自治三个阶段。但是，这些主张在本质上没有区别，那就是决不允许西撒脱离摩洛哥实现独立。

二、阿尔及利亚对西撒人阵的坚定支持。阿尔及利亚作为马格里布地区大国之一，从冲突爆发开始，便给予西撒人阵极大的支持与援助，在西撒和平进程中起到关键性作用。

阿尔及利亚在西撒问题上的立场是，坚决遵守联合国有关西撒哈拉人民通过公民投票决定自己独立与否的规定，同时承认西撒哈拉人民解放阵线及其领导下的阿拉伯撒哈拉民主共和国流亡政府为西撒哈拉人民的合法代表。阿尔及利亚自西班牙退出西撒地区即宣布成为西撒问题的“有关”一方，采取坚决支持西撒人阵的立场。虽然出于各方因素的考虑，它曾几度同摩洛哥改善关系，但支持西撒人阵及其领导下的西撒哈拉人民实现独立的立场从未改变过。

阿尔及利亚对西撒人阵的支持主要体现在以下几个方面：首先，阿尔及利亚在战场上为西撒人阵提供资金与军事援助，并向其提供军事训练营地与难民营。尤其是在阿境内的廷杜夫附近的难民营中，居住了大约15万的西撒难民，而在西撒首府阿尤恩（摩洛哥控制），西撒哈拉人仅占全市居民的五分之一，大约四万人左右 。廷杜夫附近的难民营不仅为流离失所的西撒哈拉人提供容身之地，更为西撒人阵提供战略纵深。20世纪70年代至80年代初，正是由于阿尔及利亚的支持与援助，西撒人阵曾经一度在战场上取得胜利，挫败了摩洛哥的进攻锐气。后来在美国的支持下，摩洛哥才得以扭转败局。其次，阿尔及利亚利用自身在国际社会，尤其是在第三世界中的良好形象，为刚刚成立的西撒哈拉国打开了外交局面。阿尔及利亚不仅协助西撒哈拉国加入了非统组织，还帮助西撒哈拉国取得越来越多国家的承认与同情。最后，阿尔及利亚在西撒和平进程中，从未对西撒地区有过领土要求，而且始终坚持不与摩洛哥直接谈判，而是促使摩洛哥与西撒人阵进行直接对话。这既表明了阿对西撒人阵的支持，也避免了由于邻国的过多介入为摩洛哥提供口实而使西撒和平进程进一步复杂化。这些对西撒和平进程起到了促进作用。

阿尔及利亚从西撒问题爆发伊始，就坚定支持西撒哈拉人阵，也有其自身利益的考虑。首先，阿尔及利亚历经八年的斗争，实现了民族独立。阿尔及利亚主张第三世界各国通过全民自决实现民族独立，建立自己的民族国家。阿尔及利亚独立之后在经济方面取得重大发展，成为第三世界民族独立的榜样，并积极推进不结盟运动，在国际社会上享有较高声誉。支持西撒独立，符合阿尔及利亚的这种政策。同时，支持西撒人阵也有助于阿尔及利亚宣传自己的反殖、反霸立场，提升阿的国际形象。其次，阿尔及利亚在20世纪60年代与摩洛哥爆发边界冲突，摩洛哥甚至在阿尔及利亚独立第二年向阿发动战争。1972年，摩阿双方签订解决边界问题的《伊里夫条约》。该条约中，摩洛哥做出一定让步。但由于阿拒绝在西撒问题上做出让步，摩洛哥迟迟未批准该条约。阿尔及利亚担心，一旦摩洛哥在西撒问题上得逞，占有优势地位，会助长摩洛哥的扩张野心，从而修改《伊里夫条约》。因此，阿尔及利亚坚决支持西撒人阵，以遏制摩洛哥的扩张野心。最后，经历过民族自决的阿尔及利亚深知，西撒全民公投肯定会实现西撒地区的独立。在阿尔及利亚的支持下实现独立的西撒哈拉，理所当然应该是“社会主义的、不结盟的、亲阿尔及利亚的”[①]，阿更容易对其内政外交施加影响。但是，如果摩洛

① 曹华、刘世英:《阿尔及利亚西撒哈拉问题策略研究》,《重庆大学学报（社会科学版）》2006年第4期。

哥吞并了西撒哈拉，则会威胁阿尔及利亚的安全。

总之，阿尔及利亚的支持与援助是西撒哈拉人阵在冲突爆发后的三十多年来，得以顽强生存的最重要原因。如果没有阿尔及利亚的物资、军事及外交方面的援助，西撒人阵就不可能建立西撒哈拉国，也不可能得到国际社会越来越多的认可。同样，如果没有阿尔及利亚的援助，西撒哈拉人民通过全民公投取得民族独立的可能性就更加渺茫。

三、美国对摩洛哥的支持。美国与摩洛哥有着特殊利益关系。早在1787年，两国便签订友好条约，这是世界上同美国签订时间最长，且至今仍然有效的友好条约。摩洛哥也是阿拉伯世界的大国之一，地处战略地位十分重要的非洲西北角，濒临大西洋与地中海，扼守直布罗陀海峡，同时，其境内还有丰富的矿藏资源，因而其对美国的战略意义非凡。摩洛哥是非洲及阿拉伯世界中除埃及之外接受美国援助最多的国家。在西撒冲突一开始，摩洛哥接收到的美国援助已达美国对非洲援助总量的1/5，军事援助达10亿美元，经济援助大约13亿美元。①

长期以来，摩美两国保持亲密的战略同盟关系。摩洛哥在国际上几乎完全支持美国的对外政策，由此换来了美国对摩洛哥在西撒冲突中的无条件支持。2007年，摩洛哥提出所谓“西撒哈拉自治计划”，遭到西撒人阵的强烈反对，却得到美国的极力肯定。2007年6月，美国政治事务副秘书尼古拉斯·伯恩斯（Nicholas Burns）将摩洛哥的计划称作“为西撒哈拉人民提供真正的自治的、严肃的、可靠的方案”。此后，美国政府表示，“摩洛哥所提出的自治是西撒哈拉问题唯一可行的解决方案”，对摩洛哥的支持力度愈来愈大。

美国在西撒问题上的立场，在很大程度上决定了西撒和平进程。而这种立场则完全从属于美国的全球战略，尤其是北非战略。虽然美国曾几度支持联合国有关解决西撒问题的努力，促使摩洛哥与西

① Stephen Zunes, “The United States and the Western Sahara Peace Process”, *Middle Easte Policy*, vol.5, No.4, 1998.

撒人阵进行谈判，但从总体上看，美国在西撒问题上对摩洛哥持坚定支持态度，在实践中更是默许摩洛哥的行为。

四、联合国自身的缺陷。20世纪60年代西撒问题刚刚萌芽之时，联合国就已介入，敦促当时西撒的占领者西班牙，启动西撒哈拉的非殖民化工作。时至今日，联合国参与西撒哈拉问题已有半个世纪，但仍未取得令世人满意的成果，其中联合国自身的缺陷也不可忽略。

首先，联合国深受美国影响。在1975年西撒哈拉冲突爆发初期，美国就持支持摩洛哥的态度，甚至不惜向摩洛哥提供直接的军事、经济援助。摩洛哥因此在战场上取得胜利，并先后从西班牙、毛里塔尼亚手中接管西撒90%以上的土地。而联合国在此过程中无法阻止美国对摩洛哥的支持。

其次，联合国处理西撒问题存在不公正性。联合国作为世界上目前处理地区冲突最重要的机构，在处理地区冲突过程中保持自身的公正性、客观性至关重要，否则任何矛盾都很难真正解决。然而，联合国在解决冲突过程中受到来自冲突双方、世界大国等方面的影响，在实际解决冲突过程中，很难保持绝对的公正性。1991年9月，由于西撒哈拉全民公投准备工作迟迟无法正常进行，时任联合国秘书长德奎利亚尔被迫提出辞职。然而，德奎利亚尔在其辞职前所作的最后一份报告中对选民资格验证标准提出的三点建议，其中的两点标准就明显有利于摩洛哥，对西撒人阵来讲则有失公允。因此，这些建议遭到西撒人阵的强烈反对。另一方面，鉴于摩洛哥在选民资格问题上的强硬立场，自2007年起，联合国在西撒问题双方之间的调停，开始有意倾向于“在摩洛哥主权下西撒哈拉进行自治”的“政治解决”。

最后，联合国自身有缺陷。联合国作为一个国际组织，它的职权是成员国即一个个主权国家赋予的。任何国际组织在参与世界事务，尤其是在处理国际争端的过程中，必须以国家主权原则为基础，才能更好地发挥其作用，联合国也不例外。联合国在参与西撒问题解决的过程中，只是通过联合国秘书长及其西撒问题私人代表在有关各方之间进行调停、斡旋与调解来解决问题，安理会及联合国大会也只是以通过各项决议为手段敦促有关各方积极解决西撒哈拉问题，联合国无法像主权国家的政府那样，通过采取强制性手段强行执行安理会有关决议。自西撒问题爆发至今，安理会就西撒问题通过的决议不计其数，除了有关停火的决议得到真正贯彻执行之外，其他有关在西撒地区举行公民投票的各项决议均未按期执行。安理会有关西撒问题的决议之所以得不到切实的执行，是因为安理会缺乏执行其决议的有效手段与途径。虽然联合国向西撒哈拉地区派遣了维和部队，但维和部队只能在隔离双方以维持当地和平方面发挥作用，并不能迫使摩洛哥与西撒人阵双方举行公正的全民公投。联合国的和平手段对西撒哈拉问题也未奏效。虽然从理论上讲，安理会可以对不执行安理会决议的冲突一方采取强制性手段，但安理会并未这样做。主要原因是，以美国为代表的西方大国不希望看到摩洛哥被制裁，西方大国也不愿卷入对摩洛哥的制裁，故而安理会的决议不能得到有效执行。同时，联合国驻西撒维和部队在当地的正常工作也难以得到保证。尤其是在停火初期，摩洛哥对特派团及维和部队工作的监视、不配合甚至阻挠，使得特派团在相当一段时期内无法履行监督职责，联合国同样对此无可奈何。联合国在介入西撒问题中表现出的缺陷，决定了西撒哈拉问题的解决并非易事。

西撒问题的影响

西撒问题迟迟得不到解决，对争端当事国、马格里布地区以及世界都产生了严重影响：

首先，严重影响摩洛哥的经济与社会发展以及国内外环境。摩洛哥因在西撒问题上的强硬立场而在非洲和国际社会的大多数场合受到指责，外交上日益孤立。1984年11月，因为非洲统一组织接纳西撒哈拉为其成员国，摩洛哥退出该组织以示抗议，长期游离于非统组织（2002年改组为非盟）之外，直至2017年才重返非洲联盟。另一方面，战争和占领西撒每年要耗费掉10亿美元，这给摩洛哥政府带来沉重的财政负担。1975—1990年摩洛哥军费平均年增长5.5%，而与西撒人阵的战争耗费就占到军费预算的40%—45%。摩洛哥还在西撒哈拉构筑了六道总长2720多公里、配有电子监视设备的防御沙墙，驻军10万人，并建立了行政管理机构，昂贵的管理费用亦使政府不堪重负。加上这一时期作为国家主要收入来源的磷酸盐价格下跌，摩洛哥的财政状况不断恶化。尽管美国、英国和沙特的慷慨解囊帮助摩洛哥政府缓解了一些压力，但造成摩洛哥的外债激增、社会动荡不安、引发民怨和反对派的批评。据伦敦国际战略研究会估算，1991年停火后，摩洛哥每年还要花费7.3亿美元供给西撒驻军和行政人员。穆罕默德六世执政后，便在西撒问题上承受着巨大压力，虽表示将继续西撒公民投票的进程，但在确保投票取得有利于自己的结果以前，不敢冒险在西撒举行公民投票。一旦公投失败，国内动荡就不可避免，危及王位和政权的稳固，其他民族和地区有可能竞相仿效，寻求自治甚至独立，从而造成整个马格里布地区的紧张局势。

其次，对北非地区的稳定与发展、区域一体化建设也产生不利影响。20世纪80年代，摩洛哥继续其移民和开发西撒政策，造成与阿尔及利亚和毛里塔尼亚之间的关系恶化。1976年3月，阿尔及利亚承认西撒哈拉国，摩立即与阿断交（1988年复交）；1980年，利比亚承认西撒哈拉国，摩洛哥立即与其断交。1984年8月14日摩洛哥与利比亚签订双方缔结联邦之条约。1986年8月，哈桑二世废止了摩洛哥与利比亚缔结的联邦条约。西撒问题致使“阿拉伯马格里布联盟”的建设也因摩洛哥与阿尔及利亚失和而陷入停顿，摩洛哥、阿尔及利亚、西撒哈拉、毛里塔尼亚的接壤地带也得不到有效管理而成为恐怖活动的策源地。很显然，西撒问题妨碍了马格里布地区的稳定、进步、繁荣和发展。

此外，西撒问题还引发了人道主义层面的问题。西撒战争导致大量战俘和难民的产生，在难民和人权问题上，以至扣押和释放战俘问题上，摩洛哥和西撒人阵至今没有妥善解决。

不容乐观的前景

西撒问题已不是当今国际社会的焦点，联合国对西撒问题的解决力不从心，西撒问题的前景不容乐观。

未来西撒问题的解决还是要依赖西撒与摩洛哥之间的对话，通过谈判来解决双方的分歧。长期以来，西撒冲突双方坚持自己的立场，互不妥协，致使确定西撒地位的全民公投久拖不决。摩洛哥当前控制着西撒绝大部分地区,保持现状算不错的选择；而西撒也具备相对的独立性和自己的国际空间,不会放弃争取独立的立场。目前看来，双方做出让步的可能性不大。

另外，阿尔及利亚在西撒问题上的基本立场一直未发生本质变化。虽然阿尔及利亚也意识到同摩洛哥改善关系是必然选择，但在未来的西撒和平进程中，阿在一定时期内改变其立场的可能性并不大。

美国的西撒哈拉政策在很大程度上左右着西撒问题的走向。从总体上来说，美国在西撒问题中对摩洛哥始终持支持态度。这成为解决西撒哈拉问题的一大障碍。

由于联合国自身局限性，缺乏独立性，这造成联合国及安理会，甚至联合国秘书长本人在西撒问题上都无法做到绝对公正、公平，并在不同时期对摩洛哥持偏袒倾向，引起西撒人阵的强烈不满与谴责。鉴于联合国自身的这些缺陷，它所主导和参与解决的西撒问题就很难取得显著成效。

综上，如果西撒哈拉问题冲突双方能够拿出诚意，彼此做出一定让步，大国减少干预，联合国进一步加大主导国际社会解决西撒问题的努力，西撒问题的最终解决将能看到曙光。

附　录

摩洛哥历代王朝世系表①

伊德里斯王朝的统治者

统治者	在位期
伊德里斯·本·阿卜杜拉 （Idris ibn Abdullah）	788—793年
伊德里斯二世 （Idris Ⅱ）	793—828年
穆罕默德·本·伊德里斯 （Muhammad ibn Idris）	828—836年
阿里一世 （Ali Ⅰ）	836—848年
叶海亚一世 （Yahya Ⅰ）	848—864年
叶海亚二世 （Yahya Ⅱ）	864—874年
阿里·本·奥马尔·本·伊德里斯二世 （Ali ibn Umar ibn Idris Ⅱ）	874—?

① 参见 Thomas K. Park and Aomar Boum, *Historical Dictionary of Morocco*, Znd edition, Lanham, M. D.: Scarecrow Press, 2006, pp.372-378.

续表

统治者	在位期
叶海亚三世·本·卡西姆·本·伊德里斯二世（Yahya Ⅲ ibn al-Qasim ibn Idris Ⅱ）	904—905年
叶海亚四世·本·伊德里斯·本·奥马尔·本·伊德里斯二世（Yahya IV ibn Idris ibn Umar ibn Idris Ⅱ）	905—921年
哈桑·本·穆罕默德·本·卡西姆·本·伊德里斯二世（Hasan ibn Mohammad ibn al-Qasim ibn Idris Ⅱ）	922—948年
卡西姆·贾农（Al-Qasim Jannun）	948年
艾哈迈德·阿布·艾什（Ahmad Abu al-Aysh）	948—959年
哈桑·本·卡农（Hasan ibn Qanun）	959—985年

穆拉比特王朝的统治者

统治者	在位期
优素福·本·塔什芬（Yusuf ibn Tashfin）	1061—1106年
阿里·本·优素福（Ali ibn Yusuf）	1106—1142年
塔什芬·本·阿里（Tashfin ibn Ali）	1142—1146年
易卜拉欣·本·塔什芬（Ibrahim ibn Tashfin）	1146年
伊沙克·本·阿里（Ishaq ibn Ali）	1146—1147年

穆瓦希德王朝的统治者

统治者	在位期
阿卜杜·穆敏·本·阿里 （Abd al-Mumin ibn Ali）	1130—1163年
阿布·雅库布·优素福（优素福一世） （Abu Yaqub Yusuf）（Yusuf Ⅰ）	1163—1184年
阿布·优素福·雅库布（曼苏尔） （Abu Yusuf Yaqub）（al-Mansur）	1184—1199年
穆罕默德·纳西尔 （Mohammed al-Nasir）	1199—1213年
穆斯坦绥尔（优素福二世） （al-Muntasir）	1213—1224年
阿卜杜·瓦希德·本·优素福一世 （Abd al-Wahid ibn Yusuf Ⅰ）	1223—1224年
阿卜杜拉·本·曼苏尔·阿迪尔 （Abd Allah ibn al-Mansour al-Adil）	1224—1227年
叶海亚·本·纳西尔·穆塔西姆 （Yahya ibn al-Nasir al-Mutasim）	1227年
伊德里斯·本·曼苏尔·马蒙 （Idris ibn al- Mansour al-Mamun）	1227—1232年
阿卜杜·瓦希德·拉希德 （Abd al-Wahid al-Rashid）	1232—1242年
阿里·赛义德 （Ali Said）	1242—1248年
奥马尔·本·伊沙克·本·优素福一世 （Umar ibn Ishaq ibn Yusuf Ⅰ）	1248—1266年
伊德里斯·本·穆罕默德·本·奥马尔·本·阿卜杜·穆敏·阿布·达布斯 （Idris ibn Mohammed ibn Umar ibn Abd al-Mumin abu Dabbus）	1266—1269年

马林王朝的统治者

统治者	在位期
阿卜杜·哈克 （Abd Haqq Ⅰ）	1195—1217年
奥斯曼一世 （Uthman Ⅰ）	1217—1240年
穆罕默德一世 （Muhammad Ⅰ）	1240—1244年
阿布·叶海亚·本·阿卜杜·哈克 （Abu Yahya ibn Abd Haqq）	1244—1258年
阿布·优素福·雅库布 （Abu Yusuf Yaqub）	1258—1286年
阿布·雅库布·优素福 （Abu Yaqub Yusuf）	1286—1306年
阿布·萨比特·埃米尔 （Abu Thabit Amir）	1307—1308年
阿布·拉比·苏莱曼 （Abu Rabi Sulayman）	1308—1310年
阿布·赛义德·奥斯曼二世 （Abu Said Uthman Ⅱ）	1310—1331年
阿布·哈桑·阿里 （Abu Hasan Ali）	1331—1348年
阿布·伊南·法里斯 （Abu Inan Faris）	1348—1358年
阿布·扎扬·穆罕默德一世 （Abu Zayyan Muhammad Ⅰ）	1358年
阿布·巴克尔·赛义德一世 （Abu Bakr al-Said Ⅰ）	1358年
穆罕默德二世 （Muhammad Ⅱ）	1359年
阿布·萨利姆·阿里二世 （Abu Salim Ali Ⅱ）	1359—1361年

续表

统治者	在位期
阿布·奥马尔·塔舒芬 （Abu Umar Tashufin）	1361年
阿布·扎扬·穆罕默德三世 （Abu Zayyan Muhammad Ⅲ）	1362—1366年
阿布·法里兹·阿卜杜勒·阿齐兹一世 （Abu Fariz Abdul Aziz Ⅰ）	1366—1372年
阿布·阿巴斯·艾哈迈德 （Abu Abbas Ahmad）	1373—1384年
阿布·扎扬·穆罕默德四世 （Abu Zayyan Muhammad Ⅳ）	1384—1386年
穆罕默德五世 （Muhammad Ⅴ）	1386—1387年
阿布·阿巴斯·艾哈迈德 （Abu Abbas Ahmad）	1387—1393年
阿卜杜勒·阿齐兹二世 （Abdul Aziz Ⅱ）	1393—1398年
阿卜杜拉·阿布·埃米尔 （Abdullah Abu Amir）	1398—1399年
阿布·赛义德·奥斯曼三世 （Abu Said Uthman Ⅲ）	1399—1420年
阿卜杜勒·哈克二世 （Abdal Haqq Ⅱ）	1420—1465年

马林王朝旁支瓦塔斯王朝的统治者

统治者	在位期
阿布·阿卜杜拉·谢赫·穆罕默德·伊本·叶海亚 （Abu Abdallah Sheikh Muhammad ibn Yahya）	1472—1504年
阿布·阿卜杜拉·布尔图卡利·伊本·穆罕默德 （Abu Abdallah Burtuqali Muhammad ibn Muhammad）	1504—1526 年

续表

统治者	在位期
阿布·哈桑·阿布·哈桑·阿里·伊本·穆罕默德（Abu Hasan Abu Hasan Ali ibn Muhammad）	1526年
阿布·阿巴斯·艾哈迈德·伊本·穆罕默德（Abu Abbas Ahmad ibn Muhammad）	1526—1545年
纳西尔·丁·卡斯里·穆罕默德·伊本·艾哈迈德（Nasir Din Qasri Muhammad ibn Ahmad）	1545—1547年
阿布·阿巴斯·艾哈迈德·伊本·穆罕默德（Abu Abbas Ahmad ibn Muhammad）	1547—1549年
阿布·哈桑·阿布·哈松·阿里·伊本·穆罕默德（Abu Hasan Abu Hasun Ali ibn Muhammad）	1554年

萨阿德王朝的统治者

统治者	在位期
穆罕默德·马赫迪（Muhammad Mahdi）	1510—1518年
艾哈迈德·阿鲁吉（Ahmed Aroudj）	1518—1525年
穆罕默德·谢赫（Muhammad al-Shaykh al- Mahdi）	1525—1557年
阿布·穆罕默德·阿卜杜拉·加利卜·比拉希（Abu Muhammad Abdallah）	1557—1574年
穆罕默德·穆塔瓦基勒（Muhammad al-Mutawakil）	1574—1576年
阿卜杜·马利克·穆塔西姆·比拉希（Abd al-Malik al-Mutasim Billahi）	1576—1578年
艾哈迈德·曼苏尔（Ahmed al-Mansour）	1578—1603年
阿布·法里斯·阿卜杜拉·瓦提克·比拉希（Abu Faris Abdallah al-Watiq Billahi）	1603年

续表

统治者	在位期
穆罕默德·谢赫·马蒙 （Muhammad al-Shaykh al-Mamun）	1604—1613年 （非斯）
穆莱·齐丹 （Abu Maali Zidan）	1603—1627年 （马拉喀什）
阿卜杜·马利克 （Abd al-Malik）	1627—1631年
瓦立德·本·纳西尔·齐丹 （Al-Walid ibn Nasir Zidan）	1631—1636年
穆罕默德·谢赫·阿斯加尔 （Muhammad al-Shaykh al-Asghar）	1636—1655年
艾哈迈德·阿巴斯 （Ahmed al-Abbas）	1655—1659年

阿拉维王朝的统治者

统治者	在位期
穆罕默德·谢里夫（即穆罕默德一世） （Muhammad al-Sharif）	1631—1635年
穆罕默德二世 （Muhammad Ⅱ）	1636—1664年
拉希德·本·谢里夫 （Rashid ibn al-Sharif）	1664—1672年
伊斯梅尔·本·谢里夫 （Ismail ibn al-Sharif）	1672—1727年
艾哈迈德·达哈比 （Ahmad al-Dhahabi）	1727—1729年
阿卜杜拉·本·伊斯梅尔 （Abdullah ibn Ismail）	1729—1735年 1737—1738年 1740—1745年 1745—1757年

续表

统治者	在位期
阿里·本·伊斯梅尔 （Ali ibn Ismail）	1735—1737年
穆罕默德·本·伊斯梅尔 （Muhammad ibn Ismail）	1737—1738年
穆斯塔迪·本·伊斯梅尔 （Mustadi ibn Ismail）	1738—1740年 1742—1743年 1747—1748年
宰因·阿比丁·本·伊斯梅尔 （Zayn al-Abidin ibn Ismail）	1745年
西迪·穆罕默德·本·阿卜杜拉（即穆罕默德三世） （Sidi Muhammad ibn Abdallah）	1757—1790年
亚齐德·本·穆罕默德·穆莱·本·塞勒姆 （Yazid ibn Muhammad Mouley ibn Selham）	1790—1792年
希沙姆·本·穆罕默德 （Hisham ibn Muhammad）	1792—1793年
苏莱曼·本·穆罕默德 （Sulayman ibn Muhammad）	1793—1822年
阿卜杜·拉赫曼·本·希沙姆 （Abd al-Rahman ibn Hisham）	1822—1859年
穆罕默德·本·阿卜杜·拉赫曼（即穆罕默德四世） （Muhammad ibn Abd al-Rahman）	1859—1873年
哈桑·本·穆罕默德（即哈桑一世） （Hasan ibn Muhammad）	1873—1894年
阿卜杜·阿齐兹·本·哈桑 （Abd al-Aziz ibn al-Hasan）	1894—1908年
阿卜杜·哈菲兹·本·哈桑 （Abd al-Hafiz ibn al- Hasan）	1907—1912年
优素福·本·哈桑 （Yusuf ibn al- Hassan）	1912—1927年

续表

统治者	在位期
穆罕默德·本·优素福（即穆罕默德五世） （Muhammad ibn Yusuf）	1927—1953年 1955—1961年
穆罕默德·本·阿拉法 （Muhammad ibn Arafa）	1953—1955年
哈桑·本·穆罕默德（即哈桑二世） （Hassan ibn Muhammad）	1961—1999年
穆罕默德·本·哈桑（即穆罕默德六世） （Muhammad ibn al-Hassan）	1999—

参考文献

一、中文文献

1. 著译作

〔苏〕M.Б.高农、〔苏〕Г.Н.乌脱金:《摩洛哥:自然地理和经济地理概要》,西北大学地理系翻译组译,陕西人民出版社1977年版。

郭应德:《阿拉伯史纲》,经济日报出版社1997年版。

〔法〕亨利·康崩:《摩洛哥史》,上海外国语学院法语系翻译组译,上海人民出版社1975年版。

李广一:《列国志·毛里塔尼亚、西撒哈拉》,社会科学文献出版社2008年版。

陆庭恩、艾周昌编著:《非洲史教程》,华东师范大学出版社1990年版。

马晓霖:《阿拉伯剧变:西亚、北非大动荡深层观察》,新华出版社2012年版。

〔美〕苏珊·吉尔森·米勒:《摩洛哥史》,刘云译,上海:东方出版中心2015年版。

〔埃及〕G. 莫赫塔尔主编:《非洲通史》(第二卷),中国对外翻译出版有限公司2013年版。

〔伊拉克〕穆萨·穆萨威:《阿拉伯哲学——从铿迭到伊本·鲁西德》,张文建、王培文译,商务印书馆1997年版。

〔美〕菲利普·C. 内勒:《北非史》,韩志斌等译,中国大百科全书出版社2013年版。

〔塞内加尔〕D. T. 尼昂主编:《非洲通史》(第四卷),中国对外翻译出版有限公司2013年版。

裴文中:《第二次大战前后世界各地对于人类化石的新研究》,科学出版社1954年版。

〔法〕马塞尔·佩鲁东:《马格里布通史——从古代到今天的摩洛哥、阿尔及利亚、突尼斯》，上海师范大学《马格里布通史》翻译组译，上海人民出版社1974年版。

彭树智：《现代民族主义运动史》，西北大学出版社1987年版。

彭树智主编：《阿拉伯国家史》，高等教育出版社2002年版。

世界知识出版社编辑：《国际条约集（1872—1916）》，世界知识出版社1986年版。

世界知识出版社编辑：《国际条约集（1956—1957）》，世界知识出版社1962年版。

苏联科学院非洲研究所编：《非洲史1800—1918》（上、下册），顾以安、翁访民译，上海人民出版社1977年版。

苏联科学院非洲研究所编：《非洲史1918—1967》（上、下册），上海新闻出版系统“五·七”干校翻译组译，上海人民出版社1974年版。

王绳祖主编：《国际关系史》（第三卷），世界知识出版社1995年版。

〔美〕凯文·希林顿：《非洲史》，赵俊译，东方出版中心2012年版。

〔美〕希提：《阿拉伯通史》，马坚译，商务印书馆1979年版。

肖克编著：《列国志·摩洛哥》，社会科学文献出版社2008年版。

杨人楩：《非洲通史简编：从远古至一九一八年》，人民出版社1984年版。

赵国忠主编：《简明西亚北非（中东）百科全书》，中国社会科学出版社2000年版。

〔法〕夏尔-安德烈·朱利安：《北非史》，上海新闻出版系统“五·七”干校翻译组译，上海人民出版社1973—1974年版。

2. 论文

郭隆隆：《摩洛哥国王哈桑二世》，《阿拉伯世界》1984年第4期。

洪峰：《摩洛哥撒哈拉以南非洲政策评析》，《国际论坛》2014年第6期。

李荣：《摩洛哥国王哈桑二世》，《现代国际关系》1992年第3期。

李杉：《浅析北非剧变与摩洛哥政治改革》，《西亚非洲》2013年第2期。

相艳：《摩洛哥王国的经济调整与政治改革研究》，西北大学博士学位论文，2007年。

肖克：《摩洛哥与法国关系的发展变化》，《亚非纵横》2012年第6期。

余伟：《新的国王，新的摩洛哥》，《当代世界》2001年第1期。

张玉友、王泽壮：《王权安全与联盟外交：摩洛哥结盟政策的国内根源探析》，《世界经济与政治论坛》2019年第2期。

张玉友:《当前摩洛哥国内政党形势：分裂与崛起》,《当代世界》2018年第4期。
赵慧杰:《浅析马格里布地区一体化进程》,《西亚非洲》2008年第10期。
朱悦:《摩洛哥新王其人其路》,《当代世界》1999年第9期。

二、外文文献

1. 著作

Abun-Nasr, Jamil M., *A History of the Maghrib in the Islamic Period*, 3rd edition, Cambridge and New York: Cambridge University Press, 1987.

Ashford, Douglas E., *Political Change in Morocco*, Princeton, N.J.: Princeton University Press, 1961.

Aslan, Senem, *Nation-Building in Turkey and Morocco: Governing Kurdish and Berber Dissent*, New York: Cambridge University, 2015.

Bazzaz, Sahar, *Forgotten Saints: History, Power, and Politics in the Making of Modern Morocco*, Cambridge, M.A.: Harvard University Press, 2010.

Boele, Vincent and Saadouni, Mohamed, eds., *Morocco: 5000 Years of Culture*, Aldershot, Hampshire: Lund Humphries, 2005.

Bourquia, Rahma and Miller, Susan Gilson eds., *In the Shadow of the Sultan: Culture, Power, and Politics in Morocco*, Cambridge, M.A.: Harvard University Press, 1999.

Bovill, E. W., *The Golden Trade of the Moors*, London: Oxford University Press, 1958.

Brett, Michael and Fentress, Elizabeth, *The Berbers*, Oxford: Blackwell, 1996.

Brown, L.C. and Gordon, M. eds., *Franco-Arab Encounters*, Beirut: American University of Beirut Press, 1996.

Burke, Edmund III, *Prelude to Protectorate in Morocco: Precolonial Protest and Resistence, 1860-1912*, Chicago: University of Chicago Press, 1976.

Clark, J. Desmond ed., *The Cambridge History of Africa, Vol.1: from the Earliest Times to c.500 BC*, Cambridge: Cambridge University Press, 1982.

Cook, M.A., ed., *Studies in Economic History of the Middle East,* London: Oxford University Press, 1970.

Doumou, Abdelali ed., *The Moroccan State in Historical Perspective, 1850–1985*, Dakar, Senegal: CODESRIA, 1990.

Ennaji, Moha ed., *Multiculturalism and Democracy in North Africa: Aftermath of the Arab Spring*, London and New York: Routledge, 2014.

Entelis, John P., *Culture and Counterculture in Moroccan Politics*, London: Westview Press, 1989.

Fage, J. D. ed., *The Cambridge History of Africa, Vol.2: from c.500 BC to AD 1050*, Cambridge: Cambridge University Press, 1979.

Gellner, Ernest and Micaud, Charles, eds., *Arabs and Berbers: From Tribe to Nation in North Africa*, London: Duckworth, 1973.

Gellner, Ernest, *Saints of the Atlas*, Chicago: University of Chicago Press, 1969.

Gershovich, Moshe, *French Military Rule in Morocco: Colonialism and its Consequences*, London: Frank Cass, 2000.

Gillespie, Richard, *Spain and the Mediterranean: Developng a European Policy Towards the South*, Basingstoke: Macmillan, 2000.

Gray, Richard ed., *The Cambridge History of Africa, Vol.4: from c.1600 to c.1790*, Cambridge: Cambridge University Press, 1975.

Halstead, John P., *Rebirth of a Nation: The Origins and Rise of Moroccan Nationalism, 1912-1944*, Cambridge, M.A.: Harvard University Press, 1967.

Harris, Walter B., *France, Spain and the Rif*, London: E. Arnold & Company, 1927.

Hassan II, *The Challenge: The Memoirs of King Hassan II of Morocco*, translated by Anthony Rhodes, London: Macmillan, 1987.

Heydemann, Steven, ed., *Networks of Privilege in the Middle East: the Politics of Economic Reform Revisited*, New York and Basingstoke: Palgrave Macmillan, 2004.

Ḥizb al-Istiqlãl (Morocco), *Morocco under the Protectorate: Forty Years of French Administration, An Analysis of the Facts and Figures*, New York: Istiqlal (Independence) Party of Morocco, Moroccan Office of Information and Documentation, 1953.

Hodges, Tony, *Western Sahara: The Roots of a Desert War*, Westport, C.T.: Lawrence Hill & Company, 1983.

Hoisington, William A. Jr., *Lyautey and the French Conquest of Morocco*, New York: ST. Martin’s Press, 1995.

Hughes, Stephen O., *Morocco under King Hassan*, Reading, Ithaca Press, 2001.

Jensen, Erik, *Western Sahara: Anatomy of a Stalemate*, Boulder, C.O.: Lynne Rienner Publishers, 2005.

Julien, Charles-André, *History of North Africa—Tunisia, Algeria, Morocco: From the Arab Conquest to 1830*, translated by John Petrie, London: Routledge & Kegan Paul, 1970.

Laroui, Abdallah, *The History of the Maghrib: An Interpretive Essay*, Princeton, N. J.: Princeton University Press, 1977.

Layachi, Azzedine, ed., *Economic Crisis and Political Change in North Africa*, Westport, C. T.: Praeger, 1998.

Maddy-Weitzman, Bruce, *The Berber Identity Movement and the Challenge to North African States*, Austin, T. X.: The University of Texas Press, 2011.

Merrills, A. H. ed., *Vandals, Romans and Berbers: New Perspectives on Late Antique North Africa*, Aldershot: Ashgate Publishing Limited, 2004.

Miller, Susan Gilson, *A History of Modern Morocco*, New York: Cambridge University Press, 2013.

Munson, Henry, *Religion and Power in Morocco*, New Haven and London: Yale University Press, 1993.

Naylor, Phillip C., *North Africa: A History from Antiquity to the Present*, Austin, T.X.: University of Texas Press, 2009.

Nickerson, Jane Soames, *A Short History of North Africa: Libya, Tunisia, Algeria and Morocco from Pre-Roman Times to the Present*, New York: The Devin-Adair Company, 1961.

Oliver, Roland, ed., *The Cambridge History of Africa, Vol.3: from c.1050 to c.1600*, Cambridge: Cambridge University Press, 1977.

Park, Thomas K. and Boum, Aomar, *Historical Dictionary of Morocco*, 2nd edition Lanham, M.D.: Scarecrow Press, 2006.

Parker, Richard B., *North Africa: Regional Tensions and Strategic Concerns*, revised and updated edition, New York: Praeger, 1987.

Pazzanita, Anthony G. and Hodges, Tony, *Historical Dictionary of Western Sahara*, 2nd ed., Metuchen, N. J.: Scarecrow Press, 1994.

Pennell, C. R., *Morocco since 1830: A History*, New York: New York University Press, 2000.

Pennell, C.R., *Morocco: From Empire to Independence*, Oxford: Oneworld

Publications, 2003.

Sater, James N., *Morocco: Challenges to Tradition and Modernity*, 2nd edition, London and New York: Routledge, 2016.

Scham, Alan, *Lyautey in Morocco: Protectorate Administration, 1912-1925*, Berkeley, C. A. : University of California Press, 1970.

Segalla, Spencer D., *The Moroccan Soul: French Education, Colonial Ethnology, and Muslim Resistance, 1912-1956*, Lincoln, N.E.: University of Nebraska Press, 2009.

Smith, Richard L., *Ahmad al-Mansur: Islamic Visionary*, New York: Pearson Longman, 2006.

Srbir, K. Ben, *Britain and Morocco During the Embassy of John Drummond Hay, 1845-1886*, translated by Malcolm Williams and Gavin Waterson, London and New York: Routledge Curzon, 2005.

Swearingen, Will D., *Morocco Mirages: Agrarian Dreams and Deceptions, 1912-1986*, Princeton,N.J.: Princeton University Press, 1987.

Willis, Michael J., *Politics and Power in the Maghreb: Algeria, Tunisia and Morocco from Independence to the Arab Spring*, London: Hurst & Company, 2012.

Woolman, David S., *Rebels in the Rif: Abd El Krim and the Rif Rebellion*, Stanford, C. A.: Stanford University Press, 1968.

Wright, Gwendolyn, *The Politics of Design in French Colonial Urbanism*, Chicago: University of Chicago Press, 1991.

Zartman, I. William, *Morocco: Problem of New Power*, New York: Atherton Press, 1964.

Zartman, I. William., ed., *The Political Economy of Morocco: Conference on the Political Economy of Contemporary Morocco: Papers*, New York: Praeger, 1987.

Zeghal, Malika, *Islamism in Morocco: Religion, Authoritarianism, and Electoral Politics*, Princeton, N.J.: Markus Wiener, 2008.

Zisenwine, Daniel, *The Emergence of Nationalist Politics in Morocco: the Rise of the Independence Party and the Struggle against Colonialism after World War II*, London and New York: I. B. Tauris Publishers, 2010.

2. 论文

Abdulrazak, F., “The Kingdom of the Book: The History of Printing as an

Agency of Change in Morocco between 1865 and 1912", Ph. D. Diss., Boston University, 1990.

Bazzaz, Sahar, "Reading Reform Beyond the State: Salwat al-Anfas, Islamic Revival and Moroccan National History", *The Journal of North African Studies*, Vol.13, No.1, 2008.

Benchemsi, Ahmed, "Morocco: Outfoxing the Opposition", *Journal of Democracy*, Vol. 23, No.1, 2012.

Bennison, Amira K., "The 'New Order' and Islamic Order: The Introduction of the Niz āmi Army in the Western Maghrib and Its Legitimation, 1830-73", *International Journal of Middle East Studies*, Vol.36, No.4, 2004.

Boone, James L., Myers, J. Emlen and Redman, Charles L., "Archeological and Historical Approaches to Complex Societies: The Islamic States of Medieval Morocco", *American Anthropologist*, Vol.92, No.3, 1990.

Catalano, Serida L. and Graziano, Paolo R., "Europeanization as a Democratization Tool? The Case of Morocco", *Mediterranean Politics*, Vol. 21, No. 3, 2016.

Catroux, Georges, "France, Tunisia and Morocco", *International Journal*, Vol. 9, No. 4, 1954.

Daadaoui, Mohamed, "Rituals of Power and Political Parties in Morocco: Limited Elections as Positional Strategies," *Middle Eastern Studies*, Vol.46, No.2, 2010.

Denoeux, Guilain, "Understanding Morocco's 'Sanitisation' Campaign (December 1995 to May 1996)", *The Journal of North African Studies*, Vol.3, No.1, 1998.

Dwyer, Kevin, "Moroccan Cinema and the Promotion of Culture", *The Journal of North African Studies*, Vol.12, No.3, 2007.

Hamblin, A., "Morocco: The Struggle for Political Legitimacy" in I. William Lartman ed., *Arab Spring: Negotiating in the Shadow of the Intifadat*, Athens, Georgia and London: University of Georgia Press, 2015.

Hoisington, William A. Jr., "Designing Morocco's Future: France and the Native Policy Council, 1921-25", *The Journal of North African Studies*, Vol.5, No.1, 2000.

Joffé, E. G. H., "Morocco's Reform Process: Wider Implications", *Mediterranean Politics*, Vol.14, No.2, 2009.

Kausch, Kristina, "The European Union and Political Reform in Morocco",

Mediterranean Politics, Vol. 14, No. 2, 2009.

Maddy-Weitzman, Bruce, "Contested Identities: Berbers, 'Berberism' and the State in North Africa", *The Journal of North African Studies*, Vol.6, No.3, 2001.

Maghraoui, Abdeslam, "Monarchy and Political Reform in Morocco", *Journal of Democracy*, Vol.12, No.1, 2001.

Maghraoui, Driss, "The 'Grande Guerre Sainte': Moroccan Colonial Troops and Workers in the First World War", *The Journal of North African Studies*, Vol.9, No.1, 2004.

Messier, Ronald A., "The Almoravids: West African Gold and the Gold Currency of the Mediterranean Basin", *Journal of the Economic and Social History of the Orient*, Vol.17, No.1, 1974.

Moudden, Abderrahmane El, "Looking Eastward: Some Moroccan Tentative Military Reforms with Turkish Assistance (18th-Early 20th Centuries)", *The Maghreb Review*, Vol.19, No.3-4, 1994.

Norris, H.T., "New Evidence on the Life of Abdullah B. Yasin and the Origins of the Almoravid Movement", *The Journal of African History*, Vol.12, No.2, 1971.

Olszewski, Deborah I., Schurmans, Utsav A. and Schmidt, Beverly A., "The Epipaleolithic (Iberomaurusian) from Grotte des Contrebandiers, Morocco", *The African Archaeological Review*, Vol. 28, No. 2, 2011.

Park, Thomas K., "Inflation and Economic Policy in 19th Century Morocco: The Compromise Solution", *The Maghreb Review*, Vol.10, No.2-3, 1985.

Reyner, Anthony S., "Morocco's International Boundaries: A Factual Background", *The Journal of Modern African Studies,* Vol.1, No.3, 1963.

Rollman, W. J., "The 'New Order' in a Pre-Colonial Muslim Society: Military Reform in Morocco, 1844-1904", Ph. D. Diss., University of Michigan, 1983.

Silverstein, Paul and Crawford, David, "Amazigh Activism and the Moroccan State", *Middle East Report*, Vol.233, No.34, 2004.

Smith de Cherif, Teresa K., "Peace in Western Sahara?" *Africa Today*, Vol.38, No.4, 1991.

Swearingen, Will D., "In Pursuit of the Granary Rome: France's Wheat Policy in Morocco, 1915-1931", *International Journal of Middle East Studies*, Vol. 17, No. 3, 1985.

Trout, Frank E., "Morocco's Boundary in the Guir-Zousfana River Basin", *African Historical Studies*, Vol.3, No.1, 1970.

Venema, Bernhard and Mguild, Ali, "Access to Land and Berber Ethnicity in the Middle Atlas, Morocco", *Middle Eastern Studies*, Vol. 39, No. 4, 2003.

Venier, P. R., "French Imperialism and Pre-Colonial Rebellions in Eastern Morocco, 1903-1910", *The Journal of North African Studies*, Vol.2, No.2, 1997.

Wainscott, Ann Marie, "Defending Islamic Education: War on Terror Discourse and Religious Education in Twenty-First-Century Morocco", *The Journal of North African Studies*, Vol.20, No.4, 2015.

Willis, Michael J., "Between *Alternance* and the *Makhzen*: At-Tawhid wa Al-Islah's Entry into Moroccan Politics", *The Journal of North African Studies*, Vol.4, No.3, 1999.

Willis, Michael J., "Political Parties in the Maghrib: Ideology and Identification, A Suggested Typology", *The Journal of North African Studies*, Vol.7, No.3, 2002.

Willis, Michael J., "Political Parties in the Maghrib: The Illusion of Significance?", *The Journal of North African Studies*, Vol.7, No.2, 2002.

Zartman, I. William, "The Moroccan-American Base Negotiations", *The Middle East Journal*, Vol.18, No.1, 1964.

Zoglin, Katie, "Morocco's Family Code: Improving Equality for Women," *Human Rights Quarterly*, Vol.31, No.4, 2009.

Zoubir, Yahia H. and Pazzanita, Anthony G., "The Uinted Nations' Failure in Resolving the Western Sahara Conflict", *The Middle East Journal*, Vol. 49, No. 4, 1995.

Zunes, Stephen, "The United States and the Western Sahara Peace Process", *Middle East Policy*, Vol.5, No.4, 1998.

译名对照表

A

Abbas El Fassi 阿巴斯·法西

Abbevillian 阿布维利文化

Abd al-Hafiz ibn al- Hassan 阿卜杜勒·哈菲兹

Abd al-Karim Mouti 阿卜杜·卡里姆·穆蒂

Abd al-Malek 阿卜杜·马利克

Abd al-Mumin 阿卜杜·穆敏

Abd al-Mumin 阿卜杜·穆明

Abd al-Qadir 阿卜杜·卡迪尔

Abd al-Rahman 阿卜杜·拉赫曼

Abd al-Rahman ibn Mu'awiya 阿卜杜·拉赫曼·本·穆阿威叶

Abd al-Wahid al-Rashid 阿卜杜·瓦希德·拉希德

Abdel Aziz Bouteflika 阿卜杜勒·阿齐兹·布特弗利卡

Abdelilah Benkirane 阿卜杜拉·本·基兰

Abder Rahman El-Youssouf 阿卜杜勒·拉赫曼·优素福

Abdessalam Yassine 阿卜迪萨拉姆·亚辛

Abdu Rahman 阿卜杜·拉赫曼

Abdullah ibn Yasin 阿卜杜拉·伊本·亚辛

Abid al-Bukhari 阿比德·布哈里

Abu Ali al-Hassan al-Marrakushi 阿布·阿里·哈桑·马拉库什

Abu al-Qasim al-Midrari 阿布·卡西姆·米德拉里

Abu Bakr ibn Umar 阿布·伯克尔·伊本·奥马尔

Abu Hasan Abu Hasun Ali ibn Muhammad 阿布·哈桑·阿布·哈松·阿里·伊本·穆罕默德

Abu Hasan Ali 阿布·哈桑·阿里

Abu Imran al-Fasi 阿布·伊姆兰·法西

Abu Inan Faris 阿布·伊南·法里斯

Abu Muhammad Abdallah al-Ghalib Billahi 阿布·穆罕默德·阿卜杜拉·加利卜·比拉希

Abu Rabi Sulayman 阿布·拉比·苏莱曼

Abu Said Uthman Ⅱ 阿布·赛义德·奥斯曼二世

Abu Shuayb al-Dakali 阿布·舒阿伊克·达卡利

Abu Thabit Amir 阿布·萨比特·阿米尔
Abu Yahya ibn Abd Haqq 阿布·叶海亚·本·阿卜杜·哈克
Abu Yaqub Yusuf 阿布·雅库布·优素福
Abu Yusuf Yaqub 阿布·优素福·雅库布
Abud Marlik 阿卜德·马利克
Accords de Madrid《马德里条约》
Acheulian 阿舍利文化
Act of Privatisation《私有化法案》
Aedemon 艾迪蒙
African Union, AU 非洲联盟，“非盟”
Agadir 阿加迪尔
Agdal 阿格达勒
Aghmat 阿格玛特
Agouz 阿古兹
Aguelmame Sidi Ali 西迪·阿里湖
Ahmad al-Dhahabi 艾哈迈德·达哈比
Ahmad al-Hiba 艾哈迈德·希巴
Ahmad al-Nasiri 艾哈迈德·纳希利
Ahmad al-Raysuni 艾哈迈德·雷苏尼
Ahmad ibn Mahriz 艾哈迈德·本·马赫里兹
Ahmad ibn Musa 艾哈迈德·伊本·穆萨
Ahmed al-Mansour 艾哈迈德·曼苏尔
Ahmed Aroudj 艾哈迈德·阿鲁吉
Ahmed Bahnini 艾哈迈德·巴赫尼尼
Ahmed Balafrej 艾哈迈德·贝拉弗里杰
Ahmed Reda Guedira 艾哈迈德·里达·古迪拉
Aicha Belarbi 阿伊莎·贝拉尔比
Ait Youssi 阿义特·尤西
Aix-les-Bains 埃克斯莱班
Ajdir 阿杰迪尔
al- Muwahhidun 穆瓦希德
al-Adl wa al-Ihsan, AWI 正义与慈善会
al-Andalusiyyin 安达卢西亚清真寺
Alarcos 阿拉尔科斯
Alawis 阿拉维人
al-Bitruji al-Ishbili 比特鲁吉
al-Dhahabi 达哈比
Algeciras 阿尔赫西拉斯
al-Harhoura 哈鲁拉
al-Hoceimas 胡塞马群岛
Ali Yata 阿里·亚塔
al-Kahina 卡希娜
al-Kutla al-Watanniya “库特拉”（即全国集团）
Alliance Israélite Universelle, AIU 以色列世界联合会
al-Mansour 曼苏尔，“胜利者”
al-Moghreb al-Aksa《遥远的西方》（西班牙文报纸）
Almohad 阿尔摩哈德
al-Murabitun 穆拉比特
al-Mustasir 穆斯坦绥尔
Alpetragius 阿尔比特拉吉斯
Alphonse-Pierre Juin 阿方斯·皮埃尔·朱安
Alphonse Ⅵ 阿方索六世
Alphonse Ⅷ 阿方索八世
al-Qasr al-Kabir 卡斯尔·卡比尔，即凯比尔堡

al-Qayrawiyyin 卡拉维因清真寺
al-Ribat 里巴特
Al-Sa'ada《萨阿德》(阿拉伯语报纸)
al-Shabiba al-Islamiyya 伊斯兰青年组织
al-Ubbad Mosque 乌巴德清真寺
Alvaro De Soto 阿尔瓦罗·德索托
al-Zaffarins 舍法林群岛
Amazigh 阿马齐格人
Amin al-Wumana 阿明·乌玛纳
Amir al-Mouminine 埃米尔·穆米宁,"信士们的长官"
Amr ibn al-'As 阿穆尔·伊本·阿斯
Andalusia 安达卢西亚
Anfa 安法
Angad 安加德
Angra da Cintra 安格拉特辛特拉
Anjera 安吉拉
Anoual 阿努瓦勒
Anti-Atlas 小阿特拉斯山
Arab Peace Initiative 阿拉伯和平倡议
Aragon 阿拉贡
Arianism 阿里乌斯派
Askarnizami 阿斯卡尼扎米
Asma Invest 阿斯玛投资计划
Assilah 艾西拉
Aterian 阿特利文化
Atlanthropus Mauritanicus 毛里坦人
Atlas Mountains 阿特拉斯山脉
Augustin-Paul-Charles Noguès 夏尔·诺盖
Aurellus Augustinus 奥里留·奥古斯丁
Australopithecus 南非古猿
Avempace 阿芬帕萨
Avenzoar 阿文佐阿
Averroes 阿威罗伊
Awdaghust 奥达戈斯特
Azemmour 阿泽穆尔
Aziz Akhennouch 阿齐兹·阿赫努什
Azrou 艾兹鲁
Azur Plan 阿祖尔计划

B

Bab Oudaia 乌达雅门
Baga 巴加
Banu Hilal 希拉尔人
Banu Sulaym 苏莱姆人
Barbarian "野蛮人"
Barbarl "巴巴里"
Barbaroi "巴巴罗"
Barrajas Airport 巴拉哈斯国际机场
Basra 巴士拉
Bechar 贝沙尔
Beht 拜赫特河
Belisarius 贝利撒留
Benguerir 本格里尔
Beni Mguild 贝尼·穆吉尔德部落
Beni Ouariaghel 贝尼·乌里阿格勒部落
Berber Manisfesto《柏柏尔宣言》
Beylerbey 贝勒贝伊
bled el Makhzen "马赫曾管辖地区"
bled es Siba "叛乱地区"
Bocchus Ⅰ 博库斯一世
Bocchus Ⅱ 博库斯二世
Bogud 博古德
Bou Anane 布瓦南
Bou Inania Medersa 布伊纳尼亚神学院
Bou Regreg 布赖格赖格河

Boudenib 布宰尼卜

Boutros Boutros-Ghali 布特罗斯·布特罗斯-加利

Bu Hassun al-Samlali 布·哈松·塞姆拉里

Bu Ma'za 布马扎

Bucraa 布克拉

Col de Tagnagneit 塔格那奈特山口

Colin Powell 卿科林·鲍威尔

Community of Sahel-Saharan States, CEN-SAD 萨赫勒-撒哈拉国家共同体

Constitutional Union, UC 宪政联盟

Cordoba 科尔多瓦

C

Caesarea 恺撒利亚

Cape Blanco 布兰科角

Cape Bojador 博哈多尔角

Cape Spartel 斯帕特尔角

Capsian 卡普萨文化

Carthage 迦太基

Carthaginians 迦太基人

Casablanca 卡萨布兰卡

Casablanca Finance City 卡萨布兰卡金融城

Castile 卡斯提尔王国

Ceuta 休达

Chaouen 沙万

Chaouia 沙维亚

Charles Mangin 夏尔·芒甘

Chellah 舍拉陵墓

Cherchel 切厄切尔

Christopher Ross 克里斯托弗·罗斯

Cirta 锡尔塔

Cleopatra Selena 克利奥帕特拉·塞莱娜

Cleopatra the Great 埃及女王克利奥帕特拉

Clientelism "庇护关系"

Clifford Chance 高伟绅律师事务所

D

Dahir 达希尔，敕令

Dai 达伊

Dámaso Berenguer 达马索·贝兰格尔

Dar es-Sultan 达尔苏丹

Darqawiyya 达尔卡维亚

Democratic and Social Movement 民主与社会运动党

Democratic Association of Moroccan Women, ADFM 摩洛哥妇女民主联合会

Democratic Confederation of Workers, CDT 工人民主联盟

Democratic Party of Independence, PDI 独立民主党

Deys 德伊

Dila 迪拉

Djebel Irhoud 杰贝勒伊尔胡德

Djenan ed Dar 杰南达尔

Donatism 多纳图斯教派

Donatus Magnus 多纳图斯·马格努斯

Doui Menia 杜伊-马尼亚部落

Doukkala 杜卡拉

Douros Hassani 杜劳

Draa River 德拉河

Driss Basri 德里斯·巴斯里

Driss Benzekri 德里斯·本泽克里
Driss Chraibi 德里斯·什赖比
Driss Jettou 德里斯·杰图
Driss Lachgar 德里斯·拉什加尔

E

Ehud Barak 埃胡达·巴拉克
Eirik Labonne 埃里克·拉博纳
El Aaiún 阿尤恩
El Abid 阿比德河
El Araich 阿拉伊什
El Jadida 杰迪代
El-Ouali Mustapha Sayyed 瓦利·穆斯塔法·萨义德
Eltarek 艾尔塔莱克
Emergence Program "应急计划"
Emile Mauchamp 埃米勒·毛尚
Emilio Bonelli 埃米里奥·博内利
Equity and Reconciliation Commission "公平与和解委员会"
Er Rif Mountains 里夫山
Essaouira 索维拉
Eulj Ali 尤勒吉·阿里
EU—Morocco Action Plan，EMAP "欧盟—摩洛哥行动计划"
European Neighbourhood Policy，ENP "欧洲邻国政策"

F

Facebook "脸书"网站
Faraxen 法拉克辛
Farhat Hached 费尔哈特·哈希德
Fatima Muhammad al-Fahari 法蒂玛·穆罕默德·法哈里
Fatwa 费特瓦，行政命令
Federation of the Democratic Left，FDL 民主左翼联盟
Feminist Associations Spring For Equality 女权主义平等协会
Ferdinand Ⅰ 斐迪南一世
Ferdinand Ⅱ 斐迪南二世
Fes 非斯
Fès Blue 非斯蓝
Fezzan 费赞
Figuig 菲吉格
Fouad Ali El Himma 福阿德·阿里·希玛
Francisco Franco 弗朗西斯科·佛朗哥
Front de Libération Nationale，FLN 阿尔及利亚民族解放阵线

G

Gabriel Puaux 加布里埃尔·皮奥
Gaiseric 盖塞里克
Gaius Julius Caesar 恺撒
Gaius Octavius Augustus 屋大维
Gao 加奥
Garamantes 加拉曼特人
Gauda 高达
Gelimer 盖利默
George Tenet 乔治·特内特
Ghalian 加里安
Gharb 加尔卜
Gilda 吉尔达
Gilles Perrault 吉尔·佩罗
Giralda 吉拉尔达塔
Glawa 格拉瓦
Gnaeus Pompey 庞培

Goundafa 恭达法
Granada 格拉纳达
Green Left Party 绿色左翼党
Green March "绿色进军"
Guddala 古达拉
Guelmim 盖勒敏

H

Habus 伊斯兰教慈善基金
Hamidou Laanigri 哈米杜·拉尼格里
Haouz 豪伍兹
Harry Maclean 哈里·麦克莱恩
Harun al-Rashid 哈伦·拉希德
Hassan Ⅰ 哈桑一世
Hassan ibn al-Nu`man 哈桑·伊本·努曼
Hassan Ⅱ 哈桑二世
Hassaniyya 哈桑人
Hayy ben Yaqzan《哈伊·本·亚克赞》
Henri Gaillard 亨利·盖拉德
Henri Prost 亨利·普罗斯特
Henry John Temple Palmerston 亨利·约翰·坦普尔·帕默斯顿
Heraclius 希拉克略
Herodotus 希罗多德
High Atlas 大阿特拉斯山
Hippo 希波城
Hisham ibn Muhammad 希沙姆·本·穆罕默德
Homer 荷马
Homo erectus 直立人
Homo Neanderthalensis 尼安德特人
Homo sapiens 早期智人
Homo sapiens sapiens 晚期智人
Homohabilis 能人
Houari Boumedienne 胡阿里·布迈丁

I

Ibero-Maurusian 伊比尔-毛鲁西亚文化
Ibn al-Khatib 伊本·哈提卜
Ibn Bajja 伊本·巴哲
Ibn Battuta 伊本·白图泰
Ibn Rushd 伊本·路世德
Ibn Tufayl 伊本·图菲利
Ibn Zuhr 伊本·祖赫尔
Idris Ben Abdullah 伊德里斯·本·阿卜杜拉
Idris ibn al- Mansour al-Mamun 伊德里斯·本·曼苏尔·马蒙
Ifriqiya 伊非里基亚
Ijtihad 伊智提哈德，创制
Ilyas Omari 伊利亚斯·奥马里
Imazighen 伊马齐恒
Institut des Hautes Etudes Marocains 摩洛哥高等研究院
Institut Royal de la Culture Amazighe, IRCAM 阿马齐格文化皇家研究院
International Convention for the Suppression of the Financing of Terrorism《制止向恐怖主义提供资助的国际公约》
Ion Perdicaris 约恩·柏迪卡里斯
Isabella Ⅰ 伊莎贝拉一世
Ishaq ibn Ali 伊沙克·本·阿里
Island of Perejil 佩雷吉尔岛
Isly 伊斯利
Istiqlal Party，PI 独立党

J

Jabir ibn Aflah 贾比尔·伊本·艾弗拉赫
Jacques Delors 雅克·德洛尔
James Baker 詹姆斯·贝克
Jawdhar 朱达尔
Jaysh 吉什，常备军
Jebala 杰巴拉
Jizīya 人头税
Jose Lopez Calix 何塞·洛佩兹·卡利克斯
Juba Ⅰ 朱巴一世
Juba Ⅱ 朱巴二世
Jugurtha 朱古达
Justinian 查士丁尼
Justinian Ⅱ 查士丁尼二世

K

Kaid Maclean 卡伊德·麦克莱恩
Kairouan 凯鲁万
Kenitra 盖尼特拉
Khalid ibn Hamid 哈立德·本·哈米德
Kharāj 土地税
Kharijism 哈瓦利吉派
Khenifra 海尼特夫拉
Khouribga 胡里卜盖
Khouribga 库里巴
Kingdom of Numidia 努米底亚王国
Kitab al-Istiqsa li-Akhbar duwal al-Maghrib al-Aqsa《摩洛哥历史探微》
Koseila 库塞拉
Koutoubia 库图比亚清真寺
Ksar of Ait-Ben-Haddou 阿伊特·本·哈杜筑垒村
Kumbi-Saleh 昆比萨利赫

L

La Guera 圭拉
Laayoune 阿尤恩
Lahcen Lyoussy 拉赫森·利奥塞
Lalla Maghnia 拉拉·马格尼亚
Lamtuna 雷姆图纳部落
Larache 拉腊什
Las Navas de Tolosa 托洛萨战役
Le Journal《杂志》
Le Matin du Sahara《撒哈拉晨报》
Le Monde Amazage《阿马齐格世界报》
Le Opinion《舆论报》
Le Reveil du Maroc《摩洛哥的觉醒》
León 莱昂
Levalloisian 勒瓦娄哇文化
Levalloisian-Mousterian 勒瓦娄哇-莫斯特文化
Lisan al-Maghrib《马格里布之声》
Lixus 利克苏斯
Louis Hubert Gonzalve Lyautey 路易·于贝尔·贡扎尔夫·利奥泰
Louis Philippe 路易·菲利普
Loukkos 鲁卡斯河

M

M'hamed Ababou 穆哈迈德·阿巴布
M'touggas 穆托呷部落
Maati Bouabid 马蒂·布阿比德
Maghreb 马格里布
magister militum 军队长官
Mahdi 马赫迪
Mahdi el-Mandjra 马赫迪·曼吉拉

Mahjoubi Aherdane 马赫朱比·阿赫敦
Mahmud ibn Zarqun 马哈茂德·本·扎尔昆
Maisara 迈塞拉·本·瓦达阿
Makhzen 马赫曾
Makina 小型兵工厂
Maks 马克斯税
Maliki religious school 马立基宗教学校
Mansour Eddahabi 曼苏尔·埃达哈比
Manuel Silvestre 曼努埃尔·西尔维斯特
Maqil 马格尔部落
Marabout 马拉布特
Marcais 马尔凯
Marinid 马林
Mark Antony 安东尼
Marlin 马林
Marrakesh 马拉喀什
Masaesyli 马塞西里
Mashriq 马什里克
Masmoda 马斯穆达人
Massinissa 马西尼萨
Massyli 马西里
Mastanesosus 马斯塔尼索苏斯
Maurice Ⅰ 莫里斯一世
Mauritania 毛里塔尼亚
Mauritania Caesariensis 毛里塔尼亚恺撒里西斯
Mauritania Tingitana 毛里塔尼亚廷吉塔纳
Mazagan 马扎甘
Mechra er-Remel 迈什拉·赖米勒
Mechra Klila 迈什拉克利拉
Medina 麦地那
Mehdi Ben Barka 迈赫迪·本·巴尔卡
Meknes 梅克内斯
Melilla 梅利利亚
Menara 米纳拉
Meseta 梅塞塔
Meskala 梅斯卡拉
Micipsa 米西普萨
Middle Atlas 中阿特拉斯山
Midrarids 米德拉里王朝
Millennium Challenge Corporation 美国千年挑战公司
Mogador 摩加多尔
Mohamed Allal al-Fassi 穆罕默德·阿拉勒·法西
Mohamed Amekrane 穆罕默德·阿迈克兰
Mohamed Bouazizi 穆罕默德·布瓦吉吉
Mohamed Chafik 穆罕默德·沙菲克
Mohamed Fehrat 穆罕默德·费赫拉特
Mohamed Hassan al-Ouazzani 穆罕默德·哈桑·瓦扎尼
Mohamed ibn Abd Allah ibn Toumart 穆罕默德·本·阿卜杜·阿拉·伊本·图马特
Mohamed Lyazidi 穆罕默德·里阿兹迪
Mohamed Medbouh 穆罕默德·迈德布赫
Mohamed Nabil Benabdallah 穆罕默德·纳比尔·本·阿卜达拉
Mohamed Oufkir 穆罕默德·乌夫基尔
Mohamed Sajid 穆罕默德·萨吉德
Mohammed al-Nasir 穆罕默德·纳西尔

Mohammed Ben Al-Hassan Ben Mohammed 穆罕默德·本·哈桑·本·穆罕默德
Mohammed ibn Abd al-Krim al-Khatabi 穆罕默德·本·阿卜杜·克里姆·哈塔比
Mohammed Karim Lamrani 穆罕默德·卡里姆·拉姆拉尼
Mohammed Sheikh Mamun 穆罕默德·谢赫·马蒙
Mohammed Ⅴ 穆罕默德五世
Mohammed Ⅵ 穆罕默德六世
Mohand Laense 穆罕尼德·安索尔
Moktar Ould Daddah 穆克塔尔·乌尔德·达达赫
Monte Arruit 阿鲁伊山
Moroccan Action Committee 摩洛哥行动委员会
Moroccan Army of Liberation 摩洛哥解放军
Moroccan Association for Cultural Exchange 摩洛哥文化交流协会
Moroccan Association of Human Rights, AMDH 摩洛哥人权协会
Moroccan Islamic Youth "摩洛哥伊斯兰青年"组织
Moulay Hassan Ⅱ 穆莱·哈桑二世
Moulay Hicham 穆莱·赫沙姆
Moulay Idriss 穆莱·伊德里斯
Moulay Muhammad 穆莱·穆罕默德
Moulay Yazid 穆莱·亚齐德
Moulay Yousouf 穆莱·优素福
Moulay Zidan 穆莱·齐丹
Moulouya River 穆卢耶河
Moumovement Populaire 人民运动党
Mount Aklim 艾克利姆山
Mount Bou Nasser 布纳塞尔山
Mount Tidirhine 提迪根峰
Mount Toubkal 图卜卡勒山
Mousterian 莫斯特文化
Mubarek Bekkai 穆巴拉克·贝卡伊
Mudawana《穆达瓦纳》(《家庭法》)
Muhammad al-Hajj 穆罕默德·哈吉
Muhammad al-Hajwi 穆罕默德·哈志维
Muhammad al-Khatib 穆罕默德·哈提卜
Muhammad al-Mahdi al-Wazzani 穆罕默德·马赫迪·瓦扎尼
Muhammad al-Mutawakil 穆罕默德·穆塔瓦基勒
Muhammad al-Sharif 穆罕默德·谢里夫
Muhammad al-Shaykh 穆罕默德·谢赫
Muhammad Ben Abdallah Al-Ayesh 穆罕默德·本·阿卜杜拉·阿耶什
Muhammad Ⅰ 穆罕默德一世
Muhammad ibn Abd al-Kabir al-Kattani 穆罕默德·本·阿卜杜·卡比尔·卡塔尼
Muhammad ibn Abd al-Rahman 穆罕默德·本·阿卜杜·拉赫曼
Muhammad ibn Arafa 穆罕默德·本·阿拉法
Muhammad ibn Idriss 穆罕默德·本·伊德里斯
Muhammad ibn Jafar al-Kattani 穆罕默德·本·贾法尔·卡塔尼
Muhammad Ⅱ 穆罕默德二世
Muhammad Ⅱ as Said 穆罕默德二世

Muhammad Mahdi 穆罕默德・马赫迪
Muhammad Skirij 穆罕默德・斯齐利吉
Mulay Abd al-Aziz 穆莱・阿卜杜・阿齐兹
Mulay Abdullah 穆莱・阿卜杜拉
Mulay al-Harran 穆莱・哈兰
Mulay Hassan 穆莱・哈桑
Mulay Ibrahim 穆莱・伊卜拉欣
Mulay Muhammad 穆莱・穆罕默德
Mulay Rashid 穆莱・拉希德
Mulay Said 穆莱・赛义德
Murrakush 马拉喀什
Musa ibn Nusair 穆萨・伊本・努塞尔
Myar al-Jadid《准则新编》

N

na'iba 纳伊巴
Nadia Yassine 纳迪亚・亚辛
naibs 监管人
Nakur 纳库尔
National Action Bloc 民族行动集团
National Committee for Coordination 全国协调委员会
National Human Rights Council, CNDH 国家人权委员会
National Industrial Acceleration Plan《2014~2020年工业加速计划》
National Initiative for Human Development《国家人文发展计划》
National Party 民族党
National Plan for Industrial Emergence《国家工业振兴计划》
National Rally of Independents, RNI 全国自由人士联盟
National Union of Popular Forces, UNFP 人民力量全国联盟
Native Policy Council 土著政策委员会
Navarra 纳瓦拉
Neolithic 新石器时代
Nichalos Burns 尼古拉斯・伯恩斯
Nizar Baraka 尼查尔・巴拉卡
Nouaceur 努瓦切尔
Novallia 法国诺瓦利亚软件公司

O

Office Cherifien des Phosphates, OCP 摩洛哥磷酸盐公司
Olduvai Gorge 奥杜韦峡谷
Omar Abd al-Jalil 奥马尔・阿卜杜・贾利勒
Omar Azziman 奥马尔・阿齐曼
Omar Benjelloun 奥马尔・本杰隆
Omnium Nord-Africain, ONA 北非证券集团
Operation Ouragon “乌拉滚行动”
Oranian 奥兰文化
Organisation of Islamic Cooperation, OIC 伊斯兰合作组织
Organization of the Islamic Conference, OIC 伊斯兰会议组织
Othman Benjelloun 奥斯曼・本杰伦
Oualili 瓦利利
Ouarzazate 瓦尔扎扎特
Oued Dades 达代斯河
Oued Guir 吉尔河
Oued Imini 伊米尼河
Oued Kiss 吉斯河
Oued Laou 拉乌河

Oued Makhazin 马哈赞河
Oued Rheriss 里斯河
Oued Telzaza 泰勒扎扎河
Oued Ziz 齐兹河
Oued Zousfana 祖斯法纳河
Ouergha 沃尔哈河
Oujda 乌季达
Oulad Djerir 乌拉-贾里尔部落
Oum Er-Rbia River 乌姆赖比阿河

P

Paleolithic 旧石器时代
Parti Communiste du Maroc 摩洛哥共产党
Partnership for Democracy and Shared Prosperity with the Southern Mediterranean, PDSP 与地中海南部地区实现民主和共同繁荣的伙伴关系
Party of Authenticity and Modernity, PAM 真实性与现代党
Party of Justice and Development, PJD 公正与发展党
Party of Progress and Socialism, PPS 进步与社会主义党
patron-client networks 主顾关系网
Paul Marty 保罗·马蒂
Personal Status Code "个人身份法"
Peter Van Walsum 彼得·范瓦尔苏姆
Philippe Pétain 菲利普·贝当
Phoenician 腓尼基人
Piastre 皮阿斯特
Place Seffarine 塞法林广场
Plan Maroc Vert 摩洛哥绿色计划
Polibius 波里比阿
Polisario Front 波利萨里奥阵线
Popular Front for the Liberation of Saguia el-Hamra and Rio de Oro 萨基亚哈姆拉和里奥德奥罗人民解放阵线
Popular Movement, MP 人民运动
Primo de Rivera 普里莫·里维拉
Prince de Joinville 儒安维尔王子
Ptolemy 托勒密
Punic Wars 布匿战争

Q

Qadi 卡迪
Qadiriyya Brotherhood 卡迪利亚兄弟会

R

R. Neuville 纳维尔
Rabat 拉巴特
Reconquista 收复失地运动
Reform and Renewal "改革与复兴"组织
Reguibat 雷古巴特人
Rio de Oro 里奥德奥罗
Roman Africa 罗马非洲
Royal Charter 皇家宪章
Royal Military Household 皇家卫队
Rusadir 鲁萨迪尔

S

"Sanitisation" campaign "清理"运动
Saad Eddine El-Othmani 萨阿德丁·奥斯曼尼
Saadians 萨阿德人
Safi 萨菲

Sahrawis 萨拉威人
Said Ben Jeebli 赛义德・本・杰布里
Saladin 萨拉丁
Salado River 萨拉多河
Salafiyah 萨拉菲派
Salafiyya Jihadiyya 萨拉菲圣战组织
Salah El-Kadiri 萨拉赫・卡迪里
Salé 塞拉
Sallust 撒路斯提乌斯
Salva Tierra 萨尔瓦・铁拉
Salwat al-Anfas《呼吸的慰藉》
Sanhaja 桑哈贾人
Sebastiao I 塞巴斯蒂昂一世
Sebou River 塞布河
Sétif 塞提夫
Settat 塞塔特
Seville 塞维利亚
Shaikh Aras 阿拉斯
Shaykh Ma'al-'Aynayn 谢赫・马埃宁
Shott 绍特
Shott Gharabi 绍特–加尔比
Shott Tigri 绍特–蒂格里
Shurafa 宗教贵族
Sidi Ahmad al-Rgaybi 西迪・艾哈迈德・雷古比
Sidi Ifni 伊夫尼
Sidi Mohammed 西迪・穆罕默德
Sidi Mohammed ibn Abdullah 西迪・穆罕默德・本・阿卜杜拉
Sidi Mohammed ibn Yusuf 西迪・穆罕默德・本・优素福
Sidi Sulimane 西迪・苏莱曼
Sijilmasa 西吉尔马萨
Sir Charles Euan Smith 查尔斯・尤安・斯密斯
Sir John Drummond Hay 约翰・德拉蒙德・海
Skhirat 斯基拉特
Smugglers' Cave "走私者的洞穴"
Socialist Union of Popular Forces, USFP 人民力量社会主义联盟
Société Nationale d'Investissement, SNI 国家投资集团
Solomon 所罗门
Songhay Empire 桑海帝国
Sous River 苏斯河
Spanish Sahara 西属撒哈拉
Sulayman ibn Muhammad 苏莱曼・本・穆罕默德
Syphax 西法克斯

T

Tacfarinas 塔克法里纳斯
Tafilalet 塔菲拉勒特
Tagounite 塔古尼特
Tamaynut 塔米努特
Tamazight 塔马齐格特；塔马塞特语
Tamdoult 坦杜特
Tamuda 塔姆达
Tangier Free Trade Zones, TFTZ 丹吉尔自由贸易区
Tangiers 丹吉尔
Tarfaya 塔尔法亚
Targuist 塔尔吉斯特
Tariq ibn Ziyad 塔里克・伊本・齐亚德
Taroudannt 塔鲁丹特
tartib "太尔提布"
Taza 塔扎

Teniet el-Sassi 特尼埃萨西
Tensift River 坦西夫特河
Tessaout 泰索特河
Tétouan 得土安
Thami al-Glaoui 萨米・格拉维
The Abd al-Wadids 阿卜德・瓦德王朝
The Alawi Dynasty 阿拉维王朝
The Alawites 阿拉维王朝
The Amazigh Cultural Movement 柏柏尔文化运动
the Aures Mountains 奥雷斯山区
the Awraba 奥拉巴部落
the Badi Palace 巴迪宫
The Battle of the Nobles “贵族之战”
the Berghouata 巴格瓦塔部族
The Big Trip《大旅行》
The Boutchichiyya sufi order 布茨基希亚苏菲教团
The Confédération Générale des Enteremprises du Maroc, CGEM 摩洛哥企业总联盟
The Consultative Council for Human Rights, CCHR 人权协商委员会
The Convention of Hippo《希波协定》
The Defense of Human Rights in Morocco, ASDHOM 摩洛哥保卫人权协会
the Dilaites 迪拉人
The Franco-Moroccan Accord of Algiers《法摩阿尔及尔协定》
The Franco-Moroccan Protocol of Paris《法摩巴黎议定书》
The Front for the Defense of Constitutional Institutions, FDIC 保卫宪法体制阵线
The Hafsids 哈夫斯王朝
The Idrissids 伊德里斯王朝
The Idrissite Dynasty 伊德里斯王朝
The Kingdom of Ghana 加纳王国
The Kingdom of Morocco 摩洛哥王国
the leaden years “沉重岁月”
The Marinids 马林王朝
the Midelt distict 米德勒特地区
The Moroccan Fund for Tourism Development, FMDT 摩洛哥旅游发展基金
The Moroccan National Students' Union, UNEM 摩洛哥全国学生联合会
The Moroccan Organization of Human Rights, MHRO 摩洛哥人权组织
The Mouvement Populaire Démocratique et Costitutionel, MPDC 人民民主宪政运动
The National Bloc 全国集团（即“库特拉”）
the Oudaya district 乌达雅区
The Parti Democrate Amazigh Marocaine, PDAM 摩洛哥阿马齐格民主党
The Rassemblement National des Indépendants, RNI 全国自由人士联盟
The Saadians 萨阿德王朝
The Sahrawi Arab Democratic Republic, SADR 阿拉伯撒哈拉民主共和国
The Sand Wall “沙漠长城”
The Sharifian Office of Phosphates, OCP 谢里夫磷酸盐公司，即摩洛哥磷酸盐公司
The Tabit Affairs 塔比特事件

The Tangier Convention《丹吉尔条约》
The Tangier-Med Port Authority，TMPA 丹吉尔地中海港务局
the Tangier-Med Port，TMP 丹吉尔地中海港
the valley of the Moulouia 穆鲁瓦山谷
the Vandals 汪达尔人
the Wattasids 瓦塔斯人，瓦塔斯王朝
Theodore Cornut 西奥多·科纳特
Théodore Steeg 特奥多尔·斯梯格
Thomas Robert Bugeaud de la Piconnerie 托马斯·罗贝尔·比若·德·拉比贡利
tibar 金粉
Tiberius Ⅱ 提比略二世
Tifinagh 提非纳
Tiglmamine 蒂格密胺湖
Timbuktu 通布图，廷巴克图
Tindouf 廷杜夫
Tingis 丁吉斯
Tinmal 廷迈勒
Tislit 提斯利特湖
Tlemcen 特莱姆森
Toledo 托莱多
Tombouctou 通布图，廷巴克图
Tondibi 汤迪比
Touat 图瓦特
Treaty of Algeciras《阿尔赫西拉斯条约》
Treaty of Fraternity, Good Neighbourliness and Cooperation《睦邻友好合作条约》
Treaty of Lalla-Marnia《拉拉-马尔尼亚条约》
Treaty of Tafna《塔夫纳条约》
Treaty of the Arab Maghreb Union《阿拉伯马格里布联盟条约》
Tuareg 图阿雷格（人）
Tyrrhenian 蒂勒尼安

U

Umana 乌玛纳
UN's Mission for the Referendum in the Western Sahara，MINURSO 联合国西撒哈拉公民投票特派团
United States Agency for International Development，USAID 美国国际开发署
Unity and Reform “统一与改革”组织
Uqba ibn Nafi 奥克巴·伊本·纳菲
Ushr 乌舍尔
Uthman Ⅰ 奥斯曼一世

V

Varnier 瓦涅尔
Villa Cisneros 西斯内罗兹
Volubilis 沃吕比利斯

W

Wadaya 瓦达亚
Wadi El Sebou 塞布河谷地
Wadi El Sous 苏斯河谷地
Waggag ben Zalwi 瓦加格·本·扎维
Walata 瓦拉塔
War of the Sands “沙漠之战”
Wazir 维齐尔
Wazir al-Bahr 维齐尔巴赫尔
Wazzaniyya 瓦赞尼亚
Western Sahara 西撒哈拉

Western Sahara Authority 西撒哈拉自治政府
William Burns 威廉·伯恩斯
World Trade Organization, WTO 世界贸易组织

Y

Yacob Khan 雅库布·汗
Yahya Ⅰ 叶海亚一世
Yahya ibn Ibrahim 叶海亚·伊本·易卜拉欣
Yahya ibn Umar 叶海亚·伊本·奥马尔
Yanboo al-Nakhil 扬布纳希尔
Youssoufia 优素菲耶
Yusuf ibn Tashfin 优素福·伊本·塔什芬

Z

Zakat 天课
Zallaka 扎拉卡
Zawila 扎维拉
Zawiya 扎维亚
Zayans 泽扬部落
Zenata 扎纳塔人
Zeralda 泽拉尔达
Zommour 祖穆尔部落
Zuhayr ibn Qays al-Balawi 祖哈尔·伊本·盖斯·巴拉维

后　记

本书是王铁铮教授作为首席专家主持的国家社科基金重大项目八卷本《非洲阿拉伯国家通史研究》之子项目《非洲阿拉伯国家通史·摩洛哥史》的最终成果。本卷由西北大学中东研究所副研究员林松业撰写，书中第十章“西撒哈拉问题的由来与发展”的撰写，使用了林松业所指导的硕士研究生刘颖硕士学位论文中的部分内容和文献史料。同时，浙江师范大学非洲研究院的刘云教授、西北大学中东研究所博士后科研流动站的博士后张玉友副教授对本卷初稿提出了一些修改意见，在此一并致谢。本书最后由王铁铮教授审定。